中国音乐学院博士文库

The Study on the Thoughts about Rites and Music of Textual Researchers
in the Qianlong and Jiaqing Periods of Qing Dynasty

乾嘉朴学家礼乐思想研究

袁建军 著

文化藝術出版社
Culture and Art Publishing House

图书在版编目（CIP）数据

乾嘉朴学家礼乐思想研究 / 袁建军著 .—北京：
文化艺术出版社，2021.5
ISBN 978-7-5039-6650-7

Ⅰ.①乾… Ⅱ.①袁… Ⅲ.①礼乐—思想史—研究—
中国—清代 Ⅳ.①K892.9

中国版本图书馆CIP数据核字（2021）第072058号

乾嘉朴学家礼乐思想研究

著　　者	袁建军
丛书统筹	董良敏　刘变梅
责任编辑	董良敏
责任校对	董　斌
书籍设计	姚雪媛
出版发行	文化艺术出版社
地　　址	北京市东城区东四八条52号（100700）
网　　址	www.caaph.com
电子邮箱	s@caaph.com
电　　话	（010）84057666（总编室）　84057667（办公室） 　　　　　84057696—84057699（发行部）
传　　真	（010）84057660（总编室）　84057670（办公室） 　　　　　84057690（发行部）
经　　销	新华书店
印　　刷	国英印务有限公司
版　　次	2021年6月第1版
印　　次	2021年6月第1次印刷
开　　本	710毫米×1000毫米　1/16
印　　张	21.25
字　　数	370千字
书　　号	ISBN 978-7-5039-6650-7
定　　价	78.00元

版权所有，侵权必究。如有印装错误，随时调换。

引领·实践·自信
——从《中国音乐学院博士文库》做起

中国音乐学院院长　王黎光

2006年1月，中国音乐学院被国务院学位办授予博士学位授予权资格，2007年开始招收首届博士研究生，成为全国唯一能授予音乐表演专业博士学位的艺术类高校，同时为中国音乐理论研究和人才培养开创了新的篇章。

今年，恰逢中国音乐学院博士招生十年的历史节点，我们在梳理总结十年的人才培养经验的同时，也以《中国音乐学院博士文库》出版为契机，提炼中国音乐学科建设的理论精髓，树立"中国乐派"的理论旗帜。从这个意义上说，这一系列丛书不仅是中国音乐学院优秀博士论文和学术成果的汇集，更要成为我们中国音乐学术发展、中国音乐学派树立、中国音乐理论自信的集中展示。我想这才是该项目的应有之义。

博士论文具有较高的理论价值和学术水平，是一所高校人才培养水平的标志，是学科发展和学术创新的引领。因此，希望《中国音乐学院博士文库》能够肩负起以下学术担当：

一是成为中国音乐理论探索的前沿和航标——理论是学科发展的最前沿，先进的理论是学术的"导航仪"，每一次的理论创新都推动实现了学术发展的新跨越。正如我校办学理念"承国学、扬国韵、育国器、强国音"的提出，就是立足中国音乐学院未来发展的规划和在争创"世界一流大学、一流学科"道路上的优势定位，以超前的眼光、开拓的魄力、前瞻的设想指导中国音乐学院现在乃至未来的发展。在这"十二字"办学理念指导下，《中国音乐学院博士文库》今后也要成为我校学科发展、人才培养、学术创新的前沿阵地。势必将探索新知，启迪新思，引航新程，奏中国音乐之强音！

二是成为中国音乐理论指导实践的载体——理论的意义在于指导实践。战国末期思想家荀况在《荀子·大略》中提到"口能言之，身能行之，国宝也；口不能言，身能行之，国器也；……治国者敬其宝，爱其器"，阐明了有理论、强实践的人才方为国家之大器。从实践中来，又指导实践发展，这样的理论才有意义而又经得起考验。"中国乐派"的树立来源于中国音乐的历史精深、涵盖广泛和勃勃生机的创作实践，是对中国音乐几千年伴随人类文化发展的实践经验的理论总结，其意义更是为中华音乐文化傲立东方又走向世界这一新的伟大实践提供理论引领。愿此系列文库丛书不仅是博士优秀论文的荟萃，而更要成为我们指导中国高层次音乐人才培养和中国音乐教育的文献参考。

三是成为彰显中国音乐理论自信的体现——习近平总书记在庆祝中国共产党成立95周年大会上明确提出我们要坚持"四个自信"，即"中国特色社会主义道路自信、理论自信、制度自信、文化自信"。理论自信是一个民族，一个政党，一个学派独立的宣言。如今，我们中国音乐学院扛起了树立"中国乐派"的大旗，就是一种学术自信、理论自信，也是一项开拓性大工程。树立"中国乐派"，理论支撑是基础。一个学派被学界认同和吸纳一定要有恒久经典而又独树一帜的理论体系，并在业界获得广泛的认同。因此，我们编撰《中国音乐大典》就是开创历史的学术之举，同时希望《中国音乐学院博士文库》在坚持中国音乐理论自信方面成为我们切切实实的实践探索。

继往开来，理论坚实，学术担当。秉承"承国学、扬国韵、育国器、强国音"办学理念的中国音乐学院，肩负着传承中国音乐文化、树立"中国乐派"、推动中国音乐艺术教育走向世界的使命和责任。期待《中国音乐学院博士文库》项目在我们争创"双一流"的道路上走得更加坚实有力！

2016年11月9日

知识考订与义理建构：乾嘉学派礼乐思想的特质
（代序）

  毫无疑问，礼乐和礼乐思想是中国文化、中国音乐史和音乐思想史的重大研究课题。如何看待礼乐和礼乐思想？历代并不完全相同，本来"礼乐未始有常制"，而呈现出发展演化的面貌，今天当然也可以不同于以往。事实上，从中国的传统知识生产方式来看，在2000多年的礼乐学术史上，先人以解经、考据、注释、笺疏、章句、训纂等方式，围绕核心文献对礼乐传统做了一个不断滚雪球式的增生，其间当然有他们自己的观点和看法，从而显示出"一代有一代之学术"。

  而礼乐思想的变化，常常体现在礼乐传统里最重要的核心文献西汉《乐记》的历代注疏和专门研究著作中，从东汉郑玄，南朝齐王俭，唐孔颖达、陆德明，到宋朱熹、卫湜、杨简，元陈澔、吴澄，明王夫之，清朱彬、汪烜，近代俞樾等人，俨然形成了一部《乐记》学术史、礼乐思想史，成为我们今天了解礼乐思想演化的重要基础。显然，礼乐关系思想是中国音乐思想史在长时段上的结构要素，它一直存在，也一直在演化，但其变化的速度很慢，以至于给人"静止"的印象，但它确实在变化，汉宋明清都在缓慢地变，成了许多短时段演化的历史现象的结构背景。在2000多年来的历史中，礼乐关系思想的深刻演变呈现出礼乐功能逐渐内化的过程，从汉学到宋学，表现为从"唯天为大"（孔子）、"礼乐外内"（荀子）到"礼乐者，人心之妙用"（朱熹），更发展到"以心为本"的"礼乐无二道"的思想（杨简），至南宋，礼乐思想向内转的形势已经非常明显了，政教之用被淡化而转向了对人心的关注，由外在的建立在天人秩序哲学基础上的礼乐雅颂转向内在道德自觉的意识也非常清晰了。这一深刻的历史性变革，有一个十分重要的哲学基础，即由天人哲学转向心性哲学，学术形态上则是由经学转向理学、心学，正是哲学思想的演化，带来礼乐思想的嬗变。

  礼乐或"乐"在古代是经学的领域，而并非今天的美学问题，其所涉及的内涵远远超出了美学学科的范围。"乐"本来是有"经"的,"乐经"坠失后只好以《乐记》入了"礼",成为"礼经"的一部分,《乐记》正是在《礼记》中勉强苟存着。可是,如人所论,在20世纪传统经学完全瓦解、五经之学完全退出政治社会、脱离学术研究者的形势下,经义既失,圣心不再,礼乐遂颓变成空壳的历史概念,成了死亡的东西。这就不难理解为什么现代学人讨论礼乐总有那么一点尴尬、那么一点隔靴搔痒,甚至言不及义了,礼乐固然有感性经验问题,其内涵却大大溢出了美学领域,事实上美学家们关乎礼乐的讨论,并不只涉及感性经验,在礼乐问题上,美学的讨论美学问题成了需要注意的事情。

在20世纪特定时代温度和思想环境下,礼乐学术中的"乐"始终难逃工具论、奴婢论、附庸论、斗争论规定的地位,而成为"礼"的小厮。礼压制乐、乐服务于礼,礼是乐的目的,乐是礼的工具,礼乐外内,礼主乐辅,这些观点几乎已经成为当今社会的普遍意识,且似乎已固化定型,我们不难发现许多中国美学史著作、音乐史著作、音乐美学著作和无数论文,甚至一些教材,基本上都是取这样的观点来看待礼乐关系的,似乎只有这一种出路给可怜的音乐。问题是,我们真的可以用"时代意见"取代"历史意见"吗?这些"时代意见"当然也是意见,只是"历史意见"还是在那里,你可以选择无视、忘记和曲解,却并不能让它消失。如是,对于礼乐问题,我们还是要取"回到古人的世界去理解古人"的态度,努力理解礼乐文明的真正价值,努力理解古人的实际生活、读原典、思问题、求真知、要的解,去问问古人是怎么想、怎么说的。

袁建军博士的这部著作,即是这样一种求索探讨的成果,有着非常突出的特点。为什么选取这个时段、这个学派、这几个人来讨论?为什么选择礼乐思想作为具体课题?更重要的是考据家有思想吗?清代乾嘉朴学背景下的礼乐思想呈现什么样的特点呢?我以为,这最后一点十分重要,也是本书价值所在。作者以明晰的思路,回答了这些问题。

乾嘉时期是清代朴学(考据学)全盛时期,代表着一个中国传统学术发展的重要历史阶段,本书涉及的江永、汪烜、戴震、凌廷堪等儒者在精通考据的基础上皆有思想义理的创见。乾嘉时期的音乐学术成果丰富、音乐思想有独特价值,礼乐问题在乾嘉时期有着不同于前世的自身特色,在知识考订和思想建构两个方面均呈现值得重视的学术文化状态。

之所以选择这几位乾嘉学者作为具体研究对象，当然是因为他们有礼乐思想发表，清代经生论乐著作极多，其中有许多礼乐言说。作者涉及的乾嘉学者江永、汪烜、戴震、凌廷堪等人，都是徽州学派考据家，学脉上有继承关系，他们的礼乐思想自有这个时代的特点，徽派学术有"分析条理，皆全密严瑮，上溯古义，而断以己之律令"的风格，也反映出本书作者对学术地域化问题的关注，作为"程朱阙里""东南邹鲁"且有大量学术著作的徽州尤应为音乐学者特别加以关注。

本书将研究主题限定在礼乐和礼乐思想领域，不光是为了使问题探讨更集中、更深入，而主要是因为礼乐是中国文化的核心和主干，更是儒家音乐思想的核心价值，礼乐现象的背后是非常丰富而重要的礼乐思想，主题限定在礼乐思想可以深入观察礼乐的内涵及变迁情况，看其在清代乾嘉时期的思想面貌，进而说明礼乐及其思想义理的发展流动问题。

当本书作者将礼乐问题的背景分析和思想渊源、理论命题和思想观点置于乾嘉朴学这一特定的历史语境里，就必然涉及知识考证和义理建构的关系问题。礼乐的出现已逾数千年，其间有许多知识、概念、范畴、义理等在历史展开过程中产生了内涵的复杂叠加、演化、发展和蜕变，的确是需要认真加以考订的，而这恰恰是乾嘉学者拿手的功夫。但考据家有没有思想义理的阐发创造呢？似乎前人也有不少疑虑，本书涉及的这四位乾嘉学者是精于礼学的，礼学家怎么看待"乐"？他们的考据功夫涉及礼乐思想吗？考据与义理是什么关系？本书作者严肃地回答了这些问题，不仅赞同现代学者"清代考据背后有深刻的思想企图"的观点，还揭示出作为显性现象主流的知识考证并不能涵盖一切，在这一显性现象的下面，有非主流的思想建构在暗流涌动。如人所论，乾嘉时代的哲学是从考据中过滤出来的，而达到哲学目的的形式与手段，则是考据；也如乾嘉学者自己所说，"由训诂以求义理"，乃至于由字而词、由词而道，"由文字以通乎语言，由语言以通乎古圣贤之心志"。本书亦指出："故训和义理不能分开，舍训诂则义理不可求，舍义理则训诂无所用。总之，训诂考据指的是实证方法，属于事实判断，义理建构指的是价值关怀，属于价值判断，两者相互依存，不可分割。"这个认识是可以确立的。

由此，乾嘉学者礼乐思想的存在无须怀疑，其思想史价值亦无须怀疑。作者以徽州学派考据学家的礼乐思想为研究对象，以中国音乐思想史的理论与方法为指导，旨在探讨清代考据学家江永、汪烜、戴震、凌廷堪等人的礼乐思想问题，并阐释他们礼乐思想的内涵、价值及意义的学术初衷，也就得到了落实。江永的"声音自有流变"思想的揭示以及雅俗兼采、通经明道、明道经世的礼乐思想；汪烜的"唯其淡也，而和亦至焉矣"的礼乐观以及"淡在和上""慎所感"的礼乐美学；戴震的"礼乐通情，以情定理"音乐情感论和理欲、情礼、理礼关系的"遂民之情，达民之欲"自然人性论解读；凌廷堪的"圣人之道，一礼而已矣"的认识以及"以礼代理"、提倡礼乐教化的主张和"以乐观礼"的观点等，都获得了很好的总结和论述。

本书还讨论了几位乾嘉朴学家礼乐思想的比较、清代礼乐思想的哲学基础、音乐美学的观察、礼乐思想的历史流变等问题，以及对汪烜所作琴谱的译介和分析，并引申至其礼乐思想加以阐发，此亦为音乐学者特长。

建军本科、硕士研究生和博士研究生阶段在西安、北京完成，之所以选择这样一个课题作为自己的博士学位论文，也与其硕士阶段对近代新儒家礼乐观的思考有紧密联系，有积累是学术研究的基础。建军出身农家，幼时贫苦而励志求学，其师友发小皆知其诚朴刻苦、努力向学，因为常常占据一固定书桌而有"图书馆钉子户"的美称，读书期间就已获得许多学术荣誉。近数年来孜孜不倦、心心念念于本学科的建设，发表了不少学术成果，同时组织和团结同侪为中国音乐思想史学科的发展做了许多默默无闻的工作，其心在此，其志在此，其情亦在此焉！

建军博士此书的出版，是其学术生涯的一个节点，祝福我们的青年学者能够有更多的成果立身畅志、努力向前！

罗艺峰
庚子年九月于南方山中

目录 | CONTENTS

绪 论 … 1
　一、关于本书选题 … 3
　二、问题的提出 … 8
　三、本书的关怀 … 10
　四、研究现状综述 … 12
　五、相关概念的厘定 … 20

第一章　乾嘉时期的时代背景及其礼乐概况 … 37
第一节　乾嘉时代及其音乐概况 … 39
　一、时代背景：政治、经济、社会、文化 … 39
　二、音乐学术背景：清代礼乐扫描 … 43
第二节　清代礼乐思想一般面貌与乾嘉学术 … 54
　一、清代礼乐思想概貌 … 54
　二、反思理学　回归原典 … 57

第二章　"声音自有流变"——江永礼乐思想研究 … 63
第一节　江永及其思想特点 … 65
　一、生平及学行 … 65
　二、学术思想及方法 … 67
第二节　江永礼乐思想内涵 … 71
　一、通经以明道，明道以救世 … 72
　二、亦雅亦俗，雅俗兼采；损益通变，礼时为大 … 76

第三节　江永学术对礼乐思想的意义 … 80

第三章　"唯其淡也，而和亦至焉矣"——汪烜礼乐思想研究 … 83
第一节　汪烜及其思想特点 … 85
一、生平及学行 … 85
二、思想渊源 … 88
三、学术思想及治学方法 … 93
四、汪烜对古代论乐文献的考证 … 98
第二节　汪烜礼乐思想内涵及特点 … 101
一、"唯其淡也，而和亦至焉矣！" … 103
二、"淡和"主张之体现——琴曲实践 … 129
第三节　汪烜学术对礼乐思想的意义 … 154
一、汪烜"淡在和上"的音乐思想是其整个学术思想的表征 … 154
二、汪烜的礼乐思想彰显了传统儒家音乐思想在清代中叶的表现状态 … 155
三、思想来源和立场 … 156
四、汪烜礼乐思想特点 … 158

第四章　"礼乐通情，以情定理"——戴震礼乐思想研究 … 161
第一节　戴震及其思想特点 … 163
一、生平及学行 … 163
二、思想渊源 … 165
三、义理思想 … 168
四、治学方法——由训诂以求义理 … 170
第二节　戴震礼乐思想内涵 … 172
一、理、礼、乐、情——关系溯源并辨析 … 172
二、礼乐思想诉求——反思理学、达情遂欲 … 193
三、礼乐思想旨归——"以情絜情"、以情定理 … 210
第三节　戴震学术对礼乐思想的意义 … 223

第五章 "圣人之道，一礼而已矣"——凌廷堪礼乐思想研究 ⋯ 225
第一节 凌廷堪及其思想特点 ⋯ 227
一、生平及学行 ⋯ 227
二、思想渊源 ⋯ 231
三、学术思想 ⋯ 232
四、治学方法 ⋯ 233
第二节 凌廷堪礼乐思想内涵 ⋯ 235
一、以礼代理 ⋯ 236
二、以乐观礼 ⋯ 248
第三节 凌廷堪学术对礼乐思想的意义 ⋯ 253

第六章 乾嘉朴学礼乐思想定位及意义 ⋯ 257
第一节 江永、汪烜、戴震、凌廷堪音乐思想异同 ⋯ 259
第二节 清代礼乐思想的哲学基础与音乐美学观察 ⋯ 263
一、先秦诸子思想 ⋯ 264
二、"三礼"与《乐记》⋯ 265
三、宋儒思想言论 ⋯ 266
第三节 从四人礼乐观看礼乐思想在历史上的流变 ⋯ 267

结 论 ⋯ 270

附录 汪烜论乐文字辑录 ⋯ 277
参考文献 ⋯ 312
后 记 ⋯ 325

绪 论

一代有一代之学术，清代是中国传统学术的总结期，乾嘉朴学是清代学术的代表，是与子学、经学、玄学、佛学、理学一脉相承的学术形态之一。乾嘉时期的礼乐思想除了官方的制礼作乐之外，在经学家的观念中是怎样认识礼乐的？乾嘉朴学对经学家的礼乐思想有着怎样的影响？两者是一种怎样的关系？这些问题值得深入探讨。从这一视角切入，或许能更全面而清晰地观察礼乐思想在乾嘉时期的基本面貌和演进态势。本书以中国音乐思想史的理论与方法为指导，提倡回归语境，以知人论世的功夫"回到古人的世界理解古人"，将古人的思考与认识还原到彼时的语境（包括时代语境和学术语境），给以"同情的理解"；同时以"长时段，个案化"[1]的方法论展开自己的思考，把礼乐思想在中国历史上数千年的延展与乾嘉时期个别学者的观点结合起来研究，在此基础上实事求是地与古人对话。与此同时，本书注重乾嘉学者有关礼乐问题的背景分析和思想渊源，将其理论命题和思想观点置于乾嘉朴学这一特定的历史语境里，探究知识考证和义理建构的关系问题，并对礼乐思想内涵进行挖掘，进而揭示其思想的演进轨迹、价值意义。本书正是在这样的认识基础上，小心谨慎地展开对乾嘉朴学家礼乐思想的探究。

一、关于本书选题

（一）为何选择乾嘉时期？

本书选择清代乾嘉这一时期，主要基于以下考虑：其一，乾嘉时期是清代朴学（考据学）全盛时期，代表着一个时段，江永、汪烜、戴震、凌廷堪、焦循、程瑶田、

---

[1] 此处"回到古人的世界理解古人""长时段，个案化"等为罗艺峰先生在其《中国音乐思想史五讲》（上海音乐学院出版社 2013 年版）中提出。

阮元等儒者在精通考据的基础上皆有义理的创见；其二，乾嘉时期的音乐成果丰富、音乐思想有独特价值。就个人层面而言，梁启超曾言："清儒好古，尤好谈经。诸经与乐事有连者极多，故研究古乐成为经生副业……"[①] 清代产生了大量的乐学著作，可以分为两大类：一是个人著述（包括专门著作和单篇文论），二是官方著述（包括史部图书、官方政书和敕撰的类书等）。

1. 个人著述

康熙时期主要有毛奇龄《竟山乐录》四卷（1680年）、《圣谕乐本解说》二卷（1692年）、《皇言定声录》八卷（1680年）等，其弟子李塨《学乐录》二卷（1699年），沈光邦的《易律通解》不分卷（约1689年）。沈琯的《琴学正声》六卷（1715年），李光坡撰《礼记述注》（含《乐记》）二十八卷（1718年），李光地撰《古乐经传》五卷（年代不详），徐常遇编《澄鉴堂琴谱》三十七首（1718年），徐祺编辑《五知斋琴谱》八卷（1721年）。

雍正时期主要有童能灵撰《乐律古义》二卷（1728年），汪烜《立雪斋琴谱》（1730年）和《乐经或问》三卷（1728年）中单篇论乐文章。

乾隆时期主要有江永《律吕新论》二卷（1740年）、《律吕阐微》十卷（1746年）、《律吕新义》四卷（1746年），沈彤《〈律吕新书〉后记》（1742年），汪烜《乐经律吕通解》五卷（1743年）、《理学逢源》（1743年），陈本撰《乐述可知》七卷（1744年），王坦撰《琴旨》二卷（1746年），戴震撰《〈考工记〉图》（1746年），庄存与撰《乐说》二卷（1750年），钱塘撰《律吕古义》六卷（年代不详），潘士权《大乐元音》七卷（1745年），罗登选《律吕新书笺义》二卷（1755年），曹庭栋撰《琴学内篇》一卷外篇一卷（1750年），李郊撰《颖阳琴谱》四卷首一卷（1751年），马士骏编撰《琴香堂琴谱》（1760年），胡彦升撰《乐律表微》八卷（1779年），纪大奎撰《古律经传附考》五卷（1792年）。

嘉庆时期有程瑶田撰《声律小记》一卷（1803年）、《乐器三事能言》一卷（1803年），凌廷堪《燕乐考原》六卷（1804年）、《晋泰始笛律匡谬》一卷（1808年），江藩《乐悬考》二卷（1813年），徐养原《管色考》一卷（年代不详）、《律吕臆说》不

---

① 梁启超：《中国近三百年学术史》，天津古籍出版社2003年版，第396页。

分卷（年代不详）、《荀勖笛律图注》一卷（年代不详），萧立礼辑《萧立礼琴说》（1807年），孙长源撰《琴况》一卷（1807年）、《琴旨补正》一卷（1810年），张琛撰《律吕新书初解》二卷（1812年）等等①。如果前后再做一些延伸，放眼整个清代，我们会发现，清初有王夫之的《礼记章句》（康熙十二年初稿成，1673年），清中后期有朱彬的《礼记训纂》（道光十二年成书，1832年），比较而言，清中期乾嘉学术中的礼乐思想既有特别的继承传统的意义，也具有独特的创新内涵，两者都有音乐思想史的价值。

2. 官方著述

就官方层面而言，有乾隆十一年敕纂《御制律吕正义后编》一百二十卷（1746年）、《新定九宫大成南北词宫谱》（1746年），乾隆五十三年敕撰《钦定诗经乐谱全书》三十卷（1788年）、《钦定乐律正俗》一卷（1788年）等。《清史稿·乐志》当中也有礼乐思想，有对乐制、乐章、乐器、乐史、乐律等的详细记载，其背后的目的是追求古制以确立其政治正统性、合法性和文化认同。除此之外，《钦定曲谱》《大清会典》《皇朝礼器图式》以及许多文人笔记等大量史料都有关于清代礼乐制度、思想、史实等的描述。

曲谱和戏曲俗乐方面则有徐祺的《五知斋琴谱》（1721年）、叶堂的《纳书楹曲谱》（1792年）、荣斋的《弦索备考》（1814年）、华秋苹的《琵琶谱》（1818年）、焦循的《剧说》（年代不详）、徐大椿的《乐府传声》（1748年）等著作。这些都成为清代乾嘉时期音乐领域的一道亮丽景观，也是研究乾嘉礼乐思想的学术氛围和时代温度。

（二）为何选择礼乐思想？

中国音乐美学史家蔡仲德曾言："古代音乐美学思想的主流是礼乐思想。"② 王光祈言："礼乐是中国古代唯一最有价值的文化。"③ 本书将研究主题限定在礼乐领域，一是为了使问题探讨更集中、更深入，以此展现礼乐思想在乾嘉时期的面貌。因为礼乐是

---

① 以上统计来源于（清）永瑢、纪昀主编《四库全书总目提要》，海南出版社1999年版，第212—222页；中国科学院图书馆整理《续修四库全书总目提要》，中华书局1993年版，第649—659页；并参考了孙晓辉教授的相关统计成果，见《乾嘉音乐学术论略》，《中国音乐学》2016年第3期。
② 蔡仲德：《中国音乐美学史》，人民音乐出版社1995年版，第18页。
③ 王光祈：《王光祈文集》，巴蜀书社1992年版，第41页。

中国传统文化的核心和主干，2000多年的历史中有自身的演化和变迁轨迹，而礼乐现象的背后是非常丰富而重要的礼乐思想，主题限定在礼乐思想可以深入观察礼乐的内涵及变迁情况，看其在清代乾嘉时期的思想面貌，进而说明礼乐及其思想的流动性问题。二是因为礼乐是儒家音乐思想的核心价值。在儒家看来，这是经国济世的大经大法，上可治国安邦，下可安身立命，历千年而不衰，几乎成为整个国家社会的运行和个人行事的总则，涵盖国家政治、社会人文、教育修身等方面，是一个无所不包的大系统，且已成为一个"百姓日用而不知"的东西，内化在我们的行为和思想中，因此，有必要对其内涵、价值和意义进行探讨。三是礼乐问题在乾嘉时期有着不同于前世的自身特色，这个特色一方面表现为与乾嘉朴学的结合，另一方面表现为自然人性论的彰显，而这方面有深刻的内涵可以发掘。这一历史时期在知识考证和思想建构两个方面呈现值得注意的学术文化状态，这两者之间的关系究竟如何需要讨论；而在思想领域的自然人性论思想，对礼乐的功能意义和文化价值具有不可忽视的影响，这两方面学术价值都很高。四是长期以来，一般人文学术界对于"礼"的研究给予了较多关注，从文化史、学术史、思想史等角度进行了深入的研究，产生了诸多成果，而对于与"礼"有着密切关系的"乐"的研究则显然不足；与此相映成趣的是，音乐学术界恰恰相反，对"礼"的研究很不够，而对"乐"的关注虽则不少，却还是与中国文化传统里"乐"的丰富性、重要性不相匹配，尤其是音乐思想的研究不足。本书之所以将思路凝注在乾嘉时期的礼乐思想并从音乐思想史的角度进行综合的研究，原因即是在此。

（三）为何选择江永、汪烜、戴震、凌廷堪四人？

乾嘉时期的学者有很多，发表礼乐思想的也不在少数，本书将研究对象限定在徽州学派的江永、汪烜、戴震、凌廷堪四人当中。为什么只选择这四人？这里涉及研究区域及研究策略的选择，主要是基于以下考虑：

其一，他们四人都属于乾嘉学人。江永、汪烜、戴震、凌廷堪都有乾嘉学术的色彩和根底，四人有着内在的思想脉络：江永与汪烜有多次书信往来探讨礼乐问题，戴震是江永的弟子，凌廷堪少慕江、戴之学，私淑戴震，四人在学脉上有内在关联。四人皆为考据训诂大家，且在知识考证的基础上有思想阐发，这就揭示了学术史和思想史的关系问题，或者说知识史和观念史的关系问题。事实上，思想史是以学术史为基础的，知识考证和义理建构两者不可偏废，而是互为表里。与此相关的是，当代的古代音乐美学研究、音乐思想研究在考据训诂方面是薄弱的，因此，这里潜在的意义是期望引起大家的关注，也就是说，我们对古代礼乐思想的认识理解，从一定意义上说是有回到知识层面理解和阐发的必要的。

其二，四人都属于徽州学派。徽州学派是中国学术近世思想史上的一个重要流派，以理论建树和精深的方法而立于学界，有众多学人、众多成果，其思想创造影响广泛而深远。从地域学派视角切入，可以看出此地的学术风格和特点。在这个方面，当代音乐学术界对中国传统音乐学术的研究上学派意识稍显淡薄，甚至阙如，而这恰恰是治学术史和思想史需要重视的，因此，笔者选取地域学派这一视角。

其三，四人都有礼乐思想的表达。因为本书所选四人经学成就很高（尤其精于礼学），而经学里面必定有礼乐问题，谈礼必论乐，乐在礼中，礼依乐行，恰如古人所说，苟能知乐，则于礼为几。为什么呢？"盖礼者理也，乐通伦理故于礼为几，论至于此，则礼乐岂二理哉！"[①]那么，礼学家是怎么看待"乐"的问题的？其意义十分特别。江永对礼乐功能的看待以及雅俗会通的思想有积极的启发意义。汪烜对《乐经》有精深研治，其中有对礼乐的惜护，也透露出新的思想倾向。戴震肯定人欲，反对"天理—人欲"的对立，强调原始儒学、思孟学派，凸显了礼乐中"情"的意义，主张以情代理。凌廷堪主张"礼乐化性"教育，认为学礼即学习经史子集、天文律算、金石地舆、乐律歌舞，学礼复性、礼乐并举成为他的人文理想，主张以礼代理。

其四，四人的礼乐表达有思想史上的价值和意义。首先，将他们的礼乐观念置于中国思想史的大背景下，我们会发现礼乐思想的流动性，乾嘉礼乐与汉代经学思想背景下的礼乐，宋代理学化、心学化的礼乐都有不同而表现为新的面向。而"礼压制乐""乐是礼的附庸与奴婢"的固化认识在戴震、凌廷堪等人这里有着不同的看法，表现出不同的意义。其次，从思想渊源上来讲，乾嘉学人既有主张扬弃理学，从先秦两汉寻找思想资源，以期复归原始儒家的精神内涵的学者，也有企图回复先儒思想，坚持传统礼乐的儒者，汉学和宋学都在这个领域发挥了影响。再次，从四人的思想中

[①] 《钦定四库全书荟要》，(宋)卫湜《礼记集说》。《尔雅》："几，近也。"《礼记·乐记》："知乐则几于礼矣。"意思是，知乐则近于礼，明礼近于知乐。

可以看出自然人性论的问题,也就是说他们的思想中反映了当时的社会深层已然萌发了现代性的因素,用侯外庐的话说"复活了十七世纪清初大儒的人文主义的统绪,启导了十九世纪的一线曙光"①。而这是大不同于前代的新思想,需要我们思考和研究。

因此,选择他们作为研究对象是基于他们深刻的思想创造、独特的思想内涵和在思想史上的价值,这样,或许对于开拓中国音乐思想史的理论视野和思想广度有积极意义。

二、问题的提出

一般而言,中国的传统学术有着自身的发展脉络,清代朴学的产生是基于对宋明理学的反思,理学关心的是个人内在道德修为的成圣境界,注重形而上的思辨和个人的内在心性修养,往往远离经世实践。而清儒大多关心的是如何在经验界重整社会秩序,追求学术的经世致用。清代的一批儒者针对理学的空疏流弊进行反思,形成了一股新的实用思潮,清初顾炎武即提出"经学即理学",认为经学中包含大道理,只有通经方能明理。当代台湾学者张寿安认为自17世纪以来,中国思想上呈现出两个显著特点,一是情欲觉醒,一是礼学复兴。这两点反映了深刻的时代思想变迁和礼乐关系的发展。也就是说,清代的学者不再仅仅关注个人内在的心性修养,而是更注重实践,注重经世致用,在此基础上提倡礼学。从宋明儒的"理学"到清儒提倡的"礼学",虽然一字之差,却深刻地表现为从哲学形态到社会学形态的转变,从形而上的哲理运思到形而下的人伦日用的转变,从概念式的探讨到具体规范的转变。

清代中叶即乾嘉时期是清代学术文化繁盛的时期,主要表现为考据学即所谓"朴学"的兴盛。学界曾有一种观点认为:清代朴学学术无思想性可言。如梁启超曾言:清代考证有学术无思想,"为考证而考证,为经学而治经学"②。胡适也言:"清朝的二百七十年中,只有学问,而没有哲学;只有学者,而没有哲学家。"③ 与此类似的"有考据无义理""有考据而无经世""为学问而学问""为考据而考据"的传统观点

---

① 侯外庐主编:《中国思想通史》第五卷,人民出版社1956年版,第455页。
② 梁启超:《清代学术概论》,上海古籍出版社1998年版,第4—5页。
③ 胡适:《戴东原的哲学》,安徽教育出版社2006年版,第63页。

不绝于耳。那么，清代事实上除了钻在故纸堆里考证，真的没有思想性可言吗？考证的背后难道真的没有新的思想活力吗？考据和义理一定是互不相干的吗？……在笔者的阅读中就发现了有不同的声音存在，比如张寿安说"清代考据背后有深刻的思想企图"①，从而她以新的眼光发现了清人在考证下面蕴藏的思想性。同样的，葛兆光也认为 18 世纪考据学的背后有思想史意义。②那么，进一步追问，清代经学考证下面是否也蕴藏有音乐思想？如果有，其特点为何？清代朴学与汉代经学、隋唐佛学、宋明理学有何关系？清代的音乐思想有什么价值和意义？徐乾学《读礼通考》、江永《礼书纲目》、汪烜《乐经律吕通解》、戴震《七经小记》、凌廷堪《礼经释例》与《复礼》，以及阮元《论语论仁论》《性命古训》等清代礼学著作不胜枚举，都对礼乐典章等问题进行了或礼制考订、或礼例条贯、或礼义阐发等不同层面的解读。通过梳理我们发现，清代经学家中有一股重情、重礼的思想现象存在。即是说，作为显性现象主流的知识考证并不能涵盖一切，在这一显性现象的下面，有非主流的思想建构在暗流涌动。似已定型的所谓清代"有考据无义理""有考证无思想"的说法是不是还需进一步厘清？笔者以为，历史的原本是复杂的，千头万绪的内里不是一种学术形态可以概括的，单一论断也有可能忽视历史的复杂性而使其简单化。

"礼乐"问题是中国传统文化、中国思想史上的核心问题，其地位重要、内涵丰富。作为一种数千年绵延不绝的传统文化，在历史长河中不断吸收交融、传承衍变，也有其自身的发展脉络。而每一个时期的内涵也不一样，各呈现出自身的特色，反映出时代的变迁和思想的演化。我们将其放在大尺度学术视野中，传统礼乐思想在清代是什么面貌？礼—乐关系是否一直是"以礼制乐""以礼抑情""以理制欲""乐服从礼""礼主乐辅"？凡此，皆值得深究和思考。

以上学者的议论几乎都涉及礼乐问题，礼乐制度自西周确立以来，在 2000 多年的历史发展当中，经历了不同的时代，面对不同的社会环境和学术思潮，也一定会呈现不同的面貌，我们今天需要对此有深入细致的分析，而要力图避免教科书式的一般概论。另外，清代的官方礼乐制作一方面延续明代的制度，另一方面有新的改造，与

---

① 张寿安：《以礼代理——凌廷堪与清中叶儒学思想之转变》，河北教育出版社 2001 年版，第 3 页。
② 参见葛兆光《思想史研究课堂讲录续编》，生活·读书·新知三联书店 2012 年版；[美]艾尔曼《从理学到朴学——中华帝国晚期思想与社会变化面面观》，赵刚译，江苏人民出版社 2012 年版；等等。

此相对应的是民间的各种俗乐、戏曲的发展繁荣，这些都可与本书形成互动而成为一道丰富的多样态的思想景观。

三、本书的关怀

本书基于中国音乐思想史的整体视角，以史料中发现的问题为线索，以关键人物为个案，并结合音乐思想史的理论与方法对经学家礼乐思想给予诠释与观照。中国音乐思想史的研究讲求大尺度的学术视野及长时段理论，因此本书注意到礼乐思想数千年的历史演化问题。考虑到本书的研究对象都是儒学丰沛、知识渊博的大学者，他们往往涉及极深广的历史学术背景，因此，本书主张将问题置于礼乐学术的内在演进理路加以观照：一方面，上联下引，把先秦两汉时期的礼乐思想带入本书来思考，如孔、孟、荀、《乐记》、《郭店楚简》的言论；同时对两宋时期周敦颐、朱熹、卫湜以及元代陈澔（《礼记集说》）的礼乐思想言说加以观照。另一方面，在整个清代礼乐思想演化的背景下思考具体问题，把清初王夫之（《礼记章句》）的音乐思想、清中期乾嘉学派代表人物江永、汪烜、戴震、凌廷堪的诸多论乐著作里表达的思想与清后期朱彬（《礼记训纂》）的礼乐思想联系起一个历史链条，注重在某个社会阶层具有一定共通性和普遍性的音乐观念。比如清中叶的文人普遍关注礼的社会实践层面，而抛弃理学的空虚玄谈，进而企图建立起合理的社会道德和社会秩序等问题。

本书的研究方法，建立在中国音乐思想史方法论的基础上和个案化的取样策略。首先，中国音乐思想史的研究讲求"长时段理论"及"整体的综合研究"，"礼乐"问题可以置入漫长的历史流变中进行观察，看其内部的"礼与乐""情与乐""礼与理""理与情"等的内在关系如何演变，进而认识其在不同时期的特点和内涵。无可否认的是，中国古代知识重"通"，中国音乐思想史的事实是跨界作业，江永、汪烜、戴震、凌廷堪等都是通哲学、天文、地理、政治、历史、文学、音乐学的儒者。在古代，著名经学家几乎没有不涉及礼乐问题的，谈礼也必然涉及乐，论乐不能不言及礼。古代礼乐涉及政治、哲学、伦理、历史、文艺、术数、美学等，反映了中国文化中"普遍联系的世界观"①，所以本书基于中国音乐思想事实需采取综合的研究。

其次，最为重要的是，人文学科的研究一般方法论对笔者的启发，即历史与逻辑的统一。这一方法论，一方面需要建立在"连续性"和"关联性"的基础上，礼乐活动和礼乐思想的连续性，不同时代礼乐活动和礼乐思想的关联性，带来了本书的历史流动性认识；另一方面是基于礼乐问题的"专题性"，它虽然与音乐史、文化史和中国政治史、伦理学史密切相关，但是究竟是音乐史和思想史的专门领域，而本书涉及的清代中期礼乐思想尤其是在乾嘉时期的朴学中，这一礼乐文化专题的特点必须在逻辑上能够与礼乐文化的历史流动性特点一致。

本书的意义和创新点在于：

其一，梳理礼乐在乾嘉时期的基本面貌、特点和脉络，考察其内涵、影响、意义。拓宽乾嘉学术乃至整个清代学术的研究领域，丰富清代音乐学术的研究。以往的清代音乐思想研究并未涉及此一论题，本书的研究可以为清代音乐研究、清代音乐思想研究提供新的视野和材料。

其二，揭示乾嘉朴学家对礼乐的认识，探究考据与义理的关系问题，阐释礼乐与情以及理欲、礼理的关系问题。《郭店楚墓竹简·性自命出》中说明礼乐与情有着发生学意义上的关系，甚至"'情'是礼、乐的文化原型"②，本书中涉及对人的自然情欲的肯定，凸显了自然人性论的问题。凡此，都说明情在礼乐关系中的重要性，值得研究。

其三，考察儒学地域化性格问题。因为江永、汪烜、戴震、凌廷堪是徽州学派的一脉代表，思想上有承传递进、吸纳创新等特点。作为地域文化的徽学，其内容主要有新安理学、徽派朴学以及徽商、书院、礼俗、民居、戏剧、版画、篆刻等方面，产生了众多学人和学术成果，是12—18世纪中国传统学术文化的典范之区。③本书以徽州学派为中心，以学派为视角来观照儒学的思想性格问题。

其四，尝试对音乐学术界历来认为的"礼压制乐""礼主乐辅"的认识提出再认识，证明礼乐关系的历史流动性呈现史学中"长时段"发展的特点。将乾嘉时期的礼

---

① 罗艺峰：《中国音乐思想史五讲》，上海音乐学院出版社2013年版，第19页。
② 罗艺峰：《中国音乐思想史五讲》，上海音乐学院出版社2013年版，第267页。
③ 参见周晓光《徽州传统学术文化地理研究》，安徽人民出版社2006年版；杨念群《儒学地域化的近代形态——三大知识群体互动的比较研究》，生活·读书·新知三联书店2011年版；等等。

乐思想研究作为一个时段，以江永、汪烜、戴震、凌廷堪这四人的礼乐思想为对象，探讨考据背后的思想企图和经世目的。本书虽限定在乾嘉时期，但礼乐问题的触角则可以远追先秦，下及清末，这期间，"礼乐"思想的前承与后续，演变与坚持，都不是一个概论式判断所能够解决的。本书将其置入长时段的历史长河中进行观察，将学术史、音乐史与音乐思想史有机结合，思考礼乐思想在乾嘉时期的不同面向，以证明礼乐关系在历史上呈现一个动态的发展过程。

总之，礼乐问题内涵丰富，在漫长的历史发展过程中，与其在不同时期的社会变迁、哲学基础等密切相关。因此，笔者认为研究礼乐思想，需要从整体上把握其历史脉动和内在规律，对礼乐的发生、发展、变迁持以动态的观照。需要特别强调的是，本书以历史事实为基点，注重所涉问题的时间连续性及政治和文化发展的不同步性，尽力做到具体问题具体分析，即"具体的解悟"。本书并非对清代礼乐的律调谱器等音乐形态层面的研究，而是以江永、汪烜、戴震、凌廷堪所论述的"雅与俗""礼与理""礼与情""情与乐""理与欲"等问题为中心，展开清中叶的礼乐思想探讨，以"长时段，个案化"的方法论，从观念层面对礼乐问题在清代的面貌进行学理分析，期望探寻礼乐问题在漫长的历史中呈现为一个动态的、演化的历史过程。

四、研究现状综述

（一）关于江永、汪烜、戴震、凌廷堪研究的综述

据笔者检索，关于四人的研究分为文本资料整理出版、研究性著作、论文（包括学位论文）。涉及领域有：关于江永，有乐律学研究、音韵学研究、易学研究、教育学研究等；关于汪烜，有乐学研究、音乐美学研究、文学研究、地理研究；关于戴震，涉及考据学、义理学、易学、文字学、人性论、诗经学、哲学、治学方法等领域；关于凌廷堪，涉及乐律学、戏曲学、礼学、伦理学、西学。目力所及，难免遗珠，兹就研究大要略加梳理，分述如下：

1. 关于江永

著作整理有：《礼记训义择言》（中华书局 1985 年版）、《四声切韵表》（中华书局 1985 年版）、《古韵标准》（中华书局 1985 年版）、《周礼疑义举要》（中华书局 1985 年

版)等,《河洛精蕴注引》(华夏出版社 2006 年版)、《河洛精蕴》(学苑出版社 2012 年版)等。

乐律学研究涉及其《律吕阐微》研究、乐律学思想研究,如李一俊的《江永〈律吕阐微〉整理与研究》(硕士学位论文,中国艺术研究院,2009 年)、李红的《江永乐律学思想初探》(硕士学位论文,东华大学,2012 年)、石林昆的《论江永对朱载堉乐律学思想的继承与进一步实证研究》(《中国音乐学》2012 年第 4 期),等等。

礼学思想研究涉及《周礼疑义举要》《礼书纲目》,如徐到稳的《江永反朱思想及其对戴震的影响——基于新见文献〈昏礼从宜〉的研究》[《云南大学学报(社会科学版)》2013 年第 3 期]、丁进的《江永〈周礼疑义举要〉初探》[《安徽农业大学学报(社会科学版)》2013 年第 1 期]等。其他研究还涉及其教育思想研究,如黄曦的《试论江永的教育思想》(《巢湖学院学报》2004 年第 6 期);易学思想研究,如乔宗方的《江永易学思想研究》(博士学位论文,山东大学,2010 年);音韵学研究,如李开的《论江永的审音方法及其在古韵分部中的应用》(《徐州师范大学学报》2004 年第 1 期)等。其他如林存阳的《汪绂与江永之书信往还》(《徽学》第六卷,安徽大学出版社 2010 年版)等。当代著述方面,蔡仲德的《中国音乐美学史》对江永《律吕新论》思想有涉及,修海林的《中国古代音乐美学》对其音乐美学思想有涉及。

以上关于江永的研究涉及面较广,但是从礼乐思想角度的研究还较薄弱,其《礼书纲目》中有重要的礼乐思想表达,且在当时有重要影响,因此还有研究空间。

2. 关于汪烜

目前学界关于汪烜的研究成果并不多。《清史稿》《续修四库全书》有其生平、著作的记载,余龙光的《双池先生年谱凡例》[1]、支伟成的《清代朴学大师列传》[2]都提到汪烜,近人李帆的《清代理学史》、汤一介主编的《中国儒学史》等都简单提及汪烜,都是将其作为清代的理学家看待。

其他学科领域有:张志娟的《清代汪绂〈山海经存〉简论》(《文化遗产》2013 年第 3 期);刘颖的《清汪烜〈诗韵析〉研究》(硕士学位论文,福建师范大学,2010

---

[1] 余龙光:《双池先生年谱凡例》,载《双池先生年谱》卷首(《北京图书馆藏珍本年谱丛刊》本),北京图书馆出版社 1999 年版,第 375 页。
[2] 支伟成:《清代朴学大师列传》,上海泰东图书局 1925 年版,第 137 页。

年）；徐喆的《汪绂及其散文研究》(硕士学位论文，南京师范大学，2014年)；倪清华的《汪绂及其学术地位考辨》(《黄山学院学报》2011年第4期)；林存阳的《汪绂与江永之书信往还》(《徽学》第六卷，安徽大学出版社2010年版)。

音乐学领域有：蔡仲德的《中国音乐美学史》对汪烜的《乐经律吕通解》的音乐美学思想进行了研究；修海林的《中国古代音乐美学》中对汪烜的《乐记或问》《乐教》《立雪斋琴谱》的音乐美学思想进行了简单分析；修海林的《明清时期的音乐教育思想》中对汪烜的乐教思想进行了探讨［《音乐艺术（上海音乐学院学报）》1998年第1期］；杨居让的《难得的清〈乐经律吕通解〉重订稿本》，对版本和史料价值给予肯定(《收藏》2014年第23期)；黄敏学的《汪烜乐学著述及其音乐思想述评》对汪烜的音乐思想来源特点和局限进行分析(《天津音乐学院学报》2009年第2期)，以上所论都有继续开掘的空间和必要。

我们知道，汪烜的著述多达200卷，但今天的研究成果却很少，不仅与戴震研究和凌廷堪研究形成较大反差，也与汪烜本人的学术成就颇不相称。

3. 关于戴震

戴震的思想在中国思想史上占有重要地位，20世纪以来，学术界对戴震的研究产生专著、论文多部（篇），这些成果从多层面、多视角对戴震的哲学思想、考据训诂、天文历算、文学历史、学术影响、历史地位等进行了深入全面的探讨和研究，取得了丰硕的成果。其中研究著作有：梁启超《中国近三百年学术史》中的"清代学者整理旧学之总成绩"中有对戴震成就的简单说明；梁启超著，朱维铮导读的《清代学术概论》有关于戴震及其科学精神和后学的介绍；民国时期徐世昌等编撰，沈芝盈、梁运华点校，中华书局出版的《清儒学案》有戴震及其作品的介绍；支伟成著，岳麓书社出版的《清代朴学大师列传》内收有清代顾炎武、江永、戴震等人的列传，为我们提供了大量的传记数据，对研究有重要的参考价值；1927年胡适著《戴东原的哲学》一书主要对戴震的哲学思想进行探讨与阐述，介绍了戴东原的哲学、戴东原哲学所产生的反响、戴东原在中国哲学史上的位置，等等；1937年钱穆著《中国近三百年学术史》有对戴震与诸师友的关系以及戴学大要、东原哲学等的论述；1957年侯外庐等著《中国思想通史》(人民出版社)中第五卷有关于戴震哲学思想和戴震学术历史地位的论述。这一时期的论文主要有周辅成的《戴震的哲学》(《哲学研究》1956年第3期)，

1957年周辅成著《戴震》由湖北人民出版社出版；冒怀辛的《关于戴震哲学思想的评价问题》(《江淮学刊》1963年第1期）等文，涉及哲学和教育学两个方面。总的来说，改革开放之前关于戴震的研究较薄弱，视野、方法和论域都较窄。

改革开放以来，戴震的研究取得了丰硕的成果，主要包括戴震文本资料的整理、研究专著的出版、文章的发表增多以及研讨会的召开等。比如文本资料整理有：赵玉新点校，中华书局1980年出版的《戴震文集》；叶光立主编，清华大学出版社1991年出版的《戴震全集》(共6册）；张岱年主编，黄山书社1994—1997年出版的《戴震全书》(共7册）；2009年上海古籍出版社出版的《戴震集》等，都为戴震的深入研究提供了便利条件。

这一时期有关戴震研究的著作有20余种，尤其是进入21世纪，成果逐步增多。大致包括：1980年王茂著《戴震哲学思想研究》由安徽人民出版社出版，该书是有关戴震哲学及其学术思想研究的专题性著作，主要论述了戴震哲学的内容、性质等。1992年匡亚明主编的"中国思想家评传丛书"之李开著《戴震评传》由南京大学出版社出版，全书主要探讨了戴震的治学方法和哲学思想，对其思想产生的背景、特点和成就进行介绍。1994年杨向奎主编，齐鲁书社出版的《清儒学案新编》(共8卷）第五卷中有戴震学案。1997年周兆茂著《戴震哲学新探》由安徽人民出版社出版，该书对戴震的早、中期哲学思想进行考察，并探讨其哲学思想的演变过程。1997年申笑梅、张立真著《独树一帜——戴震与乾嘉学派》由辽宁人民出版社出版，此书讲述了戴震的童年、求学访友、学术特点等。2000年李宗桂主编"大思想家与中国文化丛书"之许苏民著《戴震与中国文化》由贵州人民出版社出版，本书是一本研究戴震思想及其与中国文化近代转型之关系的专著。2006年蔡锦芳著《戴震生平与作品考论》由广西师范大学出版社出版，此书以一些有争议的问题，如戴震的背师问题、戴震与钱载的交恶、戴震反理学思想的成因、戴震校《水经注》问题、与钱大昕的交往、戴震的义理成就、与彭绍升的辩论等作为考察对象。2010年胡槐植著《前清学者第一人：戴震》由中国文史出版社出版，该书叙述了戴震勤奋治学的一生。他是皖派经学的代表人物，其著述宏富、治学广博而专精，于天文历算、训诂音韵、文献考证、历史哲学等多有涉猎，是百科全书式的大学者。2007年徐道彬著《戴震考据学研究》由安徽大学出版社出版，书中涉及戴震考据学的特点、成就、方法、思想等方面。2012

年王智汪著《论戴震与荻生徂徕》由黄山书社出版，书中涉及戴学和徂徕学的人性论以及方法论的比较等。龚书铎主编《清代理学史》中有戴震义理学的基本介绍。姜广辉主编《中国经学思想史》中有对戴震治学方法、成就及义理学思想的研究。2014年李畅然著《戴震〈原善〉表微》由北京大学出版社出版，该书全面分析了戴震《原善》与《孟子字义疏证》的交互演进进程，进而勾勒出戴震哲学的脉络。张立文著《戴震哲学研究》于2014年由人民出版社出版，作者以问题意识出发，从"天理论、天道论、天性论、人道论、心知论"几个方面对戴震哲学进行深入而系统的剖析，进一步厘清了戴震在中国思想史上的地位和影响。另外还有1984年祁龙威、华强著《戴震》（"中国历代名人传丛书"）由江苏古籍出版社出版，1999年方利山、杜英贤著《戴学纵横》由中国文联出版社出版，2015年吴根友、孙邦金等著《戴震、乾嘉学术与中国文化》由福建教育出版社出版等。

台湾学者的研究如：丘为君著《戴震学的形成：知识论述在近代中国的诞生》2006年由新星出版社出版。作者探讨了中国文化的现代转型与清代思想主流考证学之间的关系。刘昭仁著《戴学小记——戴震的生平与学术思想》2009年由台北市秀威资讯科技股份有限公司出版。该书对戴震的文学经学、天文历算、地理方志、语言文字、义理考据等方面进行了详细的论述。林庆彰、张寿安主编《乾嘉学者的义理学》（上、下册）2003年由文哲研究所出版，该书是乾嘉学派研究的论文集。刘锦贤著《戴东原思想析论》2009年由花木兰文化出版社出版。林文华著《戴震经学之研究》2008年由花木兰文化出版社出版。郑吉雄著《戴东原经典诠释的思想史探索》2008年由台湾大学出版中心出版。

海外的戴震研究如：村濑裕也著，王守华等译《戴震的哲学——唯物主义和道德价值》1996年由山东人民出版社出版。作者指出，戴震不仅是中国近世哲学史上的一个高峰，还将进入"世界哲学史"，其光辉的思想结晶毋庸置疑，对戴震唯物主义哲学和道德价值观给予很高评价。余英时著《论戴震与章学诚——清代中期学术思想史研究》2012年由生活·读书·新知三联书店出版，作者从学术发展演变的内在理路入手，对戴震、章学诚的学术特点做了分析和解读。

戴震研究的论文方面，涉及哲学、考据、文献、教育、历史地理、天文算学等领域。篇幅所限，不再一一叙述。

综上，新时期关于戴震的研究取得了丰硕的成果，呈现新的态势，但泛泛之谈亦不少，有些领域的研究系统化还需要加强，从音乐学、音乐思想史角度对戴震进行研究的成果明显不足。众所周知，礼学内涵极为丰富，在中国，经学家几乎没有不涉及礼乐问题的，戴震思想从自然人性论视角对礼学、理学的深刻论述，涉及近世"情感哲学"的问题，其研究可能涉及音乐美学，然而也很少见有学者涉足。

4. 关于凌廷堪

20世纪研究成果较少，侯外庐和张岂之主编的两部大著《中国思想通史》（人民出版社）及《中国思想史》（西北大学出版社）中都未有凌廷堪的踪影，也许作者认为凌廷堪不是思想家。钱穆的《中国近三百年学术史》有对凌廷堪的概述性介绍，梁启超的《中国近三百年学术史》中的"清代学者整理旧学之总成绩四"之"乐曲学"中有对凌廷堪乐律学成就较为详细的总体概括，民国时期徐世昌编撰《清儒学案》中有对凌廷堪的介绍。

进入21世纪，成果逐步增多。龚书铎主编的《清代理学史》中有凌廷堪"以礼代理"思想的基本介绍。姜广辉主编的《中国经学思想史》中对凌廷堪的礼学形成历史背景以及礼学观点和研究方法有较为全面的介绍。台湾学者张寿安的《以礼代理——凌廷堪与清中叶儒学思想之转变》是近年出现的凌廷堪礼学研究的专著，在学界屡获好评。有关凌廷堪资料和文本的整理，1998年中华书局出版了王文锦点校的《校礼堂文集》，2009年黄山书社出版了纪健生点校的《凌廷堪全集》，都为凌廷堪的深入研究提供了条件。此外，2007年广陵书社出版了王章涛的《凌廷堪传》，2009年云南教育出版社出版了刘舫的《大家精要·凌廷堪》。同时，期刊论文、学位论文等都有不少成果面世。主要有：吕畅的《〈燕乐考原〉研究》（硕士学位论文，上海音乐学院，2008年），谢婧的《凌廷堪〈论曲绝句〉研究》（硕士学位论文，集美大学，2014年），李富侠的《凌廷堪〈礼经释例〉研究》（硕士学位论文，安徽大学，2013年），靳晓冰的《凌廷堪词研究》（硕士学位论文，安庆师范学院，2013年），郭金标的《凌廷堪的史学思想》（硕士学位论文，淮北师范大学，2013年），王湉的《清中叶儒学思想转变背景下的礼乐思想》（硕士学位论文，西安音乐学院，2007年），王安潮的《凌廷堪〈燕乐考原〉的历史研究》（《文化艺术研究》2012年第2期），陈居渊的《凌廷堪倡导复归古代礼学思想新探》（《孔子研究》2007年第6期），等等。

音乐学术界，蔡仲德的《中国音乐美学史》和修海林的《中国古代音乐美学》、《音乐美学通论》(修海林、罗小平)中都没有凌廷堪的音乐思想。音乐史学著作，如杨荫浏的《中国古代音乐史稿》、金文达的《中国古代音乐史》等多不提凌廷堪，最多捎带涉及一下其乐律学问题。总体而言，学者对凌廷堪的观点意见不一。王光祈的《中国音乐史》有对凌廷堪《燕乐考原》的批评，王子初的《凌廷堪〈笛律匡谬〉述评》亦批评了其乐律学思想和某些错误。陈应时教授认为："他只是一位文史家而不是乐律家，故所录古书中所谈的乐律，他不一定全懂……他还不知道古代以'结声''杀声''煞声''住字'为代表的'调式'为何物。"[①] 李玫研究员也说凌廷堪"并不懂音乐，所发言论多有错误……"[②] 等，与凌廷堪乐律学"四宫七调"研究相关的是对二十八调中的"七宫四调"系统的不同认识，引起了学界的研讨，与此相关的是郑译、万宝常的八十四调，苏祗婆的"五旦七调"等理论，音乐学家杨荫浏、黄翔鹏等都有专论发表。[③] 港台地区也有对凌廷堪的研究，多独到新颖的解读。总之，目前学术界关于凌廷堪的研究取得了一定的进展，对其乐律学、礼学、戏曲学的认识也有不少独到、深刻的见解。其他方面的研究涉及凌廷堪的书法研究、考据研究、义理研究、史学观、西学研究，虽然不乏新见出现，但是比较零散，缺少系统性。

从总体上看，在凌廷堪研究领域中，学界对其礼学研究、乐律研究、治学方法等关注较多，成果显著，有诸多新颖独到的观点产生；对其礼学研究、史学研究、经术辞章研究、中国戏剧史学、曲学研究、数学研究、天文学研究、书法研究、西学研究等领域还可继续深入。将凌廷堪置入大的清代学术史、思想史、经学史等背景下的深入研究还较少。从音乐学、音乐思想角度对凌廷堪进行研究的成果不足，众所周知，凌廷堪为礼学大家，但与礼相关的乐问题、人的自然情欲问题都还需要深入挖掘。

不难发现，今天学界对江永、汪烜、戴震和凌廷堪礼乐思想研究少人问津，而在中国传统里，言礼必及乐，礼乐为一体，只言礼而不言乐，那就缺失了一半。所以江永、汪烜、戴震、凌廷堪的礼乐思想研究领域有极大可开掘的空间。

---

① 陈应时：《中国乐律学探微》，上海音乐学院出版社 2004 年版，第 173 页。
② 李玫：2006 年中央音乐学院博士后工作报告《有关"燕乐二十八调"的历代文献梳理及实证研究》，第 218 页。
③ 相关成果可参见郭树群等编著《中国乐律学百年论著综录》，华乐出版社 1998 年版；郭树群主编《中国乐律学百年论著综录》(续编)，人民音乐出版社 2008 年版。

（二）关于清代礼乐、俗乐状态的研究综述

关于清代礼乐、俗乐的研究现状，大致包括清代宫廷音乐、民间音乐、道教音乐和其他类型音乐。清代宫廷音乐的研究，涉及内容丰富深广，具体有清代宫廷音乐的本质探讨、宫廷音乐与民间音乐的关系、宫廷乐舞、宫廷音乐用途、宫廷音乐中的乐器乐曲、宫廷燕乐、宫廷音乐机构、宫廷中的西洋音乐等问题，视野宏阔、触角多元。如王美佳的《〈清史稿·乐志〉中的礼乐研究》（硕士学位论文，云南艺术学院，2010年）对《清史稿·乐志》的背景、结构、内容、功能等进行了分析；饶文心的《清代宫廷礼乐中的外来乐器阐释》（《音乐研究》2009年第3期）对清代宫廷中的回部乐、缅甸乐、廓尔喀乐之乐器，主要从译名、乐队编制、形制、演奏功能方面做了梳理和分析；罗明辉的《清代宫廷燕乐研究》（《中央音乐学院学报》1994年第1期）对清代宫廷燕乐的构成、发展沿革、清乐、庆隆舞、蒙古乐、功用等方面进行了梳理。罗明辉的《清代宫廷音乐的政治文化作用》（载《第二届国际满学研讨会论文集》，1999年）从宫廷雅乐的政治象征意义和宫廷燕乐的政治文化作用进行分析，以彰显清代统治者的用意；万依、黄海涛的《清代宫廷音乐》（紫禁城出版社、中华书局香港分局1985年版）一书以文献记载、档案、图片、乐器、乐谱等实物为基础，从"外朝音乐""内廷音乐""乐曲、歌词、律制"和"乐谱选译"几个方面进行了丰富翔实的梳理研究，是较为全面的清代宫廷音乐的研究专著；范子烨的《清代乐府的新变：乾隆时代的蒙古音乐及相关问题》（《乐府学》第八辑，学苑出版社2013年版）从乐府制度视角，考察了清代宫廷中蒙古音乐的相关问题；刘桂腾的《清代乾隆朝宫廷礼乐探微》（《中国音乐学》2001年第3期）对乾隆时期宫廷礼乐道德历史渊源、种类、乐器类型以及礼乐的基本属性进行了阐释。

清代民间音乐研究涉及地方俗曲、戏曲的研究，乐器研究、俗乐与礼乐关系研究、演唱研究、史料研究等。如曾凡安的《礼乐视野下的清代地方官府演剧初探——以直省地区的府厅州县为考察中心》（《浙江学刊》2010年第3期）、《礼乐视野下的清宫剧本三题》[《戏剧（中央戏剧学院学报）》2009年第4期]、《礼乐文化与晚清宫廷演剧的变革》（《文学遗产》2009年第3期）系列论文，从礼乐文化与戏曲、演剧的关系出发，探讨了戏曲史意义、演剧功能、特点等问题。徐元勇的《明清俗曲在说唱音乐中的流变》（《中国音乐学》2003年第4期）通过论述认为，许多明清俗曲在"单

弦牌子曲""四川清音""天津时调"等说唱音乐形式中依然在使用，且具有很强的生命力。他的《中国音乐研究的重要史料——清代笔记》[《音乐艺术（上海音乐学院学报）》2006年第4期]对清代笔记史料文献进行了大致梳理。李颖的《明清唱乐记录的初步研究》（硕士学位论文，福建师范大学，2004年）对明清时期的唱乐进行梳理，对其意义价值进行了分析。杨飞的《乾嘉时期扬州剧坛研究》（博士学位论文，华东师范大学，2006年）对乾嘉时期扬州演剧活动情况、剧目、创作、理论、演员、声腔等方面进行了梳理。张晓阳的《清抄本子弟书工尺谱研究》（硕士学位论文，中央民族大学，2012年）主要从工尺谱考释及子弟书对曲艺音乐的影响两个方面进行研究。汪申申的《清代歌唱理论鸟瞰》[《黄钟（武汉音乐学院学报）》2007年第1期]对清代的代表性唱论著作进行了大致的介绍，其《清代音乐理论管窥》[《黄钟（武汉音乐学院学报）》2002年第1期]对清代音乐理论中的乐律学和音乐美学进行了梳理。关于清代礼乐、俗乐的研究成果还有不少，限于篇幅，不再一一梳理。

总之，以上关于清代礼乐思想的研究，还有继续推进和开拓的空间。

五、相关概念的厘定

（一）乾嘉朴学

在中国学术史上，乾嘉朴学是与先秦子学、两汉经学、魏晋玄学、隋唐佛学、宋明理学承继递进的学术形态，由于其学风朴实无华，主张学术求实、求真，故得名。乾嘉朴学也称为乾嘉考据学，以尊崇汉学为治学宗旨，当时"家家许、郑，人人贾、马，东汉学烂然如日中天矣！"[1]，故又称汉学（考据学），与宋学（理学）相区别。其发端于清初的实学思潮，提倡朴实的考证校勘方法，注重儒学的经世致用功能，以此挽救社会危机，因此朴学的出现不同于以哲学化形态出现的宋明理学，甚至可以说，朴学的出现是对理学的反拨。

明清朝代更迭之际，学者们反思明亡的原因，理学受到质疑和批判。清代学者对宋明理学空谈误国、谈心论性、空疏学风等弊端进行了批评和修正，从此，理学走向

---

[1] 梁启超：《清代学术概论》，上海古籍出版社2005年版，第62页。

末途，一种新的实用思潮悄然兴起。他们提倡崇实黜虚，主张经世致用，努力挖掘原始儒学中的经民济世功能和朴实醇厚的经世内涵。皮锡瑞曾言，清代的朴学"说经皆主实证，不空谈义理"①，正是对这一学派的准确描述。

乾嘉朴学，就治学内容而言，主要以经学为中心，涉及小学音韵、历史地理、天文历算、典章制度、训诂校勘、礼乐律数等领域。就治学方法而言，主要强调无证不立，"无征不信"，重视考证的严谨方法。

关于乾嘉朴学出现的原因，学界并未形成定论，大致有以下几种认识：梁启超的"理学反动"说、钱穆的"每转益进"说、余英时的"内在理路"说等。笔者以为，乾嘉朴学的形成，既有外在的清廷的严酷统治和文字狱的思想环境，还有内在的学术发展逻辑和规律。文字狱固然是朴学产生的一个重要因素，但只从文字狱考察似乎说不通。余英时认为除了外缘因素之外，还有思想史的内在理路，"都是从外缘来解释学术思想的演变，不是从思想史的内在发展着眼，忽略了思想史本身的生命……所以在外缘之外，我们还特别要讲到思想史的内在发展。我称之为内在的理路……"②。不管是"理学反动"说，还是"每转益进"说，抑或是"内在理路"说，似乎都提醒我们进行长时段考察的必要，不能就事论事、就问题论问题，本书涉及的乾嘉礼乐思想也是一样需要长时段考察的。

乾嘉时期，政治上进入所谓"康乾盛世"，社会稳定，为学术繁荣提供了外在条件和环境，加之统治者对学术的提倡和支持，康熙、雍正、乾隆三朝都很重视文化问题，开启了编撰典籍的浩大工程，以极大的人力、物力、财力对儒家典籍进行整理、汇编、刊刻，如《古今图书集成》《四库全书》等就是代表性成果。这一时期，经济上繁荣发达，海内殷富，商业、农业、手工业都取得了长足发展，这些都为学术发展提供了物质条件。学术内在发展理路与时代政治经济、社会思潮也都密切相关、相互交织。总之，乾嘉朴学的兴盛不是单一因素所可能解释得了的，一个学术思潮的出现，总是掺杂着错综复杂的因素，彼此交织、相互作用，对于乾嘉朴学的成因，我们也只能综合地考察，全面地分析，将外在因素和内在理论结合起来看待之，如此，方能客观准确地认识它。

---

① 皮锡瑞：《经学历史》，中华书局1959年版，第341页。
② 余英时：《论戴震与章学诚》，生活·读书·新知三联书店2012年版，第325页。

乾嘉朴学在发展过程中也形成了不同的派别。一般而言，当时主要形成吴、徽两派，两派都宗奉汉学，致力于考据训诂，吴派以惠栋为代表，徽派以戴震为代表。之所以分为两派还在于其治学方法和路径的不同。吴派"凡古必真、凡汉皆好"，徽派求是，突破汉说，"实事求是、不主一家"。徽派还对名物、制度、古文献进行校勘、考证，取得了突破性成就。章太炎认为吴派"其学好博而尊闻"，徽派则"综形名，任裁断"；吴派"笃于尊信，缀次古义，鲜下己见"，徽派则"分析条理，皆全密严瑮，上溯古义，而断以己之律令"[①]。梁启超《清代学术概论》说："正统派之中坚，在皖与吴，开吴者惠，开皖者戴。"[②] 王鸣盛说："方今学者，断推两先生，惠君之治求其古，戴君求其是……"[③] 也道出了两者的不同处，这些特点也与本书所论之江永、汪烜、戴震、凌廷堪有密切关联。

乾嘉朴学是我国传统学术的总结期，也是传统学术向近代学术的转型期，作为中国传统学术形态之一，其内容广泛、方法严密、成果丰硕，在中国学术思想史上意义重大、影响深远。其对2000多年的文献典籍的整理为我们提供了一个思想宝库，同时为保存传统文化做出了可贵的贡献。其训诂注释、比勘文字、辨别真伪、鉴定版本、厘定篇次等治学方法至今仍发挥着重要影响，其所提倡之实证学风和严谨的治学态度都为后来者所借鉴。

（二）徽州学派

一般而言，一个"学派"的成立应具备如下几个条件：在一定的地域，有一定的师承，有相同或相近的学术宗旨与风格，有代表性的成果。而本书所要探讨的徽州[④]学派是三个条件兼而有之的，即地域师承明确、学风宗旨相近、研究成果颇丰。当然，三者相互关联、相互融通而非决然分开。

徽州作为传统文化的一个典范之区，被称为"东南邹鲁"，南宋以来的众多重要

[①] 章炳麟：《訄书·清儒》，后又改为《检论》。
[②] 梁启超：《清代学术概论》，上海古籍出版社1998年版，第5页。
[③] 洪榜：《戴先生行状》，载赵玉新点校本《戴震文集·附录》，中华书局1980年版，第255页。
[④] 当时的徽州包括歙、黟、休宁、祁门、绩溪、婺源六县。

学术人物，大多出自徽州①，产生的著作多达 8000 种②，在当时及其后产生了重大影响。所以，徽州学术是中国学术的一个缩影，从徽州学术可以窥探中国传统学术文化的一个变迁。徽州学派在文学历史、天文律算、典章制度等方面都有深入研究，尤以礼学见称。之所以能够取得如此大的成就以及产生如此广泛的影响力，与其地理环境、文化传承、人文渊薮、经济发展、社会风气、文化积淀等分不开。有清一代，江南地区经济繁荣、文化发达，东南江、浙、徽等地人文荟萃，书院林立、学者辈出，印刷业发达，藏书楼众多，成为清代文化的中心。经济上，江南盐业、农业、手工业、商业、交通运输等迅速发展，使这一地区形成了内陆商业区，经济的发展为学术的繁荣提供了基础和土壤。徽州学派就是在这样的环境中产生的一个清代地域性学术流派。

需要说明的是，在吴派、徽派之后出现了"扬州学派"，笔者以为，扬州学派可视为徽派的一脉。因为徽派涵盖空间旁及江苏扬州等地，学术思想一脉相承，虽有一些创发，但大致思路相似。徐复在《〈扬州学派新论〉序》中认为："扬州学派，从总趋势来说，主要导源于徽州戴震。"③ 扬州学派的代表人物为焦循、阮元、凌廷堪、段玉裁、王念孙、王引之、汪中、任大椿、孙星衍等人，他们或为戴震的入室弟子，或为私淑弟子，或为师友关系，或为同乡后学。所以，从某种意义上来说，徽州学派是以徽州六县为核心，由江永、戴震及其弟子为中心组成的学术研究群体。他们有大致相同的思想宗旨、治学方法、研究重点和学术风格，有基本可以追寻的传承谱系，因此，基本可视为一个学派。

徽派的奠基者为江永，集大成者为戴震。江永（1681—1762），字慎修，徽州婺源人，于考据学、音韵学、礼学无所不通，著有《礼书纲目》《周礼疑义举要》等，培养了戴震、程瑶田、金榜等学人。戴震（1724—1777），字东原，徽州休宁人，是徽派学术的集大成者，在考据、义理方面成就卓著、影响巨大，代表作《孟子字义疏证》《原善》等，在考证训诂的基础上深入地阐发了其政治伦理思想和哲学主张。另外，他在水地、历算、音韵、文字等方面都有重要成果问世。戴震弟子有段玉裁、王念孙等。除此之外，徽派的代表人物还有汪烜、焦循、凌廷堪、阮元等。

---

① 《宋元学案》《新安学系录》《徽州府志》等均有统计和记载。
② 周晓光：《徽州传统学术文化地理研究》，安徽人民出版社 2006 年版，第 3 页。
③ 徐复：《〈扬州学派新论〉序》，《古汉语研究》1990 年第 2 期。

目前，音乐学术界对地域性学派的音乐思想研究还较少。虽然学派的划分可能遮蔽或掩盖学者个人的学术特点及整个清代绚丽多姿的学术风貌，但笔者以为通过对"徽州学派"的研究可以观察礼乐思想在徽州这一特定地域的学术发展及演变情况，从更宏阔的视野审视徽派礼乐思想，或许能将乾嘉学术乃至音乐学术的研究引向新的境界。

（三）礼乐

礼乐是中国文化的主干和核心，礼乐关系是一个既分又合、相互补充、相互依存、相辅相成的关系。就其内涵而言，有广义、狭义之分，如学者罗艺峰所言："广义之礼乐，应该是联系情感、心理的礼教之乐，其功能主要是在治心易俗、善化教育的潜形深层。狭义之礼乐，应该是联系政教、国家的礼制之乐，是社会文化显形制度。"[1]这都昭示了礼乐的内涵不单一，有制度层面、有教化层面、有礼仪层面，有"礼之乐""乐之礼"，不同的表述有不同的内涵，下面进行逐层梳理。

1. 制度教育层面

西周上承远古及夏商以来的文明积淀，在总结前代制度的基础上，制定了一套十分严密的等级尊卑、长幼有序的伦理制度，即礼乐制度。礼乐制度是维护宗法制血缘关系和等级制度的行为规范和精神原则的总称，这一制度的核心是伦理道德，它规定不同级别的人享有不同的政治、社会待遇和音乐待遇，以维护君臣上下、尊卑有序的等级秩序。礼指的是礼仪，包含了等级和宗法制度；乐指的是音乐，包含乐曲、乐队、乐舞的使用和编制。这一时期，乐人辈出，乐器完备，出现"八音"分类法，乐律理论成熟，音乐思想形成。当然，"礼乐"之"乐"与今日之音乐不同，礼乐之乐是包含诗歌、舞蹈、音乐为一体的综合艺术形式，强调道德情感和社会伦理教化作用，今日之乐主要是作为审美意义上的艺术形式。西周的礼乐制度把人分成许多等级，如王、诸侯、卿大夫、士、庶人等，按等级不同进而规定其所使用的相应礼乐规格，以此体现君臣、父子、兄弟、夫妇、朋友等有序关系，不得僭越。究其实，礼乐的目的主要是维护宗法制度以及国家机器和社会秩序的有序运行。

---

[1] 罗艺峰：《礼乐精神发凡并及礼乐的现代重建问题》，《中央音乐学院学报》1997年第2期。

关于用乐情况，无论是从用乐的曲目上还是乐器的规模上都有严格规定。《周礼·春官·小胥》载："正乐县之位，王宫县，诸侯轩县，卿大夫判县，士特县，辨其声。"意思是说，不同等级的人享用不同的乐舞、乐器和乐队规模，乐县（悬）指的是钟磬的悬挂制度。所用乐悬越多说明等级和地位越高，王挂四面，诸侯挂三面，卿大夫挂两面，士挂一面。曾侯乙墓钟磬的出土，符合挂三面的"轩县"之制，印证了这一礼乐制度。类似的记载还有《左传·隐公五年》："天子用八，诸侯用六，大夫四，士二"，佾是舞队的规模，不同级别的人所用规模、形式等都有严格限定，所以，乐中也含有等级制度，礼、乐常常不可分。这一礼乐制度在政治、军事、外交等场合举行的典礼仪式也是按照这样的等级制度来使用相应的音乐，亦不可僭越。如在燕飨、祭祀、朝贺等活动中，都有相应的音乐配合，祭天神"奏黄钟，歌大吕，舞《云门》"，祭地"奏大蔟，歌应钟，舞《咸池》"；宴飨群臣"小雅《鹿鸣》《四牡》《皇皇者华》"等。

周代礼乐制度建立在严密的封建等级制度之上，通过用乐之规模来彰显社会等级和地位的高低。其中，礼与乐相互配合、相辅相成，起到协调人际、维持社会和谐的作用，如《荀子·乐论》所说，"先王导之以礼乐而民和睦"。但是到了春秋末期开始出现"礼坏乐崩"的局面，政权土崩瓦解，社会动荡混乱，礼乐制度随之残败，用乐也不再遵循西周规制，犯上作乱的事情时有发生，等级森严的礼乐制度被不断僭越，以致只能用四佾的卿大夫季孙氏也"八佾舞于庭"，因此孔子发出"是可忍也，孰不可忍也"的慨叹。孔子也就是基于这样的现状才致力于礼乐新秩序的重建，将礼乐注入"仁"的精神内涵。

周代的礼乐制度有一整套的运行机制，如有礼乐机构、礼乐教育、礼乐活动的开展等，周代的大司乐被认为是我国第一所音乐教育机构，其职能主要是掌管音乐教育、音乐表演、音乐行政等。这是一个规模庞大的机构，据载：乐官、乐师数量达1400余人，各司其职、各负其责。《周礼·大司乐》对周代的礼乐教化制度有详细记载：

> 大司乐掌成均之法，以治建国之学政，而合国之子弟焉。凡有道者，有德者，使教焉。死则以为乐祖，祭于瞽宗。以乐德教国子，中、和、祗、庸、孝、友；以乐语教国子，兴、道、讽、诵、言、语；以乐舞教国子，舞《云门》《大

卷》《大咸》《大磬》《大夏》《大濩》《大武》。以六律、六同、五声、八音、六舞大合乐。以致鬼、神、示，以和邦国，以谐万民，以安宾客，以说远人，以作动物。乃分乐而序之，以祭、以享、以祀。乃奏黄钟，歌大吕，舞《云门》，以祀天神；乃奏大蔟，歌应钟，舞《咸池》，以祭地示；乃奏姑洗，歌南吕，舞《大磬》，以祀四望；乃奏蕤宾，歌函钟，舞《大夏》，以祭山川；乃奏夷则，歌小吕，舞《大濩》，以享先妣；乃奏无射，歌夹钟，舞《大武》，以享先祖。凡六乐者，文之以五声，播之以八音。①

这里不仅有教学内容、教学目的，对乐师选拔也都有要求，当时的教育对象主要是王公贵族子弟，需要学习礼、乐、射、御、书、数六种基本技能，也就是所谓的"六艺"。教育内容如《周礼》所载："乐德，乐语，乐舞"，乐德包括中、和、祗、庸、孝、友，其目标重在伦理道德，起到社会教化的功能；乐语包括兴、诵、讽、道、言、语，主要重在诗乐弦歌的学习、吟咏，以配合礼仪；乐舞主要是六代乐舞，即黄帝《云门》、唐尧《大咸》、虞舜《韶乐》、夏禹《大夏》、商汤《大濩》、周武《大武》。除了六代乐舞还有羽舞（祭四望）、帗舞（祭社稷）、皇舞（求雨）、旄舞（祭辟雍）、干舞（祭兵事山川）、人舞（祭祀宗庙或星辰）等"小舞"。学习按春夏秋冬四季有序进行，所谓：

> 凡学世子，及学士，必时。春夏学干戈，秋冬学羽籥，皆于东序。小乐正学干，大胥赞之，籥师学戈，籥师丞赞之。胥鼓《南》。春诵，夏弦，大师诏之；瞽宗秋学礼，执礼者诏之，冬读书，典书者诏之。礼在瞽宗，书在上庠。②

《文王世子》还记载礼乐对人的教化作用：

---

① 《周礼注疏·大司乐》，载（清）阮元校刻《十三经注疏》，中华书局1980年版，第787—789页。
② （清）朱彬：《礼记训纂·文王世子第八》，中华书局1996年版，第314—315页。时，四时各有所宜。学，教学。干、戈、羽、籥，都是舞蹈的道具，干戈为武舞，羽籥是文舞。《南》，南夷之乐。诏，道也。

> 凡三王教世子，必以礼乐。乐，所以修内也；礼，所以修外也。礼乐交错于中，发形于外，是故其成也怿，恭敬而温文。①

《礼记·内则》记载了学习的循序渐进过程：

> 十有三年，学乐、诵诗，舞《勺》；成童舞《象》，学射御；二十而冠，始学礼，可以衣裘帛，舞《大夏》。②

《周礼·大胥》"春入学，舍采，合舞。秋颁学，合声。以六乐之会正舞位，以序出入舞者"等对学习的时间、内容、要求等也都有详细规定。

类似的要求还有很多，如教学上，乐师、乐官有明确的分工，各司其职、各尽其责。

《周礼·乐师》：

> 乐师掌国学之政，以教国子小舞。凡舞，有帗舞，有羽舞，有皇舞，有旄舞，有干舞，有人舞；
>
> 教乐仪，行以《肆夏》，趋以《采荠》，车亦如之，环拜以钟鼓为节；
>
> 凡射，王以《驺虞》为节，诸侯以《狸首》为节，大夫以《采蘋》为节，士以《采蘩》为节；
>
> 凡乐，掌其序事，治其乐政。凡国之小事用乐者，令奏钟鼓。凡乐成，则告备。诏来瞽，皋舞。及彻，帅学士而歌彻，令相；
>
> 飨食诸侯，序其乐事，令奏钟鼓，令相，如祭之仪。燕射，帅射夫以弓矢舞。乐出入，令奏钟鼓。凡军大献，教恺歌，遂倡之。凡丧，陈乐器，则帅乐官。及序哭，亦如之。③

---

① 中，心中也。怿，悦也。
② 《勺》，文舞。《象》，武舞。成童，十五岁以上。《大夏》，禹乐。
③ （清）阮元校刻：《十三经注疏》，中华书局1980年版，第793—794页。

《周礼·乐师》：

> 凡乐官，掌其政令，听其治讼。

《周礼·大胥》：

> 大胥掌学士之版，以待致诸子。
> 比乐官，展乐器。
> 凡祭祀之用乐者，以鼓征学士。
> 序宫中之事。①

《周礼·小胥》：

> 小胥掌学士之征令而比之，觵其不敬者；巡舞列，而挞其怠慢者。②

《周礼·大师》：

> 凡国之瞽矇正焉。

《周礼·磬师》：

> 磬师掌教击磬，击编钟，教缦乐、燕乐之钟磬。

《周礼·钟师》：

> 钟师掌金奏。

---

① （清）阮元校刻：《十三经注疏》，中华书局 1980 年版，第 794—795 页。
② （清）阮元校刻：《十三经注疏》，中华书局 1980 年版，第 795 页。

《周礼·笙师》：

　　笙师掌教吹竽、笙、埙、龠、箫、篪、笛、管，舂、牍、应、雅，以教《祴》乐。

《周礼·鞮师》：

　　鞮师掌教鞮乐。祭祀则帅其属而舞之。大飨亦如之。

《周礼·旄人》：

　　旄人掌教舞散乐，舞夷乐。凡四方之以舞仕者属焉。

《周礼·龠师》：

　　龠师掌教国子舞羽龡（吹）龠。祭祀则鼓羽龠之舞。宾客飨食，则亦如之。大丧，廞其乐器，奉而藏之。

《周礼·龠章》：

　　龠章掌土鼓、豳龠。中春，昼击土鼓，吹《豳诗》，以逆暑。中秋，夜迎寒亦如之。凡国祈年于田祖，吹《豳雅》，击土鼓，以乐田畯。国祭蜡，则吹《豳颂》，击土鼓，以息老物。

《周礼·鞮鞻》：

　　鞮鞻氏掌四夷之乐与其声歌，祭祀则吹而歌之，燕亦如之。

《周礼·小胥》：

正乐县之位，王宫县，诸侯轩县，卿大夫判县，士特县，辨其声。凡县钟磬，半为堵，全为肆。

《周礼·瞽蒙》：

瞽蒙掌播鼗、柷、敔、埙、箫、管、弦、歌，讽诵诗，世奠系，鼓琴瑟。

《周礼·瞽蒙》：

掌《九德》《六诗》之歌，以役大师。

《周礼·视瞭》：

视瞭掌凡乐事播鼗，击颂磬、笙磬。掌大师之县。凡乐事相瞽。

《周礼·瞽蒙》：

大丧，廞乐器，大旅亦如之。宾射，皆奏其钟鼓。鼜、恺献，亦如之。

《周礼·典同》：

典同掌六律六同之和，以辨天地四方阴阳之声，以为乐器。[①]

---

① 以上诸条文献引自（清）阮元校刻《十三经注疏》，中华书局1980年版，第793—798页。

以上都说明了乐师、大胥、小胥、瞽蒙、典同等所分管的相关事宜，对用乐规模、用乐场合、表演过程等都有着详细的规定，且内容丰富，既有汉族的音乐成分也有少数民族的音乐元素，乐器乐歌皆包含在内，体系相当完备，俨然是一套完整的规范化的音乐教育体系。这里对教育的内容、教育的过程、教育的要求以及燕礼、射礼用乐等都有严格的要求，目的是对人从外在行为到内在灵魂进行陶冶、净化、养成。总之，通过礼乐的"入人也深，化人也速"来维持尊卑等级秩序的和谐平衡，保持社会的有序和长治久安。总体来讲，西周礼乐教育与伦理道德教育、政治教育密不可分，合而为一。

礼乐体系当中我们还可进行细分，如雅乐、燕乐等。雅乐主要指祭祀天地神灵祖先、朝会仪礼等国家大典时所用的音乐，比如郊庙宗庙祭祀、宫廷礼仪、军事大典等场合用乐，雅乐的内容主要是六代乐舞、小舞、宗教性乐舞等，其音乐风格是典雅纯正、庄重肃穆、中正平和、曲调简单、节奏缓慢，其以钟、鼓为主，起到道德宣导的作用。《乐记·魏文侯》对雅乐（古乐）的特色和教化功能有详细记载：

> 今夫古乐，进旅退旅，和正以广，弦匏笙簧，会守拊鼓。始奏以文，复乱以武，治乱以相，讯疾以雅。君子于是语，于是道古，修身及家，平均天下，此古乐之发也。[①]

这里对古乐的乐舞队形、乐器使用、音乐演奏等有严格的规定，目的是塑造中正平和的典雅之乐来达到教化人的功效。燕乐主要是燕飨、燕礼音乐、颂乐、房中乐、四夷乐等，有歌颂先王之德，有后妃们在后宫奏唱，歌词大多来源于"颂"，如《诗经》的《周南》《召南》等。形式多样，内容丰富，有歌舞、器乐等。

总之，通过以上梳理，我们可以看出礼乐既有制度层面的含义，也有教化层面的功能，人在礼乐的进退举止、内外兼修中塑造行为、熏陶修为。礼乐教育目的在于涵养人的品质，推行王道教化，而不是为了娱乐。《乐记》："先王之制礼乐也，非以极口腹耳目之欲也，将以教民平好恶而反人道之正也。"[②]《礼记·文王世子》："凡三王教

---

① （清）阮元校刻：《十三经注疏》，中华书局1980年版，第1538页。
② 蔡仲德注译：《中国音乐美学史资料注译》，人民音乐出版社2004年版，第276页。

世子，必以礼乐。乐，所以修内也；礼，所以修外也。礼乐交错于中，发形于外，是故其成也怿，恭敬而温文。"①说明礼乐从内外两方面对人进行塑造、完善。所以，从以上典籍可以看出，古代的"乐"（礼乐）不是作为审美娱乐的所谓"艺术的"音乐，而是"文化的"音乐，参与到教化人、完善人的过程中去，正如同王小盾教授在《中国音乐学史上的"乐"、"音"、"声"三分》②一文中所论，古人对此是有非常清楚的认识的，关于礼乐的意义与功能，举凡宗教信仰、社会生活、个人修养等都是包含在内的，具有丰富的文化内涵和精神品质。

以上可谓礼乐规范，下文梳理思想观念层面的礼乐之道。礼乐规范与礼乐之道密切相关，如果说礼乐规范是现象的话，礼乐之道则是隐含在现象背后的本质。

2. 思想观念层面

一般而言，礼乐包括三个层次：礼制、礼仪、礼义。如前所说，礼乐除了外在的制度教育层面，也有着内在的精神内涵和中国式的人文精神，礼义即礼乐的内在精神内涵，也就是礼乐的本质属性。"在更为广泛的思想文化范围内理解，它并不仅仅是指各种礼仪之制定，或有关礼书及乐舞歌诗之制作，而是指周初由周公所领导的一场制度、文化的建构工作……所谓周公'制礼作乐'，其思想文化根源在于殷周鼎革之际的'精神自觉'，由此引发了'旧制度废而新制度兴，旧文化废而新文化兴'，主要表现在'敬德'思想的提出、天命观念的理性化和宗教礼仪的人文化三个方面。"③

礼乐的思想观念主要表现在对人性人情的安顿。前文已有论述，礼与乐虽有不同却目标一致④，礼乐皆本于人心、本于人情。"礼"致力于外在行为规范，强调的是引导作用，具有制度和准法律的属性；"乐"致力于内在人文精神内涵，强调调和内心和疏导心志，所谓"乐由中出，礼自外作""乐也者，动于内者也；礼也者，动于外者也"（《礼记·乐记》）。"乐和同，礼别异"，但两者往往并行，目标一致，互为目的，乐的实践中也到处可见礼的存在，两者相辅相成，始终保持着相互依存的动态平衡状

---

① 《十三经注疏》整理委员会整理，李学勤主编：《十三经注疏·礼记正义》，北京大学出版社 1999 年版，第 634 页。
② 王小盾：《中国音乐学史上的"乐"、"音"、"声"三分》，载《隋唐音乐及其周边》，上海音乐学院出版社 2012 年版，第 15 页。
③ 祁海文：《儒家乐教论》，河南人民出版社 2004 年版，第 62 页。
④ 在中国古代，"礼"之于"乐"，就如"阴"之于"阳"，"天"之于"地"，内在具有一种难以割舍的亲和性，两者不可分割，礼乐一体。关于此，古今学者多有论述。

态。要言之，礼乐同源，功能有别却旨趣同归，共同成为调整社会关系的一种核心价值观，共同指向人的意义世界，这一人文世界由于孔子仁爱、恭敬精神的注入而显得富有生机与活力，这也就是礼乐的本质与内涵，而这也恰好是礼乐思想观念层面的意义所在。在这里，礼乐不是用来听的，也不是用来看的，而是彰显着内在的道德力量和精神召唤，通贯着人的精神安顿以及人文精神的升华，如此，人由内而外便是和谐的、自信的状态，所谓"和顺积中而英华发外"（《乐记》）。以上所论何以可能？众所周知，乐生于人心，乐的制作源于人情而又以修正人情为旨归，礼乐的人文精神就在于对人的情感的顺应和规范以及对人的精神境界的净化和提升，所以说，礼乐有着人文关怀的自觉。

另外，礼乐的制作以人情为本，但情感是主观的、流动的，有过与不及的问题，因此需要进行调节，使其恰到好处，这个恰到好处就是"中"。何谓"中"？其含义极为丰富，有中心、内、方位、正、合适等含义，《说文》："中，和也。"朱熹《中庸章句》解为："中者，不偏不倚，无过不及之名"，即是说恰到好处、合乎情理就是"中"。何谓"和"？《说文》："和，相应也。"《广雅》："和，谐也。"意为和谐、协调、平和、和睦、适中、恰到好处，等等。古有"和实生物，同则不继"的说法，意思是不同的事物要相辅相成、相互调和，才能发展下去。《礼记·中庸》将"中和"并称："喜怒哀乐之未发，谓之中；发而皆中节，谓之和。中也者，天下之大本也；和也者，天下之达道也。致中和，天地位焉，万物育焉。"[1]意思是人的各种喜怒哀乐的情感不能太过，要符合中庸原则，应该在礼乐的约束规范下进行，大家都遵循"中和"的原则，天地就能各安其位，万物就能生长发育。这里"中和"是对人的行为情感的规定，作为一种行为准则和精神内涵在社会中发挥着教化作用、伦理作用，成为一种核心价值观，这里礼乐的"中和"精神得以彰显。现代新儒家梁漱溟说："儒家极重礼乐仪文，盖谓其能从外而内，以诱发涵养乎情感也。必情感敦厚深醇，有发抒，有节蓄，喜怒哀乐不失中和，而后人生意味绵永，乃自然稳定。"[2] 先秦时期"文化所要理顺的核心问题是人情，是人之好恶，必制礼宜以节制、疏通人心之好恶，以避免好恶

---

[1] （清）阮元校刻：《十三经注疏》，中华书局 1980 年版，第 1625 页。
[2] 郑大华、任菁主编：《孔子学说的重光——梁漱溟新儒学论著辑要》，中国广播电视出版社 1995 年版，第 542 页。

无节而'人化物'的恶果"①。

正如学者所言:"周公'制礼作乐'乃是中国文化的大事,实际就是总结前代文明成就,把'礼'的应用范围从宗教祭祀扩大到社会生活及人伦关系等更广大的生活世界之中,并给予更加制度化、规范化、普遍化的合理安排,从而最终形成了颇有道德规范含义的'礼治'文化传统,发挥了礼治'经国家,定社稷,序人民,利后嗣'(《左传》隐公十一年)——使国家政治和社会生活都进入秩序化的运作轨道的重要作用。"②如前所言,礼乐是一个整体,包含"礼"和"乐"两方面。"礼"表现为外在行为规范,是典章制度;"乐"表现为内在精神秩序,与情感世界相关,而两者往往相互作用、相辅相成,互为表里、互为一体。将具有外在制度规范的"礼"转化为内在精神需求的"乐",人性品质得以陶冶和提升。周公"制礼作乐"的意义是使社会有序,不同的礼乐通过典章制度、仪节规范将社会中的人的关系和等级秩序确立下来,形成尊卑有序、亲疏有别、长幼贵贱各各有序的局面。因此,礼乐是将个人从自然人向社会人生成的过程,使人获得自身规定性的过程,此时礼乐已经成了一种符号,即文明的象征,这里凸显了礼乐所起到的人之为人的教化作用或者说"礼乐化人"的作用。

孔子认识到周公制礼作乐的意义,所以说"郁郁乎文哉,吾从周",表明了孔子对西周礼乐制度的接纳和赞赏。孔子生活的春秋末期是一个"礼坏乐崩"的时期,社会失序、人心惶惶,面对社会失范的危机,孔子以礼乐收拾人心,强调礼乐新秩序的重建,并提出达仁的方法:"克己复礼",以收"仁"的功效,由于"仁"的注入,开辟了一内在的人格世界,是生命根源处的道德理性,即仁,即人之生命的内在世界。③在孔子的观念中,礼、乐常常一起出现,所谓"兴于诗、立于礼、成于乐"(《论语·泰伯》),如果只讲"礼",会有一种强制的冰冷的感觉,而"乐"在教化人的过程中能起到潜移默化的润滑柔性作用,在社会运行中产生对人的春风化雨般的涵化,只有"礼—乐"形成一个双元结构,才可能为和谐的、全面的人的养成提供内在的保障,因此,在中华先哲的认识里,礼乐一体,不可分离,共同作用成就一个完人。如

---

① 金尚理:《礼宜乐和的文化理想》,巴蜀书社2002年版,第34页。
② 张新民:《儒家礼治文化的创造性转化与重建》,载张学智主编《儒学与当代文明:纪念孔子诞生2555周年国际学术研讨会论文集》(卷三),九州出版社2005年版,第667页。
③ 徐复观《中国人性论史·先秦篇》对此问题有深入论述。参见李维武编《徐复观文集》,湖北人民出版社2002年版,第73页。

前所论，孔子将"仁"注入礼乐，使其具有更恒久的生命力，希望人在行礼乐的过程中培育仁的精神，仁是人、己、群等之间的相互感通，表明了对人的终极关怀，具有道德精神内涵，是礼乐的灵魂之所在，以仁统摄礼乐，才使礼乐具有人文意涵。所以先秦儒者充分认识到礼乐的变化气质和人性安顿的作用。《乐记·乐化》载：

> 礼乐不可斯须去身。致乐以治心，则易、直、子、谅之心油然生矣。易、直、子、谅之心生则乐，乐则安，安则久，久则天，天则神。天则不言而信，神则不怒而威。致乐以治心者也，致礼以治躬者也。治躬则庄敬，庄敬则严威。心中斯须不和不乐，而鄙诈之心入之矣；外貌斯须不庄不敬，而易慢之心入之矣。故乐也者，动于内者也；礼也者，动于外者也。乐极和，礼极顺，内和而外顺，则民瞻其颜色而弗与争也，望其容貌而民不生易慢焉。故德辉动于内而民莫不承听，理发诸外而民莫不承顺。故曰："致礼乐之道，举而错之天下，无难矣。"①

这就是先儒对礼乐的设计，将礼乐与天地自然之性，与人心情感导向一秩序和谐的层面，表明了理性化、人文化的设计，所以礼乐的内涵在于此，而非黄钟大吕、干戚羽旄以及玉帛荐献、进退揖让的外在文饰，故《论语·阳货》说："礼云礼云，玉帛云乎哉？乐云乐云，钟鼓云乎哉？"《礼记·乐记》说："是故先王之制礼乐也，非以极口腹耳目之欲也，将以教民平好恶而反人道之正也。"《论语·八佾》说："人而不仁，如礼何？人而不仁，如乐何？"……这里表明了礼乐的外在、内在双重含义，外在是形式规范，内在是精神秩序，在孔子看来，礼乐的实质不是外在的文饰，而是内在的价值内涵，是礼乐中的仁善、恭敬、诚信等品质，这些才是礼乐的要义所在。从以上的梳理可以看出，孔子更注重礼乐所包含的精神意义和价值理念。钱穆谈及中国礼乐文化也涉及其中的自然性情和人文性意涵："中国政治尚礼，礼则本于人之性情，亦富生命性。中国文化乃一种'人本位'之文化，或'人伦化'，乃富于一种'生命性'之文化。"还说："欲求中国音乐之复兴，不当在乐器上求，不当在技巧上求，主要在'人心哀乐之情'上求。有此情，斯生此音。故中国人论'乐'必先'礼'，而

---

① 蔡仲德注译：《中国音乐美学史资料注译》，人民音乐出版社2004年版，第292页。

论'礼'又必先'仁'……音乐亦当和合在文化全体中。"①

总之，礼乐不但具有规范行为、导人向善的功能，还具有秩序协调、陶冶心性的作用，所以"礼"与"乐"相提并论，相互配合，共同起到平衡与调和的作用。《礼记·乐记》："乐者，天地之和也。礼者，天地之序也。"《周礼·地官·大司徒》说"以乐礼教和"，中国礼乐文化里这一对和谐与仁爱的强调，都在昭示着人的主体地位的凸显和人文精神的彰显，可谓"以人为本"，这才是礼乐精神的核心所在。从孔子到孟子、荀子，都对礼乐注入新的思想内涵，从人道主义高度最终确立了一种思想框架，成了一种理想信念，同时更是生活中人事交往、社会运行的行为规范、伦理准则。

要言之，礼乐是圣人依据人心与音乐的关系制定的符合天地自然之道的音乐，它可以起到道德教化、陶冶性情、维护社会的作用，有对内安顿人性、涵养生命，对外移风易俗、治世安邦的功能，有着强烈的人文气息。礼之于乐正如天之于地、阳之于阴，谈礼必及乐，谈乐必谈礼，礼乐一体是为共识，且礼乐具有人文精神和重要社会功用。另外，礼乐表明了圣人对人性、人情的深刻认识，礼乐的制作建立在人之本性之上，礼乐的制作源于情、本于情。总之，礼乐是通达天、地、人的存在，也正是基于这一对礼乐文化的理解，本书主要基于思想观念层面来论述清儒的礼乐思想，涉及礼乐的精神世界、意义世界和价值世界的诸多问题。

---

① 钱穆：《现代中国学术论衡》，生活·读书·新知三联书店2009年版，第106、268页。

第一章

乾嘉时期的时代背景及其礼乐概况

一般而言，乾嘉时期是清代的强盛期，经过乾隆盛世，政治、经济、社会、文化等方面都得到全面发展，呈现出其独特之处。江永、汪烜、戴震、凌廷堪、阮元等经学家生活于这一特定历史时期，其思想也受到当时社会背景的影响，而这些也都会成为其学术思想和音乐思想的触发点。

第一节 乾嘉时代及其音乐概况

一、时代背景：政治、经济、社会、文化

有清一代学术思想之发展，其必不能自外于当时之政治、经济、社会等大的社会土壤。作为中国最后一个封建时代和西学渐入的节点，其政治、经济、思想等领域都萌发出新的倾向。经过清代初期统治者的努力，到清中叶乾隆时期，政治上高度统一，社会安定，经济发展，疆域辽阔，"清代是中国多民族国家的巩固发展时期，祖国的领土大部分在此时奠定"[1]。据《清史稿》载：清代疆域"东极库页岛、台湾及周围群岛，西极新疆、疏勒，至于葱岭，北极外兴安岭，南极广东琼州之崖山。为汉、唐以来未之有"[2]。人民生活基本满足，民族矛盾得以缓解，形成了多民族和谐共处的局面。

由于清朝是少数民族政权，自从其入关后，就吸收历史经验教训，为了政权稳定和社会长治久安，他们积极吸收汉族优秀传统文化，采取传统儒家思想治理国家，保

---

[1] 郑天挺：《清史简述》，中华书局1980年版，第18页。
[2] （清）赵尔巽等：《清史稿·地理》，中华书局1977年版。

留了明朝的政治和社会制度,推行礼乐制度和汉族文化,以理学作为官方思想,任用官员采取"满汉兼用"制度,但其实质仍是以满族为核心,"有清一代,'首崇满洲'始终是清朝的基本统治方针"①。与此同时,统治者为钳制思想、控制言论,还积极推行文字狱,对知识阶层加以警戒,对异心者进行惩罚,乾隆时期尤盛,他们往往或因一个字词的问题而受牵连,或因口不遮掩而获罪,一时文网密布,万马齐喑,这在一定程度上促使大部分知识分子将注意力转向训诂考据,力避祸患。另外,清廷通过科举和修书笼络知识分子,乾隆时期天下太平,经济富足,文人蔚起,政府投入了大量的人力、物力、财力实施了修书工程,《古今图书集成》《四库全书》等都是这一时期的重大成果,其中不免有禁毁、删改,但对中国传统文化之保存也意义重大。以上所有政策与措施,皆为保证清代政权稳定和社会的长治久安。

经济是社会发展的基础,从明代起政府就推行了积极发展商业的政策,使当时的工商业得以发展,尤其明代中后期手工业、商业繁荣,商帮蜂起。明清易代,经济遭到严重破坏,清初期努力整顿恢复,通过一系列改革赋役、鼓励垦荒、兴修水利等措施恢复发展生产,到雍正时逐步好转,财政进一步增加,经济逐步发展繁荣,人口和耕地达到空前规模,至乾隆十九年(1754),全国在册人口达两亿多(205591017)人,乾隆五十一年(1786)全国人口总数达三亿九千多万人②,全国耕地面积在乾隆三十一年(1766)达到7.8亿亩③。其中尤以东南沿海地区的经济发展最为突出,盐业、漕运、河政等高度发达,出现很多大的商业城市,手工业和商业规模空前。总之,到乾隆时期,形成了政治稳定、经济繁荣、社会富裕、人口增加的局面。然而从乾隆末期开始也是清政府由盛而衰的时期,种种弊端开始暴露,经济高度繁荣的同时铺张浪费、奢靡之风亦盛行。这一时期,全国上下大兴土木,铺张浪费皆不可免。乾隆皇帝的多次巡游耗费大量财力、人力,每到一处必是华美奢靡、戏台锦绸、笙笛箫管,这必定造成劳民伤财、怨声载道的现象。及至嘉道之际,行政无能,吏治败坏,贪污盛行,国库虚空,军队战斗力衰退,土地兼并严重,赋税剥削苛重,社会矛盾尖锐,昭示着清廷衰败的迹象。与

---

① 高翔:《五十年来的清史研究》,载张捷夫《清史论丛——1999年号》,河北教育出版社2001年版。
② 《清朝文献通考》卷十九《户口考》一、《清朝续文献通考》卷二五《户口考》一载,是年全国人口391102486人。
③ 以上数据来源于《清实录》《大清会典》《清史稿》《清朝文献通考》等,但彼此间数据有所差异。

此同时，社会风尚和生活观念也发生了转变，当时的扬州经济发达，商品经济盛极一时，一派繁华绚丽、华灯喧嚣、纸醉金迷景象。文人、商人、官员相互往来，商人们既注重商业也注重文化，捐资建立了大批书院，刊刻汇编大量图书，培养了大批文人，汪中、段玉裁、任大椿、王念孙等人就是在这里成长起来的。人们的消费观念也发生了转变，崇尚侈靡、追慕虚荣，生活"竞相奢华""竞趋华奢""增构屋宇、园亭，穷极壮丽"，"男子服锦绮，女人饰金珠"，一味追求物质和精神的高度享受。这种风气由江南波及全国。这种追求是对个人自然天性的肯定，在文学艺术等领域也都得到不同程度的表现，如绘画领域的"扬州八怪"名闻天下，其画风不拘形式，重在个性的抒发，追求个性的解放，豪放、潇洒、清新、绮丽，都在表达着自己的思想主张，彰显着经济高度繁荣时期的文化氛围。这些社会新风尚必然在思想领域有所反映，或隐晦，或曲折，或直白，思想表达离不开社会土壤。这一切的背后都预示着对理学"天理—人欲"对立观的反拨。

另一个重要的背景也需要给予交代，明清之际，欧洲传教士到来的同时也带来了西方的文化，以利玛窦、南怀仁、汤若望为代表的西方传教士带来了欧洲近代自然科学知识，也带来了天文历法、算术几何、地理建筑、音乐美术。一方面是清王朝内部的危机四伏，另一方面是西方自由资本主义的飞速发展。乾隆、嘉庆、道光的腐败无能给西方列强提供了掠夺的机会，清廷内部的腐败无能和帝国主义的侵略交互进行，清政府一时内外交困、大厦将倾，千百年未有之变局正在形成，在这个变局形成的过程中，学术思想也在悄然变化。

就学术而言，清代学术大致可分为三个时期：初期的启蒙和实学以顾炎武、黄宗羲为代表，清中叶的考据学（或称汉学、朴学）以吴派惠栋、徽派戴震为代表，清末的今文经学以庄存与、刘逢禄、龚自珍、魏源等为代表。由于明末社会动荡、形势趋乱，一时土地兼并、农民贫困，世风日下、道德沦落，学者们认为其根源在于学术不正，在于理学的空谈虚举，清初的顾炎武等人针对明之空疏学风进行反思，倡导"以经学济理学之穷"的朴实学风，阎若璩、毛奇龄、胡渭、万斯大、王夫之等成为乾嘉考据学的先声，他们治学以经学为根底，兼及小学音韵、典章制度、金石乐律、天算地理、校勘辑佚等，努力提倡经世致用、实事求是之学，希望回归原始儒家，以挽救理学造成的空疏流弊。他们力避理学的空虚，致力于礼学研究，产生大量礼学研究著作。据统计，清人研究《周礼》的著作约 200 种，研究《仪礼》的著作达 220 多种，研究《礼记》的著作达 260 多种[①]，由此可见礼学在清代所受重视程度，也印证了张寿安的说法，认为清代有"礼学复兴"的思潮[②]。此一学风至清中叶乾嘉时期达到高潮，清代考证之真精神才得以确立，形成了学派，影响较大的有：吴派、徽派各具特色，吴派以惠栋为代表，治学"求古"，好博尊闻，崇奉汉儒；徽派以戴震为代表，治学"求是"，重精审、贵创造。徽派尤以其精核考证和义理阐发立于学界，即戴震所言"由字通词，以词通道"的思路，开辟了考据和义理有机结合的思想创发道路。关于考据学的特色，梁启超有精确概述：

1.凡立一义，必凭证据；无证据而以臆度者，在所必摈。

2.选择证据，以古为尚。以汉唐证据难宋明，不以宋明证据难汉唐；据汉魏可以难唐，据汉可以难魏晋，据先秦西汉可以难东汉。以经证经，可以难一切传记。

3.孤证不为定说。其无反证者姑存之，得有续证则渐信之，遇有力之反证则弃之。

4.隐匿证据或曲解证据，皆认为不德。

5.最喜罗列事项之同类者，为比较的研究，而求得其公则。

6.凡采用旧说，必明引之，剿说认为大不德。

7.所见不合，则相辩诘，虽弟子驳难本师，亦所不避，受之者从不以为忤。

8.辩诘以本问题为范围，词旨务笃实温厚。虽不肯枉自己意见，同时仍尊重别人意见。有盛气凌轹，或支离牵涉，或影射讥笑者，认为不德。

9.喜专治一业，为"窄而深"的研究。

10.文体贵朴实简洁，最忌"言有枝叶"。[③]

总的来说，乾嘉学术是对中国传统文化典籍的整理、研究和总结。通过考据学

---

① 参见李江辉《晚清江浙礼学研究》，陕西人民出版社 2011 年版，第 3 页。
② 张寿安认为中国社会自 17 世纪以来有"情欲觉醒"和"礼学复兴"两股思潮。参见《以礼代理——凌廷堪与清中叶儒学思想之转变》，河北教育出版社 2001 年版。
③ 梁启超撰，朱维铮导读：《清代学术概论》，上海古籍出版社 1998 年版，第 47 页。

的训诂、校勘、辨伪、辑佚等方法,立足当世之务,关心社会,注重经世,在天文地理、历史考古、律吕音韵、典章制度等领域取得了灿然的成就。

二、音乐学术背景:清代礼乐扫描

中国历史上每一朝代的更替,必然伴随新朝代制礼作乐的开始。明清易代,新的王朝也遵循动乱、衰败、调整、兴盛等规律进行新的王朝建设。清代初期社会趋于安定,制礼作乐便提上日程。作为中国封建社会末期的清代,其礼乐制作基本承袭明代的体制,但也有新的元素加入。这一时期的文人音乐、民间俗乐也得到了充分的发展,产生了大量成果,在中国音乐史上影响深远。以上皆可作为本书思考的大的音乐学术背景。

(一)宫廷礼乐

有清一代,宫廷礼乐的体制包括雅乐和燕乐,雅乐主要指宫廷祭祀和朝会所用礼仪音乐,包括郊社、宗庙、朝会、军事大典等场合所用音乐;燕乐主要指燕飨宾客所用音乐。这一时期礼乐的新景象是在汉族礼乐传统的基础上,加入了满族、蒙古族、朝鲜族、回族、藏族,以及廓尔喀、缅甸、越南等少数民族和外国音乐,对以少数民族身份入主中原的满族来说,继承、学习、模仿儒家传统礼乐制度是对儒家文化的认同与接纳,更进一步说是为了利用儒家礼乐文化、礼乐制度所包含的精神意涵规范统治秩序,达到教化人民、稳固政权的目的。但吸收汉族儒家文化的同时又保留诸多满族习俗和民族特性,形成满汉交织并存的礼乐制度格局。"清起僻远,迎神祭天,初沿边俗。乃太祖受命,始习华风"[①]说明了清初的执政方针和方向。

满族统治者武力平定中原以后首先需要考虑的是如何以异族身份获得统治的合法性问题,因此,他们必然要考虑吸纳象征"承天之道,以治人情"的礼乐来取得其政权的合法性、合理性问题,必然要以礼乐文化来笼络官僚集团和文人群体,只有官僚和文人取得文化心理上的认同才能更好地为满族统治者服务。为何要以礼乐文化来彰显其政权合法性?这是一个大问题,简言之,礼乐有着"承天道,治人情"的功

---

① (清)赵尔巽等:《清史稿·志六十九·乐一》,中华书局1976年版,第2732页。

能,包含丰富的精神内涵和价值信仰,昭示着王朝的正统性,包含有治国理政、治世安民的大经大法,以此维护社会的稳定和长治久安。

满族甫一入关,便着手对传统儒家礼乐制度进行吸纳,形成体系化的礼乐制度,有着完备的程序和内容。《清实录》载:"初献奏寿平,亚献奏嘉平,终献奏雍平,彻馔奏熙平,送神奏成平,社稷七奏。迎神奏广平,初献奏寿平,亚献奏嘉平,终献奏雍平,彻馔奏熙平。送神奏成平,望燎奏安平,议入,从之。"① 顺治九年(1652)祭祀孔子,也用了隆重的礼乐典礼,分迎神、初献、亚献、终献、送神五个步骤,分奏《迎神乐》《初献乐》《亚献乐》《终献乐》《送神乐》(清世祖实录卷68 顺治九年九月壬辰),至康熙帝又有增加"迎神奏《咸平之章》、初献奏《宁平之章》、亚献奏《安平之章》、终献奏《景平之章》、彻馔奏《咸平之章》、送神乐《咸平之章》"②。邱源媛在其《清前期宫廷礼乐研究》中对明清之际的祭祀大典、朝会大典用乐情况做了统计,从表1中可以看出"清承明制"的特点。本书在此表基础上有所删减。

表1 明清之际的祭祀大典、朝会大典用乐情况统计③

大典名称				制作时间	有无大乐
明朝		顺、康		顺、康	顺、康
登极仪		登极仪		顺治元年十月	有
朝贺	王、百官、外官朝贺仪 冬至大祀庆成礼 万寿节百官朝贺仪 东宫亲王并妃正旦冬至宫中朝贺仪 圣节正旦冬至王府庆祝仪 圣节正旦冬至天下司府州县庆祝仪	正旦冬至百官朝贺仪	朝贺	元旦朝贺仪	顺治八年	有
		—	冬至朝贺仪	顺治八年	有
		—	万寿节朝贺仪	顺治八年	有
		—	外官三大节朝贺仪	顺治间定	有
		—	太皇太后宫三大节朝贺仪	元旦冬至	康熙八年	有
			圣诞节	康熙十二年	有

---

① 《清实录·顺治元年》,中华书局1985年版,第88页。
② 康熙:《钦定大清会典·群祀二》卷六十四礼部二十五"阙里祀仪",第3341页。
③ 邱源媛:《清前期宫廷礼乐研究》,社会科学文献出版社2012年版,第58页。

(续表)

大典名称			制作时间		有无大乐
朝贺	太皇太后朝贺仪 东宫亲王并妃正旦冬至朝贺太后仪	太皇太后圣旦正旦冬至命妇朝贺仪	—	皇太后宫三大节朝贺仪	元旦节	顺治八年	有
		—	—	冬至节	顺治八年	有
	皇太后圣旦正旦冬至命妇朝贺仪	—	圣诞节	顺治十四年	有
	中宫朝贺仪	中宫正旦冬至命妇朝贺仪	—	皇后宫三大节朝贺仪	元旦节	康熙八年	有
		中宫千秋节命妇朝贺仪	—	冬至节	康熙八年	有
	东宫朝贺仪	东宫正旦冬至百官朝贺仪	—	千秋令节	康熙十一年	有
		东宫千秋节百官朝贺仪	—	无	无	无	无
		东宫妃正旦冬至命妇朝贺仪	—			

清朝初期的礼乐制作是对明代的延续和承接，所谓"稽清之乐，式遵明故"①。他们对礼乐的本质有着清醒的认识，礼乐是政治和文化的符号，有了礼乐制度的继承，就有了政治的合法性。

到清中叶乾隆七十大寿，朝鲜人的记载也说明了清代对明代礼乐制度的继承：

余问："雅乐如何？"亨山曰："概沿前明之制，大朝会用乐工六十四人，引乐二人，箫四人，笙四人，琵琶六人，箜篌四人，篆六人，方响四人，头管四人，龙笛四人，杖鼓二十四人，大鼓二人，板二人。协律郎先期陈悬于丹墀，銮驾将出，云麾仗动，则协律郎举常唱奏《飞龙引》之曲；俟五云驾座，常偃乐止，鸣赞官唱，鞠躬，协律郎唱奏《风云会》之曲，乐作，百官拜叩毕，兴，乐止。和硕亲王升殿，国公阁辅随升，协律郎唱奏《庆皇都》《喜升平》之乐。今其号名虽殊，工器不易，音调无改。"余问："乐工服色如何？"亨山曰："曲脚幞头，红罗生色画花大袖衫，涂金束带，红罗拥顶红结子，皂皮靴。"余问："此似汉儿制度？"亨山曰："否也。雅乐不用绫缎锦绣蟒袍，亦不戴蕃帽。太常雅染凡四等：曰九奏、曰八奏、曰七奏、曰六奏。禁纠淫过凶慢之声。大祀乐生

---

① （清）赵尔巽等：《清史稿·志六十九·乐一》，中华书局 1976 年版，第 3732 页。

七十二人，舞生一百三十二人，先期演肆神乐观太和殿……贵国典乐之官亦当如此也。"①

从这里也可看出，清中叶的礼乐主要是对明代礼乐的继承，但也有完善。

随着政治的稳定、经济的进一步发展、印刷技术的进步，加之统治者的重视，雍正、乾隆时期的礼乐制作有了新的动向，表现在乐律的制作、礼乐活动的开展、乐书的编撰、礼乐机构的调整等方面。书籍的刊刻编制规模宏大、卷帙浩繁，康熙制定了《御制律吕正义》，本书主要以阐述乐律为主，书中集中体现了康熙十四律的音乐思想，但其十四律在音乐学界屡获差评。乾隆时期编撰了《御制律吕正义后编》和《钦定诗经乐谱全书》。《御制律吕正义后编》载有乐器、乐谱、舞谱、乐章等，内容丰富完备。《钦定诗经乐谱全书》仿照《御制律吕正义》体例，将《诗经》中的所有诗篇进行了拟创作，涉及多类乐谱、多种乐器。

礼乐机构方面，遵循明制，顺治设立教坊司、神乐观，《清史稿》载："顺治元年（1644），置教坊司，奉銮一人，左、右韶舞，左、右司乐各一人，协同十人。[以上并正九品。] 俳长无定员。[未入流。] 太常寺神乐观，汉提点一人，[正六品。] 左、右知观各一人，[正八品。] 汉协律郎五人。"②凡祭祀之乐由神乐观司之，设提点、左右知观、协律郎等。雍正七年（1729）将教坊司改为和声署，乾隆七年（1742）进行调整，设立"乐部"，管理一切礼乐事务，下设神乐署、和声署，分别掌管不同的礼仪活动，还对乐舞生进行训练。当时乐部管理者、演奏者共有1038人，规模宏大、种类繁多，形成了体制完备的礼乐体制和机构，其后清朝各代虽有小的变更但无本质区别，基本为后代所沿袭，从礼乐的体制、规模、种类等方面来看都较完备，所以乾隆时期礼乐可谓清代礼乐的典范。

就分类而言，不同的文献有不同的分类。乾隆时期的《御制律吕正义后编》分为"祭祀乐、朝会乐、宴飨乐、导迎乐、行幸乐"五类③。《清史稿·乐志》分为"有

---

① ［朝鲜］朴趾源：《热河日记·忘羊录》，北京图书馆出版社1996年版，第408—410页。
② （清）赵尔巽等：《清史稿·职官一》第12册卷一一四，中华书局1976年版，第3285页。
③ 允禄等奉敕撰：《御制律吕正义后编》，载《四库全书总目提要》第215册，海南出版社1999年版第224页。

中和韶乐……有丹陛大乐……有中和清乐、丹陛清乐……有卤簿导迎乐……又制铙歌法曲……"①。乾隆《大清会典》："凡郊庙祠祭之乐，神乐署司之；殿廷朝会燕飨之乐，和声署司之；宫中庆贺燕飨之乐，掌仪司司之，铙歌鼓吹前部大乐，銮仪卫司之，均隶于乐部。"② 万依、黄海涛著《清代宫廷音乐》将清代音乐分为外朝音乐和内廷音乐，外朝音乐主要是典制音乐，包括祭祀乐、朝会乐、宴飨乐、卤簿乐；内廷音乐既有典制音乐也有娱乐性音乐，包括中和乐、十番乐、娱乐乐、祭祀型音乐、内廷朝会音乐。

总结起来有郊庙祭祀乐、朝会乐、宴飨乐、行幸乐（铙歌鼓吹乐）等，其中《中和韶乐》地位最高、规模最大，有204位乐舞生。以上所列各分类之下还有很多细目和繁杂的规定，从表2中可见一斑。

表2 明清礼乐机构太常寺比较

职能	卿	少卿	寺丞	赞礼郎	学习赞礼郎	读祝官	学习读祝官	博士厅博士	典簿厅典簿	司库	库使	笔帖式	协律郎	司乐
明人数	1	2	2	9	—	—	—	2	2	—	—	2	—	20—39
清人数	2	2	4	30	23	12	8	3	2	1	2	10	—	—

从表2可以看出清代对礼乐建设的重视，规模明显比明代庞大，官职也比较齐全完备，并且有专门培养教育训练的机构，都显示出清代对礼乐的重视程度。所以，从清代的礼乐制度上来讲可谓制度完备，这都与统治者对礼乐制度内涵的认识理解有关。

当然，清代礼乐在继承前朝旧制的基础上，也有新的特点。由于清代是由满族建立的政权，宫廷音乐具有满族色彩，如满族萨满跳神音乐、祭祀满族祖先的音乐，乐器有神刀、神铃、抬鼓、单环鼓、扎板、腰铃等满族乐器，还有满族的乐舞《扬烈舞》《喜起舞》等，表现了满族人的狩猎生活。除了满族音乐元素之外，还有高丽、蒙古族、回族等少数民族，以及尼泊尔、缅甸、越南等国家乐舞的加入。

---

① （清）赵尔巽等：《清史稿·乐志一》，中华书局1976年版，第2732页。
② 乾隆朝《大清会典》卷五十八"乐部"，载《四库全书总目提要》，海南出版社1999年版，第514、619页。

清代对明代礼乐有继承，但比明代更丰富多样，规模更大，加入了大量少数民族乐器，更为活跃，表明清代统治者对礼乐的重视程度。清代前期的统治者都致力于礼乐的重建，尤其是到了乾隆时期达到最大规模。刘桂腾教授对清代尤其是乾隆时期用乐情况进行了统计（表3）。①

表3 《御制律吕正义后编》载宫廷乐器配置

名称		使用场合及用途	乐器配置	卷次
祭祀乐	中和韶乐	大祀与中祀：祭圜丘、方泽、社稷坛、朝日坛、先农坛、历代帝王庙、太庙、文庙、天神坛、地祇坛、太岁坛等	通例：编钟1、编磬1、建鼓1、琴10、瑟4、箫10、笛10、篪6、排箫2、埙2、笙10、搏拊2、柷与敔各1、麾1。歌生10、文舞生64、武舞生64、执节4 文庙：琴6、箫6、笛6、笙6、篪4，余同大祀制。歌生6，文舞生36，不用武舞	卷1、卷26
	庆神欢乐	常祀：祭三皇庙、城隍庙、东岳庙、关帝庙、火神庙等	云锣1、箫2、笛2、管2、笙1、鼓1	卷1、卷37
	卤簿大乐	大祀皇帝出行	龙鼓48、画角24、大铜角8、小铜角8、金4、钲4、龙笛12、杖鼓4、板4	卷1
朝会乐	中和韶乐	皇帝元旦、寿诞、冬至庆贺、平定西陲庆贺；常朝；册尊、尊封等	编钟1、编磬1、建鼓1、琴4、瑟2、箫4、笛4、排箫2、篪2、埙2、笙8、搏拊2、柷与敔各1、麾1。歌生4	卷38
	丹陛大乐	同上	戏竹2、大鼓2、方响2、管4、笛4、笙4、箫2、云锣2、杖鼓1、板1	卷38
	铙歌乐	皇上驻跸黄新庄亲行郊劳	大铜角4、小铜角4、金口角8、金4、锣2、铜鼓2、铙4、小钹2、花腔鼓4、海笛4、云锣4、箫6、笛6、笙6、管6、篪6。司铙歌20	卷41
	凯歌乐	郊劳礼成回銮，随皇帝左右，行进时使用	方响8、云锣4、钹2、杖鼓2、管12、点2、笛4、星2、笙4、箫4、大钹2。司凯歌12	卷41

① 刘桂腾：《清代乾隆朝宫廷礼乐探微》，《中国音乐学》2001年第3期。

（续表）

名称		使用场合及用途	乐器配置	卷次
宴飨乐	中和韶乐	元旦、寿诞、冬至、上元、除夕等筵宴	同朝会乐	—
	丹陛大乐	臣工行礼	同朝会乐	—
	中和清乐	进馔	云锣2、笛、管、笙2、小杖鼓1、手鼓1、拍板1	卷45
	丹陛清乐	进果、进酒	云锣2、笛、管、笙2、小杖鼓1、手鼓1、拍板1	卷45
	庆隆舞	巡酒	琵琶8、三弦8、奚琴1、筝1、节16、拍16；司章13、司抃16	卷45
	世德舞	幸盛京筵宴宗亲	—	卷51
	笳吹	筵宴	胡笳1、胡琴1、筝1、口琴1；司章4	—
	番部合奏	筵宴	筝1、琵琶1、三弦1、火不思1、番部胡琴1、笙1、管1、笛1、箫1、云锣1、二弦1、月琴1、提琴1、轧筝1、板1	卷45
	高丽国俳	筵宴	笛1、管1、鼓1。舞者14	卷45
	瓦尔喀部乐舞	筵宴	筚篥4、阮4	卷45
	回部乐技	筵宴	达卜1、那葛喇1、哈尔扎克1、喀尔奈1、塞他尔1、喇巴卜1、巴拉满1、苏尔奈1。司舞2、舞盘2、掷倒大回子4、小回子2	卷45
	赐宴乐	赐衍圣公、正一真人、文武进士筵宴	鼓1、管2、笛1、笙1、云锣1、板1。歌童5	卷54
	乡饮乐	府、州、县行乡饮酒礼于年高有德者	—	卷55
导迎乐	—	凡用仪仗前导者皆用之	戏竹2、管6、笛4、笙2、云锣2、鼓1、板1	卷57
行幸乐	铙歌鼓吹	车马游幸所至于马上奏之	大铜角8、小铜角8、金口角8、云锣2、龙笛2、平笛2、管2、笙2、金2、铜鼓4、铜点2、钹2、陀螺鼓2、蒙古角2	卷58
	铙歌大乐	—	—	卷58
	铙歌清乐	—	—	卷60

另有《大清会典》载宫廷乐器配置表、《清史稿》载宫廷乐器配置表，所用乐器及思路与《御制律吕正义后编》大致相同。接下来，我们对明、清宫廷所用乐器做一个对比（表4）。

表4　明、清宫廷所用乐器对比

类别	名称 明	名称 清	用途 明	用途 清	乐器配置 明	乐器配置 清
祭祀	中和韶乐	中和韶乐	郊丘庙社	郊丘庙社大中祀	通例：编钟16、编磬16、琴10、瑟4、搏拊2、柷敔各1、埙6、篪4、箫10、龠8、笙8、笛4、应鼓1、麾1。歌工12。文庙：无龠、凤笙、埙4。歌工减为10人，余同	通例：编钟1、编磬1、建鼓1、琴10、瑟4、箫10、笛10、篪6、排箫2、埙2、笙10、搏拊2、柷敔各1、麾1。歌生10。文庙：琴6、箫6、笛6、笙6、篪6；余同大祀制。歌生6；文舞生36
祭祀	文舞、武舞	文舞武舞			乐器同"通例"。文舞生62、武舞生62，舞师2、引舞4	乐器同"通例"。文舞生64、武舞生64，节4
朝会	殿中韶乐	中和韶乐	朝贺	朝会	编钟2、编磬2、应鼓2、箫12、笙12、排箫4、横笛12、埙4、篪4、琴10、瑟4、柷敔各1、搏拊2、麾1。歌工12	编钟1、编磬1、建鼓1、琴4、瑟2、箫4、笛4、排箫2、篪2、埙2、笙8、搏拊2、柷敔各1、麾1。歌生4
朝会	文舞、武舞	—	朝贺	朝贺	乐器同上。文舞生62，武舞生62，舞师2、引舞4	—
朝会	丹陛大乐	丹陛大乐	朝贺	朝会	戏竹2、箫12、笙12、方响2、头管12、笛12、琵琶8、蓁8、二十弦8、杖鼓12、鼓2、拍板8	戏竹2、大鼓2、方响2、管4、笛4、箫2、云锣2、杖鼓1、板1
宴飨	殿廷侑食乐	中和韶乐	驾与至升座毕	节庆凯旋常朝	编钟1、编磬1、琴4、瑟2、箫4、笙4、笛4、柷敔各1、排箫1、搏拊1、埙2、篪2、应鼓1	编钟1、编磬1、建鼓1、琴4、瑟2、箫4、笙8、笛4、柷敔各1、排箫2、搏拊2、麾1、埙2、篪2。歌生4

（续表）

类别	名称 明	名称 清	用途 明	用途 清	乐器配置 明	乐器配置 清
宴飨	丹陛大乐	丹陛大乐	文武百官拜贺	臣工行礼	戏竹2、箫12、笙12、方响2、头管12、笛12、琵琶、二十弦8、蓁8、杖鼓12、鼓2、拍板8	戏竹2、大鼓2、方响2、管4、笛4、笙4、箫2、云锣2、杖鼓1、板1
	侑食乐		侑食	宴飨	箫6、笙6、歌工4	
	迎膳乐	中和清乐	迎膳	—	戏竹2、笙2、笛4、头管2、蓁2、杖鼓10、鼓1、板1	云锣2、笛2、管2、笙2、小杖鼓1、手鼓1、拍板1
	进膳乐		进膳	进馔	笙2、笛杖鼓8、鼓板各1	
	太平清乐	丹陛清乐	进酒进茶	进酒进茶	笙4、笛4、头管2、蓁4、方响1、杖鼓8、小鼓1、板1	云锣2、笛2、管2、笙2、小杖鼓1、手鼓1、板1
	文舞、武舞	—	筵宴	—	笙2、横笛2、蓁2、杖鼓2、大鼓1、板1	—
	队舞 万国来朝	队舞 庆隆舞	大祀庆成大宴	殿廷宴飨	乐器无载	琵琶8、三弦8、奚琴1、筝1、节16、拍16；司章13、司拍16
	队舞 九夷进宝寿星	队舞 世德舞	万寿大宴	筵宴宗亲	乐器无载	同上
	队舞 赞圣喜百花一朝	队舞 得胜舞	冬至大宴	凯旋赐宴	乐器无载	同上
	队舞 百戏莲花盆一鼓采莲		—	正旦大宴	乐器无载	—
	抚安四夷舞 高丽舞		筵宴	筵宴	笛2、头管2、蓁2、琵琶2、水盏、绛子2、拍板2、二弦2。引舞乐工2、高丽舞4	笛1、管1、鼓1。舞者14
	抚安四夷舞 回回舞		四方之乐	筵宴	速回回舞4	掷倒大回子4、小回子2
	抚安四夷舞 北番舞			筵宴	北番舞4	筝1、琵琶1、三弦1、火不思1、番部胡琴1、笙1、管1、笛1、箫1、云锣1、二弦1、月琴1、提琴1、轧筝1、板1
	抚安四夷舞 琉球舞		筵宴	筵宴	琉球舞4	笙策4、阮4

总之，从表4可以看出清代尤其是乾隆时期的礼乐建设状况和所表现出的新景观，除了明制的继承还有满族、蒙古族、藏族、回族、朝鲜族等少数民族音乐，以及缅甸、越南等外国音乐。到乾隆时期礼乐建设达到极盛，开展了一系列活动，音乐机构进行调整，编撰乐书《钦定律吕正义续编》《皇朝礼器图式》《钦定诗经乐谱全书》等，并重视对各种祭祀典礼，对祭器如鼎、簠、簋、笾、豆等的完善整合，达到了清代礼乐文化的全盛时期，成为清代各朝遵照的典范。其中，《中和韶乐》规模最大，人数最多（达数百人），地位也最高，《大清会典》等政书中也有礼乐的专章，有所谓"百年礼乐于斯盛"的赞誉。

清代尤其是乾隆时期对礼乐的大力建设有多重意义：其一，统治者认识到礼乐的内涵和在治国安民当中的意义，为了经民济世和社会长治久安，所以政权甫一稳定便着手礼乐建设。礼乐建设的目的是要回到三代之治，回归"正统"。其二，由于清代是少数民族入主中原，所以这里涉及文化认同和政治合法性的问题，制礼作乐一再昭示自己与历史上的各朝各代一样具有正统性。其三，有清一代，除了官方的制礼作乐之外，还有文人音乐的创作与思考，此即本书所涉及儒家学者礼乐问题的立论、考证和思想。

（二）文人音乐

有清一代，除了宫廷礼乐活动的开展，文人的音乐创作、音乐研究也是值得关注的一个领域。他们的音乐活动背后表达了一种怎样的思想诉求，或传统，或开新，皆可作为我们思考的一个思想背景。

如前所述，随着经济的发展、印刷技术的进步，一些音乐学术论著和曲谱得以汇编，前人流传的唱奏曲谱和理论著作得以保存，一些音乐理论的收集总结，至今成为我国音乐文化的宝库，有重要学术参考价值。这一时期的古琴音乐在前代的积累之上有较大发展，表现在琴谱、琴论、琴曲等方面。值得一提的是，由于清代的琴人增多，风格多样、地域不同而形成了诸多流派。如江苏的虞山派，有《大还阁琴谱》（1673）面世；扬州广陵派，有《澄鉴堂琴谱》（1686）面世；福建的浦城派，有《与古斋琴谱》（1855）面世；四川的蜀派，有《天闻阁琴谱》（1875）面世；广东的岭南派，有《悟雪山房琴谱》（1885）面世，各各呈现不同的表演艺术风格特点。

琵琶谱方面，华秋苹的《琵琶谱》是我国现存最早刊行的琵琶曲谱集，刊行于嘉庆二十三年（1818），以及李芳园的《南北派十三套大曲琵琶新谱》，刊于清光绪二十一年（1895），两本曲谱对传统琵琶曲的保存流传起到了积极的作用，也为后世的学习演奏提供了重要基础。戏曲乐谱《新定九宫大成南北词宫谱》于乾隆十一年（1746）完成，戏曲曲谱集《纳书楹曲谱》成书于乾隆五十七年（1792），这些曲谱都对我国音乐文化的发展传承产生了深远影响，具有重要参考价值。音乐理论类的《律吕新论》《燕乐考原》《乐府传声》等都在音乐史上有重要影响。

乾嘉朴学大家凌廷堪（1757—1809）的《燕乐考原》是研究隋唐燕乐二十八调等宫调体系的学术专著。凌廷堪用严谨的考据学方法对燕乐进行了深入的研究，具有重要参考价值。李渔（1611—1680）是清代戏曲理论家，多才多艺，精通戏曲，著述颇丰，《闲情偶寄》是其戏曲理论专著。他在总结前人研究基础上，对戏曲的演唱、表演、艺术规律、审美原则等进行理论升华，进而提出自己的理论主张，具有美学高度。徐大椿（1693—1772），医学家、词曲学家，通晓音律，长于度曲。其《乐府传声》系统地论述了戏曲的唱腔问题，涉及字、腔，以及论演唱方法、乐曲的审美准则、情感表达等，对后来的戏曲声乐有重要影响。

音乐美学方面，哲学家、思想家王夫之著有《礼记章句》，其中有对《乐记》的理学角度的阐发。经学家、文学家毛奇龄著有《竟山乐录》(《古乐复兴录》)，其中谈到了雅俗、古今等问题，并提倡复兴古乐；思想家李塨的《学乐录》推崇古乐，其思想属于传统儒家音乐思想；经学家、音韵学家江永《律吕新论》《律吕阐微》谈到古乐、新乐、乐律思想以及其审美特点等问题；经学家汪烜《乐经律吕通解》《乐经或问》《立雪斋琴谱》等有对礼乐思想及"淡和"审美观的发表。

清代中叶通俗文艺的社会风尚也发生了新的变化。随着工商业的发展，人们的价值观念也在发生变化，表现在市民文学的蓬勃发展、文人商业化的互动等。随着时代的发展，表达真性情感的通俗文艺得到进一步发展，郑振铎对此有这样的描述：

> 明人大规模的编纂民歌成为专集的事还不曾有过，都不过是曲选或"杂书"的附庸而已。——除了冯梦龙的《挂枝儿》和《山歌》二书之外。但到了清代中叶，这风气却大开了。像明代成化刊的《驻云飞》《赛赛驻云飞》的单行小册，在

清代是计之不尽的。刘复、李家瑞编的《中国俗曲总目稿》所收俗曲凡六千零四十四种，皆为单刊小册，可谓洋洋大观。其实还不过存十一于千百而已。①

郑振铎本人也曾搜集清中叶的流行歌曲 12000 多种，可见当时文艺的发展状况似与今日之流行歌曲的繁盛一样，流行在街巷市井，以通俗浅显的语言和旋律来表达情感、抒发情感。与此同时，由于商品经济发展和市民需求上涨，戏曲的创作、表演、理论研究等都得到了较大发展。乾隆年间，汤显祖的"唯情说"得到进一步的传承，抒发性情的"乾隆三大家"：袁枚（1716—1798）主张性情要真、要有个性，说"诗者，人之性情也"；赵翼（1727—1814）主张文学要创新；蒋士铨（1725—1785）创作了《红楼梦九种曲》，其中的《临川梦》是对汤显祖《牡丹亭》的歌颂，追求个性解放，人的价值和作用被凸显。经学家、戏剧家焦循著有《剧说》《花部农谭》，其中《剧说》辑录了汉唐以来有关曲、剧论述的丰富材料，对戏剧的源流、历史、风格、角色、逸闻趣事等进行考察、记录，为戏曲研究提供丰富材料，有重要参考价值。沈自南《艺林汇考》在陈述衣食住行之外，亦涉及优伶习俗，对戏曲研究有一定价值。

第二节　清代礼乐思想一般面貌与乾嘉学术

清代的礼乐思想除了官方的制礼作乐，也涉及经学家的乐论思想。放眼整个清代礼乐学术，明末清初有王夫之、毛奇龄的乐论，清中叶有江永、汪烜、凌廷堪等人论及礼乐，清后期朱彬、俞樾、廖平等也有礼乐思想发表。对礼乐思想的发展脉络进行梳理，我们发现，礼乐思想始终与时代学术相伴，跃动着灵活的生机。

一、清代礼乐思想概貌

我们对清代礼乐思想面貌稍做扩大，对王夫之、汪烜、江永、朱彬等人的礼乐

---

① 郑振铎：《中国俗文学史》，载《郑振铎全集》第 7 卷，花山文艺出版社 1998 年版，第 606—607 页。

思想进行简单介绍。王夫之（1619—1692），明末清初哲学家，字而农，号姜斋，今湖南衡阳人。少年时期打下儒学基础，十三岁通读十三经；青年时期积极参加抗清运动，后感于大势已去；晚年隐居石船山，故又名王船山、船山先生。其勤奋著述，成果丰厚，后人辑有《船山遗书》。他与顾炎武、黄宗羲并称"清初思想三大家"。

王夫之学术思想博大精深，对传统文化有精深了解，由于他生活于明清交替之际，对宋明理学做了继承与反思，其《礼记章句》《尚书引义》《四书训义》《诗广传》等书中均有对音乐的论述。其《礼记章句》以南宋朱熹思想为依据并注入了自己的理解，以"性体情用"为出发点，对礼乐关系及其本质、礼乐的教化作用、礼乐与性情的关系等进行阐述。

《礼记章句》总评："乐之为教，先王以教国子之本业，学者自十三以上莫不习焉。盖以移易性情而鼓舞以迁于善者，其效最捷，而驯至大成，亦不能舍是而别有化成之妙也……"[①] 这基本是主旨，继承《乐记》的思想，认为《乐记》的主要功用是教化，使人向善，所谓"移易性情而鼓舞以迁于善"。

王夫之还对《乐记》"人心之动，物使之然也"加以评论，说："其曰'人心之动，物使之然'，则不知静含动理，情为性绪，喜怒哀乐之正者皆因天机之固有而时出以与物相应，乃一以寂然不动者为心之本体，而不识感而遂通之实……"[②] 可见，王夫之的诠释从心性论入手，他对"人生而静，天之性也；感于物而动，性之欲也"的阐释也是遵循朱熹的思路，认为人性是有仁德之性的，性体情用，说"人具生理，则天所命人之性固在其中，特其无所感触，则性用不形而静。乃性必发而为情，因物至而知觉之体分别遂彰……"[③] 涉及性情，王夫之基本遵循朱熹的思路，认为性本于人心，性为体情为用，性为情之节度，节情复性。总的来说，王夫之的音乐思想属于传统儒家思想，但带有时代特点，吸收了理学尤其是朱熹的心性理论，应该说，王夫之对传统礼乐观点既有继承又有批判。总体而言，王夫之认为礼乐来自天地自然，"天地以和生万物，以序别群品，其理命于人而为性情，则中和之体具，而礼乐由是兴"[④]，礼乐

---

① （明）王夫之：《船山全书·礼记章句》，岳麓书社2011年版，第887页。
② （明）王夫之：《船山全书·礼记章句》，岳麓书社2011年版，第887页。
③ （明）王夫之：《船山全书》第四册，岳麓书社2011年版，第898页。
④ （明）王夫之：《船山全书》第四册，岳麓书社2011年版，第906页。

中含有仁爱性情,都是自然而然的流露。

汪烜属于清中叶的学者,其礼乐思想虽然是传统儒家的继承,但也有新的思想动向,比如他提出"淡在和上"的观点。汪烜(1692—1759),清代经学家,字灿人,号双池,亦名汪绂,徽州婺源(今江西婺源)人,博综儒经,学识渊博,未入仕途,以教书为生。《清史稿》载:"自是凡有述作,凝神直书。自《六经》下逮乐律、天文、地舆、阵法、术数无不究畅,而一以宋五子之学为归。"[①]江永曾评价其"志高识远,脱然缰锁之外,殚心不朽之业藏名山"[②]。汪烜著书两百余卷,如《易经诠义》十五卷、《春秋集传》十六卷、《参读礼志疑》二卷、《礼记或问》四卷、《读近思录》一卷、《读读书录》二卷、《理学逢源》十二卷、《孝经章句或问》二卷等;涉及音乐的论著有《乐经律吕通解》五卷、《礼记章句》十卷、《乐经或问》三卷;另汪烜精通音律度数,辑有《立雪斋琴谱》,其中有自创琴曲。其《乐记或问》对《乐记》思想进行阐发,同时又有自己的理解;所辑《立雪斋琴谱》也是其"淡和"思想的体现,有一定的意义。同时,他还对乐的本质、功能、雅乐、俗乐,以及乐与政治的关系等进行阐述。

《乐经律吕通解》共五卷。汪烜在卷一的《乐记或问》中认为《乐记》主旨不外"慎所感",强调音乐的正与邪,强调音乐的伦理功能、教化功能,与《乐记》思想相一致。不同的是,他吸收了周敦颐的"淡和"思想,认为:"声律之合亦无不淡且和,此尽人事之和以合天气之和也。二者阙一焉,无以兴乐也……而还即乐之淡且和者,以养人心之和而化其不和,则乐之所以移风易俗也,天人体用一也。"[③]"淡且和"的提出是汪烜对传统礼乐思想的发挥。他还提倡复兴古乐,认为古乐"中正平和",可以起到教化民众、移风易俗的目的。

与汪烜"生同时,居同乡"的另一位大儒是江永。江永(1681—1762),著名经学家、乐律学家、音韵学家、天文数学家,皖派学术奠基者,徽州婺源(今江西婺源)人。江永博通古今、长于考据,在易学、音韵、乐律、教育、天文、历算、地

[①] (清)赵尔巽等:《清史稿·儒林一》,中华书局1977年版,第13152页。
[②] (清)段玉裁:《清代徽人年谱合刊》"与江慎修书",黄山书社2006年版,第131页。
[③] (清)汪绂:《乐经律吕通解·乐记或问》,载《续修四库全书》"经部·乐类",上海古籍出版社2002年版。

理等领域均有重要建树，著述颇丰，尤其精通礼学，著有《礼书纲目》《周礼疑义举要》《律吕阐微》《律吕新论》《近思录集注》《礼记训义择言》《河洛精蕴》《孔子年谱辑注》《群经补义》《仪礼释例》《仪礼释宫谱增注》等。其《律吕阐微》《律吕新论》都是以阐述乐学、律学为主，也有音乐思想的表达，提出了"声音自有流变""俗乐可求雅乐""乐器不必泥古"等观点，对今乐、古乐及音乐中正平和的标准提出了自己的看法。《礼书纲目》仿照朱熹《仪礼经传通解》进行发挥，"参考群经，洞悉条理"，分为八个礼目，吉礼、凶礼、军礼、宾礼、嘉礼、通礼、曲礼和乐，对散见于经、传、群书中有关礼乐制度的材料加以整理、排列、阐释，给出自己的理解。江永以极大的毅力，数易其稿，在40岁终于完成《礼书纲目》。《清史稿·江永传》称他"引据诸书，厘正发明，实足终朱子未竟之绪"[①]，是了解我国古代礼乐制度的重要书目。

清代后期较有影响且在礼乐思想领域有所开掘的学者是朱彬。朱彬（1753—1834），字武曹，江苏扬州宝应人，扬州学派代表人物。他勤于钻研、问学不辍，与王懋竑、刘台拱等相互切磋，渐有所得。著有《经传考证》八卷，《礼记训纂》四十九卷，《游道堂诗文集》四卷等。其中，《礼记训纂》影响最大，是朱彬倾注三十年心血编纂而成的一部巨著，也是他最具代表性的成果。《礼记训纂》对《礼记》中的篇章做了精深研究，他在先贤研究的基础上，以训诂考据为根本训纂方法，并广采各家学说，对吴、皖、扬各派学说大胆征引。其中，《礼记训纂·乐记第十九》中征引汉代郑玄注和初唐孔颖达疏，以及清代王念孙、刘台拱等人的研究成果加以阐释，对《乐记》的功能、乐的雅俗、礼情关系等进行解读，兼顾考据与义理，成为此一时期的经学研究突出代表，在中国经学史上有重要影响。

二、反思理学　回归原典

中国古代思想文化的一个特点就是反思与回归，即每一次新的思潮的兴起似乎都是对前一思潮的反思和对原典的回归，乾嘉考据学也一样，表现为对宋明理学的反思以及对原始儒学的回归。

---

① （清）赵尔巽等：《清史稿·儒林二》，中华书局1977年版，第13188页。

（一）宋学式微 考据兴起

清代学术基本可以分为三个阶段：清初经世致用思潮，乾嘉时期朴学思潮，晚清今文经学思潮。清中叶即乾嘉时期表现为考据学的兴盛，由于其遵从汉代经世的朴实考据学理路，也称汉学、朴学。进入清代，学术界便兴起一股经世致用的实学思潮，顾炎武、黄宗羲首开求实学风。乾隆时期理学已经式微，因此有说："朕命翰詹科道诸臣，每日进呈经史讲义，原欲探圣贤之精蕴，为致治宁人之本。……而两年来，诸臣条举经史，各就所见为说，而未有将宋儒性理诸书，切实敷陈，与儒先相表里者。盖近来留意词章之学者尚不乏人，而究心理学者盖鲜。"[①] 经学家反思明亡原因，他们对理学的空疏虚举、空谈心性学说进行反思与批判，认为理学崇尚心性之学，追求形而上的思辨，不能经世致用，不能对社会风气产生积极影响。在此基础上他们倡导一种能够经民济世的学风，此一学风在清中叶乾嘉时期达到顶峰，形成了清代的考据学。他们摒弃虚理，追求质朴，"徽人居群山中，率走四方经商为活。学者少贫，往往操贱事，故其风亦笃实而通于艺"[②]。关于考据学出现的原因，前文已述，既有外在的政治经济原因，也有学术发展的内在演进规律。清初，高度哲学化的理学基本完成了自己的学术使命，社会现实和内在学术生命呼唤建立新的学术形态，随着理学的式微，一种新的考据思潮兴起，考据学以朴实的文字训诂为基础，以经世致用为目标，目的是起到移风易俗、挽救社会的作用。因此，有学者认为这是由哲学形态转向社会学形态[③]，是一种学风的转变。与此相关的是，对理学的反思催生了朴学的法古倾向，这也就是朴学的批判武器，他们抛弃理学的空疏虚举，返回到原始儒家寻求依归，在方法上也抛弃了理学的抽象思辨转而为朴实的考经证史。

经过考据学者的努力，治经成绩斐然，突出表现在文字音韵、训诂天算、典章制度等方面。如学者所言：

> 以一种相当谨严的科学方法，对于古书中的难字难句训诂名物加以研究。查考各家的异文，寻求原始的出处，参互考订，务其得其真正的意义与根据而后

---
① 《清高宗实录》卷一二八，中华书局1985年版，第876页。
② 钱穆：《中国近三百年学术史》，商务印书馆1997年版，第342页。
③ 台湾学者张寿安先生在其《以礼代理——凌廷堪与清中叶儒学思想之转变》一书中提出此种认识。

已。其范围广泛，举凡经学、史学、地学、子学、天文、历算、金石、文字几于无所不包。结果将我国的古书古史大加补充与整理，对于学术的贡献既深且钜。①

乾嘉时期考据学家除了惠栋、戴震之外还有王鸣盛、钱大昕、翁方纲、段玉裁、任大椿、邵晋涵、汪中、王念孙、王引之、洪亮吉、孙星衍、孔广森、凌廷堪、阮元、朱彬、江藩、程瑶田、焦循等人，他们构成了乾嘉考据学历史上一道亮丽风景。

以上涉及了乾嘉时期学术的基本面貌，此一时期的考据学得到了充分的发展，对我国古籍的收集整理做出了极大贡献，对学术的传承发展亦意义重大，取得了举世瞩目的成就。与此相关的是，一部分学者在考据训诂的同时还兼顾义理的阐发，从考据走向义理。

（二）文本考证 义理建构

到乾嘉时期，朴学一时成为显学，且在全国形成学派，较有影响的是吴派、皖派、扬州学派、浙东学派等。朴学达到鼎盛时期，也是其流弊暴露的时期，其琐碎繁细的考证功夫脱离了为学目的，以戴震为代表的一批儒者在表面的朴学研究中开始了哲学的探讨，即从考据中发掘出义理。

关于考证与义理的关系，或者说学术史和思想史的关系，有学者这样认为：

> 考据并不就是哲学，但乾嘉时代的哲学，不能不从考据中过滤出来，而他们既从经书中滤出哲学，也就不能不是原始儒学，或在原始儒学基础上作出新的理论思维……所以，就二百年的整个发展看，推动考据学前进的是对哲学（义理）的追求，而达到哲学目的的形式与手段，则是考据。②

钱大昕说：

> 有文字而后有训诂，有训诂而后有义理。训诂者，义理之所由出，非别有义

---

① 王家俭：《由汉宋调和到中体西用》，《台湾师范大学历史学报》1984年第12期。
② 王茂、蒋国保、余秉颐、陶清：《清代哲学》，安徽人民出版社1992年版，第6页。

理出乎训诂之外者也。①

而在戴震看来，义理是目的，考据是实现目的的手段，考据和义理两者不可偏废。他主张"由训诂以求义理"和"由字以通其词，由词以通其道"的治学方法和宗旨。"由训诂以求义理"实即由训诂求古经中之义理，因此须通过"以字通词，以词通道"的途径来获得。"义理"需从典章制度和古经之中来求得，治经也是为了探求其中的大道。

> 呜呼！经之至者，道也；所以明道者，其词也；所以成词者，未有能外小学文字者也。由文字以通乎语言，由语言以通乎古圣贤之心志……②
> 治经先考字义，次通文理，志存闻道，必空所依傍……我辈读书原非与后儒竞立说，宜平心体会经文，有一字非其的解，则于所言之意必差，而道从此失。③

戴震主张先从文字上用力，先考证字义，再通文理，进而领会道理，未通文字大道便空无所依，认为六经中含有大道和真理。他说：

> 惟空凭胸臆之卒无当于贤人圣人之理义，然后求之古经。求之古经而遗文垂绝，今古悬隔也，然后求之故训。故训明则古经明，古经明则贤人圣人之理义明，而我心之所同然者，乃因之而明……彼歧故训、理义二之，是故训非以明理义，而故训胡为；理义不存乎典章制度，势必流入异学曲说而不自知。④

意思是说，故训和义理不能分开，舍训诂则义理不可求，舍义理则训诂无所用。总之，训诂考据指的是实证方法，属于事实判断，义理建构指的是价值关怀，属于价值判断，两者关系密切。义理不是凭空而来的，是在经书典籍考证的基础上而得来

---

① （清）钱大昕：《经籍纂诂序》，载陈文和主编《潜研堂文集》卷二十四，江苏古籍出版社1997年版，第13—14页。
② （清）戴震：《戴震集·古经解钩沈序》，上海古籍出版社2009年版，第192页。
③ （清）戴震：《戴震集·与某书》，上海古籍出版社2009年版，第187页。
④ （清）戴震：《戴震集·题惠定宇先生授经图》，上海古籍出版社2009年版，第214页。

的，训诂考据也不能脱离"理义"而单独存在，训诂的目的是探明孔孟圣贤之道，故两者相互依存，不可分割。

在戴震的影响下，一批清代经学家投入义理的阐发中，程瑶田、焦循、凌廷堪、阮元等都是这方面的代表。他们既是乾嘉考据学家，同时又在考据的基础上有新的思想创发，是文本考证和义理建构的突出代表。

第二章

"声音自有流变"——江永礼乐思想研究

儒学发展至清代，文人学者不再仅仅关注个人内在的心性修养，而是更注重经世致用，在此基础上提倡礼学，形成了一股学礼、习礼、重礼的社会思潮。兼具考据和徽派双重角色的江永，在清中期礼学的转型中扮演了重要的角色，为徽派的形成起到了奠基作用，亦有人称江永为慎修学派或徽州学派的开创者。他为清代中后期礼学的发展奠定了基础，在清代礼学史上具有重要地位。

第一节　江永及其思想特点

一、生平及学行

徽派经学大家江永生于儒学世家，6岁便能写下数千言文字，聪慧过人，读私塾时遍求当地藏书之家，遍读十三经。《江慎修先生年谱》载："（6岁时的江永）庭受父训，日记数千言。父奇其敏，以远大之器期之，因以《十三经注疏》口授江永。"[①] 他学而不厌，过目能诵，记忆惊人，无书不读，广泛涉猎，博通古今。后以教书为业，虽穷困却依然孜孜于学术研究，先后在婺源的大畈、江湾，徽州休宁、歙县紫阳书院等地收徒授业。有学者言："盖先生生而好古，而穷不见用于世，则益专其心于远稽遐览，终身乐之无休暇。其于古之制度、名物，必参互而得其据证。先生未之辨明，则其说具载方册之中，而人顾莫之见。……先生存，则颓然一老，力学于深岩绝壑之间，朝士大夫无过而问者。先生没，则斯文沦丧，后生新进，猝有志于学问，于何执

---

① （清）江锦波、汪世重：《江慎修先生年谱》，载《北京图书馆藏珍本年谱丛刊》，北京图书馆出版社1999年版。

经而请业焉？此士之迍邅憔悴，为举世之所不为者，闻先生之卒，不能不溘然流涕以悲也。"① 由此可见江永的治学、精神、思想及学术影响。

中年后的江永精心治学，著书立说，写成影响巨大的《礼书纲目》88卷。晚年，江永已渐从礼学转向文字训诂、音韵、天文、历算等的研究，学术思想日臻成熟，其成就为徽州学派的形成起到了奠基作用，被称为徽派的奠基者、开创者。江永是出入于汉宋之学的典型代表，精通宋学、融通汉学，是宋学转向汉学的关键人物。

作为清代徽州学派的奠基人，江永一生蛰居乡里，闭门潜修，未及闻达，淡泊宁静，与世无争，自称"驰骛名场非素也"，作为一谦谦布衣，为人处世堪称楷模，以"孝、悌、仁、让"为行为准则，曾言："永为人，和易近人处里党，以孝、悌、仁、让为先人多化之。"② 谦虚好学，平易近人，潜心于著述与教学，弟子众多，郑虎文《明经汪肇龙家传》载："传江氏之学者，首推休宁东原戴氏震，歙松麓汪氏肇龙及郑氏牧（郑牧）、程氏易田（程瑶田）、汪氏在湘（汪梧凤）、方氏晞原（方矩）、金氏蕊中（金榜），六七君皆知名。"③ 名震一时者如戴震、程瑶田等。其博通古今、精思善考，在经史、易学、音韵、乐律、教育、天文、历算、地理等领域有重要建树，著述颇丰，堪称积学宿儒，"专心十三经注疏，而于三礼功尤深"④，《清史列传》评价江永之学"凡古今制度及钟律声韵，无不探赜索隐，尤深于《三礼》及天文地理之学"，著有《礼书纲目》《周礼疑义举要》《律吕阐微》《律吕新论》《近思录集注》《礼记训义择言》《群经补义》《仪礼释例》等，多收录于《四库全书》，由此可见，其成果丰硕、质量较高，影响广泛、多有创新。"江永为学所涉极博，要不出礼乐名物之范围者近是。"⑤ "江、戴之学自《礼》入。自东原出而徽学遂大，一时学者多以治《礼》见称"⑥，大至礼之大纲，小至声律器数，无不条分缕析，精心探研。《礼书纲目》搜集散见经传杂书中的古代礼乐制度，仿照朱熹《仪礼经传通解》进行发挥，对朱子未竟之礼学加以阐发，"参考群经，洞悉条理"，分为八个礼目（吉礼、凶礼、军礼、宾礼、

---

① （清）刘大櫆：《刘大櫆集》，上海古籍出版社1990年版，第166页。
② 江藩：《国朝汉学师承记》，中华书局1983年版，第77页。
③ 钱仪吉编：《清代碑传全集》，上海古籍出版社1987年版，第677页。
④ （清）赵尔巽等：《清史稿》，中华书局1977年版，第13188页。
⑤ 钱穆：《中国近三百年学术史》，商务印书馆1997年版，第340页。
⑥ 钱穆：《国学概论》，商务印书馆1997年版，第275页。

嘉礼、通礼、曲礼和乐），对散见于经、传、群书中有关礼乐制度的材料加以整理、排列、阐释，以极大毅力，数易其稿，在40岁终于完成，是了解我国古代礼乐制度的重要书目。《清史稿·江永传》称之为"永引据诸书，厘正发明，实足终朱子未竟之绪"[①]。其《律吕阐微》《律吕新论》都是以阐述乐学、律学为主，有音乐思想的表达，还提出了"声音自有流变""俗乐可求雅乐""乐器不必泥古"等观点，对今乐、古乐、音乐中正平和的标准提出了自己的看法。当然，江永身份的特殊不仅仅是因为其著述甚众，还在于其所具有的徽派和考据的双重身份。

二、学术思想及方法

江永的著述成果丰厚，多集中于经学领域，据统计大致有以下几类[②]：（1）三礼及群经类，如《三礼约编》《礼书纲目》《四书典林》《河洛精蕴》《周礼疑义举要》《群经补义》等；（2）诸子研究类，如《近思录集注》《考订朱子世家》《孔子年谱》等；（3）音律类，如《律吕新义》《律吕阐微》《律吕新论》等；（4）音韵天文历算类，如《古韵标准》《翼梅》《推步法解》等，以及文集、考史、谱系类著作和杂著。

由江永所开徽派专心经学，博通古今，其学以考据见长，亦不乏义理阐发，所谓"本义理为考据，通万汇于一源"，以朱熹之学为宗。江永治学，主张经世致用，实事求是，科学地探求真理，且无门户之见，遵从汉唐但不废宋明，兼采汉宋儒之说，不拘门户，在注经解经时推求礼意，综合各家之说，阐明微言大义。如前所言，乾嘉朴学，就治学内容而言，基于"以经学济理学之穷"学术理路，主要以经学为中心，涉及小学音韵、历史地理、天文历算、典章制度、训诂校勘、礼乐律数等领域。就治学方法而言，主要强调无证不立，"无征不信"，重视考证的严谨方法。

论及江永的学术思想，则首先主要来源于复兴古代，对古代经典和礼仪制度典章进行爬梳考证；其次是返本开新，即在批判继承前人思想基础上有新的创发，他对朱熹《仪礼经传通解》《近思录集注》等著的解读就一定程度上具有自身思想的表达。礼学研究是其学术思想核心，对三礼进行诠释，从整体视角对礼学进行严谨细致的考订

---

① （清）赵尔巽等：《清史稿》，中华书局1977年版，第13188页。
② 武勇：《江永的三礼学研究》，博士学位论文，华中师范大学，2016年，第20页。

并生发新意，建立了宏大的礼学诠释体系。他的礼学研究具有整体的、系统的、客观的特点，对各个条目旁征汉唐学者著述，回归语境，广泛涉猎，加以分析，体现出严谨务实的学风，最后得出令人信服的结论，也正由于他的细致考证功夫而影响了后来的一批人。

江永长于比勘，明于步算、钟律、声韵，专意考据治经，治学尚考严、通训诂、精校勘，以考据见长，开皖派经学研究的风气，有清一代尚实之风，其学又不主一家，不囿于考据，由训诂以通经义，所注疏的《十三经》，对"三礼"精思博考，发现前人所未发现之处。他以实事求是为原则，由文字训诂和典章制度入手，"缜密严瑮，上溯古义"，以小学功夫作基础，考究历算律吕，成果卓越。虽然考据是清代学术主流，以文字音韵、训诂校勘、辑佚辨伪等方法论见长，但正如胡适言："表面上精密的方法，遮不住骨子里的哲学主张。"[①] 作为显性现象主流的知识考证并不能涵盖一切，在这一显性现象的下面，有非主流的思想建构在暗流涌动。总体来看其思想与方法为尊崇朱子、汉宋兼采，如夏銮评价江永治学考据义理兼采、汉学宋学互通："近儒学术兼考据、词章者，唯朱竹垞；兼汉学、宋学者唯江慎修。江氏书无不读，人知其邃于三礼，而不知其《近思录集注》，实撷宋学之精。"（胡培翚《夏先生墓志铭》）

而在江永弟子戴震看来，义理是目的，考据是实现目的的手段，考据和义理两者不可偏废。实际上，江永在解经释经之时多以考据求义，即从故训以求义理。如梁启超评价江永："从典章制度，名物地理，声音训诂，分途爬梳，归本于义理。其于声韵、律吕、历算，皆有精悟，其修养则以程朱为鹄。"[②] 这一方面说明江永治学遍及群经，另一方面还说明其考证的目的在于义理阐发，即由训诂而义理。训诂考据指的是实证方法，义理建构指的是价值关怀，两者相互依存，不可分割。如江永在考证《乡饮酒礼》时说："工歌《鹿鸣》《四牡》《皇皇者华》。三者皆《小雅》篇名。《鹿鸣》，君与臣下及四方之宾燕，讲道修政之乐歌也。此采其已有旨酒，以召嘉宾，嘉宾既来，示我以善道。又乐嘉宾有孔昭之明德，可则效也。《四牡》，君劳使臣之来乐歌也。此采其勤苦王事，念将父母，怀归伤悲，忠孝之至，以劳宾也。《皇皇者华》，君

---

① 胡适：《戴东原的哲学》，安徽教育出版社2006年版，第142页。
② 梁启超：《近代学风之地理的分布》，载《饮冰室合集》五，中华书局1989年版，第69页。

遣使臣之乐歌也。此采其更是劳苦，自以为不及，欲咨谋于贤知而以自光明也。"① 说明了江永考证中的礼义阐发。

江永在其礼乐的研究过程中，对经书和经传进行逐字注疏，或勘误、或辨伪，如他在注疏《周礼·考工记》当中的礼乐诸器时以及在《周礼疑义举要》中对典章制度的考释时都涉及考据学知识。他在《群经补义·尚书补义》指出了堂上堂下所用乐器之误：

> 柷敔之用，所以节歌也，合止柷敔，合者协也，谓与歌相协，而击柷以节之。止者歌句之中有当暂一止，则櫟敔以止之，此柷敔之用也，后世则易之以拍板，柷敔之音清亮大乐陈，柷敔者存古焉，耳后人不识柷敔之用，谓始作击柷将终櫟敔，惟首尾各一用误矣。②

类似的例子还如《诗补义·诗之叶韵有古韵标准六卷详之》：

> 《豳风·七月》一诗，有风、有雅、有颂，盖风、雅、颂各有其音节，非如郑氏分章之说也。雪山王氏谓《豳》诗以鼓、钟、琴、瑟四器之声合龠笙师，以所吹十二器，以雅器之声合龠十月之交朔日，辛卯日，有食之，亦孔之丑，此幽王六年乙丑周正十月辛卯朔日食夏正，则八月建酉也，去之数千年，历家犹能追算此日，入交加时在辰，而集传谓夏正建亥之月误矣。③

由于其精通音律算法，《四库全书》评论其《律吕新论》说："永深于算法，故于律度能推其微渺也。至于定黄钟之宫，则据蔡邕《月令章句》以校《吕氏春秋》之讹，并纠正《汉志》删削之误。"④ 总之，江永对古礼进行搜集整理，斟酌取舍，增删裁定，发明义理，以匡正时弊，回归原始儒家之真精神，都体现了江永重考据训诂而

---

① （清）汪基、江永编：《仪礼约编》卷上《乡饮酒礼》，载《四库全书存目丛书》第108册，齐鲁书社1997年版，第668页。
② （清）江永：《群经补义》卷一，《四库全书》本，第29页。
③ （清）江永：《群经补义》卷一，《四库全书》本，第31页。
④ （清）纪昀等：《四库全书总目提要》，海南出版社1999年版，第217页。

不务空谈的治学特点。

江永的考证成果丰硕，在礼学方面，有《深衣考误》《周礼疑义举要》《乡党图考》《仪礼释例》，等等。江永的《礼书纲目》也多处体现出考证的特色，此著是所谓完成朱子未完之志，对朱子礼书进行删削注疏、辨证讹误、梳理考证并加按语。今举一例：在论及《投壶》"命奏乐"章时，江永用《礼记》："命弦者曰：请奏《狸首》，间若一。大师曰：诺。"加以考证，江永引《大戴礼记》所载诗，曰："今日泰射，四正具举。大夫君子，凡以庶士，小大莫处，御于君所。以燕以射，则燕则誉。质参既设，执旌既载。干侯既亢，中获既置。"且将其与《诗经》"弓既平张。四侯且良。决拾有常。既顺乃让。乃揖乃让。乃隮其堂。乃节其行。既志乃张。射夫命射。射者之声。御车之旌。既获卒莫"[①]进行比对，江永认为这就是《狸首》诗，并指出其中的缺误。

亦有学者指出："江永的礼学研究，其考据方法主要表现在三个方面：第一是校注。对经书和经传进行逐字注疏，解释难懂的文字，订正传抄、翻刻中的错误。第二是辨伪，考证一些伪书、有误之书。第三是辑佚。收集一些在流传中亡失的书籍、资料。江永对《周礼》《仪礼》《礼记》的研究，对古代的名物、典章、制度以至文字声韵、训诂都作了一番考证的功夫。"[②]

一般而言，礼乐的内涵包含三个层面：一是礼制，即典章制度；二是礼仪，即仪文、节式，婚冠丧祭等特定典礼中的仪式；三是礼义，即价值、精神内涵，在制度之上的道德内涵和价值取向。礼在清代受到前所未有的重视，礼学经世致用，完全扬弃了明代的理学，以至于有清中叶"以礼代理"思潮的出现[③]，而江永的礼学研究可谓这一思潮的肇始。又，江永身处新安理学向徽派经学的过渡期，徽州地域学术也成为清代学术转型的重要一脉，徽州作为朱子故里，被称为"东南邹鲁"，文风昌盛、尚学重品。朱熹精研三礼，著有《仪礼经传通解》《家礼》等，在徽州广为流传，其礼学受到徽州学者和百姓的普遍推崇。朱熹也常回徽州讲学，"新安自紫阳（指朱子）峰峻，先儒名贤比肩接踵，迄今风尚醇朴。虽僻村陋室，肩圣贤而躬实践者，指盖不胜

---

① （清）江永：《礼书纲目》，《文渊阁四库全书》本，第301—302页。
② 吴长庚：《朱熹与江西理学》，江西高校出版社2007年版，第367页。
③ 以凌廷堪、阮元、焦循等人为代表，形成了清中叶一股"以礼代理"的学术思潮。

屈也"①。徽派是中国学术近世思想史上的一个重要流派，人文气息浓郁，重视教育，崇尚礼学，以理论建树立于学界，在哲理、文字、音韵、乐律等领域成果卓著，尤以礼学研究著称。作为清中叶徽派的奠基者，江永的礼乐思想研究，追随朱子、勇于变革，又与友人交游砥砺，开创了自己的学术世界，开启了清代礼乐研究的新境界。他既精通汉学，又兼采理学，涉猎广博。学问以经世为旨归，切用者为典章制度。故此，其思想一是与汉学有关，尊经崇汉，考证以明道经世；一是与徽州理学有关，朱熹故里新安理学盛行，朱子仪礼节文传至清代则有江永等著作，一时学者多以治礼而见称。

因此，从新安理学到徽州朴学，从朱熹到江永、戴震，一脉相承，呈现徽学的发展轨迹，也是地域儒学的特点。在此基础上，江永用力汉学研究，反对空谈，开一代新风，成为清代学术由宋明理学转向考据学的转折性人物。

乾嘉时期，形成了政治稳定、经济繁荣、社会富裕的局面。然而从乾隆末期开始，清政府由盛而衰，铺张浪费、奢靡之风盛行；及至嘉道之际，行政无能、吏治败坏，社会矛盾尖锐。与此同时，社会风尚和生活观念也发生了转变，当时的江南经济发达，一派繁华绚丽、纸醉金迷景象，人们崇尚侈靡、追慕虚荣，一味追求物质和精神的高度享受，这种风气由江南波及全国，作为儒家知识分子的江永对此不能不有所思考。

第二节　江永礼乐思想内涵

如前所言，江永所处时代既是经济发达、社会繁盛的时代，也是世风日下、道德颓废的时代，人们生活观念转而为追名逐利、追慕侈靡，而作为儒家知识分子的江永，痛感社会时弊，力图返古，以图变革，将视野返回到修齐治平的传统模式上来，建构礼学体系、探析乐学内涵，做到礼乐会通、道器合一，以便礼乐的移风易俗和安顿人心的社会功能重光于天下。

---

① （清）赵吉士：《泛叶寄》，载《寄园寄所寄》卷十一，黄山书社 2008 年版，第 857 页。

一、通经以明道，明道以救世

礼乐，作为中国传统文化的核心，既有制度层面的含义，也有教化层面的功能，人们在礼乐、佾舞的进退举止及内外兼修中塑造行为、涵养性情。礼乐教育的目的在于涵养人的品质，推行王道教化，而非娱乐。《乐记》言："先王之制礼乐也，非以极口腹耳目之欲也，将以教民平好恶而反人道之正也。"①《礼记·文王世子》："凡三王教世子必以礼乐。乐，所以修内也；礼，所以修外也。礼乐交错于中，发形于外，是故其成也怿，恭敬而温文。"②说明礼乐从内外两方面对人进行塑造、完善。礼与乐功能虽有不同却目标一致。礼乐皆本于人情，"礼"致力于外在行为规范，强调的是引导作用，具有制度和准法律的属性。"乐"致力于内在人文精神内涵，强调调和内心和疏导心志，而乐的实践中也到处可见出礼的存在，两者相辅相成、互为表里，始终保持一种动态平衡状态，目的是达至"人文化成"的社会共同体目标。江永是礼学大师，对其《礼书纲目》，《四库全书总目提要》言："盖《通解》，朱子未成之书，不免小有出入。其间分合移易之处，亦尚未一一考证，使之融会贯通。永引据诸书，厘正发明，实足终朱子未竟之绪。"③其书虽仿《仪礼经传通解》之例，而参考群经，洞悉条理，实多能补所未及，非徒立异同。江永的《礼书纲目》中吉、凶、军、宾、嘉五礼皆全，还包含通礼、曲礼、乐制等部分，"其门凡八：曰嘉礼、曰宾礼、曰凶礼，曰吉礼，皆因仪礼所有者而附益之。曰军礼，曰通礼，曰曲礼，皆补仪礼之所不备。乐一门居后，总百有六篇，八十有五卷。凡三代以前礼乐、制度散见于经传杂书者……搜罗略备，而篇章次第较《通解》尤详密"④。虽是礼书，却也包含乐，自古以来，礼乐不分家，江永亦认为，礼与乐是相辅相成的，有礼而无乐，则缺少一翼，便不完美。除了《礼书纲目·乐制》对礼乐制度及声律进行了考察，江永还以其深厚的音乐功底对音乐本体进行了深入研究，著有《律吕阐微》十卷，《律吕新论》二卷。他在《律吕新论》中说："永于律吕一事，殚思有年，窃疑西山先生之书，犹有未尽

---

① （清）阮元校刻：《十三经注疏》，中华书局1980年版，第1528页。
② 《十三经注疏》整理委员会整理，李学勤主编：《十三经注疏·礼记正义》，北京大学出版社1999年版，第634页。
③ （清）纪昀等：《四库全书总目提要》，海南出版社1999年版，第124页。
④ （清）江永：《礼书纲目·序》，《文渊阁四库全书》本。

善者，自以管见为书二卷，非敢必以为是也……""……中年因读朱子《琴律说》，见其言管弦同理，又谓琴有两角声，此律吕性情自然之变，非人之所能为……""……访俗乐，工尺上四之记，乃知音律别有精微，亦别有法度……""……蓄之于心二十余年，众证皆备，前疑尽豁，乃敢笔之于书……"① 由此可见，江永对礼乐研究的深入以及研究方法和态度的谨严。在注疏、考释《考工记》时涉及对钟、鼓等乐器材料、形状、长短、大小等因素的考证，因为这涉及器物背后所反映的音乐观念。考察乐是为了与礼相辅，礼乐相成，礼乐会通，因为他对礼乐的目标认识十分清楚，是为了发挥先秦以来的雅正中和之礼乐教化传统，在于化人。

就其为学目的而言，江永在其《礼书纲目》等著中有所体现，如他在序中所言：

> 夫礼乐之全，已病其阙略，而存者又疾其纷繁，此朱子《仪礼经传通解》所为作也。朱子之书以《仪礼》为经，以《周官》《戴记》及诸经史杂书补之。其所自编者，曰《家礼》、曰《乡礼》、曰《学礼》、曰《邦国礼》、曰《王朝礼》，而《丧》《祭》二礼属之勉斋黄氏。其编类之法，因事而立篇目，分章以附传记，宏纲细目，于是粲然，秦汉而下未有此书也。顾朱子之书，修于晚岁，前后体例亦颇不一，《王朝礼》编自众手，节目阔疏，且未入疏义。黄氏之书，《丧礼》固详密，亦间有漏落，《祭礼》未及精专修改，较《丧礼》疏密不伦。信斋杨氏有《祭礼通解》，议论详赡而编类，亦有未精者，盖纂述若斯之难也。永窃谓是书规模极大，条理极密，别立门目以统之，更为凡例以定之。盖裒集经传，欲其该备而无遗；厘析篇章，欲其有条而不紊；尊经之意，当以朱子为宗；排纂之法，当以黄氏《丧礼》为式。窃不自揆，为之增损，檃括成此编。②

江永在朱熹《仪礼经传通解》的基础上对《仪礼》进行详查精考、条贯缕析，使礼制及其表达的礼乐思想更加完备，其背后是对礼乐经世的追求。江永不盲从先贤，在考据方面多有创获，意在揭示儒家经典的原始面貌，因此他认识到"亦间有漏落……未及精专修改……亦有未精者"，从道德践履的视角追求礼乐日常生活化。百

---

① （清）江永：《律吕新论·卷上》，《文渊阁四库全书》本。
② （清）江永：《礼书纲目》，载《文渊阁四库全书》"经部"，第133册，第43—44页。

姓日用即为道，作为儒家知识分子，他懂得礼乐在端正人心、敦厚风俗等方面的意义，因此，江永意图以古礼正今俗，借礼乐以救世。

江永在《答汪灿人先生书》中还说：

> 弟（江永）于诸经易为专经而礼经用功尤多，自少即求《仪礼经传通解》，反复切究之，读之既久，觉其中犹有搜罗不备，疏密不伦之遗憾。近又附入《深衣考误》一卷、《律吕管见》二卷，总九十一卷，凡三代以前礼乐制度散见经传杂书者，悉有条理可考，书凡三易稿，初名《存羊编》，次曰《增订仪礼经传》，三稿始易今名，为《礼书纲目》。①

江永再次申明了著此书的意图。江永之所以对先秦礼乐经典反复探研，是因为他认识到礼乐在儒家经国济世及修齐治平中的重要作用，是大经大法，可治世安邦、安顿人心。

更进一步，江永在《礼书纲目·乐制》中对古乐中包含的"德""和"等内涵进行溯源，加以开掘和弘扬：

> 今按季札观周乐，见舞《韶箾》者曰：德至矣尽矣，如天之无不覆，如地之无不载，虽甚盛德蔑以加矣，夫《韶乐》之奏，幽而感神则祖考来格，明而感人则群后德让，微而感物则凤仪兽舞，原其所以能感召如此者，皆由舜之德如天地之无不覆焘也，其乐之传历千余载……夫乐以合为主，而石声独立辨者，以其难和也。石声既和，则金、丝、竹、匏、土、革、木七声无不和者矣。《诗》云："既和且平，依我磬声。"则知言石者，总乐之和而言之也。……②

江永并没有将礼、乐分开来论述，而是认为礼乐是相辅相成的关系，谈礼必及乐，做到礼乐会通："声律器数则又绝无完篇，《乐记》但能言其义，已失其数矣。夫礼乐之全，虽不可复见，然以《周礼·大宗伯》考之，礼之大纲有五，吉、凶、军、

---

① （清）江永：《善余堂文集·答汪灿人先生书》，上海合众图书馆1942年版。
② （清）江永：《礼书纲目·乐制》卷八十一，载《文渊阁四库全书》"经部"，第3页。

宾、嘉，皆有其目。其他通论制度之事，与夫杂记威仪之细者，尚不在此数。乐则统于《大司乐》，律同度数，铿锵鼓舞，亦必别有一经，与礼相辅。"①指出"乐"当时也"必别有一经，与礼相辅"，将"乐"放到与礼相当的地位，以至礼、乐相辅相成。

关于乐教，江永也表达了自己的看法：

> 教胄子者欲其如此，而其所以教之之具，则又专在于乐，如《周礼》大司乐掌成均之法，以教国子弟，而孔子亦曰"兴于诗、成于乐"，盖所以荡涤邪秽，斟酌饱满，动荡血脉，流通精神，养其中和之德，而救其气质之偏者也……所谓律和声也。人声既和，乃以其声被之八音而为乐，则无不谐协而不相侵乱，失其伦次，可以奏之朝廷，荐之郊庙，而神人以和矣。圣人作乐以养性情，育人材，事神祇，和上下，其体用、功效广大深切乃如此，今皆不复见矣，可胜叹哉。②

再如：

> 夫礼乐精微广大，所以安上治民、移风易俗者在是。先儒于煨烬亡轶之余，勤勤补缀，具有深指，肤学何敢与知？……③

以上说明江永对礼乐内涵和功能的深刻认识，以及他希望以礼乐来养性情、和上下，改善社会世道人心乃至国家面貌，达到教化人心、治理社会的愿望，然已不可见。在揭示礼乐教化功能的同时，江永对淫声、过声、凶声、慢声等不好的音乐也加以排斥："淫声若郑卫也，过声失哀乐之节，凶声亡国之声，若桑间濮上，慢声惰慢不恭。"④

除此，江永在其《近思录集注》卷九、卷十一中也表达了其礼乐救世的主张⑤，以

---

① （清）江永：《礼书纲目·序》，载《文渊阁四库全书》第133册，商务印书馆1986年版，第44页。
② （清）江永：《礼书纲目·乐制》卷八十一，载《文渊阁四库全书》"经部"，商务印书馆1986年版，第12页。
③ （清）江永：《礼书纲目·序》，载《文渊阁四库全书》第133册，商务印书馆1986年版，第44页。
④ （清）江永：《礼书纲目·乐制》卷八十一，载《文渊阁四库全书》"经部"，第17页。
⑤ 参见（清）江永《近思录集注》卷九"朱子曰此卷制度"，上海书店1987年版，第23页。

及他对当今社会礼乐的衰废的叹息：

> 教人未见意趣，必不乐学。欲且教之歌舞，如古《诗》三百篇，皆古人作之。如《关雎》之类，正家之始。故用之乡人，用之邦国，日使人闻之。此等诗，其言简奥，今人未易晓。欲别作诗，略言教童子洒扫应对事长之节，令朝夕歌之，似当有助。……天下有多少才，只为道不明于天下，故不得有所成就。且古者"兴于诗，立于礼，成于乐"。如今人怎生会得？古人于诗，如今人歌曲一般，虽闾巷童稚，皆习闻其说而晓其义，故能兴起于诗。后世老师宿儒，尚不能晓其义，怎生责得学者？是不得兴于诗也。古礼既废，人伦不明，以至治家，皆无法度，是不得立于礼也。古人有歌咏以养其性情，声音以养其耳目，舞蹈以养其血脉，今皆无之，是不得成于乐也。古之成材也易，今之成材也难。①

由以上论述可知，江永对古代礼乐及其功能有深刻体认，然其时已不存，他是基于先秦儒家的礼乐教化来进行其礼学研究的，作为儒者的江永希望在其所处的清中叶将礼乐及其内涵光大于天下，最终达到人心和谐、社会安定的局面。

以上都表现了江永的礼学研究目的——"通经以明道，明道以救世"。

二、亦雅亦俗，雅俗兼采；损益通变，礼时为大

雅俗问题在中国音乐美学史上有着深厚的历史渊源和深远的影响力，儒家历来主张崇雅斥俗，希望以中正平和的雅乐推行于世，达至国家社会和谐安定的目的。当然在漫长的历史演进当中，雅俗关系一直相互激荡、相互影响，扮演着各自的角色。清儒徐养原在其《律吕臆说》中谈到了"就俗乐而去其繁声即为雅音"的"变俗入雅"的雅俗观。② 在音乐的审美准则方面，江永的雅俗观表现得较为开明与变通，具有"雅俗兼采"的思想倾向，他在《俗乐可求雅乐》《声音自有流变》《乐器不必泥古》等文

---

① （清）江永：《近思录集注》卷十一"朱子曰此卷教学之道"，上海书店出版社1987年版，第47页。
② 参见（清）徐养原《律吕臆说》，载《续修四库全书》第115册，上海古籍出版社2002年版，第559页。

字中表达了这样的观点[①]：

> 俗乐以合、四、一、上、勾、尺、工、凡、五、六十字为谱，十二律与四清声皆在其中，随其调之高下而进退焉。所谓雅乐，亦当不出乎此。为雅乐者，必深明乎俗乐之理，而后可求雅乐，即不能肄习于此者，亦必与俗乐工之稍知义理者参合而图之，未有徒考器数，虚谈声律而能成乐者也。宋世制乐诸贤惟刘几知俗乐常与伶人善笛者游，其余诸君子既未尝肄其事，又鄙伶工为贱技，不足与谋，则亦安能深知乐中之曲折哉！判雅俗为二途，学士大夫不与伶工相习，此亦从来作乐者之通患也。[②]

这里涉及雅俗关系、雅俗分途的问题，这一关系也由来已久。众所周知，俗乐流行于民间，有"下里巴人"之称，有着广泛的群众基础。雅乐流行于宫廷，有"阳春白雪"之称。一直以来，两者似乎不能相容，但正如前所言徐养原也表现出了两者交融的倾向，而江永对此亦较为通变。在江永所处的清中叶，民间戏曲俗乐已然发达，江永顺势而为，与时俱进，主张俗乐可求雅乐，主张雅俗的交融互通，而非截然对立，说明了雅俗的密切关系。其实，历史上雅与俗也并非井水不犯河水，两者也有吸收借鉴，宫廷音乐也常常吸收民间音乐进行新的创造。江永同时对徒考器数、虚谈声律的重器轻道或重道轻器的现象进行批评，亦是对崇雅斥俗观点的反对，其思想体现了中国传统哲学中的道器不二的思想，以及礼时为大的不泥古、贵变通的思想，而这本身也符合礼乐具有强大生命力的开放系统。

与此同时，他还对道器合一，追求声律器数和音乐义理的统一发表自己的看法，对当世虚谈声律以及空谈乐理、不谙器数的现象进行批评：

> 马氏端临贵与论宋乐曰，宋中兴以前，乐制屡变……尝试论之，乐之道虽未

---

① 梁启超对此给予了肯定："惟《新论》卷末论声音流变，论俗乐可求雅乐，论乐器不必泥古诸条，似有卓见。"参见《中国近三百年学术史》，天津古籍出版社2003年版，第397页。
② （清）江永：《礼书纲目·附录·卷中"律吕余论"·俗乐可求雅乐》，载《文渊阁四库全书》"经部"，第36页。

易言，然学士大夫之说，则欲其律吕之中度工师之说，则不过欲其音韵之入耳。今宋之乐虽屡变，然景祐之乐，李照主之。太常歌工病其太浊，歌不成声，私赂铸工使减铜齐，而声稍清，歌乃叶，而照卒不知。元丰之乐，杨杰主之。欲废旧钟，乐工不平，一夕易之，而杰亦不知。崇宁之乐，魏汉津主之。欲请帝中指寸为律，径围为容盛，其后止用中指寸，不用径围，且制器不能成剂量。工人但随律调之，大率有非汉津之本说者，而汉津亦不知。然则学士大夫之说，卒不能胜工师之说。是乐制虽日屡变，而元未尝变也。盖乐者，器也，声也，非徒以资议论而已。今订正虽详，而铿锵不韵辩析虽可听，而考击不成声，则亦何取焉。然照、杰、汉津之说，亦既私为工师所易，而懵不复觉。方且自诡改制，显受醲赏，则三人者亦岂真为审音知律之士其暗悟神解，岂足以希荀勖、阮咸、张文收辈之万一也哉。

按此论切中后世学士大夫虚论声律之病，钟磬铿锵不韵，考之不成声，推之管弦亦然，人声亦然。然则乐必与工师谋，犹之耕当问奴，织当问婢，非可以虚理胜也。①

这段话是江永对马端临所提问题的大力支持，表明了他对学士大夫虚谈声律的批评，因此他说："按此论切中后世学士大夫虚论声律之病，钟磬铿锵不韵，考之不成声，推之管弦亦然，人声亦然。然则乐必与工师谋，犹之耕当问奴，织当问婢，非可以虚理胜也。"江永表明了自己的观点，即反对空谈乐理、不谙声律，学士大夫重道轻器、虚谈声律的现象。

江永在《律吕新义·序》中也表明了类似观点：

乐无古今，其理一，揆古乐失传者，名义存而器数亡，不得古人铿锵鼓舞之法、疾徐疏数之节、平淡和雅之音、咏叹淫液之声，若乐理则数千载未尝亡。人声即天地之中声，歌喉宛转，自成节族，管弦、金石、长短、大小、侈弇、薄厚有自然之度数，即有自然之声音。……故乐理终古不可亡，理存人声器声法即存

---

① （清）江永：《律吕阐微·论学士大夫不能胜工师之说》，载《钦定四库全书》卷十，第16页。

伶工度曲，何以后世制律造乐，学士大夫，纷纭聚讼，终不能胜工师之说，先儒竭平生之力，参互考寻，勒为一书，议论愈精，法度愈密，而乐理愈晦，何也？夫固有蔽之者也。……而以马氏学士大夫之论，不能胜乐工者，终之吁乐理非难明也，特乐音难知耳。世有夙悟神解，妙达音律，复不谬于成说，不溺于旧闻者，出而审音定律，此书或少有裨补焉。更讲求乎雅乐之声调，去其促数淫哇之靡，复于优柔平中之声。谁谓三代而下，古乐终不可复哉！①

讲求声律和乐理的合一，这是儒家音乐的道器不二的传统，最终是希望推行儒家中正平和的雅乐，而排斥淫哇的靡靡之音，所谓"更讲求乎雅乐之声调，去其促数淫哇之靡，复于优柔平中之声"。凡此种种，都表明了江永的审美准则倾向于平淡和雅、声律器数的合一。

江永在《声音自有流变》《乐器不必泥古》等其他篇章中也表达了类似的观点。如他在《声音自有流变》中说：

凡声，气也，人亦气也，同在一气之中，其势自有流变，非人之所能御。古乐之变为新声，亦犹古礼之易为俗习，其势不得不然。今人行古礼，有不安于心者，则听古乐亦岂能谐于耳乎？耳不谐则神不洽，神不洽则气不和。不洽和亦何贵于乐？若曰乐者所以事神，非徒以悦人，则亦不然，凡神依人而行，人之所不欣畅者，神听亦未必其和平也。故古乐难复，亦无庸强复，但当于今乐中去其粗厉高急、繁促淫荡诸声，节奏纡徐，曲调和雅，稍近乎周子之所谓淡者焉，则所以欢畅神人，移风易俗者在此矣。若不察乎流变之理，而欲高言复古，是犹以人心不安之礼，强人以必行也，岂所谓知时识势者哉！②

古乐与新声，古礼与习俗都有其自身发展演变规律，与时俱进，顺势而为，这是由势决定的，也是历史必然。随着时代的变迁，古乐难复就不要勉强，应该以开放的

---

① （清）江永：《律吕新义·序》，正觉楼丛刻（光绪刻本），第1页。
② （清）江永：《礼书纲目·附录·卷中"律吕余论"·声音自有流变》，载《文渊阁四库全书》"经部"，第36页。

胸怀从今乐中寻找"节奏纡徐,曲调和雅"的淡和之乐,如此亦能起到安顿人心、移风易俗的作用。这里又回归到儒家思想的中正平和的追求,江永本身对俗乐、雅乐都有一定研究,他不否定任何一方面,而是追求两者的合一。

在《乐器不必泥古》中亦表现出江永通变的思想倾向:

> 声寓于器,器不古雅则声亦随之。然天下事今不如古者固多,古不如今者亦不少。古之笙用匏,今之笙用木。匏音劣于木,则何必拘于用匏,而谓八音不可缺一乎?古之木声用柷敔,后世节乐用拍板,而雅乐犹用柷敔。柷敔之音粗厉,拍板之音清越,则亦何必不用拍板乎?后世诸部乐器中择其善者,用之可也。①

这里首先探讨了音乐中的声器关系、古乐今乐关系,接着通过对八音之器的梳理,来说明乐器不必泥古,可以"择其善者用之",因为"今不如古者固多,古不如今者亦不少",主张灵活通变、与时俱进。

通过以上梳理分析,我们可以看出江永的音乐审美思想表现为亦俗亦雅、雅俗兼采以及与时俱进、礼时为大的思想倾向,其中复古与新变兼具,做到雅俗与古今的会通,复古也并非就是落后愚昧,其中有恒常的经典,这里江永较为开明,通变的思想涉及中国文化尤其是音乐文化中的"常"与"变"的问题。意思即是说,一种文化一定有其亘古不变的真理,也就是经过历史沉淀的"常"的东西,这也就是体现其自身特色的地方。同样,一种文化也一定有其"变"的东西,即随着时代的变迁会有创新、有变革,如此也才有生命力,才能适应时代发展。这是一体两面的问题,而江永亦雅亦俗、礼时为大的观点也就是儒家文化中"常"与"变"的问题。

第三节 江永学术对礼乐思想的意义

通过对江永礼乐思想的分析梳理,我们可以对其礼乐研究特点和意义做以下

---

① (清)江永:《礼书纲目·附录·卷中"律吕余论"·乐器不必泥古》,载《文渊阁四库全书》"经部",第37页。

认识。

就特点而言：首先，注重礼乐在其礼学体系中的重要一脉来看待，即将礼乐置于礼学的整体视角下进行研究，广征博引，遍阅历代重要礼学著作而吸收、征引、涵化。其次，注重礼乐的功能研究，关注其在社会中的作用。再次，研究中凸显考据和义理结合的"礼意"阐发与探求。

就意义而言：首先，作为清中叶儒家知识分子的江永，其礼乐学术之研究在于经世致用，借礼乐的移风易俗、淳化社会的功能来经国济世。他深刻认识到礼乐的涵化性情、人文化成之意义，并在此基础上提出了自己的通变的审美观：亦雅亦俗、雅俗兼采、损益通变、礼时为大。

其次，考据学当中蕴含思想，即学术史—思想史的关系问题。江永的礼学考证并不仅仅是为考证而考证，其背后有丰富的思想内涵，即考据训诂不能掩盖思想的开拓、精神的新创。我们这里也不妨重申考据和义理的关系问题，也就是说考据训诂是为了通晓义理，训诂只是手段，求取义理才是目的，两者互为表里，不可分离。江永是在清代实学思潮下成长起来的学者，而这时宋学及朱熹的影响还未退却，一方面具有乾嘉学术的色彩和根底，另一方面在知识考证的基础上有思想阐发。因此在江永身上就表现出汉宋兼采的特点，同时他又是理学向考据学转向的先驱，开风气之先。江永的学术研究方法对我们今日之学术研究也有一定的启示意义。

再次，通过个案观察儒学地域化的性格问题。学术的地理分布是观察中国学术特色的一个维度。江永为徽州婺源人，是徽州学派的代表，因此，通过以上论述，我们可以从地域视角来考察儒学的思想性格问题。徽州是中国学术中的典范之区，有"程朱阙里""东南邹鲁"之称，底蕴深厚，有人称徽州"人才之盛，诚远迈他派矣"[①]！徽州学派是全国卓有影响的学派。该派以理论建树而立于学界，尤以礼学研究著称于世，有众多学人、众多成果，江永、戴震、程瑶田、金榜、段玉裁、凌廷堪、阮元等学人在礼乐领域有重要建树，他们追求礼乐的经世致用，以中正平和的音乐感染人，希望达到淳朴社会、移风易俗的效果。从地域学派视角切入，可以看出此地的学术风格和特点，也可为我们提供一个研究视角。

[①] 支伟成：《清代朴学大师列传》，岳麓书社1998年版，第145页。

复次，如若将江永的礼乐思想置于中国思想史长时段的大背景下，我们会发现礼乐的流动性问题。清代礼乐与宋明理学化、心学化的礼乐都有不同而表现为新的面向。朱熹、蔡元定、杨慈湖、王夫之等人倾向于内在化的礼乐解读，所谓"礼乐者，人心之妙用"，从理学到礼学，由内在的心性体悟到外在的经世致用，表明礼乐的流动性，也说明其开放性。这一点也是值得我们思考的。

总之，江永被称为清代徽派的奠基者，其考据义理结合的学风为其弟子后学所继承，他对礼学、礼乐的研究亦成为其音乐学术大宗。在其影响下，一批学人如戴震、程瑶田、金榜、凌廷堪、焦循等在礼乐的道路上走向深入，他们都深研礼学，精通考证，导引了"以礼代理"学术思潮的出现，成为清代礼学史上的一道风景。而江永的治学方法、治学精神、思想内涵等对其后乃至今天的学术研究都有着重要的意义。

第三章

"唯其淡也,而和亦至焉矣"——汪烜礼乐思想研究

清中叶经学家汪烜继承北宋周敦颐的"淡和"音乐审美观,提出"唯其淡也,而和亦至焉矣"的"淡在和上"的新观点。这也是他的礼乐观,认为"淡则欲心平,和则躁心释",先王作乐之道在此。"淡在和上"是其自家体会出的观点,是对周敦颐"淡和"观的发展,在中国音乐美学史、音乐思想史上有着重要意义。

第一节　汪烜及其思想特点

一、生平及学行

汪烜,又名汪绂,字灿人,号双池,徽州婺源(今江西婺源)人,清代著名经学家、思想家,并擅长绘画、精通篆书及篆刻。关于其受教经历,《清史稿》载:"少禀母教,八岁,《四子书》《五经》悉成诵",就是说汪烜小时候的教育来自其母亲,"先生甫能言,善记识,母提抱时往往举经书口授之,听即成诵"[①]。幼承母教,这也是江南徽州一带颇盛的文化风气。汪烜自幼聪慧、未入学堂:

> 先生天授神奇,复承慈训严切。十岁以前,四子诸经已习熟。成童后,习举子业,旁及诗文,亦皆自母授,盖终身未尝一日从师云。[②]

汪烜一生清贫,精研不辍,终生未入仕途,以教授为业,然问学不倦,孜孜以

[①] 薛贞芳主编:《清代徽人年谱合刊·双池先生年谱》,黄山书社2006年版,第134页。
[②] 薛贞芳主编:《清代徽人年谱合刊·行状》,黄山书社2006年版,第135页。

求。《续修四库全书》记载其极穷困生平和不堪家事以及后来的学术生涯:

> 比弱冠,母病卧累年,先生日夜侍疾,家益贫,十日未尝过一饱。母殁,殓毕,闻父淹滞江宁,先生走为父泣劝之归,父曰:"昔人曰家徒四壁,吾壁亦属人,若持吾安归呼?"叱之去。戒主者毋与若食,乃泣之归。比归,益无以自活,乃之江西。江西浮梁之景德镇,设官置窑,所在百工食焉,先生画碗佣其间。然称母丧,不御酒肉,群佣以为笑,时时作苦吟,以写其哀,则交辱骂之。先生去,之乐平馆石氏,逾年亦去。当是时,先生漂泊上饶、万年、永丰之间,踪迹无所定止,辄自广信缘岭,度仙霞关,之闽中。持一幞被、鹑衣、逢蘽而行,行领滩中十余里,或二十里,逆旅主人不内,则顿宿野庙中,乞食以往。过枫岭,有陈总兵者闻而异之,延为子师,执礼甚恭。先生课诗读书,教之礼、射,卒伍争请为弟子,后因艺得官以去者有之。陈总兵去枫岭,先生授学浦,浦城为福建、江西、浙江之会。三省之士,熏德慕化,从者日进。先生闻父卒于江宁,即日奔丧,一恸几殆,迎精而归,与母合葬。先生自二十以后,著书十万余言,旁览百氏九流之书,三十后尽烧之,资敏强记,过目在心。自是凡有述作,息神、庄坐、振笔直书,博极两汉六代诸儒疏义,元元本本,而一以宋五子之学为归。①

作为徽派代表,汪烜聪颖勤奋、博览群书,"著书博,用功专",其学"体勘精密,贯澈内外,毫厘必析"②,涵泳六经、博通礼乐,不废考据,涉及乐律、天文、医药、术数、兵法、卜算等领域,堪称一代通儒。《清史稿·儒林一》载:"自是凡有述作,凝神直书。自《六经》下逮乐律、天文、地舆、阵法、术数无不究畅。而一以宋五子之学为归。"③自言:"洗心退藏,穷深研机,著书穷理,博洽豁达,不求人知,而功愈严焉。盖其为学尊信朱子,博综儒经。"平生著述共两百余卷,以诠释经书大义为主,博极两汉六朝诸儒疏义,如《乐经或问》(1728年)、《诗经诠义》(1732年)、《书经诠义》(1733年)、《礼记章句》(1736年)、《孝经章句》(1737年)、《乐经

---

① 《续修四库全书·史部·传记类·文献徵存录》,上海古籍出版社1995年版,第166页。
② 支伟成:《清代朴学大师列传》,上海泰东图书局1925年版,第137页。
③ (清)赵尔巽等:《清史稿·儒林一》,中华书局1977年版,第13152页。

律吕通解》(1743年)、《理学逢源》(1743年)、《读近思录》(1754年)、《读问学录》(1754年)、《易经诠义》(1756年)等,并辑著《立雪斋琴谱》(1730年)这样的琴学专著,清代大学者江永曾高度评价汪烜"志高识远,脱然缰锁之外,殚心不朽之业藏名山"[①],这是我们能够认可的不移之论。

虽然汪烜治学成果众多、领域甚广,然而在当时却声名不彰,究其原因大致不外乎以下几点:首先,其著作在当时并未刊刻,流传不广,唯其学生余元遴奔走传播,不遗余力,百年后始费尽周折得以刊刻;而另一位同乡大儒江永之学则经戴震、程瑶田等学生得以光大。其次,汪烜终生未入仕途,默默耕耘,不在其时学术主流之中。其实汪烜曾参加科考,然未成功,不为时代见重,便皓首穷经、著书立说。再次,当时徽派以江永、戴震为代表,声望极大,而汪烜在学派圈子之外,虽然和江永有书信往来,但并未谋面,声名亦不得显豁。最后,两人治学方法不同,江永重考核,符合当时时代学风;汪烜重义理较多,忠于自己的理念。不过,如沈维鐈为其《理学逢源》一书所写的序文所强调的,"晦之愈久而彰之愈显"[②],其中当然也有一些原因。

汪烜后来的声望与他的学生余元遴有密切关系。余元遴与其相交甚深,对汪烜的学术也了解颇深,两人经常书信往来,探讨学术。余元遴,字秀书,号筠溪,徽州婺源人,著有《诗经蒙说》《画脂集》《庸言》等,作为与汪烜相交最深的学生,他对汪烜精深博大的学问和严谨细致的方法有深入的了解:

>   吾师双池先生《诗经诠义》一书,墨守紫阳,远追作者,约五经之旨,成一家之言。其阐发也,博大而精深;其剖析也,茂密而条畅。而其于修身、齐家、平均天下之道,与夫治乱得失之机,人心风俗之际,尤谆谆乎三致意焉!是岂惟朱子之功臣,抑亦百王之龟鉴也。[③]
>
>   吾师双池先生,学贯天人,心契周礼。凡性命精微,与夫名物象数、古今制度之沿革损益,他人所穷年矻矻通其一而不足者,先生莫不条分缕析,较如列眉、指掌,而洞究其所以然。其正人心、扶世道,功在万古者,在诠释《四书》

---

① 薛贞芳主编:《清代徽人年谱合刊·与江慎修书》,黄山书社2006年版,第131页。
② (清)沈维鐈:《理学逢源·序》,载(清)汪绂《理学逢源》,清道光十八年敬业堂刻本。
③ 薛贞芳主编:《清代徽人年谱合刊·双池先生年谱》,黄山书社2006年版,第217页。

《五经》及《理学逢源》诸书策,略其绪余也。①

以上都说明了汪烜的治学目的和学术研究的特色,可谓博大精深。据《理学逢源》之"徽州府志儒林传"载:

> (汪烜)问学以斯文为己任,治经则博宗疏义,穷理则剖析经纬,而皆折衷于朱子,每有独得,往复发明,撰述等身,悉归纯正,自星历、地志、乐律、兵制、阴阳、医卜以至弹琴、弯弓、篆刻、绘事无所不通。②

总之,汪烜治学涉猎广泛,博大精深,著作等身。发明义理,不废考据,所谓"返经卫道,崇正辟邪之苦心见于《文集》及诸书"③,堪称有清一代通儒巨擘,而这正是中国音乐思想家的知识跨界特色④,其学术造诣和学术思想在徽州朴学历史上有重要价值和深远影响。

二、思想渊源

放眼整个中国思想史,一代之思想学说的提出总是建立在前代思想基础上而发展起来的,朝代更迭,思想并不一定决然斩断,它们总是有着千丝万缕的不同程度的关联,如果串起长时段的链条,则清代的思想是建立在明代、宋代甚至可以远追先秦两汉的思想基础之上的,清中叶经学家汪烜的礼乐思想也不能自外于这一思想潮流,也正是如此,汪烜的学术才可能"学贯天人,心契周礼","约五经之旨,成一家之言"。

随着清中叶汉学的兴起,学界抛弃空疏理学而代之以朴实经学,汉学笼罩下的理学已不能与宋明及清初同日而语。冯友兰说:

> 至于清代,一时之风尚,转向于所谓汉学。所谓汉学家者,以为宋明道学家

---

① 薛贞芳主编:《清代徽人年谱合刊·双池先生年谱》,黄山书社2006年版,第218页。
② (清)汪绂:《理学逢源》,清道光十八年敬业堂刻本。
③ (清)沈维鐈:《理学逢源·序》,载(清)汪绂《理学逢源》,清道光十八年敬业堂刻本。
④ 参见罗艺峰《中国音乐思想史五讲》,上海音乐学院出版社2013年版,第81页。

所讲之经学，乃混有佛老见解者。故欲知孔孟圣贤之道之真意义，则须求之于汉人之经说。阮元云："两汉经学，所以当遵循者，为其去圣贤最近，而二氏之说，尚未起也。"（《汉学师承记序》）讲汉人之经学者，以宋明人所讲之道学为宋学，以别于其自己所讲之汉学。[①]

冯友兰所论当然是对的，哲学史家一般也取此说，因此不难理解清代有所谓汉学偏重考据、宋学偏重义理的思想形势。但从总的思想潮流来看，理学仿佛已经开始从中心走向边缘，然而，理学在学理上虽然悄然退潮，但某种意义上已成为学者安身立命之本，不等于无人涉及，汪烜就在一定意义上承继并护持了理学的传统。如他的同时代人所言，他一直在坚持南宋时期的朱子学，所谓"墨守紫阳"，对宋初五子他也极为重视。汪烜自己说："所引先儒之言，则多以先后为序，而先儒中惟以周（敦颐）、程（颢、颐）、张（载）、朱（熹）之说为主。"[②] 如他的思想当中有对宋代大儒周敦颐思想的继承，尤其是其"淡和"审美观的提出就是直接承续周敦颐。周敦颐（1017—1073），北宋哲学家、思想家、文学家，别称濂溪先生，北宋五子之一，理学的开山鼻祖，著有《通书》《太极图说》等，后人编有《周子全书》《周濂溪集》。他在《通书》中提出"淡和"的音乐审美观，主张音乐应"淡而不伤，和而不淫"，认为"淡则欲心平；和则躁心释"，他在《通书·乐上第十七》中说：

古者圣王制礼法，修教化，三纲正，九畴叙，百姓大（大）和，万物咸若，乃作乐以宣八风之气，以平天下之情。故乐声淡而不伤，和而不淫，入其耳，感其心，莫不淡且和焉。淡则欲心平，和则躁心释。优柔平中，德之盛也；天下化中，治之至也。是谓道配天地，古之极也。后世礼法不修，政刑苛紊，纵欲败度，下民困苦，谓古乐不足听也，代变新声，妖淫愁怨，导欲增悲，不能自止。故有贼君弃父，轻生败伦，不可禁者矣。呜呼！乐者，古以平心，今以助欲；古

[①] 冯友兰：《中国哲学史》（下），重庆出版社2009年版，第328页。
[②] 《理学逢源·例言》，载李帆《清代理学史》，广东教育出版社2007年版，第70—71页。括号中内容为笔者所加，下同。

以宣化，今以长怨。不复古礼，不变今乐，而欲至治者，远矣！①

周敦颐认为圣王制作礼乐是为了"修教化、三纲正""百姓大和、平天下之情"，也就是说应该使天下百姓的性情达到平和，而"淡而不伤，和而不淫"的淡和音乐可使人"欲心平、躁心释"，最终能达到教化人的目的，"淡和"即周敦颐的音乐审美准则。这里"淡则欲心平，和则躁心释"的提出有重要意义。

其实"和"在先秦时期已经出现，是音乐美学的重要范畴，孔子前已有史伯、晏婴论和同的思想论述，认为"以他平他谓之和"，"济其不及，以泻其过"。孔子则提出"乐而不淫，哀而不伤"的命题，彰显了"中庸""中和"的意义。②周敦颐在继承先秦儒家"中和""平和"的基础上又有新的阐发，叶明春教授对我国古代"和""中和""平和""淡和"等也有精深论述。③这里，周敦颐明确将"淡和"作为礼乐的本质，可谓在传统儒家思想基础上的新创发，当然都是为了成就理想的道德人格，成就完善的人。以上可谓礼乐对人际社会层面的和谐问题论述，周敦颐还谈到礼乐对宇宙自然关系的和谐问题，他说："故圣人作乐，以宣畅其和心达于天地，天地之气感而大和焉。天地和，则万物顺。"④这里他将礼乐的特点归结为"大和"，认为礼乐可以达于天地自然，这"大和"可谓儒家的价值理想和深层特质。总之，周敦颐对传统范畴"和"给予了新的阐释，对其后的学者影响深远。就对汪烜的具体影响来说，一方面，汪烜"唯其淡也，而和亦至焉矣"的音乐审美观即导源于此；另一方面，却不同于周敦颐将"淡"—"和"并列，而有"淡在和上"的认识，"淡"—"和"不是并列关系，而是上下先后的关系，这是汪烜的独特之处。

汪烜为清中叶徽州学人，徽州为朱子故里，朱子学术影响源远流长，流风所被，儒学昌盛。朱子之学，博大精深，尤以卓绝的义理阐发而立于学界，其学术也在一定程度上影响了汪烜，汪烜的学术研究即围绕经学尤其是朱子之学而展开。关于徽州学风以及朱熹的影响，钱穆曾有过这样的论述：

---

① 蔡仲德注译：《中国音乐美学史资料注译》（下册），人民音乐出版社 1990 年版，第 512 页。
② 参见蔡仲德注译《中国音乐美学史资料注译》（上册），人民音乐出版社 1990 年版，第 3、34 页。
③ 参见叶明春《中国古代音乐审美观研究》，人民音乐出版社 2007 年版。
④ （宋）周敦颐撰，徐洪兴导读：《周子通书》"乐中第十八"，上海古籍出版社 2000 年版，第 37 页。

新安有紫阳、还古两书院，皆自东林上探朱子。流风不沫，其后遂有婺源江永（慎修），与元和惠氏（惠栋）同时并起，治汉学者奉为先河。慎修之学，一传为休宁戴氏（戴震），再传为金坛段氏（玉裁）、高邮王氏（念孙、引之），徽州经学遂较惠氏尤为光大。然其渊源实本紫阳（朱熹），则不可诬也。双池与慎修同时同乡，而生平未尝相见。其学涵泳六经，博通礼乐，亦恪守朱子家法，与慎修同中有异，乃显晦迥殊。其弟子有婺源余元遴（药斋），又洪腾蛟（鳞雨）称私淑。①

这里说明了朱子之学在徽州的深远影响，也说明了汪烜"恪守朱子家法"。汪烜本人对朱子是极力推崇的，他说：

（李）延平、（胡）五峰，皆朱子所尝从游，而朱子化其偏；周（敦颐）、程（颢、颐）、张（载）、邵（雍），皆朱子所祖述，而朱子饮其醇，故不规规于师承而大而能化。盖德无常师，惟善为师，善无常主，协于克一也。至若张（南轩）、吕（东莱）之俦，为朱子之同志，而或过或不及，皆不能如朱子之至大而无外，至精而不遗，大中至正而无所偏倚也。此朱子所以为集诸儒之大成也。②

可以看出汪烜对朱子的极力推崇与维护，朱熹与吕祖谦合编有《近思录》，汪烜也著有《读近思录》《理学逢源》等，皆可说是在朱熹等人的学术基础上完成的，汪烜对道、理、气、性、命、仁、义、礼、智等概念范畴的阐释也都不偏离朱子。所以说汪烜思想受到朱熹的深刻影响应该是可以肯定的。然而汪烜毕竟生活在清代中叶，清代中叶的学术特色即考据学也在其身上有所反映，这些也是可以想见的。

前文已述及，明清易代，清初学者如顾炎武、黄宗羲、王夫之等人痛感于明亡

---

① 钱穆：《〈清儒学案〉序》，载《中国学术思想史论丛》（卷八），安徽教育出版社2004年版，第371页。此处所述之人，皆清代经学大师，均为朴学家。
② （清）汪绂：《理学逢源·外篇道统类》卷十二，《汪双池先生丛书》本，光绪丁酉年重刻，载《续修四库全书》第947册，第708页。所述李延平、胡五峰为朱熹老师辈著名学者；周敦颐、程颢、程颐、张载、邵雍是朱熹祖述之"北宋五子"；张南轩（张栻，1133—1180）、吕东莱（吕祖谦，1137—1181）都是南宋著名理学家，与朱子同学，并称为"东南三贤"。

的教训，认为理学、心学泛滥，远离现实生活而于事无补，传统儒家根底之学经学荒废，清初"经学即理学""通经致用"等实用实学思潮对他产生重要影响，他们提倡崇实黜虚，穷经经世。这些特点都不同程度地在汪绂身上有所体现。

另外一个对汪绂产生影响的人物是江永，两人"生同时，居同乡，只有书牍往来，而未尝相见"①。汪绂与江永有诸多相似之处，两人同为徽州婺源人，而且生活在相同的时代，江永长汪绂11岁，两人都著作等身，涉猎领域广泛，出身贫穷，教书育人，两人最后都入祀紫阳书院："婺源居万山中，为朱子故里流风余泽所被，士多治朴学，不求仕进，而江慎修与先生（汪绂）最著，并把乡贤，有专祠。"②而两人却未曾谋面，但就相关问题有过书信来往探讨，从这些书信中我们能窥探两者的思想影响。钱穆说："双池与慎修同时同乡，而生平未尝相见。其学涵泳六经，博通礼乐，亦恪守朱子家法，与慎修同中有异，乃显晦迥殊。"汪绂的后学余龙光在《双池先生年谱凡例》中对汪绂与江永的治学特点和异同也进行了说明：

先生与江慎修先生，并为当代大儒。生同时，居同乡。只有书牍往来，而未尝相见……大约江先生崇尚汉学，沉潜精密，参互理数，融会沿革……盖江先生虽专治汉学，而亦未尝不尊信朱子，观其所著《近思录集注》《礼书纲目》可见。但未如双池先生之昌言保卫，于孔子后特定一尊耳……若夫双池先生，明体达用，刚大直方。其治经也，博极两汉、六代诸儒疏义……而析理断事，精贯日月，思通鬼神，精微变化，一以朱子为折衷；其朱子所未及言者，则推广朱子之心，以发明之……窃谓自今日以前，求所谓朱子之后复有朱子者，舍双池先生其谁归乎？……③

这段话还说明了江永所倡导的汉学对汪绂的影响，汪绂的《礼记章句》《乐经律吕通解》《孝经章句》《诗经诠义》都是在考据基础上的义理阐发，所以，身处清中叶考

---

① 《双池先生年谱凡例·双池学案》，载《清儒学案》卷六十三，中国书店1990年版。又见余龙光编《双池先生年谱凡例》，载《双池先生年谱》卷首，北京图书馆出版社1999年版，第2页。
② 李元度：《国朝先正事略》，岳麓书社2008年版。
③ 余龙光编：《双池先生年谱凡例》，载《双池先生年谱》卷首，北京图书馆出版社1999年版，第384—385页。

据学兴盛的时期，有时代风气之影响亦属正常，汪绂的治学方法与汉学有一定的相通之处。但终归汪绂和江永有侧重点的不同，江永专治汉学，也尊崇朱子；汪绂极力推崇朱子，以朱子之是非为是非，考据只是其求道手段。

三、学术思想及治学方法

经过清初实学思潮的酝酿，到清代中叶，考据学发展至鼎盛时期，而宋明理学因其空谈心性渐趋衰落，但亦非一蹶不振，部分学者在考据的同时依然有义理的开掘，汪绂便是其中的一位。有学者将汪绂定位为乾嘉时期的理学家[①]，因其整个学术思想是对朱子理学的继承，但他又生活在考据学兴盛的清中叶，故其学术思想有着多重面向。如沈维鐈所言，"学者苟志于圣贤之学，舍小学、《近思录》无以入门"[②]。在此，"小学"即指考据之学，朱子所编《近思录》则是义理之学，这两方面都不能缺少，才可能切近古人的思想。也正是在这样的思想原则下，汪绂在《理学逢源》里对上古两汉以来的经学、史学、哲学、五礼、六艺、古乐、服饰、果蔬、食馔、医药、诸行等给予了详细的考据并阐发了义理。[③]

清代的义理之学总体来说趋于没落，但仍然有一些学者在此耕耘，他们出于对理学的反思及清初社会重建，以躬行为出发点，对儒家伦理道德的深层意蕴进行阐发。在汉学如日中天的时候涌现了一批理学家，或者说是理学兼及汉学的学者，以乾嘉时期为例，出现了谢金銮、邓元昌、陈宏谋、汪绂等人。他们以义理为旨归但不废考据。总体而言，他们的义理追求又有不同的取向，如有人将其分为主敬派、经世派、学理派[④]，而汪绂就是学理派的代表人物之一。

前文已述，汪绂治学以朱子为旨归，是对朱子的固守和维护，"一以朱子为折衷……则推广朱子之心，以发明之"[⑤]。他重视朱子修身养性的道德践履，强调立言与

[①] 汤一介主编《中国儒学史》和李帆著《清代理学史》皆将汪绂定位为理学家。
[②] （清）沈维鐈：《理学逢源·序》，载（清）汪绂《理学逢源》，道光十八年敬业堂刻本。
[③] 参见（清）汪绂《理学逢源·内篇物则类》第六卷，清道光十八年敬业堂刻本。
[④] 参见魏永生《乾嘉时期理学概述》，《淮阴师范学院学报（哲学社会科学版）》2000年第1期。
[⑤] 余龙光编：《双池先生年谱凡例》，载《双池先生年谱》卷首，北京图书馆出版社1999年版，第384—385页。

事功的一致性，认为孔、孟、程、朱都重视修养身心的道统，从道德论的视角对朱子思想加以发挥。汪绂对朱子之学从理论上进行阐释，同时修养与躬行并重，如其事母甚孝，幼承母教；其父虽有为人瑕疵，及亡仍哀葬有加；个人生活虽极穷窘无奈，却每每诲人不倦；奔走生涯做工求活之余，也仍然不忘个人学术使命，皆是显例，所谓"伦常日用"皆为成圣之道，作为儒者的他是坚定躬行的。而其学术研究涉及星历、地志、乐律、兵制、阴阳、医卜，以至弹琴、弯弓、篆刻、绘事，无所不通。作为经学家，他著有《礼记章句》《乐经或问》《礼记或问》《六礼或问》《参读礼志疑》等，对古礼进行搜集整理，斟酌取舍，增删裁定，发明义理，以匡正时弊，回归原始儒家之真精神。汪绂的学术思想大致表现在《理学逢源》《读近思录》《困知录》《乐经律吕通解》等著中，他说：

> 自天人性命之微，以及夫日常伦用之著，自方寸隐微之地，以达之经纶斯世之猷，亦庶几井井有条，通贯融彻，所以反求身心，以探夫天命之本源者。①

以上可谓其治学宗旨，所谓"探夫天命之本源，达之经纶斯世之猷"②，他在《理学逢源》这部书中投入了大量精力，"盖为之二十余年而后成"，汪绂在此书自序中说：

> 理一而已，自四子、六经以至周（敦颐）、程（颢、颐）、张（载）、朱（熹）之所演绎，载籍虽繁，要不过欲人反求之于身心而得其天性之本然。则以是见之行事，以实践而力行之；而于以措之民物，莫不皆准。此千圣所同符、古今无二致也。③

他深深服膺程朱理学，把握理学道统之本质并加以发挥，其本质即是内圣外王和

---

① （清）汪绂：《理学逢源·自序》，清道光十八年敬业堂刻本。李帆：《清代理学史》，广东教育出版社2007年版，第70页。
② （清）汪绂：《理学逢源·自序》，清道光十八年敬业堂刻本。
③ （清）汪绂：《理学逢源·自序》，清道光十八年敬业堂刻本。

实践基础上的修身养性。同时说明了他注重道德实践,"以实践而力行之",抛弃了理学的空洞虚举。正如他在《理学逢源》中所言"反求身心,以探天命之本源",探讨了人伦日常之用、天性之本然、经世之道理,巨细兼备,通贯融合,条分缕析,反复探研,涵摄经学,对礼学亦有精深论述,形成了自身的义理系统,如朱筠所言:"博极两汉六代诸儒疏义,元元本本,而一以宋五子为归,六经皆有成书,下逮乐律、天文、地舆、阵法、术数,无所不究畅,卓然传于后。"[①]

汪绂在《与江慎修书》中阐述了他对当时社会现状的思考。谈及江永礼学研究,他希望与江永共同为挽救世道人心而努力,以"振兴末俗"展现了一个传统儒者的胸怀和责任:

> 闻慎修名,绂虽未挹芝眉,而私心不胜渴慕,欲猝然而晋谒,又恐无因至前,虑无按剑之视,故敢以书达。夫俗士之敝于辞章久矣,穷经皓首,初何当于身心苦志青毡,实营心于利达,是以圣贤之书若明若晦,先王之礼名存实亡,几谁克起而振之者,顾振之亦难言矣。必名在天下,而后足以振兴乎天下,名在一国,而后足以振兴乎一国,名在一邑一乡,而后足以振兴乎一邑一乡,尤必其货财显达,足以副之,而后乃得名当世。不则,谁为和之、孰令听之?今之列当道者,既多靡靡以从俗矣,而必日附骥尾以彰厥名,或亦志士之所不屑欤?绂诚谫劣无似,而猥闻乡间聚语所讥评为道学骨董者,则以绂与慎修并指时用,自愧独是愤俗学之支离,鄙词章之靡蔓。在慎修亦会有同志,庶几世无圣人,不应在弟子之列者,然而名不列于青衿,家无余于甔石,则虽有愤时疾俗之志,亦徒为梦寐予怀抑思,夫善与人同,何必在我,慎修著作之富,夫亦既足以使当世信而从之,苟慎修能振兴末俗,一挽支离靡蔓之狂澜,则振之在慎修,犹在绂也。[②]

汪绂在这封措辞恳切的信中坦呈心迹,认为先王之礼乐名存实亡,希望有人能起

---

① 朱筠:《婺源县学生汪先生绂墓表》,载钱仪吉编《清代碑传全集》,上海古籍出版社1987年版,第653页。
② (清)汪绂:《双池文集·与江慎修书》,清道光十四年一经堂刻本,第58页。

而振兴之，以为"慎修能振兴末俗，一挽支离靡蔓之狂澜"①云云。

在汪烜致江永的第二封信中，他主要从儒者的高度阐述了圣贤事业、世道人心的问题，同时对江永的学风发表了看法。在第三封信《与江慎修论学书》中，汪烜主要谈及了治理礼乐的问题，因为他认为礼乐关乎世道人心、风俗教化问题。以上都可视为其整个思想的一部分，可以作为考察其音乐思想的背景。

清代中叶汉学的兴盛自然而然在汪烜身上有所体现，清初以来的实用实学思潮亦对其产生影响。他也提倡崇实黜虚，将理学原则与个人修为有机结合，在日用伦常中实践道德修养，躬行纲常伦理，进而造就和谐的社会局面，而不再是宋明理学的空虚冥想。唐鉴《国朝学案小识》载："先生著书博而用功专，不求人知而功愈严焉。其言致知也，曰：有志格物，无物无理，随处目睹耳闻，手持足践，皆吾穷理之学，岂独经书？"②这里也说明了汪烜思想中对践履的重视。

总之，汪烜致力于维护程朱正统思想，其《理学逢源》是代表。在此著中，汪烜对宋代理学的主要代表如周敦颐、二程、朱熹等的言论进行护持和阐发，发掘精义，发明义理，对当时的学风进行卫道，进而扭转人心。要之，汪烜的学术思想以追求义理为主要特色，亦不废考据实学，同时强调个人修为实践，这是我们理解其礼乐思想的基础。

关于汪烜的治学方法，钱穆有一段论述：

> 大抵江氏学风，远承朱子格物遗教则断可识也。与江氏同时并称者有汪绂……多尚义解，不主考订，与江氏异，而所治自六经下逮乐律、天文、地舆、阵法、术数、无不究畅，则门路与江氏相似……惟汪尚义解，其后少传人，江尚考核，而其学遂大，则有清一代尚实之风，群流所趋，莫能独外耳。③

这里揭示了汪烜和江永治学方法的不同，两者都远承朱子余绪。"江尚考核"，"汪尚义解"，也就是说江永主要以考据为研究方法，"盖先生生而好古，而穷不见用

---

① （清）汪绂：《双池文集·与江慎修书》，清道光十四年一经堂刻本，第58页。
② （清）唐鉴：《国朝学案小识》，世界书局1936年版，第67页。
③ 钱穆：《中国近三百年学术史》第八章"戴东原"，商务印书馆1997年版，第340—342页。

第三章 "唯其淡也，而和亦至焉矣"——汪烜礼乐思想研究 | 97

于世，则益专其心于远稽遐览，终生乐之无休暇。其于古之制度、名物，必参互而得其据证"①。而汪烜则以义理的阐发为主，考据只是其手段和途径。徐世昌评价汪烜："其为学，涵泳六经，博通礼乐，不废考据，而要以义理为折衷，恪守朱子家法。"②这也说明了汪烜的治学特点——"恪守朱子但不废考据"。

"汉唐注疏，多在没要紧处敷衍争讼，以其在字句训诂上用功，而不知圣人之道也。"③这里汪烜虽然目标是圣人之道，但也并未排斥字句训诂，这与其后的戴震等辈"由考据以通义理"有着相似之处。汪烜的研究中考证方法的运用随处可见，如他在其《山海经》当中就从文字细读出发，对文字进行校释，对地理进行考证，体现出明显的乾嘉考据学特点，由于其学识宏富，解经多出新见。在《乐经律吕通解》卷四中，他以考据学方法对乐器的形制、技法、源流等考辨，对琴律、琴谱进行探研，凸显出讲求证据、无征不信的汉学扎实学风。余龙光的一段记载也能说明汪烜的治学风格：

> 其治经也，博极两汉、六代诸儒疏义，凡三代之典章制度、名物器数，与夫天文地舆、六书音韵、九章算数，罔弗精详。既使偏尚汉学者，不得藉口。而析理断事，精贯日月，思通鬼神，精微变化，一以朱子为折衷。④

汪烜的治学方法可以总结为两点：一是析理断事、追求思想认识而不废知识考证；二是追求义解、注意细节深意而强调考据基础。这样两手都强，才可能"使偏尚汉学者，不得借口"。可见汪烜的思想建构非是玄思虚虑，知识考证也落到了实处，理想追求和现实关切都反映在了清代学者这一优良学风里，当然也反映在他的音乐思想里。汪烜的治学方法，对于今天的古代音乐学研究或音乐思想研究，是有一定启迪的。

---

① 刘大櫆：《江先生传》，载《刘大櫆集》卷五，上海古籍出版社1990年版。
② 徐世昌：《清儒学案小传（二）》卷七"双池学案"，台湾明文书局1985年版，第19页。
③ （清）汪绂：《内篇·物则类·经学》，《理学逢源》卷六，《汪双池先生丛书》本，光绪丁酉年重刻。
④ 余龙光编：《双池先生年谱凡例》，载《双池先生年谱》卷首，北京图书馆出版社1999年版，第384—385页。

四、汪烜对古代论乐文献的考证

如前所说，汪烜治学虽然偏重于义理的阐发，但却不废考据，义理的阐发是在考据的基础上得以实现的。

汪烜的学术研究是在扎实的文字考据基础上展开的，如他研究《论语》，从其源流、版本、内容等方面进行梳理，以窥其准确含义。他说：

> 《论语》有齐、鲁二家，汉儒张禹兼通二论，包氏、周氏为之章句，马融复为之训之，盖齐、鲁久合为一家也，说者又以孔子《家语》为齐论，而魏王肃甚尊《家语》，今观《家语》，驳杂殊甚，非《论语》比，以为齐论不其然也，惟陆氏所考齐、鲁二论同异，殆其近之古文《论语》二十一篇，与《孝经》《尚书》《仪礼》同出孔壁，安国传之，郑元注之，王肃、何晏宗之，皇侃疏之，及朱子集注既行，而后诸家尽废，学者的然知所宗主矣！①

汪烜在说明《论语》来源的同时，在一定程度上也做了学术史上的交代，显示出其治学的特色。他说：

> 人之为学，若不从文字上做工夫，又茫然不知下手处，若只求字句，不于身心著切体认，则又无益，且如说我欲仁斯仁至矣，何故圣门许多弟子，圣人竟不曾以仁许之，圣人乃曰：我欲斯至，盍亦于日用体验，我若欲仁，其心如何，仁之至不至，其意又如何？又如说"非礼勿视"云云，盍亦每事省察，何者为非礼，而吾又何以能勿视勿听勿言勿动，若每日如此读书，庶几有得而不为徒言也，或云《论语》不如《中庸》曰：只是一理，若看得透，方知无异，譬如大海也是水，一勺也是水。②

这也彰显了他的治学特色，一方面治学要从文字考据入手，另一方面也要做到切

---

① （清）汪绂：《理学逢源》卷六"内篇·物则类"《论语》，清道光十八年敬业堂刻本。
② （清）汪绂：《理学逢源》卷六"内篇·物则类"《论语》，清道光十八年敬业堂刻本。

身体验。其考证方法还体现在其他文字中,关于《仪礼》,汪烜开篇就对五礼及其用乐进行考证:

> 《仪礼》,盖周公之书,所以范围天下,其大纲则宗伯所掌之吉、凶、宾、军、嘉,其目则冠丧婚祭乡相见射粮食宴朝聘,会同其仪则,极之三百三千之详,自天子以至于士,各有等杀之殊,自牲牢、玉帛以至于亦步亦趋,各有当然之范,盖合天下之人、尽天下之事,无小无大,皆率而内之规矩法度之中。①

接着他又追本溯源,探根究底:

> ……汉之兴也,高堂生始传《礼》十七篇,而是时鲁徐生善为容,徐生以容为礼官大夫,瑕邱萧奋以礼至淮阳太守,东海孟卿事萧奋以授后苍,苍说《礼》数万言,号曰:后氏《曲台记》,授戴德戴圣,此所称五传弟子也,后氏别传庆普庆氏礼至曹褒而亡,戴礼则康成有注,贾逵有疏,杨复有图,然非周公之全书矣。古文礼五十六篇,安国得于孔壁内十七篇,与今文礼合余三十九篇,谓之逸礼,(郑)康成、(孔)颖达尚时引用之,至唐天宝而亡,明永乐间犹有上《仪礼》逸经十八篇者,而今皆不可复见,惜哉!独是《仪礼》之传也,疑之者众矣,惟朱子殷然有志,未遂而卒,乃以属之于黄勉斋(黄干),则亦既有其序矣,至若后世之为礼者,如汉则有叔孙通、曹褒,唐有《开元(礼)》《显庆(礼)》,宋有《开宾礼》《政和礼》②,而明之制作尤盛,要之,迭为损益,终未能天地为昭,惜汉人既得古文礼,而不以之用于朝廷,唐初逸礼犹存,而不能考之定制,乃徒以"士礼"推而上之,而古文又终于丧失也。……朱子曰:先王之礼,今存无几,汉初自有文字,都无人收拾,河间献王既得雅乐,又有《礼》书五十六篇,惜乎不见于世,今《仪礼》多是士礼,天子诸侯丧祭之礼皆不存,其中不过有些少朝聘、燕飨之礼。自汉以来,凡天子之礼,皆是将士礼来增加之,河间献王所得《礼》五十六篇,却有天子诸侯之礼,故班固谓"愈于推士礼以为天子诸侯之礼

---

① (清)汪绂:《理学逢源》卷六"内篇·物则类"《仪礼》,清道光十八年敬业堂刻本。
② 即北宋末年制定的《政和五礼新仪》,宾礼包括了多项礼仪,涉及朝会、奏议、居仪、使仪等。

者"，班固时，此礼犹存，不知何代何年失了，可惜！可惜！礼书惟《仪礼》尚完备于他书。①

汪绂对《仪礼》的来源、流传、注疏及内容等情况进行了大致的梳理，突出了他对古代礼乐的考证学风。他对《礼记》的考证体现在以下方面：

《礼记》者，《仪礼》之传记也，自后苍说礼曲台成文数万叶，诸所闻见合为一百八十篇，其徒梁国戴德将之删为八十五篇，是名《大戴礼》，德之从子戴圣又删《大戴礼》，取四十六篇，是名《小戴礼》，及马融辈，又加入《月令》《明堂位》《乐记》三篇，几四十九篇，即今之《礼记》也，《记》多杂而不纯，然要多孔氏遗言，而足以渐窥乎先王制作之志，如《大学》为入德之门，《中庸》极性命之奥，余若《曲礼》《少仪》《内则》《小学》阶梯，其《学记》《乐记》诸篇，亦至为纯粹……朱子既汇集《曲礼》《少仪》《内则》诸篇以为《小学》，而拔《大学》《中庸》登之四子，其去取也精矣，元儒陈（澔）云庄合集注疏以下及吕、刘、王、方、马、应诸家之言，以为《礼记》，《礼记集注》似可为全书折衷，然要多择之未精，语之未详，吴草炉则更其篇次，章句多所纷扰，虽将为继朱子之志，实则恐未有当于朱、黄之是也，夫《仪礼》本为正经，而戴记则《仪礼》之传……

朱子曰：《仪礼》，礼之根本，而《礼记》乃其枝叶。《礼记》乃秦汉上下诸儒解释《仪礼》之书，又有他说附益于其间，今欲定作一书，先以《仪礼》篇目置于前，而附《礼记》于后，如《射礼》则附以《射义》，似此类已得二十余篇，若其余《曲礼》《少仪》，又自作一项，而以类相从，若《疏》中有说制度处，亦当采取以益之。

子升云：今礼书更附入后世变礼亦好曰有此意。贺孙问："《祭礼》附义，如说孝许多，如何来得？"曰：便是祭礼杂附。……读《礼记》而不读《仪礼》，许多道理皆无安著处。《王制》是制度之书，《大学》《中庸》是说理之书，《儒行》

---

① （清）汪绂：《理学逢源》卷六"内篇·物则类"《仪礼》，清道光十八年敬业堂刻本。

《乐记》是战国贤士为之,《丧服小记》便是解丧服传大传是总解。问《礼记》古注外无以加否？曰：郑注自好。郑康成（郑玄）是个好人，考礼名数大有功，事事都理会得，东汉诸儒煞好，卢植也好，康成也可谓大儒。汉儒说礼制有不合者，皆推之以为商礼，此便是没理会处。王肃注也煞好，礼书，如陆农师礼象，陈用之礼书，亦该博，陈底似胜陆底，后世礼乐全不足录。但诸儒议礼颇有好处，此不可废，当别类作一书方好看。①

汪绂对《礼记》（含《乐记》）的内容、流传以及前人的认识、注疏情况进行了梳理，以窥《礼记》的来龙去脉。

总而言之，汪绂的学术研究从未忘记以考据为手段进而以义理为目的的治学理路，他实事求是地对古代典籍进行梳理、考辨，追根穷源，广征博引，考订精细缜密，在扎实的考据基础上阐发义理。

第二节　汪绂礼乐思想内涵及特点

汪绂作为清代经学大家，其研究"博极两汉、六代诸儒疏义，凡三代之典章制度、名物器数，与夫天文地舆、六书音韵、九章算数，罔弗精详"②，其礼乐思想主要体现在《乐经律吕通解》《乐经或问》《理学逢源》《立雪斋琴谱》等著述中。

首先，汪绂提出"理寓于声"和"律显于器"，强调道器不二。

汪绂精通乐律，有极高的音乐素养。他认为器—理—律要统一，不能纸上空谈，也不能徒守其器："其于律吕推究尤精，尝曰：移风易俗，莫善于乐，乃经生家纸上空谈，未尝亲执其器；工丝竹者，徒守其器，又不能察其所以然。夫理寓于声而律显于器，器以成声以合律，则器数又不容以不考。"这里的"理寓于声"和"律显于器"的思想是非常值得重视的，一方面反映了中国哲学传统的道器不二的思想，汪

---

① （清）汪绂：《理学逢源》卷六"内篇·物则类"《礼记》，清道光十八年敬业堂刻本。
② 余龙光编：《双池先生年谱凡例》，载《双池先生年谱》卷首，北京图书馆出版社1999年版，第384—385页。

烜对此有深刻的认识，亦言"理器本不相离，本末非有二致"①。他在讨论"无极而太极"的哲学时说，"道"（理）是超乎形气之表的，因为形不能形形，器不能器器，声无以声声，臭无以臭臭，那个非形非气的东西就是"道"，就是"理"，当然也只有"道""理"才可能使声音成为声音，使乐器成为乐器。②他说："乐理也，形而上者也。音器也，形而下者也。理器不相离，审于音而理寓焉。"③音乐之理寓于声音之中，声音体现音乐之理。另一方面，因为看透时弊而力图避免，清代经生爱谈乐，如梁启超所论，几至于人人谈乐。但是如汪烜所言，一些人也往往不真懂律吕声音，更何谈操弄乐器；而一般乐工伎人则只工技术，徒守其器，而不能言其理、察其然，当然难以理器统一，律于器显怎么可能？故汪烜提出的"理寓于声"和"律显于器"的思想是有针对性的，也是音乐之至理。

其次，汪烜以朴学家的精神去实践自己的思想，强调"手持足践"。

汪烜在自己艰苦的生涯中，能够做工、种田、弹琴、弯弓，本来就是一个躬行于实践中的儒者。因此，他的音乐思想特色是：既有思辨的色彩，也有经验的总结；既有礼乐理论的建构，也有音乐实际的创作。这方面，一是有《立雪斋琴谱》这样在朴学家中少见的琴学实践，除改编辑录许多古琴曲之外还自己创作符合其音乐审美观的琴曲，力争做到理论和实践的统一（这一点容后文详论）。二是在继承前人思想的基础上，努力发掘原作原文尚待开掘的意蕴，并表达自己的观点。如汪烜对汉代《乐记》、北宋周敦颐《通书·乐》、南宋蔡元定《律吕新书》等著作疏通其意，评论阐释，并且采纳《周礼·考工记》以及先儒之注疏，进而考察其器数声容的大致情况，"附著己说，设为问答，亦要发明二书之蕴"④。其音乐著作最重要者莫过于《乐经律吕通解》，这是汪烜的乐论思想、律学思想的代表作。

《乐经律吕通解》共五卷，其中，卷一为《乐记》和《乐记或问》，《乐记或问》是根据《乐记》之内容，以问答的形式对其进行阐释，以进一步表达自己的思想；卷二、

---

① （清）汪绂：《理学逢源》卷七"外篇·王道类"《作乐》，清道光十八年敬业堂刻本，第1491页。
② 参见（清）汪绂《双池文集》第二卷"无极而太极论"，载《续修四库全书》"集部·别集类"，清道光十四年一经堂刻本。
③ （清）汪绂：《理学逢源》第六卷，清道光十八年敬业堂刻本。
④ （清）汪绂：《乐经或问·发凡》，载《续修四库全书》"经部·乐类"，上海古籍出版社2002年版，第673页。

卷三是在南宋蔡元定的《律吕新书》基础上附记以表己见；卷四、卷五是汪烜对《律吕新书》的阐发即《续律吕新书》，目的是以"终西山（即蔡元定）之志"；在其《双池文集》中的一些单篇文章也有精深的音乐思想的论述和创发。今择其要者论述如下。

一、"唯其淡也，而和亦至焉矣！"

（一）关于"淡在和上"的分析

"和"的观念在中国音乐思想史上历史悠久，是中国古代文化精神的集中表现，内涵极为丰富，如有天人之和，有人人之和，有音律之和……一线贯穿，且在不同的时期有不同的侧重点，有着自己的内在发展逻辑。[①]"和"对中国文化里的音乐价值观念、行为准则、创作思维、音乐形态等影响深远，在音乐思想史上有重要意义。

在"和"的观念发展历史上，北宋大儒周敦颐的"淡和"说是一个重要转折，既反映了礼乐思想内转的趋势[②]，也对后人有重要影响；如南宋朱熹，明徐上瀛，清江永、汪烜等人都在周敦颐"淡和"说的基础上做了进一步的解释。这其中，汪烜出于维护道统的目的，对周子、朱子的观点采纳并加以发挥，在其《乐记或问》《乐教》《立雪斋琴谱》《双池文集》的单篇文章等撰著中提出"唯其淡也，而和亦至焉矣""先王之乐，惟淡以和""感其心，莫不淡且和焉""不淡则妖淫而导欲，不和则愁怨而增悲""淡则欲心平；和则躁心释""不和故不是正乐，不淡亦不是正乐"等观点，以维护儒家道统，成就圣贤之德。

但汪烜对周敦颐的"淡和"说，不仅仅是继承，也有自己的发展。笔者认为，这一发展的深层创发，在于将"淡""和"两个范畴的逻辑结构，从"并列"改造为"先后"（上下），其论述明显的有这一考虑："唯其淡也，而和亦至焉矣"，也即是说，只有"淡"在先，"和"然后才能发生；"淡则欲心平；和则躁心释"，此处虽对言，却

[①] 参见叶明春《中国古代音乐审美观研究》，人民音乐出版社2007年版。其中对我国古代音乐思想中"平和""不平"音乐审美观有详细深入的论述。
[②] 罗艺峰教授在其著作和一些单篇论文中，对此有深入的论述。参见《中国音乐思想史五讲》第五讲有关内容，上海音乐学院出版社2013年版；《从天人秩序到内在道德自觉：礼乐关系的思想史意义》，《交响（西安音乐学院学报）》2015年第3期；《思想史、〈中庸〉与音乐美学的新进路》，《南京艺术学院学报（音乐与表演）》2014年第1期。

很明显地表示出只有先"淡"才能后"和",先"平"才能后"释",才能"淡以和"。①这可能与汪绂对宋明理学的哲学认识有关。宋明理学是心性之学,对于心、性、理、气、情、欲等范畴的论述,强调心(性)为体,情(欲)为用的基本观念,我们在汪绂思想里可以发现,他非常强调心性之学,在《理学逢源》中开篇即讨论了"喜怒哀乐之未发"的问题②,而这是宋明理学最重要的哲学话题而有"心统性情"的认识,他的"淡和"说无疑与此有关。他认为,只有"淡"才能使心"全其本",其方法是"以道心为人心之主,则人心不流于放;以人心为道心之用,则道心不寂于无","道心即人心"③。这样一来,寂寞、无为、无声、无色、无嗅的"道心"的性质也就是"人心"的性质,故人心应该是"不流于放"(欲、躁)的,是"平"进而"释"的,他申明的观点是"主静立人极"④(静即"不流于放",故能够无欲不躁),这样一来,其"淡"则是必然!如是乎,在哲学层面我们可以非常确定地说,"淡"是人心的本来特征,也是音乐之"本";"和"是"淡"的应然效果即音乐的"用";此一论证,就当然地阐明了"淡在和上"的深层学理,殆无可疑。

在此基础上,什么是"淡"、什么是"和",什么是"欲"、什么是"躁",以及这些范畴的关系若何?为什么乐之本在"淡和"?为什么情须有节度?汪绂在《淡则欲心平,和则躁心释》一文里进一步详细讨论了这一问题:

> 乐本乎情,而情之流则欲也。乐生于动,而动之过则躁也。何以防其流?则有情之本然者在;何以止其过?则有动于自然者存。乐盈而反,以反为文,斯先王之淡且和者是矣。何则?盖乐之本淡也。淡而或日趋于浓,广则容奸,狭则思欲,而乐之本淡者亡矣!夫是以以欲感欲,而欲之流不知所底也。乐之本和也,和而或日即于乖,感条畅之气,灭平和之德,而乐之本和者失矣。夫是以以戾感戾,而躁之动将何所极也。先王之作乐也,奋至德之光,而笃恭者,本原于不睹

---

① 参见(清)汪绂《作乐》,载《理学逢源》卷七"外篇·王道类",清道光十八年敬业堂刻本。
② 参见(清)汪绂《理学逢源》"外篇"。内篇讨论了"天、性、情、心、敬、诚"等问题。清道光十八年敬业堂刻本。
③ (清)汪绂:《双池文集》第二卷"和性与知觉有心之名论",载《续修四库全书》"集部·别集类",清道光十四年一经堂刻本。
④ (清)汪绂:《双池文集》第二卷"主静立人极论",载《续修四库全书》"集部·别集类",清道光十四年一经堂刻本。

不闻之地，动四气之和而中节者，发见乎君民事物之间，天心不移而大音稀声，正声感人而顺气成象。乃本之性情而必稽之度数，以度数为性情之节，而情以有节而不流，则适如其淡。率生气之和而必道五常之行，以五常为为生气之范，而气以有序而不戾，则适如其和。夫人亦贵夫慎所以感之者。耳睹墟墓而思哀，望坛壝（古代祭坛周边的矮墙）而思敬，应感起物而动，而心术形矣。感之时义大矣哉，而乐之淡且和也。如此，朱弦疏越，一唱三叹，有遗音者矣。依咏和声，八音克谐，无相夺伦也。则人虽或有淫辟邪慝之心，诬上行私之志，一引而置之琴瑟笙镛之侧，其必涣然冰释，怡然理顺，而顺帝则于不识不知焉者，是以习之成童，董之司乐，而用之乡人，用之邦国，用之宗庙朝廷，凡以感天下之人而返之淡和之本，而欲心躁心以无自而起也。虞廷之作乐也，祖考格焉，凤凰仪焉，百兽舞矣，虞实之傲慢而德让焉。欲心之平，躁心之释，不可睹乎是？唯淡和之故，独是乐本于君心而成于功成治定之后，必人君之心淡然无欲而达之。政治有以导天地之和，然后能章德象功，以有此淡和之乐。不然者，心之多欲不和而败度败礼，则虽有先王之乐且厌弃之，以为平淡无奇，而听之唯恐卧焉，而欲兴乐以平天下之欲心，释天下之躁心，不可得也。《书》曰：以礼制心。此周子论乐每先礼也。论乐者可知所法矣。[①]

这一段文字有三点值得分析：

其一，汪烜表现出对古代论乐思想的熟悉程度，行文之中往往大量使用熟典和乐论，并且在哲学思想上遵循周敦颐的观点（其所谓《书》，乃是周子的《通书》），主张"以礼制心"，先礼而后乐，在礼乐思想上非常传统。但是也有他自己的新认识，即礼乐无论其功能是什么，如所谓用于乡人、邦国、宗庙的文化功能和所谓章功象德、功成治定的政治功能，最后都归于淡和。

其二，汪烜非常清晰地说明了情—欲、动—躁的关系，他之所以反对盈满之乐，乃是因为违背了"乐之本淡"的音乐哲学原则。他认为"淡"不仅是音乐之本，"和"亦是音乐之本，都与情欲、动躁有关，情感之流慢是欲，动作之过分则是躁，唯有遵循情之本然，动于自然，才可能有"淡"有"和"。

[①]（清）汪绂：《双池文集》第二卷《淡则欲心平，和则躁心释》，载《续修四库全书》"集部·别集类"，清道光十四年一经堂刻本。

其三，他的思维方式常常在两两相对的概念间往复，即所谓"以反为文"（返）的思维。如在浓—淡、广—狭、盈—虚之间的往复来回，以期合乎逻辑地得出自己的认识，而不是"以欲感欲""以戾感戾"，同义反复、原地加强的思维。这也是儒家思维传统，如文繁—质省、亲亲—尊尊、隆满—节制等相对的概念，也是在往复来回中去思考[1]，也正如汪绂自己所说的"六经须循环理会"[2]。

总之，汪绂在思想上、情感上无疑是遵循传统的礼乐思想的，其所创发者，唯"淡在和上"，强调淡心、和心，反对欲心、躁心，这是汪绂礼乐思想的重要内涵之一。

当然，汪绂关于"淡在和上"的论述还有很多。他基于对"慎所感"的认识，进而对"淡和"的正乐加以提倡："乐贵淡和，八风从律，其声便自淡和。不和故不是正乐，不淡亦不是正乐。"他认为："淡则欲心平，和则躁心释。以正感人，而人胥化于正也。"[3]他更将"淡和"作为正邪之乐的衡量标准，这里进一步凸显出汪绂"淡在和上"的观念。这里对雅正之乐的界定是不仅"和"还要"淡"，先王制作淡和中正的音乐对人的不平之心进行引导，以"养人之耳目而感其心"。汪绂还说："先王之乐，惟淡以和。淡，故欲心平；和，故躁心释。"（《立雪斋琴谱·小引》）"审律以定和，则定为淡和中正之音，以和民声，以养于正，而使之勿即于淫也。"（《乐记或问》）若靡慢凶过的邪音作用于人，则会"妖淫以导欲，愁怨以增悲"，这些音乐都是被排除在外的。有了淡和中正的音乐，妖淫愁怨的音乐便不能接近于人，社会就不会变坏，进而趋于和谐。这就凸显了礼乐的社会功能——移风易俗。"以奸声感逆气而淫乐兴，则风俗必移易于不善，以正声感顺气而和乐兴，则风俗必移易于善矣。是感之诚不可不慎也。故君子知所感之本，而必先慎之于身焉。反情和志，比类成行，使本于身者皆正声顺气，然后本己之正声顺气以著为和乐，斯风俗无不移易于善，而天下皆宁矣。盖风俗与化移易，而德必本于君身。乐行而民向方，以君子之德为之本也。"[4]奸声容易产生淫乐，风俗则不善，正声易产生和乐，风俗则必善。君子认知此

---

[1] 参见罗艺峰《中国音乐思想史五讲》，上海音乐学院出版社2013年版，第184页。
[2] （清）汪绂：《理学逢源》卷六"内篇·物则类"，清道光十八年敬业堂刻本。
[3] （清）汪绂：《乐经律吕通解·乐记或问》，载《续修四库全书》"经部·乐类"，上海古籍出版社2002年版，第32页。
[4] （清）汪绂：《乐经律吕通解·乐记或问》，载《续修四库全书》"经部·乐类"，上海古籍出版社2002年版。

一道理，必先慎之于身，反躬内心，平和志向，如此则正声顺气来，风俗移易于善，社会风气才能保持安宁淳朴。

汪绂引周敦颐《通书》言："淡而不伤，和而不淫，入其耳，感其心，莫不淡且和焉，淡则欲心平，和则躁心释。"（《乐教》）进一步阐释了"淡和"观念，他又说："至淡之旨，其旨愈长，唯其淡也，而和亦至焉矣"《乐教》），认为音乐应该饱有淡和风格，不淡就会妖淫导欲，不和就会愁怨增悲。先王推行礼乐教化的目的也是导人心之正，汪绂认识到了这一点，他说："乐之感人心者如此。故先王作乐，必本之以性情之正，又合之和气常行，而后发为声容。以用之而感民，则民皆可以感于正而不流于邪，是先王之乐教也。"①

以上所论是"淡和"的社会层面，接着汪绂提出了"淡和"音乐产生的效果以及音乐之和与天地之和的关系。他说：

> 乐声淡则听心平，乐辞善则歌者慕，故风移而俗易，妖声艳辞之化也亦然。此并举声辞而言其化也，其辞善则其声淡矣，盖截律候气以求声气之元，然后以六律正五声而合之歌曲，此求天地之和以合人声之和也；必政善而后人心和平，人心和平而后诗辞皆善，诗辞既善，然后审一定和，而声律之合亦无不淡且和，此尽人事之和以合天气之和也。二者阙一焉，无以兴乐也。虽在明圣之朝，不能必人志之尽中和而歌辞皆善，故在舜犹有庶顽谗说之虑。然惟在上者有以化之，故以政之善致人心之和，又即以人心之和合天地之和，而还即乐之淡且和者以养人心之和而化其不和，则乐之所以移风易俗也，天人体用一也。②

> 是以声之合律也，此人之声与天地之气自然而相应者，无待于强也。③

以上论述说明了音乐之和与天地之和与人心之和、政治之和的内在一致性问题，

---

① （清）汪绂：《乐经律吕通解·乐记或问》，载《续修四库全书》"经部·乐类"，上海古籍出版社2002年版。
② （清）汪绂：《乐经律吕通解·乐教》，载《续修四库全书》"经部·乐类"，上海古籍出版社2002年版，第203页。
③ （清）汪绂：《乐经律吕通解·乐记或问》，载《续修四库全书》"经部·乐类"，上海古籍出版社2002年版。

说明人之声与天地之气自然相应、和谐为一，同样是说明了"天人体用一也"。音乐的淡和有其终极来源，是依乎天地自然规律，这与古人的认识是一致的，"天人体用一也"这一思想源于《乐记》所体现的"天人合一"思想。汪绂说："以政之善致人心之和，又即以人心之和合天地之和，而还即乐之淡且和者以养人心之和而化其不和，则乐之所以移风易俗也，天人体用一也。"① 这是说用淡和的音乐化解人心之不和，以"养人心之和"。这里，汪绂的"淡和"说在周敦颐的基础上进一步深化，将其与汉代"天人合一"思想高度有机结合，将自我生命与自然宇宙达至和谐境界的终极理想，以达移风易俗的乐教目的。

汪绂接着谈到音乐与政治和天地自然的关系，为礼乐的制作寻找终极依据。他引用《乐记·乐礼》篇论述了乐的社会功用问题，探讨了音乐与自然相通的问题：

> 乐者，本乎政也，政善民安，则天下之心和，故圣人作乐以宣畅其和心，达于天地，天地之气，感而太和焉，则万物顺，故神祇格，鸟兽驯，天人一也。人心之和即天地之和也，作乐必先同律，正律必本于声气之元，欲求声气之元，如多截竹筒以吹之，埋之密室以验之，是矣。然天之气候有愆，而地之得天不一，且或者冬雷夏雹，则气至岂能应律，故太和必本君德，君人者能以一人之和致天下之和，然后能以天下之和感天地之和，而日月顺轨，四时不忒，冬无愆阳，夏无伏阴，然后宅土中以埋律管，庶律协而天气应之，且律吕虽有定声，而人气不和，则吹之其声又变，故声音之道与政通，其感召尤至微矣。②

汪绂认为，这里不仅指出"声音之道与政通"，且礼乐制作有着天地自然的根据，礼乐与天地自然相通，天地自然、人生社会、音乐律吕和谐统一，具有汉代"天人合一"的思想印迹，这与《乐记·乐礼》篇思路一样：

---

① （清）汪绂：《乐经律吕通解·乐教》，载《续修四库全书》"经部·乐类"，上海古籍出版社 2002 年版，第 203 页。
② （清）汪绂：《乐经律吕通解·乐教》，载《续修四库全书》"经部·乐类"，上海古籍出版社 2002 年版，第 203 页。

> 天尊地卑，君臣定矣。卑高已陈，贵贱位矣。动静有常，小大殊矣。方以类聚，物以群分，则性命不同矣。在天成象，在地成形，如此，则礼者，天地之别也。地气上齐，天气下降，阴阳相摩，天地相荡，鼓之以雷霆，奋之以风雨，动之以四时，暖之以日月，而百化兴焉。如此，则乐者天地之和也。化不时则不生，男女无辨则乱升，天地之情也。及夫礼乐之极乎天而蟠乎地，行乎阴阳而通乎鬼神，穷高极远而测深厚，乐著大始，而礼居成物。著不息者，天也；著不动者，地也；一动一静者，天地之间也。故圣人曰"礼云，乐云"。①

这也说明大乐与天地同和、大礼与天地同节，礼乐与自然、社会统而为一，具有内在一致性，只有礼乐相互协调配合才能达到"中和之纪"。

在社会之和、天地之和之外，汪烜还说到了音律之和：

> 是天地之太和之所自然而著也。气化之于物也，杂然流形，而物物之相值也，要必有相得而合者存。律吕之于声也亦然。人之为声，和顺而中正，则其应乎律也，亦必舂容而顺序。其或愤疾愁怨，淫佚流荡，则其于律也，亦必陵节而无序。且奸乎本官而滥及他律矣。是以声之合律也，此人之声与天地之气自然而相应者，无待于强也。先王审律以定和，则定为淡和中正之音，以和民声，以养于正，而使之勿即于淫也。②

接着上面的思路，汪烜在这里阐释了音律的和谐与天地自然之气相呼应，声律应和顺中正，"以和民声，以养于正"，不至于过度而出现"愤疾愁怨，淫佚流荡"现象。汪烜还在《乐章定和》中对"淡和"的琴乐特质和琴乐思想进行了阐发：

> 多浊声是以淡和，多清声是以噍杀。盖律吕往而不返。浊声，春夏之气，清声，秋冬之气也。浊声啴缓，清声促急。愈清则愈短促而节烦音急，所谓北鄙杀

---

① 蔡仲德注译：《中国音乐美学史资料注译》，人民音乐出版社2004年版，第311—313页。
② （清）汪绂：《乐经律吕通解·乐记或问》，载《续修四库全书》"经部·乐类"，上海古籍出版社2002年版。

伐愁怨哀思者，皆此故也。①

这里可谓道出了淡和之乐的特点，所谓"浊声啴缓，清声促急"，也就是低音区的音乐淡和，高音区的音乐急促细小。"啴"，《礼记·乐记》注："宽绰貌。""缓"，《广韵》："舒也。"汪烜提倡音乐的"淡和"，也就是宽绰舒广的风格特点。

（二）对"慎所感"的阐释

汪烜"淡和"说的提出是在"慎所感"的基础上得出的，上文所引也有"夫人亦贵夫慎所以感之者尔"，提出了"应感起物而动，而心术形矣"的观点。他面对"慎所感"或者"感于物而动"所产生的种种问题，以"淡和"的音乐观进行调和、节制、平抑。在汪烜看来，《乐记》中的"先王慎所以感"一句话是《乐记》的主旨，他将"慎所感"与周子"淡和"观有机融合，进而提出自己的"唯其淡也，而和亦至焉矣"的观点，并且对"淡和"之乐的特点给予说明。为什么要强调音乐的淡和？原因是"多浊声是以淡和"。

"慎所感"来源于《乐记·乐本》篇，应该说其涉及"心""物"关系问题，这也是《乐记》的大旨。原文是这样说的：

> 凡音之起，由人心生也；人心之动，物使之然也。感于物而动，故形于声。声相应，故生变，变成方，谓之音。比音而乐之，及干、戚、羽、旄，谓之乐。乐者，音之所由生也，其本在人心之感于物也。是故其哀心感者，其声噍以杀；其乐心感者，其声啴以缓；其喜心感者，其声发以散；其怒心感者，其声粗以厉；其敬心感者，其声直以廉；其爱心感者，其声和以柔。六者，非性也，感于物而后动。是故先王慎所以感之者。故礼以道其志，乐以和其声，政以一其行，刑以防其奸。礼、乐、刑、政，其极一也，所以同民心而出治道也。②

---

① （清）汪绂：《乐经律吕通解·乐章定和》，载《续修四库全书》"经部·乐类"，上海古籍出版社2002年版。
② 蔡仲德注译：《中国音乐美学史资料注译》，人民音乐出版社2004年版，第270页。

也就是说，音乐产生于人的内心情感，人的内心情感是由于外物的触动，外物触动就会使内心感情激动起来，理学家所谓"感而遂通"。不同的声音刺激到内心就会产生不同的情感，比如愤怒的情感受到刺激就会发出激烈严厉的声音，这就是我们常说的"物感心动说"。因此，先王很慎重地对待用什么音乐来感化人心的问题。更为重要的是，如果不对这些激烈、急促的过度音乐加以引导和节制，就会产生不好的后果，《乐记》中说道：

  人生而静，天之性也；感于物而动，性之欲也。物至知知，然后好恶形焉。好恶无节于内，知诱于外，不能反躬，天理灭矣。夫物之感人无穷，而人之好恶无节，则是物至而人化物也。人化物也者，灭天理而穷人欲者也。于是有悖逆诈伪之心，有淫泆作乱之事。是故强者胁弱，众者暴寡，知者诈愚，勇者苦怯，疾病不养，老幼孤独不得其所，此大乱之道也。是故先王之制礼乐，人为之节。……礼节民心，乐和民性，政以行之，刑以防之。礼、乐、刑、政，四达而不悖，则王道备矣。①

与"心""物"关系相关的是，这里还涉及动静、理欲等问题。意思是说，人的本性是平静的，受到外物引诱而不加节制，人的天赋善性就会泯灭，就会人欲横流，胡作非为的事情就会出现，社会就会大乱，这是以人化物，所谓"灭天理而穷人欲"。所以，先王认识到这些问题，用礼乐对人心进行调节、安顿。这个礼乐是有特质的，即"和"或"淡和"，以此来节制人民的思想，调和人民的性情，端正人民的行为，如此，社会才能保持长久安宁而不致混乱。其实，这里还有更为丰富的内涵，不仅涉及"物感心动"这一"乐"的产生过程，还涉及制礼作乐的必要性问题，涉及音乐的本质在于人的内心情感的表达问题，当然，情感表达要有度，否则"感人无穷而人之好恶无节，则是物至而人化物也"(《乐记·乐本》篇)。

汪烜抓住了《乐记》的主要思想，说《乐记》大旨不外'慎所感'三字之意"，认为"感之不可不慎也"，目的是"慎所感以养于正焉"。所谓的"感"，包含两个方

---

① 蔡仲德注译：《中国音乐美学史资料注译》，人民音乐出版社2004年版，第278页。

面，即唐张守节所说的人心感乐、乐感人心。"慎所感"慎的是什么呢？汪烜说：

> 盖人心体用不外感寂二端。……及物之所感，顺逆互投，而心之感于物也，亦因以百虑殊途而不可胜纪。感应之交，有相得不相得；而七情以分，应物之情，有理义形气之分，而邪正是非异矣。然感寂非二端，体用不相离。由乎中而应乎外，制于外则所以养其中，则感之不可不慎也。人性不能无动于感，此由中应外之理也。慎所感以养于正焉，则制外养中之道也。①

汪烜以"感寂非二端，体用不相离"的哲学原则讨论了这一重要思想。他在《乐记》基础上加以引申，一方面因为"人性不能无动于感"，因此有"由中应外"之理，这是自然而然的，是合理的；另一方面人心有动静两端，容易受到或顺正或邪逆的外物影响，所以必须慎重对待这个"制外养中之道"，目的是使其归于正，即"养正"。在此基础上汪烜还探讨了音乐的雅俗、正邪等问题，他认为情感外在表现就是声色，而声色有邪正之分，那么就需要具有淡和特质的雅正之声加以引导。他提出"淡则欲心平，和则躁心释"，提倡以正声感人，而排斥妖淫愁怨之声，先王制定礼乐也是出于此一考虑，即通过淡和中正的音乐舞蹈涵养内心，如此，才不致接近妖淫愁怨之音：

> 定为淡和中正之声容，以养人之耳目而感其心，使歌咏舞蹈之，以与之俱化，而妖淫愁怨之音，则放之使不得接焉：是先王慎感之道也。②

很明显，汪烜思想是对周敦颐思想的发展。周子说："乐者，古以平心，今以助欲；古以宣化，今以长怨！不复古礼，不变今乐，而欲至治者，远矣！"③汪烜对此是既继承又发展的；更进一步，汪烜在周敦颐"淡和"说的基础上加以提炼运用，以"淡和"观念给予《乐记》新的解读。

---

① （清）汪绂：《乐经律吕通解·乐记或问》，载《续修四库全书》"经部·乐类"，上海古籍出版社 2002 年版，第 32 页。
② （清）汪绂：《乐经律吕通解·乐记或问》，载《续修四库全书》"经部·乐类"，上海古籍出版社 2002 年版。
③ 蔡仲德注译：《中国音乐美学史资料注译》（下册），人民音乐出版社 1990 年版，第 512 页。

第三章 "唯其淡也,而和亦至焉矣"——汪烜礼乐思想研究

如若前后再做一些延伸,即"上联下引",我们会发现宋代卫湜《礼记集说》、元代陈澔《礼记集说》、明清王夫之《乐记章句》乃至清代朱彬的《乐记训纂》等,都涉及对此一问题的探讨。

宋代卫湜《礼记集说》汇集了汉代至宋代诸多经学大家的解读,如郑玄、孔颖达、张载、朱熹等,采摭诸家之说,最为赅博,去取精审,条分缕析。他说:

> 凡音之起,由人心生也,人心之动,物使之然也,感于物而动,故形于声,声相应,故生变,变成方,谓之音,比音而乐之,及干、戚、羽、旄,谓之乐。
>
> 郑氏(玄)曰:宫商角徵羽,杂比曰音,单出曰声。形,犹见也。乐之器,弹其宫,则众宫应,然不足乐,是以变之使杂也。《易》曰:同声相应,同气相求。《春秋传》曰:若以水济水,谁能食之,若琴瑟之专一,谁能听之。方犹文章也,干,盾也,戚,斧也,武舞所执也。羽,翟羽也,旄,旄牛尾也,文舞所执,《周礼》舞师,乐师掌教舞,有兵舞,有干舞,有羽舞,有旄舞,《诗》曰:左手执龠,右手秉翟。
>
> 孔氏(颖达)曰:"自此至王道备矣"一节,论乐本音之所以起于人心者,由人心动,则音起;人心所以动者,外物使之然也。人心既感外物而动,口以宣心,形见于声。心若感死丧之物,则形见于悲戚之声。心若感于福庆,则形见于欢乐之声,既有哀乐之声,自然一高一下,或清或浊,相应不同,故云"生变",变,谓不恒一声,变动,清浊也,声既变转,和合次序,成就文章,谓之音也,音则今之歌曲也,以乐器次比音之歌曲,播之并及干戚羽旄,鼓而舞之,乃谓之乐也……
>
> 张氏(守节)曰:夫乐之起,其事有二:一是人心感乐,乐声从心而生,一是乐感人心,心随乐声而变也,物有外境,外有善恶,来触于心则应。触而动,故云物使之然,比音,言五音虽杂,犹未足为乐。后须次比器之音,及文武所执之物,共相谐会,乃是由音得名为乐。武阴文阳,故所执有轻重之异。
>
> 延平周氏曰:音之所以起者以心,心之所以动者以物,无心则无物。
>
> 长乐陈氏(旸)曰:礼自外作而文,乐由中出而静,虚一而静者,其人心乎,此凡音之起,所以由人心生也,人心离静而动,岂自尔哉,有物引之而已。今夫由心以感物,其能不形于声乎,形于声故有鼓宫,宫动鼓角,角应而以同相

应也,弹羽而角应,弹宫而徵应,而以异相应也。……然心动而生声,声动而生音,语乐则未也,比音而乐之,动以干戚之武舞,饰以羽旄之文舞,然后本末具而乐成焉,是岂不谓发于声音,形于动静,有以尽性术之变与,由是观之,乐者心之动也,声者,乐之象也,文采节奏,声之饰也,羽龠干戚,乐之器也,君子动其本乐其象,然后治其饰举其器,则凡音之起,由人心生者,其本也,形于声而生变者,其象也,变成方者,其饰也,比音而乐之及干戚羽旄者,其器也。四者备矣,乐之所由成也……

张氏曰:六事随见而动,非关本性圣人在上制正礼以防之,故先王慎所以感之者也。

横渠张氏(载)曰:古乐不可见,盖为后人求之太深,始以古乐为不可知,但以《虞书》言,诗言志,歌永言,声依永,律和声,求而得之,乐之意尽于是,诗止言志歌但永其言而已,永转其声,令人可听耳,今学者亦以转声不变字为善歌,既长言之,要入于律,则知音者察之,知此声入得何律,错综以成文矣,古乐所以养人德性中和之气也,后之乐反以求哀为工……穷本知变,乐之情也,所求乎知变乐之道,尽于此,乐所以养人中和之性,以其无嘽缓噍杀之声,太噍杀则听之使人悲哀,太嘽缓则听之使人怠惰,惟雅乐则声音中正,故可以养人和平,此郑卫之声古人所以切禁,盖移人者莫甚焉……故古人以御瞽几声之上下,使之不至于噍杀,不至于嘽缓,惟是中正既作此声,又语之以义不闻其音,即闻其意未尝须臾不在理义,此所以雅乐之能养仁义,今日意思,正惟日日讲及义理,则心乃常存也,其始则心要合音,终久复要音养人心也,大概外物未必能动人,动人惟声为切。

长乐陈氏(旸)曰:乐出于虚,必托乎音,然后发。音生于心,必感乎物,然后动,盖人心其静乎,万物无足以挠之,而性情之所自生者也,摄动以静,则喜怒哀乐未发而为中则性也,君子不谓之情离静以动,则喜怒哀乐中节而为和,则情也,君子不谓之性其故何哉,人函天地阴阳五行之气,有哀乐喜怒敬爱之心,然心以情变,声以心变,其哀心感者,未始不戚戚,故其声噍以杀……凡此六者非性之正也,感于物而后动,则其情而已,乃若其情,则能慎其所以感之穷人心之本,知六者之变,使奸声不留聪明,淫乐不接心术,合生气之和,道五常之行,使之阳而不散,阴而不密,刚气不怒,柔气不慑,各安其位,而不相夺,则正人足以副其诚邪,人足以防其失而治道举矣,若不知慎所以感之,则彼必有悖逆诈伪之心,淫泆作乱之事,以强胁弱,以众暴寡,以知诈愚,以勇苦怯穷人,欲灭天理者矣,其欲君子以好善,小人以听过,移风易俗,天下皆宁,不尤难哉。

郑氏曰:极至也,同民心而出治道,此其所谓至也,孔氏曰:既六事随见而动,非关其本性,故先代圣人在上,制正礼正乐以防之,不欲以外境恶事感之也,礼乐刑政是防慎所感之,具政法律也,正礼教道其志,正乐谐和其声,法律齐一其行,刑辟防其凶奸,用其四事齐之,使同其一致,人心所触六事不同,圣人用四者制之,使俱得其所也,案贺氏曰:虽有礼乐刑政之殊,及其捡情归正,至理一也。

长乐陈氏(旸)曰:圣人之于易,制礼于谦,作乐于豫,明政于贲,致刑于丰,则礼乐者,政刑之本,政刑者,礼乐之辅,古之人所以同民心出治道,使天下如一家,中国如一人者,不过举而错之,而已夫奸声感人而淫乐兴焉,正声感人而和乐兴焉,先王必慎所以感之,故礼自外作而道志于内,乐由中出而和声于外,政以一不齐之,行刑以防不轨之奸,慎所以感之之术也,其极则一于同民心使之无悖逆诈伪之心一于出治道使之无淫泆作乱之事慎所以感之之效也,此因人心之感物而动,故先王慎所以感之,而以礼乐刑政出治道下文因人之好恶无节故先王以人为之节而以礼乐刑政备治道盖相为终始故也……

濂溪周氏曰:乐者本乎政者也,政善民安,则天下之心和,故圣人作乐,以宣畅其和心,达于天地,天地之气,感而大和焉,天地和则万物顺,故神祇格鸟兽驯,长乐陈氏曰:心以感物而动为情,情以因动而形为声,声者情之所自而音者又杂比而成者也,治世以道胜欲,其音安以乐雅颂之音也,政其有不和乎,乱世以欲胜,道其音怨以怒,郑卫之音也,政其有不乖乎,亡国之音,则桑间濮上非特哀以思而已,其民亦已困矣。①

以上所引是诸多经学大家对《乐记·乐本》篇(音乐本源)的解释,明确指出音乐的产生源于人的内心受外物触动的观点,也就是所谓的"感于物而动",或者"物感心动说",表明了心和物的关系问题。这里,《乐记》的作者突出了外物对人心的作

---

① (宋)卫湜:《礼记集说》,吉林出版集团有限责任公司2005年版,第1887—1892页。

用和影响，也就是基于此一关系，后代的学者进行了深入的阐释。如前所引，卫湜《礼记集说》引用唐代张守节的话："夫乐之起，其事有二：一是人心感乐，乐声从心而生；一是乐感人心，心随声而变也。物有外境，外有善恶来触于心，则应触而动，故云物使之然。"这里的论述具有特别的思想史意义。

首先，"人心感乐，乐声从心而生"，说明人心在主位，人主动感乐，所以才有"乐声从心而生"，也正如延平周氏所言"音之所以起者以心，心之所以动者以物，无心则无物"，凸显了人心的主体地位。

其次，"乐感人心，心随声而变也"，说明人心受到外物的触动和影响而随之变化，这里人心处于被动或说客位，人心"应触而动"，是"物使之然"。笔者认为，这里主要突出了心、物的双向互动关系，也就是说，文中所引张守节"乐之起，其事有二"既是物感人心，也是人心感物。心与物表现为一而二、二而一的状态，互为彼此，互为感动。因此说，汪烜所论与此有相呼应之处。

由于音乐生于人心，不同的心情受外物影响，音乐就会表现出不同的风格：

> 是故其哀心感者，其声噍以杀。其乐心感者，其声啴以缓。其喜心感者，其声发以散。其怒心感者，其声粗以厉。其敬心感者，其声直以廉。其爱心感者，其声和以柔。六者，非性也，感于物而后动。是故先王慎所以感之者。故礼以道其志，乐以和其声，政以一其行，刑以防其奸。礼、乐、刑、政，其极一也，所以同民心而出治道也。①

《乐记》在阐释心、物互动关系时，对可能出现的问题，提出了防范性命题，体现了先王制礼作乐的节制作用：

> 人生而静，天之性也；感于物而动，性之欲也。物至知知，然后好恶形焉。好恶无节于内，知诱于外，不能反躬，天理灭矣。夫物之感人无穷，而人之好恶无节，则是物至而人化物也。人化物也者，灭天理而穷人欲者也。于是有悖逆诈

---

① 蔡仲德注译：《中国音乐美学史资料注译》，人民音乐出版社2004年版，第270页。

伪之心，有淫泆作乱之事。……是故先王之制礼乐，人为之节。……礼节民心，乐和民性，政以行之，刑以防之，礼、乐、刑、政，四达而不悖，则王道备矣。①

关于心物关系，《乐记·乐象》篇说到奸声产生逆气进而产生淫乐；正声对应顺气进而产生和乐，这是在强调人的主体的"顺气"的重要性。

以上所引张守节"一是人心感乐，乐声从心而生，一是乐感人心，心随乐声而变也"、陈旸"人心离静而动，岂自尔哉，有物引之而已。今夫由心以感物，其能不形于声乎"、张载"古乐所以养人德性中和之气也……惟雅乐则声音中正，故可以养人和平"以及郑玄、孔颖达等人的言论，都不同程度地说明了"人心感于物"的问题，这些都为汪烜"慎所感"的提出提供了思想资源，从另一个层面亦可反观汪烜礼乐思想的继承性和保守性。

元代陈澔《礼记集说》亦谈到了这一问题。他说：

> 凡乐音之初起，皆由人心之感于物而生。人心虚灵不昧，感而遂通，情动于中，故形于言而为声。②

面对哀心产生的噍以杀、乐心产生的啴以缓、喜心产生的发以散、怒心产生的粗以厉、敬心产生的直以廉、爱心产生的和以柔，陈澔说："六者心感物而动，乃情也，非性也，性则喜怒哀乐未发也。"③ 这里又涉及性情、动静的问题。喜怒哀乐之未发谓之性（静），发而为情（动），与心物关系密切相关。

明清之际的哲学家王夫之在其《礼记章句》中也有对此段的精彩论述。关于《乐记》第一章"凡音之起，由人心生也。……及干、戚、羽、旄，谓之乐"，他这样解释：

> 此章推乐之所自生因于人心之动几，固乐理之自然，顾其曰"人心之动，物使之然"，则不知静含动理，情为性绪，喜怒哀乐之正者，皆因天机之固有而时

---

① 蔡仲德注译：《中国音乐美学史资料注译》，人民音乐出版社 2004 年版，第 278—279 页。
② （元）陈澔：《礼记集说》，世界书局 1936 年版，第 204 页。
③ （元）陈澔著，万久富整理：《礼记集说》，凤凰出版社 2010 年版，第 291 页。

出以与物相应,乃一以寂然不动者为心之本体,而不识感而遂通之实,举其动者悉归外物之引触,则与圣人之言不合,而流为佛、老之滥觞,学者不可不辨也。①

这里,王夫之所谓"人心之动几"的"几",一是说人心极微小的活动(《说文》:"几,微也。"《易·系辞》:"几,动之微也。"),二是说"乐"的产生是由于人的内心固有之动机(《韵会》:"几,从机。"《说文解字注》:"几,俗作机。"),而非"物使之然",也就是不受外物的触动,动静、性情是合二为一、"感而遂通"的,"静含动理,情为性绪",性情不可分,情只是性的自然发显。可见,王夫之是从乐的内在心性本体角度着眼的。其思想对汪烜"感寂非二端,体用不相离"有一定的影响。

王夫之接着论述"乐者,音之所由生也,其本在人心之感于物也。……所以同民心而出治道也",他说:

此章言先王制乐之意,推之礼与刑政而皆协于一,其论违矣!抑尝论之:喜怒哀乐之发,情也。情者,性之绪也。以喜怒哀乐为性,固不可矣,而直斥之为非性,则情与性判然为二,将必矫情而后能复性,而道为逆情之物以强天下,而非其固欲者矣。……盖作此记者,徒知乐之为用,以正人心于己邪,而不知乐之为体,本人心之正而无邪者利道而节宣之,则亦循末而昧其本矣。②

这里先王由于慎所感,所以倡导礼以道志,乐以和声,但王夫之有自己的认识,他认为《乐记》作者只知道"乐之为用"而不知"乐之为体",以内在的正情来化解、疏导各种欲望,以复归天赋善性。礼乐是人性之固有,而非自外作,可见,王夫之依然是从性情体用不二的内在角度来疏解的,类似的论述还有不少。

这里将卫湜、陈澔、张载、王夫之等人的思想罗列出来,目的是说明礼乐思想解释的时代背景和思想温度,作为讨论问题的延展和"上联下引"。这样一方面可以说明汪烜礼乐思想的继承性,另一方面可以展现当时的礼乐学术思想温度和多样态势。汪烜对"慎所感"的解释也都不同程度地与此有关。

---

① (明)王夫之:《礼记章句》,载《船山全书》,岳麓书社2011年版,第889页。
② (明)王夫之:《礼记章句》,载《船山全书》,岳麓书社2011年版,第891页。

当然，汪烜"慎所感"的提出，也是基于当时社会现实的不如意，认为时人不通古乐之深刻意涵。他认为古代乐舞教育是为了养成一个完整的人，古人都学习乐舞以成人：

> 盖自天子至太子，下逮士庶，无人不以乐为学焉，所以闲其聪明，肄其舞蹈，以和其志而养其中和也，礼节而乐和，此人材质成。①

然而遗憾的是古代乐舞在汪烜所处时代已无几人能识，废坏殆尽，以致人伦不明、难以成材。汪烜说：

> 夫古人之诗如今之歌曲，虽闾里童稚皆习闻之，而知其说故能兴起，今虽老师宿儒尚不能晓其义，况学者乎？是不得"兴于诗"也。古人自洒扫应对以至冠婚丧祭莫不有礼，今皆废坏，是以人伦不明，治家无法，是不得"立于礼"也。古人之乐声音所以养耳，采色所以养目，歌咏所以养性情，舞蹈所以养血脉，今皆无之，是不得"成于乐"也。是以古人成材也易，今之成材也难。②

显然在汪烜的时代，孔子所谓"兴于诗，立于礼，成于乐"的乐教已经废坏，而他认为古代礼乐之所以能使人成材，在于其"乐之理原于天地，乐之器衷乎律吕，乐之本生于人心，乐之发动以咏歌，乐之声存乎器数"③。也就是说，音乐与天地、人心、律吕、政治都有着密切关系，是一个有机的完整教育系统，有其天地人的终极哲学依据。而如今的情况则是很不能令人满意：

> 无闻学士高谈乐理而不娴器数声容，不娴器数声容则虚而鲜据，而理亦未必其尽安。伶人役于声音而不通乎义理，不通乎义理则流而忘本，而声乃日逐于淫荡……而中正和淡之实已亡矣！……大抵古乐淡以和，今乐淫以伤，其所以淫伤者，离本宫而滥于他宫，失本律而泆于他律，涤滥则淫，而陵节则凶。故也及令

---

① （清）汪绂：《理学逢源》卷六"内篇·物则类·乐"，清道光十八年敬业堂刻本，第956页。
② （清）汪绂：《理学逢源》卷六"内篇·物则类·诗书礼乐总谕"，清道光十八年敬业堂刻本，第965页。
③ （清）汪绂：《理学逢源》卷七"外篇·王道类·作乐"，清道光十八年敬业堂刻本，第1491页。

人必求淫伤以悦耳,而学士不习于声音。①

他对于这样的现状是痛心疾首的,儒家文化中如此重要的礼乐,居然落入"中正淡和实已亡"的境地!且从音乐形态来看,也已经是宫调乱而音律乖的不谐状态,所谓"离本宫而滥于他宫,失本律而泆于他律";风格上则淫伤涤滥、陵节凶过,都非他所理想的礼乐。面对这样的现实怎么办?一方面,他认为体现礼乐精神的"太和"需要本于君德、理于阴阳,而后以一人之和致天下之和,所谓"太和之必本于君德也,夫阴阳理而后和,故君人者必先以一人之和致天下之和,然后能以天下之和感天地之和"②;另一方面,面对"学士高谈乐理而不娴器数声容"的现实,他提出自己的振兴乐教的主张,表达自己对今乐、古乐的看法:

> 淫声不可不绝,而学士不可不使之知音也。古之乐以教士而今乐掌于伶人,学士羞执其器。古之乐以和神人养德性,而今乐导欲增悲,君子之所摈远。夫郑卫之音先王不以之乱雅乐,而梨园杂剧恒舞酣歌败风乱俗、费财生祸,又不止于乱正乐也,此圣王之所不可不禁绝者也。干戚羽龠人士之恒,孔子曰:"兴于诗、立于礼、成于乐",而由今观之,所谓立成者果安在哉?今诚使严之君身以立其本,候之中气以合其和,精之度数以制其器,释其诗章俾无杂以淫辞,和其声音使可被之管弦,别其旋宫使无奸于律吕,夫如是而雅乐可兴。然后颁之庠序,使人士皆肄习之,以用之祭祀,用之射飨,用之燕享,尤必灭杂剧之书,严演戏之禁,人俳优之人,以绝淫哇之声。则乐教可兴,人材可成,而移风易俗之盛可睹。③

如此,则可以达到教化人心、塑造人材、移风易俗的效果。显然,汪绂对于其礼乐理想的论述,既有合理之处,也有过激之词,乃至于有"灭杂剧之书,严演戏之禁,人俳优之人,以绝淫哇之声"的主张,有违其自己倡言的中正平和之道。对于古

---

① (清)汪绂:《理学逢源》卷七"外篇·王道类·作乐",清道光十八年敬业堂刻本,第1491页。
② (清)汪绂:《理学逢源》卷七"外篇·王道类·作乐",清道光十八年敬业堂刻本,第1491页。
③ (清)汪绂:《理学逢源》卷七"外篇·王道类·作乐",清道光十八年敬业堂刻本,第1491页。又可参见蔡仲德注译《中国音乐美学史资料注译》(上),人民音乐出版社1986年版,第285—286页。

乐、今乐的看法，汪烜列举了《乐记》中魏文侯与子夏的对话展开自己的思想：

> 魏文侯问于子夏曰："吾端冕而听古乐，则唯恐卧。听郑卫之音，则不知倦。敢问古乐之如彼，何也？新乐之如此，何也？"子夏对曰："今夫古乐，进旅退旅，和正以广，弦、匏、笙、簧，会守拊鼓，始奏以文，复乱以武，治乱以相，讯疾以雅。君子于是语，于是道古，修身及家，平均天下，此古乐之发也。今夫新乐，进俯退俯，奸声以滥，溺而不止，及优侏儒、猱杂子女，不知父子。乐终不可以语，不可以道古。此新乐之发也。①

对此，汪烜分析认为"听新乐而忘倦，情之流也"，即是说听了新乐，人的情感就会放纵而不得节制，如果情感不能返回中正、纯正则会产生坏的结果。汪烜认为子夏所言是正确的，他对"乐"的内涵和精神进一步申辩："德音之谓乐"，"奸声以滥，溺而不止"的新乐是不能称作乐的，而中正平和的古乐，可使人们的行为举止、心性品德得以熏陶涵养，进而化成民俗。

因为汪烜很清楚地了解音乐产生于人心，人心受外物触动会产生顺逆之变，先王很谨慎地对待"感于物而动"的事实，所以要以礼导志，以乐和声，如此，淫慢凶过之声才不致出现，才能达到移风易俗、社会和谐的效果。他说：

> 斯谓之和，不有以节制则始流而淫慢凶过矣。范之以生气之和，道之以五常之行，使六者之情声一发于正，而淫慢凶过之声不得作焉，则所以和其声也。②

对于古代乐教，他给予了自己的解读：

> 直宽刚简气之各得乎阴阳者也，以乐教之，是化其偏，使其温栗而无虐，傲以相济也。盖感于物而有志，形于声而有言，言不一而成诗，而歌以永（咏）之，则五声必有成文者矣。声自高下清浊无准，故必范于律吕以和之。审一以定

---

① （清）汪绂：《理学逢源》卷七"外篇·王道类·作乐"，清道光十八年敬业堂刻本，第1491页以后。
② （清）汪绂：《理学逢源》卷七"外篇·王道类·作乐"，清道光十八年敬业堂刻本，第1491页以后。

和，则律吕之和否与其志其诗有相符而不可掩者。于以播之八音，音怗懘而不和，陵节而相范（犯），则淫慢凶过也。（八音）克谐而无相夺伦，则淡以和也。必欲其音之淡以和，乃所以平欲释躁而使直宽刚简者有温栗之美，无虐傲之失也，此一天地生气之和，和人声之不和，以归于和之道也。①

汪绂认为古代礼乐有着自身的产生依据、内涵和功用，如果音调不和谐、越出自己的规定范围，那么就会出现淫慢凶过之声。相反，"八音克谐、无相夺伦"就出现"淡以和"的音乐。道理就是"淡则欲心平，和则躁心释"，直宽刚简而有温和严谨之美，这些都是"和"的大道。

汪绂对音乐与社会、政治、人心的关系和乐律理论有深刻认识：

音生于心，情流而音不能不与之流，律以和声，音变而律不得不随之变，五声上下相生有自然之序，此生气之和也，人心失其和，而不和之气应之，于是有怗懘之音矣。迭相陵则不止于怗懘，大抵音过平则淫慢，音太清则凶过至，有弃律度之正而不守者，周子所谓妖淫愁怨也，如是而为乱世亡国之音矣。②

音律有自然之序，音律不和而人心亦不和，音律人心都不和则淫慢凶过与妖淫愁怨之音就会出现，而这些都是乱世亡国之音。所以，汪绂主张将淡和中正之乐推行于社会，以化成民俗。他还引用《乐记》、程子、朱子、周子之言来阐述自己的主张：

乐者本乎政也。政善民安，则天下之心和。故圣人作乐，以宣畅其和心，达于天地，天地之气感而太（大）和焉。天地和，则万物顺……乐声淡则听心平，乐辞善则歌者慕，故风移而俗易矣。③

音乐之和关涉政治之和、社会之和、天地之和，这一切都和顺了，则人心平顺、

---

① （清）汪绂：《理学逢源》卷七"外篇·王道类·作乐"，清道光十八年敬业堂刻本，第1491页。
② （清）汪绂：《理学逢源》卷七"外篇·王道类·作乐"，清道光十八年敬业堂刻本，第1491页。
③ （清）汪绂：《理学逢源》卷七"外篇·王道类·作乐"，清道光十八年敬业堂刻本，第1491页。

和善，风俗得以移易，社会安宁、政治稳定、百姓和乐。

汪烜还列举了历史上各朝代的例子来说明禁淫慢凶过、流僻邪散、狄成涤滥之音，进而兴中正平和之乐的做法。他说：

> 凡建国，禁其淫声、过声、凶声、慢声。淫声者，流僻邪散狄成涤滥之音也。过声者，急微噍杀之音也。凶声者，粗厉猛起奋末广贲之音也。慢声者，五声皆乱，上下相陵之音也。四者之中，慢声为甚，导欲增悲，有国者止所必禁也。①

总的来说，汪烜以"慎所感"为出发点，阐述了音乐的产生以及音乐与政治、社会、人心的关系，音乐中的古今、雅俗等问题，以防止靡漫凶过、妖淫愁怨之音的出现，而主张音乐的传统特色，即中正平和的"淡和之乐"。汪烜的"淡在和上"音乐观的出发点是在于社会的长治久安和人心的和谐安详，是从一个传统儒士的立场来发出的声音，以拯救世道人心。

（三）礼乐功用

汪烜还就礼乐对于人的成德之意义，即礼乐的功用进行说明。在古人看来，礼乐是片刻不能离开人的身心的，因为礼乐具有"治心"功能，礼乐可以感化人心、陶冶性情，对成人的养成有涵化作用。《乐记》曾言："礼乐不可斯须去身"，"致乐以治心……致乐以治心者也，致礼以治躬者也。治躬则庄敬，庄敬则严威"。② 对此，汪烜说：

> 乐之理只是和乐，礼之理只是庄敬。穷致此和乐之理以养心，而不使有一念之鄙诈得以自萌于其间……致此庄敬之理以修身，而不使有一毫之慢易得以偶设于身体……外面整齐严肃，则心自一，而无非僻之干，亦非期于严威，而严威自著矣。内和者，发乎情性之自然而不乖也，外顺者，循乎物理之当然而不违也。此即易简之理也。瞻颜色而弗与争，望容貌而不生易慢，静而民信之矣。德辉动于内，而民承听，理发诸外，而民承顺，动而民从之也。易则易知，简则易从，所以有亲

---

① （清）汪绂：《理学逢源》卷七"外篇·王道类·作乐"，清道光十八年敬业堂刻本，第 1491 页。
② 蔡仲德注译：《中国音乐美学史资料注译》，人民音乐出版社 2004 年版，第 292 页。

有功也。内外和顺，德成而上，行成而先也。平均天下，则举而措之耳。①

淡和的音乐能够养心、治心，能够修养内心、端正外貌，态度就会恭敬庄重，而不使鄙诈、慢易之心接近，进而达到内心平和、外貌谦顺，并以此德行推行于天下。汪烜之论可谓切近《乐记·乐化》篇之思想大旨。接着，汪烜又说明了礼和乐的内在道理的一致性：

> 礼主减，乐主盈，礼乐之体段也。礼以进为文，乐以反为文，礼乐之为用也，不进则销，不反则放，用礼乐者之失也。礼有报，乐有反，体用之本然也。得其报，得其反，得乎身心之自然也。礼之报，乐之反，要归于性情之正而已，故曰其义一也。②

礼应该简单，如此才能遵循而合乎要求；乐应该丰富，如此才能反躬以合乎要求。礼相互报答，乐自我反躬，才能内心平和，"归于性情之正"，礼乐的道理是一致的。

汪烜对淡和之乐的制作基础，淡和之乐对于安顿人心和政治稳定的重要意义进行深入阐释。他说：

> 先王之作乐也，奋至德之光，而笃恭者本原于不睹不闻之地，地动四气之和而中节者发见乎君民事物之间，天心不移而太音希声，正声感人而顺气成象，乃本之性情而必稽之度数，以度数为性情之节，而情以有节而不流，则适如其淡，率生气之和而必道五常之行，以五常为生气之范，而器以有序而不戾，则适如其和，夫人亦贵乎慎所以感之者，耳睹墟墓而思哀，望坛壝而思敬，应感起物而动，而心术形矣，感之时义大矣哉，而乐之淡且和也，如此朱弦疏越一唱三叹，有遗音者矣，依永和声、八音克谐、无相夺伦也，则人虽或有淫僻邪慝之心，诬

---

① （清）汪绂:《乐经律吕通解·乐记或问》，载《续修四库全书》"经部·乐类"，上海古籍出版社2002年版。
② （清）汪绂:《乐经律吕通解·乐记或问》，载《续修四库全书》"经部·乐类"，上海古籍出版社2002年版。

上行私之志，一引而置之琴瑟笙镛之侧，其必有涣然冰释、怡然理顺。①

先王发扬礼乐的至德光辉，调节春夏秋冬四时之气，以雅正之声感人，则内心顺气就表现出来。即是说，和顺的品德通过礼乐的光辉得以激发，达到内和外顺的效果。先王以人的性情为根本出发点，查核音律的度数（度数使性情得以节制），如此则淡和之乐表现出来；音乐中诸因素相互和谐合律，八种乐器之间相互调和，形成高度的和谐，和谐的情性便展现出来，如此人虽有淫僻邪慝之心、诬上行私之志，在乐舞的践行中也会释然，各各归于和顺。汪绂接着说：

> 而顺帝则于不识不知焉者，是以习之成童，董之司乐，而用之乡人，用之邦国，用之宗庙朝廷，凡以干天下治人而反之淡和之本，而欲心躁心以无自而起也，虞廷之作乐也，祖考格焉，凤凰仪焉，百兽舞矣，虞宾之傲慢而德让焉，欲心之平躁心之释，不可睹乎是，惟淡和之故独是，乐本于君心而成于功成，治定之后必人君之心淡然无欲而达之政治，有以导天地之和，然后能章德象功，以有此淡和之乐，不然者，心之多欲不和，而败度败礼，则虽有先王之乐且厌弃之，以为平淡无奇而听之惟恐卧焉，而欲兴乐以平天下之欲心，释天下之躁心，不可得也。②

礼乐的功能可用之于乡人、邦国、宗庙、朝廷，目的是治人。有了淡和的音乐，才能欲心平、躁心释。先王效法天地治理人民，本之性情、稽之度数，以化育万物、和谐万物，如此则政治和谐、百姓安宁，先王之道德得以彰显，否则，人们都放纵欲望而"败度败礼"，人心不会和谐，社会亦不会和谐，政治就会混乱。

总之，礼乐可达至天地人诸层面，阴阳交感、刚柔相济，先王本之性情，稽之度数，进行礼乐制作，配合天地四时之气的和谐，遵循五行阴阳的规律，使阴阳刚柔之气达至内心显于礼乐，各安其位而无相争夺。因为音乐的和谐亦如天地之和谐，自然中的春夏秋冬的温热冷寒之气，相互参合更替、运化流转，形成和谐的运转状态。音乐之和来源于天地之和，理想的音乐特点正如《乐记》所言："奋至德之光，动四气

---

① （清）汪绂:《淡则欲心平，和则躁心释》，载《双池文集》，清道光十四年一经堂刻本，第35页。
② （清）汪绂:《淡则欲心平，和则躁心释》，载《双池文集》，清道光十四年一经堂刻本，第35页。

之和，以著万物之理。是故清明象天，广大象地，终始象四时，周还象风雨，五色成文而不乱，八风从律而不奸，百度得数而有常，小大相成，终始相生……"① 各种音乐要素和谐共处，相生相济，彼此畅和，天地之生气与音乐之和谐整体和谐如一。

汪烜在《理学逢源》中引用古代乐教的实例（《尚书·尧典》《周礼·大司乐》《礼记·乐记》）来对淡和之乐的内涵和意义进行解读②，音乐之和可以养人性情，和谐的音乐中没有虐傲之失，而"直宽刚简有温栗之美"，可以"养人心之和平"。要言之，淡和的音乐作用于人心，则人心和平，表现为温婉平中、容貌得庄、举止得敬、心气平和，一人平和，推行于社会则社会和谐，社会和谐则天下和谐，礼乐之功用即在于此。

为了凸显汪烜礼乐思想的影响和清代礼乐研究的状况，我们对清代中后期朱彬的礼乐思想做一分析与比较。朱彬为清代经学家、训诂学家，他承其乡王懋竑经法，在文字训诂方面用力较多，与外兄刘台拱互相切磋，常有书信往来。刘台拱为清代扬州学派的代表，扬州学派受徽派影响极大，刘台拱常与徽派的王念孙、段玉裁、汪中、阮元等交往密切。故，一定程度上，朱彬也受到徽派学术的影响。朱彬著有《礼记训纂》四十九卷，是书主要是针对宋代卫湜、元代陈澔《礼记集说》的疏略而作，他从声音、文字等入手对《礼记》进行了文字考据和名物制度的研究，对《礼记》在清代的研究有重要突破。

汪烜认为《乐记》的主旨就是"慎所感"，朱彬也同样认识到此一问题的重要性，他在引用前人及时人的注、疏诸解释的基础上进行梳理，其著中较多引用汉唐注疏（如郑《注》、孔《疏》等），虽然他本人的解释不多，但是从他引用的前人的话亦可以反映他自己的思想，因为他引用的话是他基本认同的。关于"物感心动"主旨，我们看其是如何说的。

《乐记》：

> 凡音之起，由人心生也。人心之动，物使之然也。感于物而动，故形于声。

---

① 蔡仲德注译：《中国音乐美学史资料注译》，人民音乐出版社 2004 年版，第 282 页。
② 参见（清）汪绂《理学逢源》卷六"内篇·物则类·乐"，清道光十八年敬业堂刻本，第 956 页。

《训纂》：

（郑）注："宫商角徵羽，杂比曰音，单出曰声。形，犹见也。"王注："物，事也。谓哀乐、喜怒、和敬之事，感人而动，见于声。"

《乐记》：

声相应，故生变。变成方，谓之音。比音而乐之，及干戚羽旄，谓之乐。

《训纂》：

注："乐之器，弹其宫则众宫应，然不足乐，是以变之使杂也。"注："方，犹文章也。"《说文》："音，声也。生于心有节于外谓之音。宫、商、角、徵、羽，声也。丝、竹、金、石、匏、土、革、木，音也。"注："干，盾也，戚，斧也，武舞所执也。羽，翟羽也，旄，旄牛尾也，文舞所执。《周礼》舞师、乐师掌教舞，有兵舞，有干舞，有羽舞，有旄舞。《诗》曰：'左手执龠，右手秉翟。'"《说文》："乐，五声八音总名。象鼓鞞。木，虡也。"正义："此论音声起于人心，故名《乐本》。人心动则音起，所以动者，外物使之然也。人心既感外物而动，形见于声，心若感死丧，则形见于悲戚之声；心若感福庆，则形见于欢乐之声也。既有哀乐之声，自然一高一下，或清或浊，而相应不同。故云'生变'。声既转变，和合次序，成就文章，谓之音也。次比音之歌曲，而乐器播之，并及干戚羽旄，鼓而舞之，及谓之乐也。初发口谓之声，众声和合成章谓之音，金、石、干、戚、羽、旄谓之乐，则声为初，音为中，乐为末也。唯举音者，举中见上下矣。"张守节《史记正义》曰："皇侃云：'夫乐之起，其事有二：一是人心感乐，乐声从心而生；一是乐感人心，心随乐声而变也。'"刘氏台拱曰："声相应者，谓有音韵相协，后世乐府歌行，不可播之八音者，非无清浊高下之

变,以不成方故也。成方,即下文所谓'成文'。"①

这里朱彬主要是借用前人的注疏来表达自己的观点。关于"物感心动",他认为人心是受到外物的触动而产生不同的音乐,也就是"人心感外物而动,形见于声",不同的心情产生不同的音乐。同时他也认同张守节对"慎所感"的解读,也就是"慎所感"有两个层面的问题,一个人心感乐,一个乐感人心,人心感乐则乐声从人心而产生,乐感人心则人心随着不同的乐声而变化。

关于"乐者,音之所由生也……六者非性也,感于物而后动"一句,朱彬说:

注:"言人声在所见,非有常也。噍,踧也。啴,宽绰貌。发,犹扬也。粗,麤(同"粗")也。《释文》:'噍,谓急也。啴,宽缓也。'《正义》:'本,犹初也。物,外境也。言乐初所起,在于人心之感外境也。若哀感在心,其声必焦急而速杀也。欢乐在心,故声必随而宽缓也。若喜悦在心,故声必随而发扬放散也。恚怒在心,则其声粗以猛厉也。直,谓不邪也。廉,廉隅也。若严敬在心,则其声正直而有廉隅,不邪曲也。和,调也。柔,软也。若爱情在心,则声和柔也。庾云:随其所感而应之,是知非性也。此声皆据人心感于物而口为声,知是人声也。'"方性夫曰:"静者天之性,动者人之情,无所感则静,有所感则动。六者感于物而后动,故曰:'非性也。'"②

关于"是故先王慎所以感者。……治道也"一句。朱彬说:"注:'此其所谓至也。'正义:'政,法律也。用礼教导其志,用乐谐和其声,用法律齐一其行,用刑辟防其凶奸,则民不复流僻也。'贺云:'虽有礼乐刑政之殊,及检情归正,同至理极,其道一也。'"③

这里谈到了礼乐与性情动静的关系以及制礼作乐的必要性的问题。人性本静,受到外物影响便产生情,不同的情感触动就会产生不同的声音效果,如哀心对应噍以杀、乐心对应啴以缓、喜心对应发以散、怒心对应粗以厉等,为了使其归于正,先王

---

① (清)朱彬:《礼记训纂》(下),中华书局1996年版,第559页。
② (清)朱彬:《礼记训纂》(下),中华书局1996年版,第560页。
③ (清)朱彬:《礼记训纂》(下),中华书局1996年版,第560页。

制礼作乐以使情感不致凶奸流僻，以使王道完备，社会和谐。

我们从汪烜以及他之前的学者的疏证中，可以发现古代论乐的基本特点，其实也是中国学术发展的一般特点，即通过对前人文献的注疏、笺订、章句、训纂等中国学术特有的形式，表达自己的思想观点，一方面造成中国学术的滚雪球式扩大和发展，另一方面表达自己既继承又批评的思考建构的学术姿态。这样既形成学派特色，也有前人影响；既不完全否定，也注意到思想创发。这就为我们了解古代音乐思想提供了一个可以做动态观察的条件，即学术发展的技术性条件。中国音乐思想包括的礼乐思想是动态的、历史的、流变的认识，就肯定不是无原因的了。

二、"淡和"主张之体现——琴曲实践

（一）靡漫凶过，皆置不录

在提倡淡和之乐的同时，汪烜还对今乐的妖淫愁怨进行批判，目的是发扬先王雅正之乐。他说：

> 昆曲妖淫愁怨，弋腔粗暴鄙野，秦腔猛起奋末，杀伐尤甚，至于小曲歌谣，则淫亵不足言矣。[1]

也就是说，汪烜对昆曲、弋阳腔、秦腔、小曲歌谣等当时流行的民间音乐戏曲大加排斥，认为他们"淫亵不足言"，进而提倡雅正之乐，认为淡和雅正之乐能使人的身心内外和顺，使人庄重恭敬，达到教化人心的目的。汪烜在《立雪斋琴谱》"小引"中也提出"恣意吟猱，狄成涤滥，烦声促节，导欲增悲"，"靡漫凶过""乖和淡者""愤激愁怨之音"等说法，这些也皆在汪烜排斥的行列中。以上种种风格都不被看好，也即繁杂的技术、花哨的节奏、急促散漫的音乐及过于激烈、充满愁怨之气的音乐等都在排斥之列。他还说"广则容奸，狭则思欲，而乐之本淡者亡矣"，因为在他

---

[1] （清）汪绂：《乐经律吕通解·乐教》，载《续修四库全书》"经部·乐类"，上海古籍出版社2002年版，第203页。

看来，音乐的根本是应该具有"淡和"的特点，所谓"乐之本淡也""乐之本和也"[①]。

汪烜对雅俗和正邪之乐有着明确的界定，不仅有着详细的理论阐释，还有实践相呼应。汪烜在其《立雪斋琴谱》的"小引"中也提出了其"淡和"观，在这里他不事空谈，而是进行实践，自创琴曲，以彰显自己的"淡和"主张。如前文所述，他认为当时的学者都空谈性理、不务音乐实践，一般乐工也不知义理，因此他在理论阐释之后还辑录《立雪斋琴谱》改编或自创琴曲。

《立雪斋琴谱》分上下两卷，上卷包括：二百单三指掌、二十五调指掌、五调启蒙及改编传统古谱九首，分别是《梅花曲》《客窗夜话》《思贤操》《渔樵问答》《良宵引》《雁落平沙》《关雎传》《阳关曲》及《屈原问渡》。下卷包括：汪烜自制琴曲七首，分别是《九声颂》《读书引》《舞雩春咏》《湘灵鼓瑟》《塞上曲》《西山操》及《大风唱》。该谱主要体现了汪烜"唯其淡也，而和亦至焉矣""先王之乐，惟淡以和"的审美思想，表明了他将儒家"淡和"的礼乐教化思想在琴乐上的实践，属于儒家传统音乐思想的新发展。

汪烜在《立雪斋琴谱》的"小引"中表明了其辑录思想：

> 士无故不撤琴瑟，所以养性怡情。先王之乐，惟淡以和。淡，故欲心平；和，故躁心释。"由之瑟，奚为于丘之门"，盖以其不足于中和之致也。今之弹家，余甚感焉。恣意吟猱，狄成涤滥，烦声促节，导欲增悲，是何必汙丝桐之韵，而劳人以危坐衣冠、焚香扫席欤？余于琴也，习而不工，而依咏和声，颇通其意，黙然而黙，颀然而长，盖旦暮于琴遇之。因录其所常弹，及曩时自谱者辑为一帙，以免致散失，而亦用自娱。其间篇什酌以淡和，或怡然自适，或凄以哀思，或远杳清冥，或和平广大，而要必以祗以庸，约乎中正。如或音调靡漫凶过，稍乖和淡者，皆置不录。[②]

这里，汪烜明确提出其琴乐审美观——"惟淡以和"，反对"恣意吟猱，狄成涤滥，烦声促节，导欲增悲"以及"音调靡漫凶过，稍乖和淡者""邪辟流散……猛起奋

[①] （清）汪绂：《淡则欲心平，和则躁心释》，载《双池文集》，清道光十四年一经堂刻本，第35页。
[②] （清）汪绂：《立雪斋琴谱·小引》，中国书店2012年版。

末"①，这些都不在其辑录范围，也就是说这些都是他所排斥的。而琴乐应该以"淡和"为旨归，也只有淡和中正的音乐才是理想的音乐，才是符合儒家的审美准则的音乐，也才能达到教化人民和移风易俗的目的，也才能保持社会和谐安定的局面，其思想表现出崇尚雅正之乐，排斥靡漫凶过的世俗音乐特点。很明显，汪烜的思想直接来源于周敦颐"淡则欲心平，和则躁心释"的"淡和"思想。

汪烜还在其《乐教》一文中重申了古代乐教的内容，并加以提倡，对"淡和"的礼乐观念从人性论视角加以拓展，他在《乐教》中引《周礼·大司乐》说："以乐德教国子：中、和、祗、庸、孝、友。以乐语教国子：兴、道、讽、诵、言、语。以乐舞教国子：舞《云门》《大卷》《大咸》《大磬》《大夏》《大濩》《大武》。"②有了乐德、乐语、乐舞的学习，才能造就一个行为举止合理、身心合一，行为得正、容貌得庄的合格完善的人，进而形成美好和谐的社会局面，所谓"听其和平之声，志意得广焉，执其干戚羽籥，习其俯仰诎伸，容貌得庄焉，行其缀兆要其节奏，行列得正焉，进退得齐焉，动容貌，斯远暴慢矣，此所以与性情相深，而易直子谅之心油然自生，以至于手舞足蹈，无非中和斯德之所成，可以位天地而育万物也"③。汪烜还对乐德中的各项内涵进行阐述，如对"中""和"进行解释："中者，性命之正，喜怒哀乐之未发，不偏不倚者也。和者，事物之宜，率性之自然，而发皆中节者也。祗敬以直内，戒慎恐惧于不睹不闻，所以致中也；庸义以方外，必慎其独以循乎常道，所以致和也。"④这是对《中庸》"喜怒哀乐之未发谓之中，发而皆中节谓之和"的解读，《中庸》从情感角度对"中""和"进行了解读，这里"中""和"是一个持中的合适状态，是有度的控制。朱熹对此也有注释："喜怒哀乐，情也；其未发，则性也。无所偏倚，故谓之中。""中"即是喜怒哀乐等情感之无所偏倚的状态，若有所偏失就没了"中"，而喜怒哀乐的情感能把握得当那就是"和"，所以，"中和"是《中庸》的主旨所在。汪烜在

---

① （清）汪绂：《双池文集·关雎不淫不伤郑声淫说》，载《续修四库全书》"集部·别集类"，清道光十四年一经堂刻本影印，第18页。
② （清）汪绂：《乐经律吕通解·乐教》，载《续修四库全书》"经部·乐类"，上海古籍出版社2002年版，第203页。
③ （清）汪绂：《乐经律吕通解·乐教》，载《续修四库全书》"经部·乐类"，上海古籍出版社2002年版，第205页。
④ （清）汪绂：《乐经律吕通解·乐教》，载《续修四库全书》"经部·乐类"，上海古籍出版社2002年版，第204页。

前人基础上做进一步阐发，将"中、和"与"慎所感"结合，对"和"的内涵和外延进行了新的拓展，具有代表性意义。

有了雅正和谐的音乐，人的欲望得到节制，心灵得到淳化，性情得到陶冶，气质得到涵化，外在表现就是容貌得庄、举止得正，也就能成就圣贤之德，就能达到移风易俗的目的，这是古人早就认识到的问题。所以"和"的音乐观在历史上贯穿始终，在传统文化中长期产生着影响。汪烜正是对传统儒家"和"的音乐观的继承，是"和"的音乐观在清代中叶的一种表现形态。

在其他篇章中也能看出汪烜对"淡和"说的提倡及对妖淫愁怨的排斥，如他在《关雎不淫不伤郑声淫说》中对"乐而不淫，哀而不伤"进行评析，对"郑声淫"进行论说，要求音乐中的情感要中正淡和，使"情得其正"，"发乎情，止乎礼义"。他说：

> 发乎情，止乎礼义，是谓性情之正，情得其正，则乐非妖淫而哀非愁怨。
> 夫诗以言志，而歌永其言，声依之永，律以和声。故律之陵顺，因乎声；声之和戾，因乎诗；诗之淑慝，生乎志。古人审一定和，而风雅颂之体，正变之分，中正淡和、淫漫凶过之异，皆于所言之志定之。①

汪烜在琴乐上强调平淡，否定躁乱，追求复古，总体思想较为传统，但也有独创，即"淡在和上"。汪烜的"淡在和上"是在周敦颐"淡和"说的基础上的阐发。处于宋代的周子是理学的开山祖师，表现出儒学的内在化倾向，这时期的礼乐思想已经不同于先秦两汉的政治化、伦理化的礼乐思想，呈现了一个变迁的过程。

朱熹说："礼乐者，人心之妙用。"他从内在心性角度对礼乐进行解读。汪烜的"淡在和上"说直接接续周敦颐、朱熹一脉，将人心的礼乐化在琴学实践上得以凸显。汪烜引用周子言：

> 古者圣王制礼法，修教化，三纲正，九畴叙，百姓太（大）和，万物咸若，乃作乐以宣八风之气，以平天下之情。故乐声淡而不伤，和而不淫，入其耳，感

---

① （清）汪绂：《关雎不淫不伤郑声淫说》，载《双池文集》卷一，清道光十四年一经堂刻本，第6页。

其心，莫不淡且和焉。淡则欲心平，和则躁心释。优柔平中，德之盛也；天下化中，治之至也。……谓古乐不足听也，代变新声，妖淫愁怨，导欲增悲，不能自止。故有贼君弃父，轻生败伦，不可禁者矣。呜呼！乐者，古以平心，今以助欲，古以宣化，今以长怨。不复古礼，不变今乐，而欲至治者，远矣！①

汪烜认为古乐"淡而不伤，和而不流"，淡和的音乐具有优柔平中的特点，能使人的道德兴盛，天下得以治理。古乐能化成民俗，有利于社会的和谐稳定，而新乐"妖淫愁怨，导欲增悲……贼君弃父，轻生败伦"，造成社会混乱，所以他提出禁止新乐而提倡兴复古代礼乐。其传统礼乐思想的提出是有着社会原因的，当时的社会，奢靡之风、重财好利之风盛行，崇俭黜奢的淳朴风气不再被提倡，而浮华奢侈之风盛行，上至皇帝下至达官贵人，从中央到地方，普遍奢华，竞相侈靡：

福享用豪奢，其用兵时，大军所过，地方官供给动逾数万。福既至，则笙歌一片，彻旦通宵。福喜御紫色衣，人争效之，谓之福色。善歌昆曲，每驻节，辄手操鼓板，引吭高唱，虽前敌开仗，血肉交飞，而袅袅之声犹未绝也。②

乾隆时期，商品经济高度发展，弃文从商、亦文亦商者诸多，他们追求财富、享受，所谓"金钱不仅成了交换的衡量尺度，也同样成为成就的衡量尺度"③，这一时期的社会风气由质朴转向奢侈，服饰"绫缎绸纱，争新色新样"。基于以上的社会现状，汪烜作为一个儒家知识分子，肩负起自身的责任，对儒家道统进行护持，希望能够起到救治人心的作用，也就是担负起儒家的修身、齐家、治国、平天下的责任。基于这样的社会现实，汪烜提倡用古乐来救治人心、淳化社会，当然其所论在今天看来也有值得商榷的地方，比如他对新乐一概禁止似乎过于绝对。

周敦颐对其"淡和"之乐加以阐释，汪烜在周子的基础上亦有推进，但问题是淡和之乐如何在实践中体现？也就是说"淡和"如何落实在音乐实践中？淡和之乐达到

---

① （清）汪绂：《理学逢源·外篇·王道类》卷七"作乐"，清道光十八年敬业堂刻本，第1495页。
② 徐珂编撰：《清稗类钞·豪奢类》，中华书局1984年版，第3274页。
③ ［美］韩书瑞、罗友枝：《十八世纪中国社会》，陈仲丹译，江苏人民出版社2009年版，第62页。

移风易俗的目的何以可能？汪烜显然是意识到这个问题了，所以他在理论阐释的基础上注重实践，对音乐本体有娴熟了解，对传统琴曲进行改编，并且自己新创作了符合其淡和审美的琴曲。我们试着从其改编的琴曲来寻找一些线索。

（二）琴曲实践之《阳关曲》

关于古琴与礼乐的关系，前人已有论述，《诗经·小雅·鹿鸣》载："呦呦鹿鸣，食野之苹。我有嘉宾，鼓瑟鼓琴。鼓瑟鼓琴，和乐且湛。"①《周礼·春官·宗伯第三》载"小师掌教鼓、鼗、柷、敔、埙、箫、管、弦、歌。"此处，弦指的是琴瑟。再如"瞽蒙掌播鼗、柷、敔、埙、箫、管、弦、歌，讽诵诗，世奠系，鼓琴瑟"。《周礼·大司乐》载：

> 凡乐，圜钟为宫，黄钟为角……云和之琴瑟，《云门》之舞。……凡乐，函钟为宫，大蔟为角，姑洗为徵，南吕为羽，灵鼓灵鼗，孙竹之管，空桑之琴瑟，《咸池》之舞……路鼓路鼗，阴竹之管，龙门之琴瑟，九德之歌。②

可见宗庙之乐也常常有琴瑟的参与。再如《礼记》载："君无故，玉不去身；大夫无故，不彻悬；士无故，不彻琴瑟。"（《曲礼下》）；"颜渊之丧，馈祥肉，孔子出受之，入，弹琴而后食之"（《檀弓上》）。

关于琴乐的内涵，《左传·昭公元年》亦有载：

> 先王之乐，所以节百事也。故有五节，迟速、本末以相及，中声以降，五降之后不容弹矣。于是有烦手淫声，慆堙心耳，乃忘平和，君子弗听也。君子之近琴瑟，以仪节也，非以慆心也。③

---

① 《十三经注疏》整理委员会整理，李学勤主编：《十三经注疏·毛诗正义》，北京大学出版社1999年版，第560页。
② 《十三经注疏》整理委员会整理，李学勤主编：《十三经注疏·周礼注疏》，北京大学出版社1999年版，第586页。
③ 蔡仲德注译：《中国音乐美学史资料注译》，人民音乐出版社2004年版，第39—40页。

这里有几个关键点：首先，礼乐的节制作用；其次，"中声、平和"的概念，按蔡仲德先生的解释为"其内涵是合乎律吕的、有节制的乐音，不过高不过低、无过无不及的适中之音"①，而避免繁杂的、过度的音调，否则就会失去平和中正的本性。

因此，琴乐思想与礼乐观念密切相关，礼乐中体现了琴乐的思想。琴是礼乐中的重要乐器，且两者在功能、目标上有着一致性，都能修身养性、涵养气质，指向人的精神世界和对生命意义的探究，古琴文化是儒家礼乐教化的重要组成部分。我们还可进一步从东汉桓谭的《新论·琴道》来窥探琴乐与礼乐的关系问题：

> 昔神农氏继宓羲而王天下，上观法于天，下取法于地，近取诸身，远取诸物，于是始削桐为琴，绳丝为弦，以通神明之德，合天地之和焉。八音之中，惟丝最密，而琴为之首。琴之言禁也，君子守以自禁也。大声不震哗而流漫，细声不湮灭而不闻。八音广博，琴德最优，古者圣贤玩琴以养心。②

这里，一方面说明琴的制作取法天地自然，琴能沟通神明、和合天地；另一方面说明琴的目标在于人的成德养心，君子自修。其大声不致喧哗放纵，小声不致湮没不闻，亦符合中和的特点。

综上，通过对汪烜的琴曲实践进行研究，也可考察其礼乐思想。

汪烜所辑琴曲是如何体现其"淡和"主张和风格的？我们对之进行分析，其基本准则是"多浊声是以淡和，多清声是以噍杀"，即低音区淡和、高音区急促细小。

汪烜崇尚淡和之乐，排斥"恣意吟猱，狎成涤滥，烦声促节，导欲增悲"之乐，对于"音调靡漫凶过，稍乖和淡者，皆置不录"（《立雪斋琴谱·小引》）。由此看来，汪烜十分明白古代音、乐的区别，因为在古人看来"德音之谓乐"，诸如戏曲俗乐、郑卫之音乃为"溺音"。他说："先王之乐，惟淡以和。淡，故欲心平。和，故躁心释。"（《立雪斋琴谱·小引》），他将"淡"置于"和"之上，"淡"的标准就是"节有度，守有序，无促韵，无繁声，无足以悦耳"。并且将这一理想贯注到琴乐实践上，《立雪斋琴谱》所辑琴曲，是对其"淡和"理论的呼应。查阜西、吴钊整理《琴曲集

---

① 蔡仲德注译：《中国音乐美学史资料注译》，人民音乐出版社2004年版，第40页。
② 蔡仲德注译：《中国音乐美学史资料注译》，人民音乐出版社2004年版，第386页。

成据本提要》中,对《立雪斋琴谱》有如下介绍:

> 清代儒家以儒术讲求博而返约。自乾隆迄嘉道间,弹琴家皆自诩琴声和平中正,儒家亦渐喜附庸风雅,兼为琴艺以炫博。乾隆初婺源汪绂,号双池,贫困守身,离家讲学,以"诸子终老",著述甚多。其中有"乐府外集辑录琴谱"一种,与汪氏诸遗著并未上刊。至清光绪癸未,紫阳书院胪刻汪氏遗著,这部书才被刊出。又经一度校正,才于光绪乙未(公元一八九五年)改名《立雪斋琴谱》重刊行世。
>
> 汪氏在自序中说:"今之弹家,余甚感焉,恣意吟猱,狄成涤滥,烦声促节……余于琴也,习而不工,而依永和声,颇通其意,因录其所常弹及曩时自谱者,辑为一帙,以免致散失,而亦用自娱。"因此他不但辑曲而且作曲。所记传统琴曲九首和创作有词之曲七首,都简朴有类中州一派。琴论方面,汪氏在书内撰有"二百单三指掌""二十五调指掌"和"五调启蒙"等。[①]

这里说明了《立雪斋琴谱》创作的原因、目的、内容等基本面貌。其中的《阳关曲》(又名《阳关三叠》《渭城曲》)原为唐代王维的送别诗《送元二使安西》,后由诗入乐,经宋元明清演绎,一直传唱不衰,成为广为流传的经典作品,虽流传程度不同但并未中断,具有极强的艺术生命力。据统计,《阳关三叠》的琴歌版本有三十多个[②],虽风格不尽相同,却是一脉相承,而清代汪烜《立雪斋琴谱》所载《阳关曲》即为其中的一个版本。

为了能够揭示汪烜《阳关曲》的特色,窥探其表达的思想。现将其与通行本《阳关三叠》(《琴学入门》谱)做一对比分析。《阳关三叠》最早载于明代刊印的《浙音释字琴谱》(1491年),目前流行版本为明代的《发明琴谱》(1530年),后转录于清代同治年间张鹤编《琴学入门》(1864年)。

[①] 查阜西、吴钊整理,中国艺术研究院音乐研究所、北京古琴研究会编:《琴曲集成据本提要》,中华书局2010年版,第115页。
[②] 许健:《最忆阳关唱,珍珠一串歌》,《音乐学丛刊》1981年第一辑。

如下：

22
辛，历苦辛，历历
26
♩=54→
苦辛，宜自珍，宜自珍。
♩=56→
31〔2〕
渭城朝雨浥轻尘，客舍青青
35
柳色新，劝君更尽一杯
39
酒，西出阳关无故人。
43
依依顾恋不忍离，泪滴沾巾！

第三章 "唯其淡也,而和亦至焉矣"——汪烜礼乐思想研究 | 139

73
酒，西出阳关无故人
77
芳草遍如茵。旨酒旨酒，未饮
81
心已先醇。载驰因，载驰
85
♩=72
因。何日言旋轩辚？
88
能酌几多巡，千巡有尽，寸衷难泯。
92
无穷的伤悲，楚天湘水隔远

《琴学入门》载《阳关三叠》为三段体加一尾声，作品有一个核心的曲调（也就是主题），随后反复咏唱三遍，因此称"三叠"，每叠略有不同，分别渲染了惜别、留恋、忧伤的情感。就作品调式而言，为五声商调式，音调纯朴真挚、情意绵绵，饱含着沉郁的惜别之情，真挚感人，表达了对友人的无限留恋、不舍、惆怅，情绪方面表现为浓郁的抒情风格。就节奏而言，虽然每个琴家的诠释不同，但总体而言较为工整，拍子以 2/4、3/4 为多。

全曲旋律以前六节为中心，后经多次变化，作品整个音域跳动较小，较为规整，速度整体平缓。左手手法上的吟猱绰注较多，充分表达了作者的情感起伏和对友人的依依不舍、反复叮咛之情。

我们知道，古琴是需要打谱的，因此，也就会有因人而异的情况，这本不足为怪。而汪烜《立雪斋琴谱》所载《阳关曲》，不仅是打谱的差异问题，而是对原谱的修订改编，旋律和歌词都有变化，其改编原则是"淡在和上"，追求淡和之乐，充分凸显"淡"的美学特色。今据其原作译谱如下：

阳 关 曲

立雪斋琴谱

（1）原词

凄凉 渭城朝雨浥轻尘 客舍青青柳色新

劝君更尽 一杯酒 西出阳关 阳关无故人

（2）入曲头

木兰舟 木兰舟 载不起那个的离愁。人

在(人)在西陵 心在东舟 心在东舟

凄凉 吴山高耸 水东流 复东流

（3）么节

黄鹤楼 黄鹤楼 烟花三月下 扬州 木兰舟

第三章　"唯其淡也，而和亦至焉矣"——汪烜礼乐思想研究　143

69
rit.
长亭 短亭 惜别叮 咛 孤零 梧桐 夜雨 恨不同听
74（6）一声猿
为 功名 邮亭驿路飘零 漫敲金镫 怆离情
78
rit.
tempo
rit.
怕听阳关曲那声声 别 离 轻(情) 吴山楚水踪迹
81
浮萍 长安 回 首 孤 另 孤 另人孤 另
86
云山图 汉 塞 别路转 孤 城 渭 城
91
朝雨过浥 轻 尘 凄 凉 柳青青唱
96
渭 城 怕 听阳关 第一声 第一声 又一声
101（7）二声猿
芳 草渡头 初雨过 凄 凉 绿杨 枝上好风

第三章 "唯其淡也,而和亦至焉矣"——汪烜礼乐思想研究 | 145

143 凄凉 怕听阳关第三声 第三声 又三声

148（9）四声断肠
惜别也再叮咛 叮咛故人情 草木论交松柏

152 誓盟誓盟离东君 桃李侯门杨柳彭城

156 一叶身 一叶身 酒船棹月诗担挑云

160 冷冷清清 冷清冷清人冷清 西山列画屏 鞍马秋风

165 冷凄凉功名事苦飘零 待何日兮归三径

170 怕听阳关第四声 第四声 又四声

175（10）入曼
送别送别复送别 凄凄切切 送君千里 终须一别

第三章 "唯其淡也，而和亦至焉矣"——汪烜礼乐思想研究　147

(11) 阳关一叠

青青青柳色新　劝君更尽一杯酒

西出阳　关　阳关无故人

担头行李　沙头酒樽更尽一杯酒

伤怀伤怀送我送我故　人

更尽一杯酒　情　也最深

情　也最深　情意情意也最

深　不忍分　不忍分

（13）阳关三叠

三叠阳关曲　渭城朝雨浥轻尘　客舍青

258
青（青）青 柳 色 新 劝 君 更 尽 更 尽
263
3
3
一 杯 酒 西 出 阳 关 阳 关
268
无 故 人 阳 关 送 故 人 伤 怀
273
伤 怀 送 我 送 我 故 人 送 故
278
人 送 故 人 携 手 携 手
283
长 亭 对 酌 此 香 醪
289
香 醪 有 限 此 恨 无 穷 伤 怀 伤 怀 复 伤
295
怀 阳 关 送 故 人 情 也 最 深

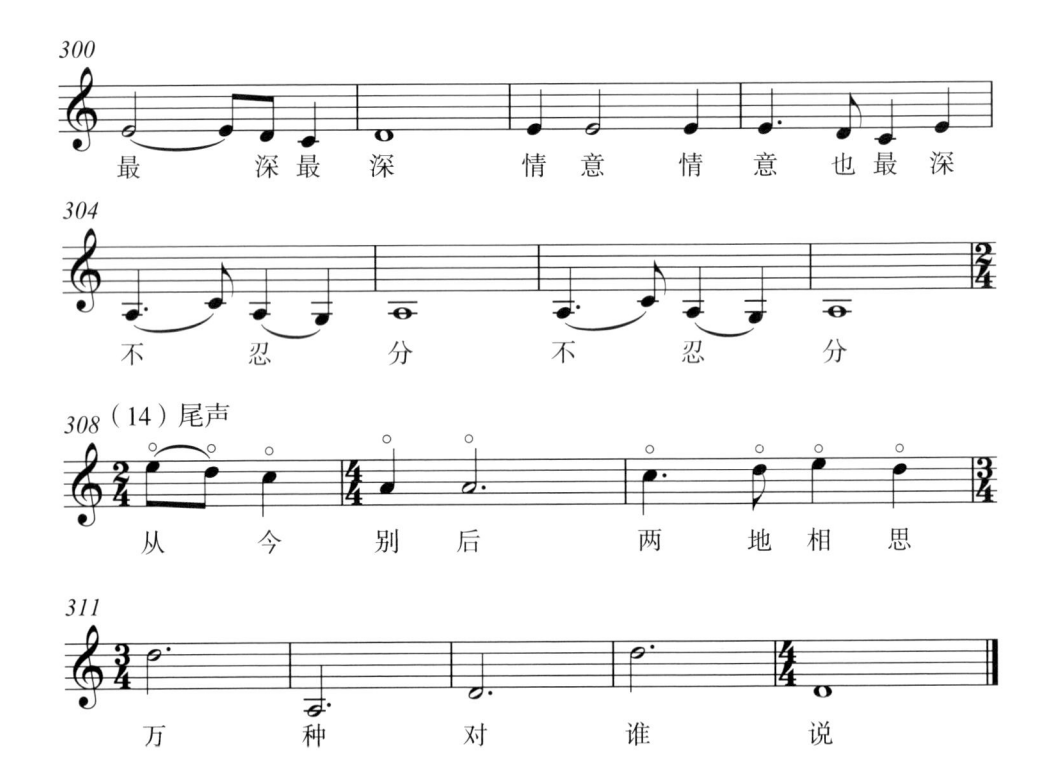

和《琴学入门·阳关三叠》相比,就篇幅而言,汪烜《立雪斋琴谱·阳关曲》的旋律和歌词都进行了很大扩充,由原来的三段增加为十三段,并有尾声,这样更利于对情感的充分展开和渲染。著名琴家查阜西对汪烜《阳关曲》的解题如下:

谢琳《太古遗音》:按三叠之词,始于王维渭城朝雨之作也。或云句句三叠,或云只用第三句三叠。今之为是词,如曰青山无数,白云无数,浅水芦花无数,是又一变而为词中三叠也。后人以此被之管弦者本此。

《续通典》:《阳关曲》,王维所作也。每句皆再唱,而第一句不叠。白居易诗,"相逢且莫推辞醉,听唱阳关第四声"。第四声,劝君更尽一杯酒也。

《立雪斋琴谱·阳关曲》小标题:

一、原词;二、入曲头;三、么节;四、急慢拍;五、渡曲;六、一声猿;七、二声猿;八、三声猿;九、四声断肠;十、入曼;十一、阳关一叠;十二、阳关二叠；十三、阳关三叠；十四、尾声。①

解题对《阳关曲》中词的特点、词曲关系以及标题进行了说明。就本曲谱而言，我们从旋律走向、节奏节拍、风格结构等方面进行简单分析。众所周知，古琴是只记音高，不记节奏节拍的，而表现为一种"有控制的自由"（或叫"有控制的偶然"），意在给琴家留下发挥的空间，因此有不同的琴家对同一个琴谱的打谱存在着明显的不同。基于这样的特点，此处的分析更多注重旋律的流动、情绪的起伏、演奏技法的多寡，而对节奏、节拍的分析并不太细致深入，其原因就是尽可能地尊重原谱的特点，以免自己的解读曲解或偏离作品原义。与西方分析型思维不同，中国人讲究综合，综合就注意事物的整体关系，强调"和"，"中节"，过与不及，所谓"乐而不淫，哀而不伤"，表现在音乐上就是不太注重力度和强弱的过分对比和变化，讲究韵味，讲究静虚淡远。②

就本谱而言，本书所用琴谱基本按照汪烜原谱进行处理，遵循原谱意图，其结果少了一些琴家常用的吟猱绰注等手法，由于演奏法的改变导致了淡和之乐的风格出现，也许这正是汪烜为了追求至淡音乐效果的结果。汪烜谱的总体感觉是缓弹低唱，淡而悠远，哀而不伤。

就整篇结构而言，凸显了对比统一和循环的美学原则，可以概括为"起（第一、二段）—承（第三、四段）—连接（第五段）—转（第六段）—连接（第七段）—合（第八段）—转（第九段）—连接（第十段）—起（第十一段）—承（第十二、十三段）—尾声"。其调式为五声商调式，但在中间有转调出现。节拍变化较为丰富，2/4、3/4、4/4、5/4都有出现。作品运用自由反复等手法来组织音乐结构，作品总体表现为节奏适度，较为规整，一般是一板一眼，一字一音，显得循规蹈矩，句与句之间也讲究平稳过渡，遵循程式化、规范化规律，凸显了平缓、渐进的美学特征，这或许可以看作汪烜对淡和之乐的追求。旋律总体起伏不大，较为平缓，并没有急促或跳跃的感觉，即使有八度音程也并不显得张扬，而是质朴、简淡、深沉、平和、内敛沉郁、耐人寻味。汪烜所言琴乐特点"多浊声是以淡和""浊声啴缓"等在这里有所体现，意思即为

---

① 查阜西编纂：《存见古琴曲谱辑览》，文化艺术出版社2007年版，第149页。
② 参见刘承华《中国音乐的神韵》，福建人民出版社1998年版，第163页。

低音区的音乐风格表现为淡和及宽舒和缓。通过曲谱我们可以对其思想加以印证,即旋律大多是在低音区流动。原曲《阳关三叠》的左手抑按较为繁复,汪烜改编曲《阳关曲》左手技法的吟猱绰注并不多,朴素而简单,较少按滑音,显得较为规整,意在追求淡和意境的营造。

我们将原谱中的主题和汪烜对主题的发展再做一对比:

《琴学入门·阳关三叠》:

《立雪斋琴谱·阳关曲》:

就主题而言，从本书的打谱所看，汪烜谱的主题与原谱相比时值和小节都进行了改变和扩充，对淡远的音乐情感起到了推进、铺展的作用。就主题的节拍而言，原曲为 2/4，改编曲为 4/4，放慢了速度，凸显了缓慢平淡的特点。对情绪起助推作用的附点音符减少，一字一音，较为规整。类似的例子在汪烜《阳关曲》其后的段落中随处可见，都是对原谱进行了扩充，使情绪缓慢、平和，营造淡远轻微的意境。不再一一举例。

需要追问的是，汪烜为什么如此重视音乐的淡和呢？由前文的论述，我们知道汪烜注重音乐对人心的教化作用，汪烜提倡淡和中正的音乐（即雅乐），排斥靡漫凶过的音乐，就是担心靡漫凶过的音乐作用于人心，会将人引向躁狂、极端、堕落等境地。由是可以看出，汪烜关注的是礼乐的内在作用、精神作用，也就是强调人心的礼乐化。朱熹曾推崇"礼乐者，人心之妙用"，汪烜以朱子为尊，亦提倡"圣人作乐怡养情性"，其实《乐记》开篇就谈到礼乐观念的内在化问题，即人心与外物的关系问题，汪烜对《乐记》的阐释也从礼乐的内在思路出发。礼乐发于外，德辉动于内。对内可修身正己，对外可兼济天下，汪烜深深懂得礼乐的涵泳心性、修身立德、成就君子，进而利民济世的道理，他挖掘了礼乐之内在生命根源，即礼乐对生命的安顿意义，更懂得礼乐之于心性修养的本质关联。所以汪烜的礼乐实践与其礼乐思想是一致的，目的是以一个传统儒家知识分子的身份来通过对中正淡和礼乐的倡导，达到完善自身、改善社会、移风易俗的目的，显示了传统儒者的自觉和担当。

诗言志，词言情，《阳关曲》的歌词也与曲调相互呼应。汪烜谱加入了许多叠句、叠字，如"阳关阳关无故人""客舍青青青青柳色新""孤零孤零人孤零""冷冷清清冷清冷清""情也最深，情也最深，情意情意最深""路迢迢，路迢迢""月明明，月明明"等，加重了情感的表达，渲染了惆怅、离别的情感，拉长了浓郁起伏的心绪，将情感不断推进、绵绵无限，将淡淡的怅惘之情无限延伸、铺展，动人心肠。歌词的主题仍是依依不舍的惜别之情，隐含着淡淡的忧伤和惆怅，仿佛生活中的事物也都具有了情感，江水、月明、杨柳、夜雨、美酒等都成了情感的寄托。

第三节　汪烜学术对礼乐思想的意义

通过以上的论述，我们发现汪烜的音乐思想主要体现在"淡在和上"，他继承周敦颐的"淡和"说，将淡的地位进一步凸显。他说："乐，和而已，而周子（周敦颐）加以淡之一音，犹先进野人云也。……至淡之旨，其旨愈长，唯其淡也，而和亦至焉矣。"（《乐教》）相反，他对淫慢凶过、烦手淫声的音乐加以排除，认为俗乐扰乱雅乐的中正平和，不利于教化人心、陶冶性情，所以他说："先王不以乱雅乐，而梨园杂剧，恒舞酣歌，败风乱俗，费财生祸，又不止于乱雅乐已也。"（《乐教》）他要求音乐具有美善的功能，目的是达到教化人心进而移风易俗、改善社会。那么，具体来说，汪烜礼乐思想与其整个学术思想有何关系？或者说，汪烜的学术思想对其礼乐思想有什么意义？

一、汪烜"淡在和上"的音乐思想是其整个学术思想的表征

众所周知，"和"作为礼乐的本质精神，其目的是成就圣贤之德，在中国音乐思想史上有重要影响，汪烜的思路是儒家的传统思路，在周敦颐"淡和"基础上提出"淡在和上"的观点，虽侧重点不同，但基本思路与先秦两汉以来的"和"的音乐思想是一脉相承的。汪烜在理论上主张"淡在和上"，在琴曲实践中也以"淡和"为

依归，他改编、创作了符合其审美观点的琴曲十六首。传统儒家在音乐上提倡具有"和"的特点的礼乐，因为中正平和的礼乐能使人具有温柔敦厚、恭敬庄重的特点，进而起到教化人心、涵泳德性、移风易俗的作用，最终以"尽善尽美、美善合一"为审美标准。汪烜的礼乐思想也是持这种理念。在他的琴乐作品中可以看出：节奏急促的不取，旋律起伏太大的不取，琴乐中的过度悲怨苦愁的不取……其作品多一字配一音，技法上多用散音，变化幅度不大，总体表现为柔缓、抒情、恬淡的特色。另外，通过汪烜的歌词也能看出其淡和主张。歌词大多表达了文人情怀，描写自然山水和景物，表达出悠远的意境和情怀。

总而言之，汪烜音乐思想是其整个思想的一部分，同时也是儒家传统思想的有机组成部分，反过来，其礼乐思想也是传统儒家音乐思想的一个表征。正如前文所言，汪烜的思想可谓儒家传统知识分子的代表，他认为学术不仅要修身还要能影响社会，做到"修己安人"，即发挥儒家的"内圣外王"的功能。"内圣"是自身的修身养性的内在境界，"外王"是心性修养的外在表现，也就是将内在修养扩展到社会领域。儒家认为，君子首先需要致力于个人道德人格的完善，进而将这种道德的精神力量通过社会实践外化为社会的行为中，起到影响社会的作用，实现修身、齐家、治国、平天下的理想和抱负，这可谓儒者追求的最高境界，也即《大学》中所标示的"明明德""亲民""止于至善"[①]，这里表明的就是儒家学者的基本立场，既有内在道德的修养层面，也有外王的层面，更有内圣外王的结合，使社会人伦"至善"。也可说是圣人之道，此道包含个人成德问题，还包含政治和谐问题，更包含个人与个人、个人与他人、个人与社会、政治与道德等内涵丰富的问题。

二、汪烜的礼乐思想彰显了传统儒家音乐思想在清代中叶的表现状态

汪烜的礼乐思想是传统儒家礼乐思想的最终阶段，与其后的戴震、凌廷堪等人思想有不同之处。

一般而言，清代学术可以分为三个时期：清初期的反理学或启蒙思潮或经世致用

---

① （宋）朱熹：《四书章句集注》（新编诸子集成），中华书局1983年版，第1页。

思潮，清中叶的考据学思潮，清晚期的今文经学思潮。初期当中又可以分为两类：一是反理学，也就是说，此时谈论的话题可能是理学话题，但立场已经站在反理学一面；二是实学或考据学。而汪烜似乎很难归类，他并没有理学的形而上思辨，也不主要是考据学，他主要是回归到先秦、汉代的儒家正统思想理路上来。所以他既不是反理学也不全是考据学，就是呼吁传统儒家思想学说。这一时期西学已经进入中国，汪烜作为传统儒学的守护者，显然有着自己的立场，所以说其思想是传统思想的最终阶段，也有着总结意义。总体而言，若将其放在今日的学术语境中，其礼乐思想有合理成分，亦有不足之处。合理之处在于儒家传统礼乐思想的内涵与特点在清代中叶的延续和新的表现形态，不足之处在于其对民间戏曲俗乐的禁止和排斥。

儒家的传统音乐思想以《乐记》为代表，《乐记》中凸显了礼乐的政治论、礼乐的伦理思想、礼乐的道德教化思想、礼乐的移风易俗功能、礼乐的本源、礼乐与情感的关系等等问题，儒家思想重视音乐内容的善，注重"乐而不淫，哀而不伤"的中庸思想，注重音乐的修身、齐家、治国、平天下的功能，注重音乐的"和正以广"和情感的平和节制。在终极依据上，音乐更体现出天地自然的和谐，所谓"乐者，天地之和也"。一个"和"字，体现出中国传统文化和中国音乐思想的特点，"和"字在中国几千年的漫长的历史发展中呈现出不同的特点，表现为动态的发展过程，有平和、中和、淡和、"淡在和上"等，但其基本内核是一样的。与"平和"相关的反题是"不平"的思想，也在音乐思想史上相互激荡，推动了"和"的思想的发展。从先秦时期"和"到平和、中和，直至宋理学周敦颐、朱熹的"淡和"观，相互关联，一脉相承。周敦颐主张"淡而不伤，和而不淫"的"恬淡平和"之乐，汪烜的"淡在和上"的音乐思想就是受到周敦颐的思想影响而提出的。因此，从一定意义上，汪烜的音乐思想可以视为儒家传统音乐思想在清代呈现的一个面向。

三、思想来源和立场

如前所述，汪烜的礼乐思想主要是"淡在和上"，是在宋周敦颐"淡和"基础上的发挥。再往前追溯，我们可以发现，其思想与先秦以来的"和"的思想是一脉相承的，孔子的仁爱、中庸、善美，周公的制礼作乐，至汉代集先秦音乐思想大成的《乐记》等，无不透露着和、平和、中和等信息，无不透露着礼乐的教化人伦、移风易俗、政治伦理、涵养心灵等功能，而汪烜的礼乐思想可谓接续先秦两汉以来的儒家正统礼乐思想，属于儒家传统礼乐思想在清代中叶的延续和呈现。

通过以上论述我们还可以发现汪烜思想中的儒家知识分子的传统立场，对此，我们可以用"文化保守主义"来定位，所谓"文化保守主义"是指人们对待传统文化的价值取向、基本观点或态度。"文化保守主义"一词起源于清末民初，章太炎的"国粹派"为缘起，到五四时期兴盛，形成与西化思潮、马克思主义三足鼎立的局面。文化保守主义主要强调传统文化的价值和意义，表明一种对儒家传统文化的态度和思想倾向。应该说，中国的文化保守主义并没有一个统一的、概念清晰的定义，有人认为是反激进，有人认为是反现代，有人认为是文化民族主义，这都说明了其复杂性，但文化保守主义有其基本的特征：以维护认同传统文化为特征，强调传统文化的价值和意义，是一种以中国文化为依归和根底的价值取向和立场，主要以维护儒学、接续道统为旨归。应该说，一种文化有其亘古不变的真理，也就是经过历史沉淀"常"的东西；同样，一种文化也一定有其"变"的东西，如此也才有生命力，汪烜维护的即是儒家文化中"常"的东西。文化保守主义者希望建立一种具有普适性的文化价值观，重建人的精神家园，起到安顿人心、补偏治弊的作用。汪烜所处时代是一个价值和道德失衡的时代，基于此，他以儒家知识分子的自觉担当起重建文化价值观的职责，强调儒家传统的价值和意义，重塑"内圣外王"之道，重建儒家的价值系统，即张载所言"为天地立心，为生民立命，为往圣继绝学，为万世开太平"。当然，文化保守主义也有其局限性，在对传统文化价值凸显和高扬的同时，表现出其鲜明的保守性，进而遮蔽了其局限性，汪烜对民间戏曲俗乐的禁止就是其局限性表现。对于此，我们的态度是，一方面肯定其合理的积极的内容，另一方面对其不合理的局限进行反省，避免简单肯定和否定。一种文化如果没有保守性，就不能体现自己的特色，如果没有变革性就不能适应时代，这是一体两面的问题，也就是所谓的"常"和"变"的问题。我们的评价应从事情本身出发来梳理其线索，汪烜本身是经学家，在儒家看来，经学即常道，是亘古不变的真理，从他自身出发分析其原因，则不致陷入激进、保守的判断。汪烜的主张保守反映了儒家知识分子的胸怀天下、心忧天下的担当，其胸怀来源于儒家"内圣外王"的境界，具体到其礼乐思想也是可以从这一思路来看的。也就是说，他完全是站在儒家传统知识分子的立场来阐发其礼乐思想的，汪烜早年就勤奋好学，长期浸淫于儒家传统文化中，对《诗》《书》《礼》《乐》《易》《春秋》所彰显的微言大义有精深探研，对礼乐内涵有深切体悟。面对社会现状的种种问题，他希望发挥乐的治心治世功能，彻底负起一个知识分子的责任，这在他与江永的书信往来中有详细的论述。

也就是说，汪烜在其著述中表明了他对三代礼乐之治的期盼。作为一位正统的儒家知识分子，汪烜继承孔子以来的儒家礼乐思想，希望人们遵循、践行礼乐的治世之功用，以达到国家社会秩序和谐的社会理想。具体表现在：首先，他重视礼乐的治世功能。由于礼乐基于人情而作，所谓"缘人情而制礼，依人性而作仪"，目的是使人向善，完善修为，进而达到移风易俗的效果。《乐记》所载"乐也者，圣人之所乐也；而可以善民心，其感人深，其移风易俗，故先王著其教焉"[①]，说明了礼乐的功能问题：对内，可陶冶心灵；对外，可移风易俗。要之，礼乐既有内在道德规范功能，也有外在行为规范的约束，对安顿人心、协调人际、维护秩序、社会和谐有重要意义。其次，汪烜期盼恢复三代礼乐之治。上古礼乐之治具有教化人心、稳定社会甚至经国济世的作用，作为正统儒者，其礼乐诉求很明确，也表明了知识分子的文化理想和社会责任。

总的来说，汪烜提倡"淡在和上"的音乐观念，是传统儒家礼乐教化在清代中叶的表现形态，他主张音乐具有善的功能，起到移风易俗的作用。他的总体音乐思想主张是：废今乐、兴古乐、禁淫声、兴雅乐。古乐的风格应该是"唯淡且和""恬淡平和"。

四、汪烜礼乐思想特点

通过以上论述，我们可以总结汪烜礼乐思想特点了，大致有以下三点：

第一，继承性大于创新性，思想倾向较为传统。

也就是说，汪烜的思想非常传统，他的礼乐思想主要是继承先秦以来的儒家思想，而自己的创发较少，表现出其思想的传统性特点。从汪烜的论述中，我们可以看出他多是以先秦儒家思想为立论根据，推崇传统的儒家音乐思想。无论是对制礼作乐的内涵阐释，还是对礼乐与政治教化、伦理教化、道德教化等功能的解读都脱不开传

---

① 蔡仲德注译：《中国音乐美学史资料注译》，人民音乐出版社2004年版，第288页。

统资源，因此说，其礼乐思想较为传统。

第二，强调雅与俗的对立，重视礼乐的伦理功能。

与他的继承性思想相关的是，其重视礼乐的伦理教化功能。汪烜在其礼乐著作中，处处表现出了对中正淡和之雅乐的倡导和向往，以及对俗乐戏曲的排斥，表现出雅俗对立的思想倾向。也就是说，在他的观念中"崇雅斥俗"的观念非常明显，他所重视的是雅乐的教化人心、涵养德性、淳化风气、移风易俗的功能。

第三，重常道而轻变革，思想方法表现为守旧。

从汪烜的著述中，我们可以看出他对儒家的常道的坚守和护持。与其后的学者如戴震、凌廷堪的思想不同的是，汪烜思想中缺少些变革的精神，而表现为守旧的特点。在他看来，传统儒家礼乐思想是常道，是亘古不变的真理，可推行于世，能治国安民，保持国家、社会、人伦长久安定。

当然，这三个特点不是决然分开的，而是互相关联的。总体而言，汪烜的礼乐思想是儒家正统思想，这与其传统儒家知识分子的身份相关。面对社会的种种弊端，汪烜希望恢复三代之治，以儒家知识分子的自觉和使命来肩负起救弊补偏的责任。

第四章

"礼乐通情,以情定理"——戴震礼乐思想研究

第四章 "礼乐通情，以情定理"——戴震礼乐思想研究

个人思想的形成与其所处的时代思潮、文化氛围、社会土壤及师承、家学、交游等因素都有着密切的关系。戴震作为徽州学派的代表人物，其师承渊源、治学特点、学术影响以及在学派形成中的作用等方面都有着典型的意义。戴震的礼乐思想突出表现在对"情"的认识，其理论远追先秦两汉，近承明代重情思潮，有着重要的思想史意义。

第一节 戴震及其思想特点

一、生平及学行

戴震（1724—1777）[①]，字东原，安徽休宁（今安徽黄山屯溪区）人，清代学术徽派代表人物，著名思想家、考据学家、经史学家。戴震从小家境贫寒，其父戴弁在江西做贩布的小生意，以此养家糊口。戴震10岁始能言，入塾读书，博闻强记，善疑好问，其读书每字必求其义。"戴震难师"的故事每每成为佳话，一日，塾师授《大学》章句，戴震便发问：

此何以知为孔子之言而曾子述之？又何以知为曾子之意而门人记之？师应之曰："此朱文公所说。"即问："朱文公何时人？"曰："宋朝人。""孔子、曾子何时人？"曰："周朝人。""周朝、宋朝相去几何时矣？"曰："几二千年矣。""然则

---

① 关于其出生年存在1723、1724两种说法，盖因用公历、农历计算不同。黄山书社1995年版《戴震全集》认为其生于1724年，上海古籍出版社1980年版《戴震集》认为其生于1723年。

朱文公何以知然？"师无以应，曰："此非常儿也。"①

由此可见，戴震从小便善思好问。

由于戴震聪敏好学、博闻强记，在17岁以前便打下了坚实的经学基础，其《年谱》载：

> 塾师略举传注训诂语之，意每不释。塾师因取近代字书及汉许氏《说文解字》授之，先生大好之，三年尽得其节目。又取《尔雅》《方言》及汉儒传、注、笺之存于今者参伍考究，一字之义，必本六书，贯群经以为定诂，由是尽通。②

戴震20岁时问学于徽州经学大师江永，江永对其学生戴震评价甚高："永精礼经及推步、钟律、音声、文字之学，惟震能得其全。"③以为戴震能够传其学，这其中当然也包括了礼乐思想。其时，戴震学业日渐精进，声名鹊起。33岁避仇入都，很快得到纪昀、钱大昕、王鸣盛等著名学者的赏识，时谓："叩其学，听其言，观其书，莫不击节叹赏。"④晚年参加《四库全书》的修纂工作，授翰林院庶吉士。乾隆四十二年，卒于官，年五十有五。

戴震研究领域涉及小学、测算、地理、典章制度、哲学历史、考据训诂、天文历算等。作为百科全书式的人物，其著述宏富：哲学类有《孟子字义疏证》《原善》等，经学类有《大戴礼记》《尚书义考》《仪礼集释》等，天文算学类如《勾股割圆记》《原象》等，方志学类有《金山志》《水地记》等。其中，《孟子字义疏证》虽以字义疏证为名，实则是借字义来表达自己的思想。戴震言："朴生平著述之大，以《孟子字义疏证》为第一，所以正人心也。"⑤可见他自己对是书评价很高，梁启超也认为是书"语极简而义极丰，殆于一字一金"⑥。另从《与某书》《与是仲明论学书》《答彭进士允

---

① （清）段玉裁著，杨应芹订补：《东原年谱订补》，载张岱年主编《戴震全书》第6册，黄山书社1995年版，第650页。
② （清）段玉裁：《戴东原先生年谱》，载《戴震集》，上海古籍出版社2009年版，第454—455页。
③ （清）赵尔巽等：《清史稿·儒林传》，中华书局1977年版，第13198页。
④ （清）段玉裁：《戴东原先生年谱》，载《戴震集》，上海古籍出版社2009年版，第460页。
⑤ （清）戴震：《戴震集》，上海古籍出版社2009年版，第452页。
⑥ 梁启超：《饮冰室合集第五册：饮冰室文集之四十》，中华书局2003年版，第49页。

初书》等书信中也能散见其义理思想。

戴震治学博涉经史百家，勤奋治学，学识精深，为一代通儒和宗师。其弟子有段玉裁、王念孙、凌廷堪、孔广森、任大椿等。戴震卒后，其小学，王念孙、段玉裁传之，段玉裁有《周礼汉读考》《仪礼汉读考》等著；测算之学，孔广森传之，有《大戴礼记补注》《礼学卮言》等著；典章制度之学，则任大椿传之，有《弁服释例》《释缯》等著；其音乐律算之学，礼乐制度思想有凌廷堪传之，有《燕乐考原》等音乐学著作。

我们为什么要研究戴震的礼乐思想？其考据之精，史有明确评价，而其思想之价值则于近代始明。胡适以为，戴震是程、朱、陆、王之后最重要的思想家，以为戴学精髓在其哲学而不在其考据，其哲学是对前者的大革命，认为有前无古人的眼光。[①] 在笔者看来，戴震高举自然人性论的旗帜，反对理欲二元论，主观天理论，而强调情欲天然合理，要求"遂民之情，达民之欲"。戴震论道：

> 有是身，故有声色臭味之欲；有是身，而君臣、父子、夫妇、昆弟、朋友之伦具，故有喜怒哀乐之情。惟有欲有情而又有知，然后欲得遂也，情得达也。天下之事，使欲之得遂，情之得达，斯已矣。[②]

这一思想是自然人性论和情感天然合理论的表达，是对程朱一路思想的直接反叛，戴震的礼乐思想无不与此有密切的关系，而其联系的关键点，则是一个引发无数辩论的"情"字。

二、思想渊源

若要准确理解一个人的思想观念，对于其思想脉络和学术渊源则不能不辨析，因为这样才能准确把握其学术思想的脉络和独特性意义。戴震20岁问学于清代经学家、天文学家、音韵学家江永（1681—1762），江永字慎修，徽州婺源（今江西婺源）人，徽派创始人。江永作为经学大家，博通古今、精思善考，于经史、乐律、天文、音韵

---

① 参见胡适《戴东原在中国哲学史上的位置》，载《戴氏三种·序》，朴社发行所1924年版。
② （清）戴震：《戴震集·孟子字义疏证》，上海古籍出版社2009年版，第309页。

等均有涉猎，尤精"三礼"，"江永为学所涉极博，要不出礼乐名物之范围者近是"①。

江永治学尚考严，有清一代尚实之风。江永亦专心经学，尤深于"三礼"，博通古今，大至礼之大纲，小至声律器数，无不条分缕析、精心探研。江永以朱子之学为宗，对朱子未竟之礼学加以阐发，所谓"厘正发明，足终朱子未竟之绪"，其学生自是承其学风和学统，戴震早年治学便承继此一路向，尚名物、字义、声音、算数，皆为徽学矩矱也。戴震发愿著《七经小记》②，其中礼学篇虽未成，却也散见于其他文字中，极其精锐，颇多创见，其治经"分数大端、究洞原委"也指明了治学方向。因此，戴震"经之至者道也，所以明道者其词也，所以成词者字也。由字以通其词，由词以通其道，必有渐"③之论可以看作江永一派的为学门径。戴震与同郡程瑶田、金榜共同问业于江永，相与讨论，往复辩难，为学日渐精进。

另一个较为重要的问题也是需要交代的，即徽州的新安理学。徽州是一个人文荟萃、学风昌盛之地，经学、文学、历算等著称于世，徽州为朱子故里，朱子为新安理学的集大成者，新安理学是影响卓著的学术流派。而江永与戴震同为徽州人，系学派的重要代表，他们的治学有着新安理学的余脉及印迹，因此，徽州的学风对戴震的影响不可忽视，所谓"徽州乃朱子故里，流风未歇，学者固多守朱子圭臬也"④。徽州是"程朱阙里""东南邹鲁"，是宋明以降全国学术重镇，产生了大量学人和著述，可谓当时中国学术发展的一个缩影，在中国近代学术史上影响巨大。多处记载都表明了当时朱熹的思想在徽州的影响范围之大、程度之深。因此，江永治学亦可谓远承朱子，朱子晚年治礼，著《仪礼经传通解》，惜书未能完成。江永意欲完成朱子未竟之志，广摭博讨，著成《礼书纲目》88卷，实为"对于礼制为通贯的研究"⑤，为礼学中的筚路蓝缕之书，也为江永著述之最大者，自谓："欲卒朱子之志，成礼乐之完书，虽僭妄有不辞也。"⑥于此可以看出，江永治学风格汲取朱子精粹。我们还可从以下论述窥探朱子之学对江永、戴震等人的影响：

---

① 钱穆：《中国近三百年学术史》，商务印书馆1997年版，第340页。
② "七经"即《诗》《书》《易》《礼》《春秋》《论语》《孟子》。
③ （清）戴震：《戴震集·与是仲明论学书》，上海古籍出版社2009年版，第183页。
④ 钱穆：《中国近三百年学术史》，商务印书馆1997年版，第340页。
⑤ 梁启超：《中国近三百年学术史》，天津古籍出版社2003年版，第212页。
⑥ 钱穆：《中国近三百年学术史》，商务印书馆1997年版，第339页。

新安有紫阳、还古两书院，皆自东林上探朱子。流风不沫，其后遂有婺源江永（慎修），与元和惠氏同时并起，治汉学者奉为先河。慎修之学，一传为休宁戴氏，再传为金坛段氏、高邮王氏，徽州经学遂较惠氏尤为光大。然其渊源实本紫阳，则不可诬也。双池与慎修同时同乡，而生平未尝相见。其学涵泳六经，博通礼乐，亦恪守朱子家法，与慎修同中有异，乃显晦迥殊。其弟子有婺源余元遴（药斋），又洪腾蛟（鳞雨）称私淑。①

除此之外，当时徽州的家典也载："我新安为朱子桑梓之邦，则宜读朱子之书，服朱子之教，秉朱子之礼，以邹鲁之风自待，而以邹鲁之风传之子若孙也。……"②从以上的引述可以看出徽学的特色以及朱子礼学在其时其地的深远影响，可谓推崇备至，儒风极盛，礼学极盛。

所以，戴震在这样的环境中，"学风笃实而旁通于艺，故其学极博，举凡天官、星历、律吕、音韵、步算等，皆所精研"③。戴震33岁入都之前皆生活在徽州，问学于江永，江永"笃信朱子"，故戴震思想受到朱熹的影响是无可怀疑的，甚至早年还是朱子学的崇奉者，章学诚曾言："戴君学术，实自朱子'道问学'而得之。"④总之，这些都对戴震礼学研究和义理阐发产生了重要影响。

戴震师从江永，属于徽派一系，对此，钱穆有一段描述："徽歙之学，源于江永，以补紫阳之未备。一传为东原……再传为次仲，则分树理、礼，为汉、宋之门户焉。"⑤但戴震也与吴派惠栋有所接触，在戴震的学术生涯中，36岁时在扬州与惠栋的结识也是其学术转折的关键节点。惠栋作为声名显著的吴派代表，戴震对之怀着崇敬之情，两人"交相推重"，从此自己的学术便发生了转折。戴震自述："震自京师南还，始观先生于扬之都转监运使司署内。"⑥戴震极为赞同惠栋的"舍训诂无以明理义"

---

① 钱穆：《〈清儒学案〉序》，载《中国学术思想史论丛》（八），安徽教育出版社2004年版，第371页。
② 吴翟辑撰：《茗洲吴氏家典》，黄山书社2006年版，第19页。
③ 张丽珠：《清代义理学新貌》，台湾里仁书局1999年版，第136页。
④ 章学诚：《文史通义》内篇三《书朱陆篇后》。
⑤ 钱穆：《中国近三百年学术史》，商务印书馆1997年版，第547页。
⑥ （清）戴震：《戴震集·题惠定宇先生授经图》，上海古籍出版社2009年版，第213页。

的主张，此主张对戴震的学术走向有重要影响。梁启超的一段话说明了汉学以及戴震的学术渊源："清代汉学，阎（阎若璩）、胡（胡渭）作之，惠氏衍之，戴氏成之。东原少受学婺源江慎修永，治小学、《礼经》、算术、舆地，皆深通。复从定宇（惠栋字定宇）游，传其学。"①

另，戴震避仇入都时与纪昀、钱大昕、王鸣盛、朱筠、王昶等新科进士广为结交，纪昀还举荐戴震入四库馆任撰修，所以，戴震思想在一定程度上也会受到他们的影响。如果我们将目光再往回延伸，则可发现中国传统哲学思想对他的影响，戴震的解释处处体现了他对儒家传统的回归与认同，以及对历史文化的深切体认。他的思想都是建立在对儒家原典的挖掘和阐释之上，举凡先秦以来的《论语》《孟子》《荀子》《易经》《中庸》《乐记》，更有理学、心学思想等都被收入其眼底，他经常提到"圣人之道在《六经》、孔、孟之中"。所以，传统儒家哲学也都会或多或少地在不同程度上对其产生影响。

三、义理思想

戴震作为18世纪具有启蒙意义的思想家，其思想与明清之际的实学思潮有着内在的联系，可谓实学思潮的进一步深化。明清之际的实学思潮就是在反对理学的基础上产生的，顾炎武、黄宗羲、王夫之、颜元、李塨等都是实学的代表，他们认为理学蹈空而不务实，是形而上的抽象的虚无存在，提倡用经世致用的实学取代明心见性的理学，还理学之真面目。因此，明清之际的思想家达成了共识，即抛弃抽象的虚空概念而关注可感知的具体事物，提倡经世致用，崇实黜虚。

很明显，戴震的思想是明清之际实学思潮的进一步深化，从为学宗旨来看，其也追求"实际、实证、实用"，将虚理与感性认识结合，将理与欲合一，认为理存于欲，注重经验等，这些都是对理学的反驳，也都是对清初实学的继承。虽然戴震也讲义理之学，但异于宋明的义理之学，宋明义理是虚而不实的脱离原始儒家经典的过度诠释，而戴震的义理之学是建基于扎实的考据训诂基础上的，有着原始儒家经典的依据

---

① 梁启超：《论中国学术思想之变迁大势》，载《饮冰室合集》第一册，中华书局1989年版。

的，他认为训诂考据是"闻道"的基础和手段，"明道"才是目的，遵循"以字通词，以词通道"的原则，进而建构其义理思想体系。戴震与清中叶钻在故纸堆里的其他经学家不同之处在于，他一方面以考据为基础，另一方面在考据基础上发掘义理，以考据为基础却又超越考据，即"由故训以明义理""执义理而后能考核"，他通过对传统经典中义理的挖掘来呈现自己的义理思想。他主张寓义理于考证，通过对儒家经典的训诂来探究经义原解，但在疏解原义的同时也注入了自己的思想，即借古书阐发自己的思想，也就是"六经注我"，其所著《孟子字义疏证》《绪言》《原善》等篇，通过对古义的疏证，条分缕析，不据孤证，来批判宋明理学，在此过程中表达自己的哲学主张，在清代思想史上有着积极的意义。戴震义理之学提倡人性解放，尊重个性，摆脱至高无上的理的束缚，而"体民之情、遂民之欲"，具有启蒙意味。通过梳理我们发现，戴震的思想基础来源于传统儒家思想，举凡孔、孟、荀，抑或《中庸》《周易》等都成了他的思想资源，他对孟子尤其推崇，撰成了"生平最大者"之《疏证》，这都表明了他对传统儒家思想的认同与回归，他说过"圣人之道在《六经》"。

所谓"道"，乃是天地人物之道，包含天道、人道，二者又与性有着密切关系。"人道本于性，而性原于天道"，此处的"性"将天道、人道贯通起来，在戴震的观念中，性又包含欲、情、知三者，他说："人生而后有欲、有情、有知。""欲"和"情"指的是人的生理本能和自然感情，"知"指的是人的理性思维和道德伦理观念。戴震将高高在上的天理落实到了人间，落实在人伦日用之中，并且认为"理存乎欲"，与宋明的"存天理、灭人欲"决然不同。戴震的礼乐思想与其整体义理思想一脉相承，也有着自身特殊的意义。

总之，戴震不仅是经学大家，更是思想大家。世人皆知他为考据训诂大家，鲜有人知道他是思想大家。作为考据大师，戴震绝不是为了考据而考据，而是希望通过典章制度之考辨，进而探求背后的意义，考礼、议礼的背后有经世企图，即以礼化成民俗、改善社会风气。戴震说过："为学须先读《礼》，读《礼》要知得圣人礼意。"他认为典章制度中藏有大经大法，所以他是借礼制以彰显理义，也就是他说的"以故训阐明理义"。因此，戴震提倡立足于客观礼制的考订，并以此为切入点来探求理义。戴震的考据和义理在其整个思想体系中是一体而不可分的。

四、治学方法——由训诂以求义理

"由训诂以求义理"可谓戴震的考据义理观。戴震认为：考据是实现目的的手段，义理才是目的，考据和义理两者不可偏废。"由训诂以求义理"实即由训诂求古经中之义理，因此须通过"以字通词，以词通道"的途径来获得。他说："经之至者道也，所以明道者其词也，所以成词者字也。由字以通其词，由词以通其道，必有渐。"① 又说："治经先考字义，次通文理，志存闻道，必空所依傍……我辈读书原非与后儒竞立说，宜平心体会经文，有一字非其的解，则于所言之意必差，而道从此失。"② 他主张先从文字上用力，先考证字义，再通文理进而领会道理，未通文字大道便空无所依。要言之，戴震主张故训和义理不能分开，舍训诂则义理不可求，舍义理则训诂无所用。义理不是凭空而来的，是在经书典籍考证的基础上得来的，训诂考据也不能脱离理义而单独存在，训诂的目的是探明孔孟圣贤之道，故两者相互依存，不可分割。

作为乾嘉考据盛行时期的重要代表人物，在当时及其后一段时期内，学界都认为戴震是考据大家，其实，他的最终目的和用力处为义理追求，作为考据学家，他不限于文字的考订校勘，而是在考订背后彰显经世主张和义理探求。作为经学家，其知识考证之外有义理的分析，两者的关系是：没有知识考证就没有乾嘉学术，而没有义理分析也就没有思想建构，两者互为表里。基于此种认识，戴震通过训诂考据推求背后所隐含的经书义理，余英时说："根据现有的资料判断，东原对义理的兴趣远比他的考证的兴趣要浓厚而真实得多。"③ 胡适说："人都知道戴东原是清代经学的大师，音韵的大师，清代考核之学的第一大师。但很少人知道他是朱子以后第一个大思想家，大哲学家。……他在哲学的方面……但论思想的透辟，气魄的伟大，二百年来，戴东原真成独霸了！"④ 当然，哲学成就的养成是在小学训诂等基础上求得的。在戴震看来，小学训诂是基础，义理阐发才是目的。《孟子字义疏证》就是兼考据训诂和义理开掘的代表，此书运用文字、训诂手段，又博征经籍以探讨圣贤真义，其目的乃是借疏证

---

① （清）戴震：《戴震集·与是仲明论学书》，上海古籍出版社 2009 年版，第 183 页。
② （清）戴震：《戴震集·与某书》，上海古籍出版社 2009 年版，第 187 页。
③ 余英时：《论戴震与章学诚——清代中期学术思想史研究》，生活·读书·新知三联书店 2012 年版，第 106 页。
④ 胡适：《戴东原的哲学》，安徽教育出版社 2006 年版，第 156—157 页。

《孟子》来抨击理学的谬误,"其斥宋儒之糅合儒佛,虽辞带含蓄,而意极严正,随处发挥科学家求真求是之精神,实三百年间最有价值"①,进而建立其哲学思想体系。戴震礼乐思想也深受考据影响,注重知识考证的确定性,全书以问答的形式,阐述了理、欲、性、心、道、情、仁、义、礼、智等范畴的根本意义。

戴震读书好深湛之思,研精注疏,实事求是,不主一家。其治学贵在精,其著深刻断制,精严缜密,正如戴震所言"学贵精,不贵博,吾之学不务博也"②,其治学必追根穷源,广征博引,无征不信,孤证阙疑。他说:

> 不以人蔽己,不以己自蔽,不为一时之名,亦不期后世之名。有名之见其弊二,非掊击前人以自表暴,即依傍昔儒以附骥尾。二者不同,而鄙陋之心同,是以君子务在闻道也。
>
> 今之博雅能文章善考核者,皆未志乎闻道,徒株守先儒而信之笃……私智穿凿者,或非尽掊击以自表暴,积非成是而无从知,先入为主而惑以终身;或非尽依傍以附骥尾,无鄙陋之心,而失与之等,故学难言也。③

这里我们可以看出戴震治学的基本原则:态度严谨、方法精当。这些方法对其后学都有着深远影响。

他又说:"经之至者,道也;所以明道者,其词也;所以成词者,未有能外小学文字者也。由文字以通乎语言,由语言以通乎古圣贤之心志,譬之适堂坛之必循其阶,而不可以躐等。"④这里说明了治学的进阶与顺序,先由小学文字通语言,进而心志、进而义理,循序渐进。在这里戴震还阐明了义理与典章制度的关系问题:

> 士生千载后,求道于典章制度而遗文垂绝。今古悬隔,时之相去殆无异地之相远,仅仅赖夫经师,故训乃通,无异译言以为之传导者也。又况古人之"小

---

① 梁启超:《清代学术概论》,上海古籍出版社1998年版,第42页。
② (清)戴震:《戴震集》,上海古籍出版社2009年版,第489页。
③ (清)戴震:《戴震集·答郑丈用牧书》,上海古籍出版社2009年版,第186页。
④ (清)戴震:《戴震集·古经解钩沈序》,上海古籍出版社2009年版,第192页。

学"亡,而后有故训;故训之法亡,流而为凿空。数百年以降,说经之弊,善凿空而已矣。虽然,经自汉经师所授受,已差违失次,其所训释,复各持异解。……后之论汉儒者,辄曰故训之学云尔,未与于理精而义明,则试诘以求理义于古经之外乎?若犹存古经中也,则凿空者得乎?[①]

汉儒的传注虽不可盲从,但训诂是不可缺少的一环,大道存于典章制度之中,义理的获得有赖于典章制度的操作,在此基础上得出其"以字通词,以词通道"的主张。

综上所述,戴震治学方法的核心就是遵循经书进而阐发义理,通过文字训诂解读典章制度,语言文字只是求道手段,终极目标是明道。这是其治学方法的一大特色。

第二节 戴震礼乐思想内涵

戴震的礼乐思想主要体现在其思想性著作《孟子字义疏证》《原善》及散见的书信当中。它在《孟子字义疏证》及其他篇章中阐述了与礼乐有密切关系的"情—理""理—欲""礼—理"等问题。在考据盛行的乾嘉时期,戴震在其扎实的考据功力基础上,以精深的思想创发奠定了自己的学术地位,以今天的学术语言说,就是知识考订与思想建构并举。他以《孟子》为文本依据,以训诂考据为基础,从"理义"入手,建构了自身的重"情"的人性论思想体系,涉及了礼乐思想,今试分析如下:

一、理、礼、乐、情——关系溯源并辨析

戴震的义理思想主要体现在自然、人性、伦理道德等层面,其思想探讨的主题,总体为理与情欲的关系问题,其认识论、道德论等大都是围绕着理与情欲而展开。他在论述"理"的时候先从考证入手,进而分析"理"的求得需要做到"情之不爽失"

[①] (清)戴震:《戴震集·古经解钩沈序》,上海古籍出版社2009年版,第191—192页。

和"以情絜情"。在戴震思想中，理是客观的、普遍的，与宋明理学倡导的"得于天具于心"的主观性不同，下面先对中国文化里一般涉及"情"的内涵进行梳理，以便观察戴震所论"情""欲"之内涵。

（一）理、礼之辨——理存于礼

礼、理概念以及彼此的关系问题，在我国历史上有着诸多讨论，《论语》当中多言礼，理字不多见。《礼记·仲尼燕居》云："子曰：'礼也者，理也。乐也者，节也。'"《管子·心术上》亦曰："礼者，谓之有理。"；《荀子·乐论》言："礼也者，理之不可易者也。"《乐记·乐情》篇也有"礼也者，理之不可易者也"等。从以上的文字可以看出，在早期儒家观念中，礼与理是二分又贯通的，礼就是理，其含义是道理，是不可更改的理则。今人彭林认为："礼，即理；非礼，即非理。两者为表里，几乎通用不别。"[①] 礼是人类生存、交往等所应遵循的一定社会法则。并且，礼在中国历史上内涵丰富，有自身发展脉络，不同的时期都有新的诠释。

至宋明时期，礼上升为哲学高度的概念而变为理，内涵也得到了进一步拓展。张载《张子语录下》有言："盖礼者理也，须是学穷理，礼则所以行其义，知理则能制礼，然则礼出于理之后。"[②] 意思是，理先礼后，礼是理的外在呈现。朱熹说："礼即理也，但谓之理，则疑若未有形迹之可言。制而为礼，则有品节文章之可见矣。"[③] 说明了礼是制度节文的外在体现，理是根本原则。王阳明《传习录上》载："礼字即是理字。理之发见，可见者谓之文；文之隐微，不可见者谓之理，只是一物。"[④] 说明礼是末、理是本、理是体、礼是用，理被大大凸显，礼被边缘。明清易代，原有思想体系被质疑，高高在上的理逐渐衰微，学术向度也从哲学形态的理学转而为实在的礼学。顾炎武、江永、戴震、凌廷堪等人倡导礼学，进而形成了以礼代理的学术思潮。

一般而言，礼有三个层面，即礼仪层面（仪容举止）、礼制层面（名物典章制

[①] 彭林：《多元时代需要更强大的民族精神——中国礼乐文化传统的现实意义》，《人民论坛·学术前沿》2013年第10期。
[②] （宋）张载著，章锡琛点校：《张载集·张子语录下》，中华书局1978年版，第326—327页。
[③] （宋）朱熹：《朱文公文集》卷六十，广文书局1972年版，第2893页。
[④] （明）王守仁撰，吴光、钱明、董平、姚延福编校：《王阳明全集·传习录上》，上海古籍出版社1992年版，第6页。

度)、礼义层面(思想道德观念)。这其中礼中含有乐的成分,在中国传统的语境中,礼和乐是不可分割的,两者就如阴之于阳,天之于地,总是形影不离,共同发挥着治人经世的作用。关于礼的含义和功能古人也多有论述,礼是依据天地自然建立的一套人人可遵循的具有道德理性的法则,是经国济世的基础,也是个人修身厚德的基础,以人的情感为出发点又以修正人的情感为目标来制定,且有着仁、义、敬、爱、诚、信等内涵,这些内涵需要通过践行方能彰显。

戴震为徽派的代表,徽派以礼学研究见长,刘师培说:"徽州学派于礼学素有专攻,江永、戴震等于礼经咸有著述,影响波及后学。"[1] 江永的《礼经纲目》《周礼疑义举要》,戴震的《考工记图》,并校定《大戴礼记》《仪礼释宫》,凌廷堪的《礼经释例》和《复礼》等都是这方面的代表。钱穆在其《国学概论》中说:"徽州之学,成于江永、戴震。江之治学自《礼》入。"[2] "东原出而徽学遂大,一时学者多以治《礼》见称。"[3]

具体到戴震对礼的研究可谓成果丰硕,李开在《戴震评传》中说戴震一辈子都在断断续续对礼学进行研究。实际上,戴震未完成之《学礼篇》即是对江永《礼书纲目》的承继,礼学研究贯穿戴震的研究生涯,且其他研究也处处渗透着其礼乐思想。钱穆说:"东原毕生治学,其最大计划,厥为七经小记。"[4] 段玉裁《戴东原先生年谱》言:"先生言:'为学须先读《礼》,读《礼》要知得圣人礼意。'"[5] 也就是说,戴震通过具体礼制的研究来挖掘内蕴的思想内涵。年谱还说:

> 《七经小记》者,先生朝夕常言之,欲为此以治经也。所谓七经者,先生云:"《诗》《书》《易》《礼》《春秋》《论语》《孟子》是也。"治经必分数大端以从事,各究洞原委,始于六书、九数,故有《训诂篇》,有《原象篇》,继以《学礼篇》,继以《水地篇》,约之于《原善篇》,圣人之学如是而已矣。[6]

---

[1] 徐道彬:《论戴震礼学研究的特色与影响》,《安徽大学学报(哲学社会科学版)》2015年第1期。
[2] 钱穆:《国学概论》,商务印书馆1997年版,第273页。
[3] 钱穆:《国学概论》,商务印书馆1997年版,第275页。
[4] 钱穆:《中国近三百年学术史》,商务印书馆1997年版,第347页。
[5] (清)戴震:《戴震集·戴东原先生年谱》,上海古籍出版社2009年版,第488页。
[6] (清)戴震:《戴震集·戴东原先生年谱》,上海古籍出版社2009年版,第483页。

戴震于礼学有很高造诣,其成就主要在于:对名物制度、明堂、三朝三门等进行论述考辨;对《大戴礼记》《仪礼》进行校订校补,还有诸多文字散见于其他著作中。其礼学代表作如《尚书义考》《考工记图》《毛郑诗考正》《深衣解》都是对名物典章即礼乐制度的考究和解读。《明堂考》《三朝三门考》《匠人沟洫之法考》《记冕服》《记爵弁服》《记朝服》《记玄端》《记深衣》《记经带》《大戴礼记目录后语一》《大戴礼记目录后语二》《周礼太史正岁年解一》《周礼太史正岁年解二》《春秋改元即位考》《辨证诗礼注》《辨尚书考工记锾锊二字》《仪礼注疏校记》《与任孝廉幼植书》《与是仲明论学书》《答朱方伯书》等等,以及与礼乐有直接关系的《书郑风后》《书小雅后》《乐器考》《江慎修先生事略状》《考工记图序》《考工记图后序》《杲溪诗经补注》《毛诗补传》《毛诗补传序》《毛郑诗考证》《诗生民解》《诗摽有梅解》《屈原赋九歌序》等篇,以上皆对礼乐的文献渊源、文字、明堂制度、礼学内容、含义等进行了梳理条贯,"稽之于典籍,证之以器数",或考证钩沉,或广征博引,条分缕析,探幽阐微,识断精审,掘发礼义。这些都是有关礼乐典章制度的成果,也都是为了对礼制进行考证及对礼治精神的发扬,这些成果可以使人们清楚地了解并遵循。戴震对典章制度、名物度数等仪则进行归纳,希望能为老百姓所遵循,所谓"冠昏饮射,有事可循也;揖让升降,有仪可按也;豆笾鼎俎,有物可稽也"[1],以达到移风易俗、社会和谐的局面。

关于礼,戴震说:

> 生生者,仁乎!生生而条理者,礼与义乎!何谓礼?条理之秩然有序……是故生生者仁,条理者礼……[2]
>
> 礼者,天则之所正,行于人伦庶物,分无不尽而天下共安其恕。[3]
>
> 条理之秩然,礼至著也。……有天地,然后有人物;有人物,于是有人物之性。人与物同有欲,欲也者,性之事也。[4]
>
> 古礼之不行于今已久,虽然,士君子不可不讲也。况冠、婚、丧、祭之大,

---

[1] (清)凌廷堪:《校礼堂文集·复礼下》,中华书局1998年版,第31页。
[2] (清)戴震:《戴震集·原善上》,上海古籍出版社2009年版,第157—158页。
[3] (清)戴震:《戴震集·原善下》,上海古籍出版社2009年版,第161页。
[4] (清)戴震:《戴震集·读易系辞论性》,上海古籍出版社2009年版,第162页。

岂可与流俗不用礼者同。①

是故生生者仁，条理者礼……礼得则亲疏上下之分尽……②

礼者，天地之条理也，言乎条理之极，非知天不足以尽之。即仪文度数，亦圣人见于天地之条理，定之以为天下万世法。礼之设所以治天下之情，或裁其过，或勉其不及，俾知天地之中而已矣。至于人情之漓，犹饰于貌，非因饰貌而情漓也，其人情渐漓而徒以饰貌为礼也，非恶其饰貌，恶其情漓耳。礼以治其俭陋，使化于文；丧以治其哀戚，使远于直情而径行。情漓者驰骛于奢与易，不若俭戚之于礼，虽不足，犹近乎制礼所起也，故以答林放问礼之本。③

易曰："一阴一阳之谓道，继之者善也，成之者性也。""一阴一阳"，盖言天地之化不已也，道也。……条理之秩然，礼至著也……④

这里，戴震将礼、理、情等之间的关系进行了阐述，认为"礼者，天地之条理也"，"礼者，条理之秩然有序"，"礼之设，所以治天下之情"，由此可见，戴震是以礼为根本，以情的安顿为旨归的。也就是说，礼的存在是为了社会个人和谐有序并顺遂人的情感，做到"达情遂欲"。其实戴震的思想当中是"理存于礼"的，因为只有对礼的切实践履，以实现"体民之情，遂民之欲"，达到"秩然有序"也便得到"理"，也才符合圣贤原意。戴震说："行之差谬，不能知之，徒自期于心无愧者，其人忠信而不好学，往往出于此，此可以见学与礼之重矣。"⑤

戴震始终以条理说"礼"，认为礼乃是条理之秩然有序，意图揭去"理"的神秘外衣，使之理性化。条理截然乃天地之常，即是礼。以理说礼，是历史上的传统，使礼哲学化，它不仅是礼仪，而且是天地之常，天地之秩序井然。圣人根据"天地之条理"而制作了仪文度数等典章制度，使其成为"天下万世法"，为的是"治天下之情""治其俭陋，使化于文"，可以使亲疏、尊卑、上下等分而有序，最终目的是天地、社会、人伦各层面井然有序、和谐共生。因此，戴震所谓的礼、理是一体的，所谓

---

① （清）戴震：《戴震集·答朱方伯书》，上海古籍出版社 2009 年版，第 181 页。
② （清）戴震：《戴震集·法象论》，上海古籍出版社 2009 年版，第 156 页。
③ （清）戴震：《戴震集·孟子字义疏证》，上海古籍出版社 2009 年版，第 318 页。
④ 杨向奎：《清儒学案新编》第五卷，齐鲁书社 1994 年版，第 112 页。
⑤ （清）戴震：《戴震集·孟子字义疏证》，上海古籍出版社 2009 年版，第 319 页。

"礼理合一"。

礼的存在是为了情的中正平和，礼乐中有仁、敬、德、和等特质，古代的"三礼"学当中有诸多记载，关于人们在燕礼、乡饮酒礼、乡射礼等中的表现，人们在进退举止、仪文节数之间传达着这些品质。所以，理存在于这些人伦日用和事为当中。戴震十分懂得先贤圣人的思想精髓，他认为情欲适当的标准就是理，而礼是理的具体内容和表现。"礼者，天地之条理也……即仪文度数……天下万世法"，实际上戴震说的"仪文度数"就是维护社会运行的法则和规章制度。一方面，礼的制定是依据人的正当情感欲望，使其得到满足；另一方面，这些情感欲望又不能过度，要符合"仁"的原则和要求。他说：

> 一人遂其生，推之而与天下共遂其生，仁也。[1]
>
> 欲遂其生，亦遂人之生，仁也。欲遂其生，至于戕人之生而不顾者，不仁也。不仁，实始于欲遂其生之心，使其无此欲，必无不仁矣。然使其无此欲，则于天下之人，生道穷促，亦将漠然视之。己不必遂其生，而遂人之生，无是情也。[2]
>
> 天下之事，使欲之得遂，情之得达，斯已矣。……遂己之欲者，广之能遂人之欲；达己之情者，广之能达人之情。道德之盛，使人之欲无不遂，人之情无不达，斯已矣。[3]

实际上，礼乐的制定也就是根据这样的原则，"亦圣人见于天地之条理，定之以为天下万事法"。所以，"理"也就是圣人根据人的情感需求而制定的，由此，情感欲望是人性的自然流露，而理则是对情感欲望的正确导引和合理节制。

戴震通过对理学弊端的揭露与批判，来建立自己的思想体系，认为理在礼中求，将高高在上的天理落实在人间的礼制上。他说："贤人圣人之理义非他，存乎典章制

---

[1] （清）戴震：《戴震集·孟子字义疏证》，上海古籍出版社2009年版，第316—317页。
[2] （清）戴震：《戴震集·孟子字义疏证》，上海古籍出版社2009年版，第273页。
[3] （清）戴震：《戴震集·孟子字义疏证》，上海古籍出版社2009年版，第309页。

度者是也。"① 也就是说，理是借助于礼而彰显其意义的，两者不可分离，不存在舍礼言理的情况，而是"理"借"礼"显，理通过礼的日用伦常之实践才有意义，理存在于人伦日用的事为当中才能鲜活而有生机。如果使理、礼两者分离，就会出现"势必流入异学曲说而不自知"②的境况。

> 礼也，义也，胥仁之显乎！若夫条理得于心，其心渊然而条理，是为智；智也者，其仁之藏乎！生生之呈其条理，显诸仁也；惟条理，是以生生，藏诸用也。……是故生生之谓仁，元也；条理之谓礼，亨也；察条理之正而断决于事之谓义，利也；得条理之准而藏主于中之谓智，贞也。③

戴震认为，礼借仁显，而仁的获得需要从礼中求，"礼也，义也，胥仁之显乎"！礼即条理，观于其条理，可以知礼，"惟条理，是以生生，藏诸用也"。在他看来，秩然有序的礼即仁的显现，礼是天道、自然、人文的统一体，"礼者，天则之所止，行之乎人伦庶物而天下共安，于分无不尽"④，礼是圣人依据天地自然的条理而制作，落实在人间便是礼，所以，理存于礼，理借礼显。

通过以上梳理，我们认为，戴震观念中的礼、理关系为：礼即是理，礼与情通，理亦与情通。理在礼中求，理存乎礼。笔者认同徐道彬教授的总结："戴震由破析'理欲二分'入手，实证于'礼'，而归之于'情'，得出'理存于礼'的结论。"⑤

（二）情之内涵——自然人性论的视角

在中国文化中，情的内涵极其丰富，既包自然情感（喜、怒、哀、乐、饥、寒等生物性欲望），又含伦理道德情感（仁、义、恻、隐、羞、恶、辞、让等），既有个人情感又有社会情感、民族情感，有时又彼此互渗，更不要说情的外延还涉及性、心、欲、礼、乐等，有学者注意到礼乐中的情与孝、慈、仁、爱、哀、敬等道德情感的

---

① （清）戴震：《戴震集·题惠定宇先生授经图》，上海古籍出版社2009年版，第214页。
② （清）戴震：《戴震集·题惠定宇先生授经图》，上海古籍出版社2009年版，第214页。
③ （清）戴震：《戴震集·原善上》，上海古籍出版社2009年版，第333页。
④ （清）戴震：《戴震集·原善下》，上海古籍出版社2009年版，第343页。
⑤ 徐道彬：《论戴震礼学研究的特色与影响》，《安徽大学学报（哲学社会科学版）》2005年第1期。

关系：

> 《礼记》则将礼乐充分建构于人类的孝慈仁爱哀敬的情感之上。因此，值得注意的是在研究先秦情感论时，不能仅仅关注于情的字面考察。①

儒家文化的核心概念"礼乐"与"情"有着密切的联系，情是礼乐的源头活水，有了情的根底和依据，礼乐才具有长久的生命力。

段玉裁《说文解字注》：

> 人之阴气有欲者。董仲舒曰：情者，人之欲也。人欲之谓情，情非制度不节。《礼记》曰：何谓人情？喜怒哀惧爱恶欲，七者不学而能。《左传》曰：民有好恶喜怒哀乐，生于六气。《孝经援神契》曰：性生于阳以理执，情生于阴以系念。②

由此可知，一方面，中华先哲承认"情"是不学而能的、自然而然的天然合理的东西，与阴、阳两气都有关系，还与人的本能欲望有关；另一方面，也要求以制度节制之，注意到"情"的适与过的问题。但总结起来看，"情"的含义复杂多义，大体有情实、情感、人情、真情等几种含义。如《论语·子路》："上好信，则民莫敢不用情。"此处的"情"可理解为事实、真实、情况，但可以转换为情感、感受、感情，李泽厚认为这一转换意义重大，情感乃人的本质、实体、真实，所谓人性，即在此。③孔子当然还论说过"仁"，实则也是一种真情实感，所谓"仁者爱人"表现的是一种爱的情感，钱穆说："人群相处当以真心真情相处，是仁也。"④也说明了仁的情感特征。随后的孟子、荀子也都对情有自己的认识。《后汉书·郭躬传》："若夫推己以议物，舍状以贪情。"欲和贪都是追求、希望的意思。《荀子注》："綦，极也。"綦是

---

① 黄意明：《道始于情——先秦儒家情感论》，上海交通大学出版社 2009 年版，第 44 页。
② （清）段玉裁：《说文解字注》，上海古籍出版社 1981 年版，第 894 页。
③ 参见李泽厚《论语今读》，生活·读书·新知三联书店 2004 年版，第 350—351 页。
④ 钱穆：《论语要略》，商务印书馆 1930 年版，第 86 页。

极致的意思。此义是说,人的本性是喜欢追求五官感受的极致的,说明情欲都是人的自然本性或说基本生理欲望,是人人所不可避免的,也是人之为人的基本条件。在荀子观念中情、欲常常连用,具有一致性,徐复观说:"荀子的性、情、欲是一个东西的三个名称。"[①]《郭店楚简》也有对"情"的深入论述,更涉及礼、乐[②]:"道始于情,情生于性。始者近情,终者近义。""礼作于情,或兴之也"(《性自命出》),这里的"情"指情感、性情之情。"礼,因人之情而为之,节文者也"(《语丛一》)、"情生于性,礼生于情"(《语丛二》)、"笑,礼之浅泽也。乐,礼之深泽也。凡声,其出于情也信,然后其入拨人之心也厚……凡古乐龙(动)心,益(淫)乐龙(动)指(嗜),皆教其人者也。《赉》《武》乐取,《韶》《夏》乐情"(《性自命出》),此处的"情"指人的自然而本真的生命之情、性情、人情、真情实感。"由礼知乐,由乐知哀。……有知礼而不知乐者,无知乐而不知礼者。"(《尊德义》)说明喜怒哀乐的情感与礼乐有内在关联,内在相通互知。

由此可见,这些文字中的情感无疑都与音乐有着密切的关系,音乐可谓人的自然感情的真诚流露,只有真情才能打动人心。由于乐是人的自然性情的流露,故,音乐与情感有着天然的联系,完全打通,最易打动人。因此,这里凸显了礼乐的社会功用,即礼乐是用来教化民众、塑造人性的。

一方面,《郭店楚简》也触及了声与情之间的关系,也就是说,只有发自内心真情实感的音乐才能触动人、感染人,所谓"凡声,其出于情也信,然后其入拨人之心也厚"。另一方面,舍情来谈礼必不可能,因为礼是"缘人情而制""礼作于情",乐也是源于人情,动于人情,"凡声,其出于情也信",礼、乐两者在"情"这里是相契相合的,礼是为了人合理适度地表达情感而制定的一个行为规范,故"礼因人情而为之";乐是为了适当合理地表达情感而制作的声音作品,故"乐之动心也,濬深郁陶"。《郭店楚简》表现出来的原始儒家的人性论哲学,实是建立在人情的基础之上的,圣人就是为了使人之内在的性即天赋善性通过外在的礼之践履来彰显,是在经验层面可以把握的,由外在的制度仪则进而濡染为内在的道德修为。所以从根本上来讲,儒家是把音乐与人心联系在一起的,音乐要解决的是人内心的情感问题。

[①] 徐复观:《中国人性论史》,上海三联书店2001年版,第205页。
[②] 湖北荆门市博物馆编:《郭店楚墓竹简》,文物出版社1998年版。

《礼记·礼运》谈到"情"时说:"何谓人情?喜怒哀惧爱恶欲,七者弗学而能。"说明了情感的本能属性,喜怒哀惧爱恶欲都是人性当中的自然存在,同时《礼记·礼运》也谈到情与礼乐的关系:

> 故人情者,圣王之田也。修礼以耕之,陈义以种之,讲学以耨之,本仁以聚之,播乐以安之。①

这里表明了情与礼乐仁义的密切关系,说明礼乐是建立在人情的基础之上的。《荀子·乐论》载:

> 夫乐者,乐也,人情之所必不免也。故人不能无乐。乐则必发于声音,形于动静,而人之道,声音、动静、性术之变尽是矣。故人不能无乐,乐则不能无形,形而不为道,则不能无乱。②

这里意思是说人天然具有对快乐的追求,音乐就是表现快乐的手段,是人不可缺少的,快乐会通过歌唱舞蹈等声音举止表现出来,但这种快乐也需要引导,否则就会出现混乱,所以《礼记·礼运》云:"夫礼,先王以承天之道,以治人之情"③;《礼记·坊记》云:"礼,因人之情而为之,节文者也"④;等等。《吕氏春秋》更论道:

> 天生人而使有贪有欲。欲有情,情有节。圣人修节以止欲,故不过行其情也。故耳之欲五声,目之欲五色,口之欲五味,情也。⑤

显然,按此论,情、欲不同,可以要求止欲,却不能无情,止欲即行情,承认人之耳目口鼻拥有自然欲望的合理性,但也要求节制自然情欲。无可怀疑的是,以上所

---

① 蔡仲德注译:《中国音乐美学史资料注译》,人民音乐出版社 2004 年版,第 364 页。
② 蔡仲德注译:《中国音乐美学史资料注译》,人民音乐出版社 2004 年版,第 168 页。
③ (清)阮元校刻:《十三经注疏》,中华书局 1980 年版,第 1414 页。
④ (清)阮元校刻:《十三经注疏》,中华书局 1980 年版,第 1618 页。
⑤ (战国)吕不韦著,陈奇猷校释:《吕氏春秋新校释·情欲篇》,上海古籍出版社 2002 年版,第 86 页。

引之"情"都与音乐（礼乐）有着密切关系，孔、孟、荀、《郭店楚简》等，都说明了"情"是人性中天然合理的东西，礼乐源于情、外发于情，其内容也是情，其功能也与情有关（顺遂、节制、导引），更不要说集儒家音乐思想大成的《乐记》了。

《乐记》中"情"字更是出现多次：开篇即说"凡音者，生人心者也。情动于中，故形于声；声成文，谓之音"[1]，此处"情"为情感、感情。"是故君子反情以和其志，比类以成其行……是故君子反情以和其志，广乐以成其教"[2]，本句中"情"指人的本性、天赋性情。"穷本知变，乐之情也"（《乐记·乐情篇》），这里的"情"指本性、本质，等等。可见《乐记》中的情之内涵丰富，凸显了情的重要性。确乎如太史公在《史记·礼书》中所说："乃知缘人情而制礼，依人性而作仪，其所由来尚矣。"[3]此一中国式的音乐情感论传统，极为悠久、极为丰富，音乐与人的情感、与人心的密切关系不仅被讨论，也被一再强调。礼是因人情而起，乐是表现天赋性情不可变乱的工具，礼和乐的道理包含于人情之中，但同时亦注意到了礼的节制和约束意义。现代新儒家唐君毅在其《中国哲学原论·原性篇》中对礼乐与情的关系这样论道：

> 《礼记》之论礼乐之原，皆直在人文之始创处立根，以见此礼乐之文之始创，乃纯出于人情之自然。[4]
>
> 故《乐记》一方以人情必表现为乐，一方亦以唯君子为能知乐，圣人方能作礼乐。《礼运》溯礼之原于人情，而又以唯圣人能知人之喜怒哀乐爱恶欲之人情，而"礼义以为纪，人情以为田"，故曰"人情者，圣王之田也"。[5]

由此可见，礼乐与人情关系之密切。

总之，以上对孔、孟、荀、《郭店楚简》及《乐记》中所运用的"情"范畴进行了粗略的梳理，其中的中国式音乐情感论十分丰富而深刻。需要说明的是，"情"常常不是孤立存在的，常和"性""心""欲"等范畴一起使用，涉及心、性、情之间的

---

[1] 蔡仲德注译：《中国音乐美学史资料注译》，人民音乐出版社 2004 年版，第 267 页。
[2] 蔡仲德注译：《中国音乐美学史资料注译》，人民音乐出版社 2004 年版，第 282 页。
[3] 许嘉璐主编：《二十四史全译·史记·礼书》，汉语大词典出版社 2004 年版，第 397 页。
[4] 唐君毅：《中国哲学原论》，中国社会科学出版社 2005 年版，第 54 页。
[5] 唐君毅：《中国哲学原论》，中国社会科学出版社 2005 年版，第 55 页。

关系，音乐的产生是内心情感受到外物的触动，也涉及自然人性论的问题。人性论是中国思想史的核心问题，其主要是以道、性、德、情、心等概念为代表的思想、观念，构成了中华民族精神的动力。礼乐思想的研究也不能绕开人性论，关于中国人性论的重要性，徐复观认为：

> 要通过历史文化以了解中华民族之所以为中华民族，这是一个起点，也是一个终点。文化中其他的现象，尤其是宗教、文学、艺术，乃至一般礼俗、人生态度等，只有与此一问题关连在一起，才能得到比较深刻而正确的解释。[1]

在徐复观看来，"情"是中国历史文化的起点，也是终点，中国文化里所有现象都不能离开"情"字。但谈情不能不涉及性，性是一种与生俱来的能力，《郭店楚简》所谓"喜怒哀悲之气，性也……好恶，性也……情生于性"等说明了性与情的关系；但性又不是封闭的，未发时为静，已发时为动，受外物接触就外发为喜怒哀乐的情，物感心动，心动生情，动则为情，静则为性。《乐记》所谓"人生而静，天之性也。感于物而动，性之欲也"，也说明了性与情欲的动静关系，情是"感于物而动"形成的喜怒哀乐，性是静态的未发之气。段玉裁《说文解字注》认为："感于物而动，性之欲也。欲而当于理，则为天理，欲而不当于理，则为人欲。欲求适可斯已矣，非欲之外有理也。"[2] 意思非常明白，天理、人欲是有差别的，当于理者为天理，不当于理者则是人欲，要灭的是这个不当理的欲。所以，《乐记》这里的"感于物而动，性之欲也"的"欲"，应该解释为"理"，也就是"天理"，如果人的欲望不能得到节制，则天理灭，社会乱。这个天理，实即"当于理"的自然人性。如果"好恶无节于内，知诱于外，不能返躬"，那么就会有"悖逆诈伪、淫泆作乱"等不好的现象发生。古人早就意识到这些问题，于是就推行礼乐进行教化、调节、导引、平衡等，以使人的喜怒哀乐好恶等情感处于和谐的状态：

> 故乐在宗庙之中，君臣上下同听之，则莫不和敬；闺门之内，父子兄弟同听

---

[1] 徐复观：《中国人性论史·序》，湖北人民出版社2002年版，第2页。
[2] （清）段玉裁：《说文解字注》，凤凰出版社2007年版，第720页。

之，则莫不和亲；乡里族长之中，长少同听之，则莫不和顺。故乐者，审一以定和者也，比物以饰节者也，合奏以成文者也，足以率一道，足以治万变。是先王立乐之术也。①

所以，乐可以"善民心，其感人深，其移风易俗，故先王导之以礼乐而民和睦"，乐"入人也深，化人也速"（《荀子·乐论》），可以将人民引向美好的道德情感，净化、提升、陶冶人性，所谓"正声感人而顺气兴之，顺气成象而和乐兴焉"，而奸声、淫乐是需要排除的，这就是古人对人性的深刻认识，对礼乐的深刻认识。

总之，礼乐来源于人情并以节制人情为依归，情成了联系礼乐的着力点，或说"礼乐皆出于情""情是礼、乐的文化原型"②。所以，从自然人性论角度来看，礼乐的制作来源于人情又以节治人情为目的，此意可以表达为以下图式：

　　源情 ← 礼乐 → 节情

从自然人性论角度来看，礼乐的制作是顺遂人的情欲，但又防止过与不及，目的是对人性的安顿，历来儒家贤哲强调的多是这样一个源情—遂欲—节制—安顿的观念系列。在礼乐实践中，主要也是这样要求的。

（三）情与礼乐关系之演进

礼乐是一个发展的学术体系，礼乐与情的关系也经历了一个动态的发展过程。情为礼乐之根本和依据，两者相互依存、不可分割，在漫长的历史中，两者处于彼此消长、相互调适的动态发展中。

一般而言，礼乐制度形成于西周时期，周公制礼作乐，形成一整套礼乐制度，这是一套等级尊卑、长幼有序的伦理制度。春秋战国时期这一制度进一步演变，在这一过程中，礼乐逐步实现了体系化，孔子在注重礼乐仪式节文的同时注入了"仁"的

---

① 蔡仲德注译：《中国音乐美学史资料注译》，人民音乐出版社2004年版，第149—150页。
② 罗艺峰：《中国音乐思想史五讲》，上海音乐学院出版社2013年版，第267页。同时作者也对与音乐思想有关的情感的思想形态和层次有精深论述。

精神内涵和"人道"思想，注重人的仁、爱、恭、敬、诚等内在情感的抒发，形成理想化的礼乐文化，也就是李泽厚所说的由自然人性论的情感进而为社会伦理意义的情感，而载之典籍，成为教化人民、治国理政的大经大法，使其具有了生机和持久生命力。

历史上礼乐与情欲关系论的发展，其最重要者，当在汉、宋两代，其中的过渡则是魏晋。汉代的礼乐思想，虽然也强调"情"，如董仲舒、司马迁等，都有关于礼乐思想与情欲关系的讨论，但更强调的是礼乐雅颂的政治功能和伦理功能，是对人外在规范的重视，礼乐思想史上影响巨大的"礼乐外内"观的提出，就在这个历史时期。

汉代董仲舒提出独尊儒术以后，儒学地位得到进一步巩固，而作为儒学重要概念的礼乐也占有突出的地位，成为国家制度。董仲舒继承先秦如荀子等情欲主张，承认人的情欲的存在，只是需要节度。《春秋繁露·对策三》："人欲之谓情，情非度制不节，是故王者……正法度之宜，别上下之序，以防欲也。"[1] 提倡用法度节制情欲。他还说：

> 故礼，体情而防乱者也。民之情，不能制其欲，使之度礼。目视正色，耳听正声，口食正味，身行正道，非夺之情也，所以安其情也。[2]

董仲舒认为人都有耳口目的声味色等自然生理欲望，是不可避免的，但是需要引导，所以他谈到"体情""安情"，即体察情、安顿情。这是从国家制度的层面谈及礼乐与情感的关系问题。

产生在汉代的集儒家音乐思想之大成的《乐记》，强调的是音乐的内容与功能，音乐与政治伦理道德的关系。礼乐的制作一方面顺遂人情，另一方面又引导、节制人情，不至于情感泛滥，情感上也讲求"乐而不淫，哀而不伤"的和谐中庸原则，目的是使社会人伦有序和谐，保证国家的长治久安。

《礼记·丧服四制》："凡礼之大体，体天地，法四时，则阴阳，顺人情，故谓之

---

[1] 许嘉璐主编：《二十四史全译·汉书·董仲舒传》，汉语大词典出版社2004年版，第1204页。
[2] （汉）董仲舒撰，（清）凌曙注：《春秋繁露·天道施》，中华书局1975年版，第602页。

礼"①，说明礼乐的制作效法天地自然，重要的是也顺遂人情。《毛诗序》："发乎情，止乎礼义"，强调抒发情感但也要限定在一定范围内，情礼发生了关联。《淮南子·齐俗》："礼因人情而为之节文……礼者，体情制文者也"②，说明礼仪的制定需要考虑并体察人的情感，同时亦具有节制功能。

总之，汉代的情礼关系是礼乐源于情，但也修正情，使其保持在一个合理的范围内，其起点是情，终点也是情。不过需要指出的是，汉代礼乐思想带有强烈的政教色彩，礼法往往强过情理，外在规范重于内在自觉，这是许多论礼乐者之所以一再说礼压制乐、礼主乐辅的重要原因。问题是，这一情况并非凝固不动的、固化的，所谓"定型化"的状态，礼乐思想与情理的关系还是要发展的。这一过程中，魏晋是一个过渡时期。

魏晋六朝时期被史家认为是中国历史的"岐出"时期③，这是一个黑暗混乱的时期，也是一个天才辈出、思想自由、富于智慧、浓于热情的时期④，纵情、清谈、作诗、饮酒成为常态，追求人的真性情被倡导，使这一时期的思想范畴有了新的丰富和繁荣。在音乐文化方面，更是得到极大的丰富和发展，而在礼乐制度方面，也有继承和发展。论者认为：

> 六朝门阀士族兴盛，儒礼式微，玄学渐盛，人性趋于解放，致使时代富于贵族气息。清商乐的盛行及其六朝社会音乐审美观念的变化，加上世家大族与皇权势力盘根错节，贵族阶层安于享乐，竞相奢靡，对礼乐制度产生重大影响。⑤

音乐史家指出，这个历史时期，礼乐一是总体衰落，备而不用；二是礼乐观念与礼乐实践不相符合；三是俗乐盛行，礼乐与俗乐渐趋融合。这一状态的结果是清商女乐成为音乐生活的主流，胡乐大肆传播也影响礼乐的发展，"礼乐深受其影响并出现

---

① 《十三经注疏》整理委员会整理，李学勤主编：《礼记正义·丧服四制》，北京大学出版社2000年版，第1951页。
② （汉）刘安等编，顾迁译注：《淮南子》，中华书局2009年版，第184—187页。
③ 参见牟宗三《才性与玄理·自序之二》，广西师范大学出版社2006年版。
④ 参见宗白华《美学散步》，上海人民出版社2005年版，第356页。
⑤ 秦序等：《六朝音乐文化研究》，文化艺术出版社2009年版，第123—142页。

了朝廷礼乐多违正典的所谓'新礼乐'"①。在音乐思想方面，这个历史时期也有新的观念出现，其中，"情"是一个具有特殊意义的范畴。

王弼注《老子》，认为耳目口心皆应该顺其本性，不如此则反以伤自然，主张"乐以顺其性"的思想。其《论语释疑》论"情"道："若心好流荡失真，此是情之邪也。若以情近性，故云性其情。情近性者，何妨是有欲。"②这也是一种自然人性论，反映了王弼反对钳制真情的礼乐，提出适性之乐的观点、强调"中纯实而反乎情，乐也"，就一点也不奇怪了。③

情与礼乐关系的思想，魏晋六朝时期虽有对汉代的继承，如阮籍《乐论》的思想倾向，但也有新的创发，魏晋士人主张情摆脱礼的约束，任性自由，所谓"缘情立礼"（徐广《答刘镇之问》），情的价值得到高扬。而嵇康则提出了新的思想观点，他不仅提出了"越名教而任自然"的思想主张，也提出了"声无哀乐论"的美学思想，反对儒家的移风易俗观，怀疑圣人作乐。嵇康认为欲望、人情皆是自然的东西，而儒家六经之教和礼乐要求则是非自然的，显然有一种自然人性论的观点。他论道：

> 六经以抑引为主，人性以从欲为欢。抑引则违其愿，从欲则得自然。然则自然之得，不由抑引之六经，全性之术，不须犯情之礼律。故仁义务于理伪，非养真之要术，廉让生于争夺，非自然之所出也。④

同样，音乐也是自然的东西，体现的是自然之道，而与人的一定情感无关。嵇康在著名的《声无哀乐论》中说道：

> 音声之作，其犹臭味在于天地之间。其善与不善，虽遭遇浊乱，其体自若而不变也，岂以爱憎易操，哀乐改度哉？
> 夫殊方异俗，歌哭不同。使错而用之，或闻哭而欢，或听歌而戚，然而哀乐

---

① 韩启超：《六朝礼乐探微》，《交响》2009年第4期。
② （魏）王弼著，楼宇烈校释：《王弼集校释》，中华书局1980年版，第631—632页。
③ 参见蔡仲德《中国音乐美学史》，人民音乐出版社1995年版，第458页。
④ 戴明扬校注：《嵇康集校注·难自然好学论》，人民文学出版社1962年版，第261页。

之情均也，今用均同之情而发万殊之声，斯非音声之无常哉？

夫哀心藏于内，遇和声而后发，和声无象而哀心有主。夫以有主之哀心，因乎无象之和声而后发，其所觉悟，唯哀而已。

夫推类辨物，当先求之自然之理，理已定，然后借古义以明之耳。今未得之于心，而多恃前言以为谈证，自此以往，恐巧历不能纪耳。

躁静者，声之功也；哀乐者，情之主也；不可见声有躁静之应，因谓哀乐皆由声音也。

夫音声和比，人情所不能已者也。是以古人知情不可放，故抑其所遁；知欲不可绝，故因其所自。①

嵇康更进一步以《咸池》《六茎》等先王礼乐为例，讨论了圣人与礼乐的关系，得出"声音有自然之和，而无系于人情"的结论。因为"哀乐自有定声，但偏重之情，不可卒移"。在此，情之不可放，欲之不可绝，这样的认识是非常重要的观点，因为"音声和比，人情所不能已者也"；他又说："情之应声止于躁静""人情以躁静专散为应"，此处"躁静"一词是情的强度字。② 显然，嵇康关于声无哀乐的全部辩论，与他对情、欲的认识有关；他对儒家礼乐的批判，也与他对情、欲的理解相连。所谓"托大同于和声，归众变于人情"，按牟宗三先生所说，此一"情"字非是儒家礼乐之情，而是人性自然之情，这当然与他的"心—声异轨论"的哲学有关。

一般而言，魏晋时期有所谓"自然主义"③，其实，也不妨说有自然人性论，无论是哲学家王弼，还是音乐家嵇康，都是服膺道家思想的，此一时期士人借老、庄之魂回到先秦就已经肇端的自然人性论思想来反对礼乐，就不奇怪了，其关键是确立情、欲的合理性。这已经为后世的礼乐思想转化埋下了伏笔。

宋明时期的儒学以理学面世，主要探讨理欲、心性、天命、知行等话题。分为两个时段：理学和心学，理学以程、朱为代表，心学以陆、王为代表。这一时期的礼学开始走向理学化，礼即天理，被认为是一种抽象的普遍道德原则，具有本体论的高

---

① 蔡仲德注译：《中国音乐美学史资料注译》，人民音乐出版社2004年版，第446—484页。
② 参见牟宗三《才性与玄理》，广西师范大学出版社2006年版，第309页。
③ 容肇祖：《魏晋的自然主义》，商务印书馆1935年版。

度,其中的名物度数以及情感内涵被怀疑和抽空,与人们现实生活中活泼泼的生命情感逐渐疏离,成为形式化的教条。天理、人欲绝对对立,已然远离先秦两汉时期"礼以情为本""缘人情而制礼"的宗旨。

朱熹说:

> 礼谓之"天理之节文"者,盖天下皆有当然之理。今复礼,便是天理。但此理无形无影,故作此礼文,画出一个天理与人看,教有规矩可以凭据,故谓之"天理之节文"。[①]

朱熹以天理释礼,是这一历史时期的重大哲学问题。朱子认为,礼是天下事物当然之则,更是天理在人间社会人事中的秩序显现,并进一步发展为天理,使天理、人欲对立,人欲成了打击的对象,完全违背"缘情制礼"的本质,礼缺少了活泼泼的人情而成了形式和教条。

朱熹还说:

> 仁义礼智,性也;恻隐、羞恶、辞让、是非,情也;以仁爱,以义恶,以礼让,以智知者,心也。性者心之理也,情者心之用也,心者性情之主也。[②]

这里提到了情感的道德属性问题以及性、情、心的关系问题,在他看来,仁义礼智之性和恻隐、羞恶、辞让、是非之情都统一于心。在朱熹这里,情已经转向人的内在世界,它统一于心,而有一抽象道德本体。一方面,这一思想排斥人情欲望,视人情欲望为天敌,要求"革尽人欲,复尽天理",同时"礼"被抽象成为一个具有神学意味的、抽象的东西。另一方面,由于朱子理学强调心即理,心为主宰,性、情、欲无不归于心,故又造成礼乐思想的向内转,所谓"礼乐者,人心之妙用也",强调人的道德自觉,而非遵循外在规范。此一观点是大不同于两汉时期的"礼乐外内"的政教雅颂传统的,而其根本原因,则是由天人哲学向心性哲学的转变。

[①] (宋)黎靖德编:《朱子语类》卷四十二,中华书局1986年版,第1079页。
[②] (宋)黎靖德编:《朱子语类》卷九十八,中华书局1986年版,第1285—1286页。

在心学一系思想家里，真正对礼乐思想发表重要观点的是杨简。杨简是陆九渊的大弟子，史称慈湖先生，有《慈湖遗书》传世，其中论乐文字被当代学者拟为《慈湖乐记》。杨简之论礼乐的观点，一是"礼乐无二道"，因此也就无所谓礼乐外内；二是否定"物感心动说"，强调动静是一，感与未感是一；三是认为礼乐实即人心自有，非由外铄。礼别异，乐敦和，这样一些古来的思想，在杨简这里都被否定了。同为南宋思想家的真德秀论礼乐，却还是非常传统的观点，与杨简不同。[①] 真正注意到杨简礼乐思想的是罗艺峰先生，并讨论了其观点的思想史意义，有重要学术价值[②]，从另一个方向启发了我们对礼乐及其思想的认识。

继而我们可以关注明清时期。陆、王心学发展到王阳明及其后学，对知行、良知、情欲等问题做了历史性的突围。王阳明说：

> 七情顺其自然之流行，皆是良知之用，不可分别善恶，但不可有所著，七情有著，俱谓之欲，俱为良知之蔽。[③]

这里已经透露出王阳明对人的自然情感的肯定以及对欲的否定，在他这里，情和欲也是对立的。阳明后学中有人对情欲加以提倡或许与此有关。阳明后学有几个分支：人文主义思想，以李贽为代表；早期民主思想，以何心隐为代表；科学知性精神，以徐光启为代表。这其中都孕育了新的思想观念，尤其表明了由天理向人欲的转变，其中，李贽的人文主义与本书的论旨相关，透露着新的思想倾向，即对人性中的自然情欲的肯定。王畿的理论中突出了自然人性的成分，随后以王艮为代表的泰州学派更是凸显了自然人性的理论。他们对自然人性的价值给予充分肯定，追求真情流露，张扬主体精神，人的自然情欲、真情真性进入话语中心。

李贽追求童心，提倡做真人，其思想可归结为真与自然，所谓"绝假纯真"，在思想史上影响很大。他认为所谓真道学应该是自然之性，非学而能，如同儿童的"最

---

① 参见蔡仲德《中国音乐美学史》（修订版），人民音乐出版社2003年版，第698页。
② 参见罗艺峰《从天人秩序到内在道德自觉：礼乐关系的思想史意义》，《交响（西安音乐学院学报）》2015年第3期。
③ 《王阳明全集》卷三，上海古籍出版社1992年版，第111页。

初一念之本心",文艺应该"以自然之为美"。关于礼乐,其思想更具颠覆性和革命性,其《梵书·四勿说》:

> 由中而出者谓之礼,从外入者谓之非礼。从天降者谓之礼,从人得者谓之非礼。由不学、不虑、不思、不勉、不识、不知者谓之礼,由耳目闻见、心思测度、前言往行、仿佛比拟而致者谓之非礼。①

这真是惊世骇俗的言论!所有的人为伪诈、外来规范,都被彻底否定了!儒家圣人言、圣人礼、圣王乐,无一不被彻底打翻,而只存真人、真心、真情,所谓"发乎情,止乎礼义"的说教,被李贽"发乎性情,由乎自然"的思想所批判。礼是发乎性情,由乎自然,乐也是发乎性情,由乎自然。如此,则传统礼乐便不能不被怀疑和批判。

明代曲家如汤显祖、冯梦龙等人的情论都是这一思潮的延续,俗乐的大兴、情论的高扬,使明代的礼乐思想带有浓厚的重情意味。如蔡仲德先生所指出的,他们主张自由抒情,反对"以理相格",号召"借男女之真情,发名教之伪药","向传统礼乐思想发起挑战"。②在这个时代大潮里,礼情被俗情所代替,伪情被真情所批评,乃至有学者指出当时甚至有滥情的现象。③总之,以上所论的儒者对人的自然情欲的张扬在中国思想史上书写了富于独创的、光辉的一页。如向上追寻,李贽等人的情感论既可远接《郭店楚简》的"礼生于情""道生于情",也可联系道家音乐思想如庄子的"法天贵真",反映出他们之间有着内在的历史发展脉络。这一重情肆欲的思潮又怀疑和破坏了礼乐的合理性,反映了礼情关系的变化。在中国历史上,礼乐与情的关系论显然呈现动态的发展过程而表现为不同的思想内涵,经历了一个复杂丰富的思想历程,这些现象都与当时的哲学思潮有关联,也与中国传统里丰富的情论思想有关。

进入清代,儒者对天理观念下的礼乐与情的关系进行反思与重建,也对晚明以来的主情思潮给予一定的继承。虽然清代谈情的有王夫之、黄宗羲、江永等人,但较为

---

① (明)李贽:《梵书·四勿说》,载《李贽文集》第一册,北京燕山出版社 1998 年版,第 95 页。
② 蔡仲德:《中国音乐美学史》(修订版),人民音乐出版社 2003 年版,第 736 页。
③ 参见李明辉《四端与七情:关于道德情感的比较哲学探讨》,华东师范大学出版社 2008 年版,第 110 页。

突出并形成体系的是戴震的情论。戴震认为情是礼乐的本质,"礼者,治天下之情",并且理的存在也应是为了情的满足,所谓"情之不爽失为理",努力使情与理达至平衡。他在《孟子字义疏证》中对与礼乐有密切关系的情、性、心、理、欲等进行阐述,提出了"以情絜情"的命题,在中国思想史上意义重大。

戴震从自然人性论的角度来论述"情"。更值得我们今天注意的是,他论情、欲问题往往与《乐记》相联系,表达了自己的思想:

> 人生而后有欲,有情,有知,三者,血气心知之自然也。①

戴震在此非常明确地肯定了人性的自然本质。他引用《乐记》"夫民有血气心知之性,而无哀乐喜怒之常;应感起物而动,然后心术形焉"来谈性、情、欲的关系问题:

> 凡有血气心知,于是乎有欲,性之征于欲,声色臭味而爱畏分;既有欲矣,于是乎有情,性之征于情,喜怒哀乐而惨舒分;既有欲有情矣,于是乎有巧与智,性之征于巧智,美恶是非而好恶分。②

戴震认为人先有欲,然后有情,有情有欲然后有知,情和欲在戴震的观念中常常是连用的,对其给予充分的肯定。

戴震的情欲思想与其礼乐思想有关,一般而言,关于戴震的礼乐研究从名物典章制度的礼制考据角度探究的较多,而从礼义的内在哲学层面探讨的较少,而这恰恰是戴震整体思想中的重要部分,其礼义探讨与性、情、欲的辨析密切相关。此不赘述,容后文详论。

以上对情与礼乐在历史上的关系进行了粗略的梳理,以期理清其大致脉络和历史演进轨迹。可以看出,戴震的情论思想远接战国《郭店楚简》的思想,他们的思想深层都表明对人的感性生命的合理性的认识。

---

① (清)戴震:《戴震集·孟子字义疏证》,上海古籍出版社2009年版,第308页。
② (清)戴震:《戴震集·原善上》,上海古籍出版社2009年版,第333页。

二、礼乐思想诉求——反思理学、达情遂欲

随着清代学者对理学的反思,以及对情礼关系讨论的深入,清代学者对情礼关系的认识、对情内涵的理解同时引发了对相关问题如理欲、情理、理礼、礼乐等关系的探讨。

戴震的思想是在批判理学谬误的基础上展开的,他认为理学压制人性,理学认为"饿死事小、失节事大"(程颐),进而提倡"存天理,灭人欲"(朱熹),与传统儒家的"节欲"而非灭欲的观点相偏离(《礼记·礼运》:"饮食男女,人之大欲存焉。"),戴震对理学家主张"灭人欲"的观点进行了有力的批判,其"酷吏以法杀人,后儒以理杀人"的呼喊,激烈程度,史无第二人。戴震主张打破其弊端,通过挖掘古代的思想资源来建立自己的思想体系。在阐述的过程中,他对理—欲关系进行了辨析,对理—情关系进行了解读,之所以选取戴震谈论的理欲、理情等问题来论述,是因为它们与《乐记》中的许多观点有关联,如涉及心物、动静、情欲、理欲等问题。戴震是通过理—欲、理—情这几对关系的论述来凸显自己的礼乐主张的。需要说明的是,以下虽然从这两个方面进行分析,但并不代表它们之间没有关联,甚至它们的关系是很密切的,只是为了分析的方便而已。

(一)理、欲之辨——"理存乎欲,理欲一体"

理、欲问题是儒家思想中的重要问题,在几千年的历史发展中表现出不同的内涵。先秦时期两者并未合论,《礼记·乐记》提到"灭天理,穷人欲"问题,到了宋代"理欲之辨"发展到一个极致,使理、欲对立起来,主张理、欲二元。

宋明理学家认为"理"是宇宙万物的本源和人类社会的行为准则,也是人们应该遵循的道德规范。人们不可违背,只能屈从、膜拜。这种具有哲学高度的"存天理,灭人欲"命题,在之后几百年的历史发展中,成为官方的思想主张,对加强和维护封建统治起到了积极的作用。但是宋儒的这种认识在明清之际及清中叶便逐渐发生了转折。

戴震在其《孟子字义疏证》中探讨了理欲的关系问题。戴震对《孟子》进行重新解释,对理、欲、性、天道、仁、义、礼、智等哲学范畴进行了新的阐发。戴震是

在批判宋明理学"存天理，灭人欲"的基础上来阐释理、欲内涵及其关系的，他的论述直接以宋儒为论敌，往往以"自宋以来"为问句，进而从原始儒家如孔子、孟子、《易经》《中庸》，以及《乐记》《说文解字》等当中来寻找思想资源。从文字训诂考证的角度，以朴学方法对《孟子》中的"理""欲""心""情""性"等与礼乐思想有密切关系的诸多字义进行考证疏解，从而得出自己的认识。该书的写作方法亦有新意，颇似嵇康《声无哀乐论》的问答体，在反复辩难中把自己的观点表达得非常清晰。

1. 引《乐记》论"理、欲"

"理"。古人所谓的"理"含分理、文理、条理、伦理（亲疏、贵贱、长幼、男女之理）等意义，内涵都是非常具体的。"理"，本训为治玉，治玉必循玉之条例而治之，所以"理"又训为文理、条理，事物的条理、自然的分理，引申为物质本身的纹路，或事物的规律。戴震说："理者，察之而几微必区以别之名也，是故谓之分理；在物之质，曰肌理，曰腠理，曰文理；得其分则有条而不紊，谓之条理。"[①] 他认为理是事物的条理、规律，可以使事物分而区别开来，引申为各种事物存在的规律和法则，也认识到理是不能脱离具体事物而存在的，主张理在事物之中。

"欲"。东汉许慎在《说文解字》中解释说："欲，贪欲也。"（段玉裁《说文解字注》认为后一"欲"字衍）泛指人的一切生理和物质欲望，有"饮食男女"之说。《礼记·礼运》说："饮食男女，人之大欲存焉；死亡贫苦，人之大恶存焉。故欲恶者，心之大端也。"[②] 这是对于人之自然欲望的充分重视，但是程朱理学将天理和人之情欲的关系推向极致，强调、限制甚至压抑人之情欲，以凸显社会规范的地位。戴震对"欲"的内涵进行还原，认为"欲"是血气心知之自然，人生而"有欲、有情、有知"，是作为"人之为人"的基础，是人性之使然，进而戴震主张人的自然情欲应得到合理的满足，而不能"存理灭欲"。

在辨明了理、欲的原义之后，戴震对理与欲的关系发表了自己的看法。他引用《乐记·乐本》篇来说明动静和理欲的关系，他说：

问：古人之言天理，何谓也？

[①] （清）戴震：《戴震集·孟子字义疏证》，上海古籍出版社2009年版，第265页。
[②] 蔡仲德注译：《中国音乐美学史资料注译》，人民音乐出版社2004年版，第363页。

曰：理也者，情之不爽失也，未有情不得而理得者也。凡有所施于人，反躬而静思之："人以此施于我，能受之乎？"凡有所责于人，反躬而静思之："人以此责于我，能尽之乎？"以我絜之人，则理明。天理云者，言乎自然之分理也；自然之分理，以我之情絜人之情，而无不得其平是也。《乐记》曰："人生而静，天之性也；感于物而动。性之欲也。物至知知，然后好恶形焉。好恶无节于内，知诱于外，不能反躬，天理灭矣。"灭者，灭没不见也。又曰："夫物之感人无穷，而人之好恶无节，则是物至而人化物也。人化物也者，灭天理而穷人欲者也，于是有悖逆诈伪之心，有淫佚作乱之事。是故强者胁弱，众者暴寡，知者诈愚，勇者苦怯，疾病不养，老幼孤独不得其所。此大乱之道也。"诚以弱、寡、愚、怯与夫疾病、老幼、孤独，反躬而思其情，人岂异于我。盖方其静也，未感于物，其血气心知，湛然无有失，故曰"天之性"。及其感而动，则欲出于性。一人之欲，天下人之之同欲也，故曰"性之欲"。好恶既形，遂己之好恶，忘人之好恶，往往贼人以逞欲。反躬者，以人之逞其欲，思身受之之情也。情得其平，是为好恶之节，是为依乎天理。古人所谓天理，未有如后儒之所谓天理者矣。①

这里所引《乐记》中的天理指的是人的本性，也就是"天之性"（有道德属性的天赋善性），人性当中具有静的本性和动的欲望，动的欲望产生好恶，好恶不节制的话就会"灭天理而穷人欲"，就会有"悖逆诈伪、淫泆作乱"的事情发生，甚至出现"强者胁弱，众者暴寡，知者诈愚，勇者苦怯，疾病不养，老幼孤独不得其所"②等现象。古人意识到这些问题，所以就要制礼作乐对欲望进行节制，以返回到人的天赋善性。《乐记》这里并未提出灭人欲的说法，只是反对人的物化，勿使外物所奴役，与宋明"存天理，灭人欲"截然不同。对此，戴震是认同《乐记》的观点的。

引申来讲，原始儒家不否认人的七情六欲，情和欲望不是被排斥的，他们承认人有欲望，承认情不可免，这是正常的自然现象，不能否认、不可改变。关键是动静会影响到人心，人心要靠礼乐来化成。而乐是"天地之命，中和之纪"，是人情所不能

---

① （清）戴震：《戴震集·孟子字义疏证》，上海古籍出版社2009年版，第265—266页。
② 蔡仲德注译：《中国音乐美学史资料注译》，人民音乐出版社2004年版，第279页。

免的，是要遵循而不能违背的。要使欲望不受外物引诱，应"反躬"以保存"天理"，而不应"灭天理，穷人欲"，欲可节而不可灭，认为应节制内心，节制人的社会行为（包括礼仪行为、音乐行为等），所以戴震已经充分认识到古人的思想意图了。由此可见，古人是很关注人的生存和存在问题的，对于人性，古人站在客观立场、世俗立场承认之，完全尊重人在社会现实中的存在；同时也提出要求，即《乐记》认为人应"平好恶"、节人欲，那么，要靠什么来节制人欲呢？戴震没有引用下文，实则《乐记》后文继续说道：

> 是故先王之制礼乐，人为之节：衰麻哭泣，所以节丧纪也；钟、鼓、干、戚，所以和安乐也；昏姻冠笄，所以别男女也；射乡食飨，所以正交接也。礼节民心，乐和民声，政以行之，刑以防之。礼、乐、刑、政四达而不悖，则王道备矣。①

这里已经触及对制礼作乐的必要性的阐释了，可见，制礼作乐的目的是使"王道备"。人的欲望、好恶须靠礼乐来节制、调和。那么，礼乐节欲、礼乐教化人何以可能呢？其机理何在？因为乐与人情有着天然的契合点，一方面情欲通过乐的触发而外显，另一方面中和的乐对情欲进行安顿，这里就牵涉"情动于中""礼生于情""乐与情通"等问题。人皆有性，其存于内，经外物感触而发为情。故情由心发出，音乐的产生就是由于外物所感，《乐记·乐本》篇言：

> 凡音之起，由人心生也。……感于物而动，故形于声。声相应，故生变，变成方，谓之音，比音而乐之，及干、戚、羽、旄，谓之乐。又言："夫乐者乐也，人情之所不能免也。乐必发于声音，形于动静，人之道也。"②

可见，音乐与人的内心情感有着密切的关联，关于这一问题，后文"理、情之辨"还将涉及，此不详赘。

---

① 蔡仲德注译：《中国音乐美学史资料注译》，人民音乐出版社 2004 年版，第 279 页。
② 蔡仲德注译：《中国音乐美学史资料注译》，人民音乐出版社 2004 年版，第 270 页。

总之，这里凸显了戴震的两点认识：一是从自然人性论角度承认人的自然情感欲望的存在，而不能压抑；二是对自然欲望要用礼乐来引导、节制，使之不至于偏失。戴震切近原始儒家的情欲理念，凸显了儒家重情的人性论思想，这是从人性论角度切入，从伦理学角度谈问题的，属于儒家的心性之学。相较而言，理学的理、欲二分显得简单绝对了，且不符合尊重人的个性自由的要求。

戴震还从欲的程度及范围上来剖析理欲关系。他引用《乐记》及《孟子》的话进行阐释：

> 问：《乐记》言灭天理而穷人欲，其言有似于以理欲为邪正之别，何也？
> 曰：性，譬则水也；欲，譬则水之流也。节而不过，则为依乎天理，为相生养之道，譬则水由地中行也；穷人欲而至于有悖逆诈伪之心，有淫逸作乱之事，譬则洪水横流，泛滥于中国也。圣人教之反躬，以己之加于人，设人如是加于己，而思躬受之情，譬则禹之行水，行其所无事，非恶泛滥而塞其流也。恶泛滥而塞其流，其立说之工者且直绝其源，是遏欲无欲之喻也。"口之于味也，目之于色也，耳之于声也，鼻之于臭也，四肢之于安佚也"，此后儒视为人欲之私者，而《孟子》曰"性也"，继之曰"有命焉"。命者，限制之名，如命之东则不得而西，言性之欲之不可无节也。节而不过，则依乎天理；非以天理为正、人欲为邪也。天理者，节其欲而不穷人欲也。是故欲不可穷，非不可有；有而节之，使无过情，无不及情，可谓之非天理乎！[①]

意思是说，人的嘴巴喜欢甘甜美味的食物，眼睛喜好美好的容色，耳朵喜好动听的音乐，鼻子喜好芳香的气味……这些都出于人的自然本性，作为人的正常欲望，即孟子所说"性也"，而宋儒认为这些是"人欲之私"。戴震强烈地批判了宋儒的观点，他认为能使情欲保持在无过无不及的状态就为理，能使欲保持"中节""无私"就是"理"，做到"无私"，人的欲望就是合理的，就是符合仁义、礼的要求的。认为理与情是一致的，没有能够离开情的理，理本在情中。如不能做到"无私"，出现的后果

---

① （清）戴震：《戴震集·孟子字义疏证》，上海古籍出版社2009年版，第275—276页。

将会是:"欲之失为私,私则贪邪随之矣;情之失为偏,偏则乖戾随之矣;知之失为蔽,蔽则差谬随之矣。"① 若能不以一己之私为欲而做到无私又遂欲,那便是仁了。戴震说:

> 无私,仁也;不蔽,智也;非绝情欲以为仁,去心知以为智也。是故圣贤之道,无私而非无欲;老、庄、释氏,无欲而非无私……②

这真是对千年来儒家思想的深刻分析,正所谓"一字千金",也是近人之所以将戴震看作程朱以后最重要的思想家的原因吧!宋儒将情欲与仁对立起来了,与仁对立的应该是私,私才是应该去除的,所谓"无私而非无欲"。情欲属于人的自然本性,是允许有的,宋儒的许多言论一定程度上否定了人的感性存在。戴震进一步论证人欲存在的合理性:

> 喜怒哀乐之情、声色臭味之欲、是非美恶之知,皆根于性而原于天。③

性指人的本性本能,天指自然,认为欲是人的本性,出于自然(天),其存在是合理的。

戴震认为,欲是人类生存及发展的基础,是人的本质属性,人生而包括情、欲、知,因为人有生命,有生命就会有欲望,"有是身,故有声色臭味之欲",作为一个人是不可能没有情欲的,从而肯定人欲反对灭欲。理是欲本身的理则和调节机制,包括仁、义、礼;理出于欲,并用以完善欲,二者是自然与必然的关系。

在戴震看来,欲是自然,理是必然,欲是事物,理是理则。他说:"欲,其物;理,其则也""欲者,血气之自然""由血气之自然,而审察之以知其必然,是之为理义;自然之与必然,非二事也。……"④ 可以看出,欲乃是人之为人的生理本能,是再

---

① (清)戴震:《戴震集·孟子字义疏证》,上海古籍出版社2009年版,第309页。
② (清)戴震:《戴震集·孟子字义疏证》,上海古籍出版社2009年版,第323页。
③ (清)戴震:《戴震集·绪言上》,上海古籍出版社2009年版,第371页。
④ (清)戴震:《戴震集·孟子字义疏证》,上海古籍出版社2009年版,第273、285页。

自然不过的事情，理是欲望的规则和必然。他还说：

> 人伦日用，其物也；曰仁，曰义，曰礼，其则也。①
> 循理者非别有一事，曰"此之为理"，与饮食男女之发乎情欲者分而为二也，即饮食男女，其行之而是为循理，行之而非为悖理而已矣。②

可见理、欲是不可分割的，饮食男女、人伦日用都属于"欲"，理是饮食男女、人伦日用行事过程中的法则、规律。仁义礼智存在于饮食男女和人伦日用之中，也就是理存欲中，戴震将理、欲融为一处了。实则，戴震的关注点在于是否理义（礼义）与饮食男女之情欲相割裂，他绝不赞成理义单独抽离而凌驾于人伦日用之上，认同人是整体的存在而不容分割。

通过以上梳理，我们可以得出戴震的理欲观念了，"理者存乎欲者也"③，即理存乎欲、理欲一体。

2. 论宋儒理欲观

戴震在阐述自己的理欲思想的同时，对宋明理学的弊端进行了猛烈的揭露和抨击：

> 于是辨乎理欲之分，谓"不出于理则出于欲，不出于欲则出于理"，虽视人之饥寒号呼，男女哀怨，以至垂死冀生，无非人欲，空指一绝情欲之感者为天理之本然，存之于心。……不幸而事情未明，执其意见，方自信天理非人欲，而小之一人受其祸，大之天下国家受其祸，徒以不出于欲，遂莫之或寤也。……"不出于欲则出于理"者，未有不以意见为理而祸天下者也。人之患，有私有蔽；私出于情欲，蔽出于心知。无私，仁也；不蔽，智也；非绝情欲以为仁，去心知以为智也。是故圣贤之道，无私而非无欲；老、庄、释氏，无欲而非无私；彼以无欲成其自私者也；此以无私通天下之情，遂天下之欲者也。……人伦日用，圣人

---

① （清）戴震：《戴震集·孟子字义疏证》，上海古籍出版社2009年版，第315页。
② （清）戴震撰，张岱年主编：《戴震全书》第6册，黄山书社1995年版，第134页。
③ （清）戴震：《戴震集·孟子字义疏证》，上海古籍出版社2009年版，第273页。

以通天下之情，遂天下之欲，权之而分理不爽，是谓理。①

首先，戴震对宋儒的弊端进行了揭露；其次，他提出自己的看法。由于宋明理学存理灭欲、理欲二分，所以有"人之饥寒号呼，男女哀怨，以至垂死冀生"现象产生，结果是"小之一人受其祸，大之天下国家受其祸"。他反对理学家"以意见为例"，将"欲"和"私""邪"等同，戴震说：

是故圣贤之道，无私而非无欲；老、庄、释氏，无欲而非无私；彼以无欲成其自私者也；此以无私通天下之情，遂天下之欲者也。

戴震认为，圣贤之道无私而非无欲，圣人之道是承认欲望的存在的，而理就是"人伦日用，圣人以通天下之情，遂天下之欲"。戴震思想中的理包括自然界、人类社会一切事物的理，主要是人类社会的道德准则，就是仁义礼智，这些是从实际生活即君臣、父子、朋友、兄弟、夫妇等人伦日用中产生的。如他所说：

古圣贤所谓仁义礼智，不求于所谓欲之外，不离乎血气心知，而后儒……由杂乎老、庄、释氏之言，终昧于六经、孔、孟之言故也。
理者存于欲者也。
无欲无为，又焉有理。②

意思是说，在人欲中来求仁义礼智。通过"以学行事，以情絜情"来求得，而具体学什么，情与情的关系怎样，戴震并未明确指出，以我们的经验，当是学习礼乐。清人俞正燮说："所谓学道、弦歌，虞命教胄子，止属典乐。周成均之教，大司成、小司成、乐胥皆主乐。《周官》大司乐、乐师、大胥、小胥皆主学。古人学有师，师名出于学。……通检三代以上书，乐之外，无所谓学。"③ 亦如凌廷堪在其复礼中提到

---

① （清）戴震：《戴震集·孟子字义疏证》，上海古籍出版社 2009 年版，第 323 页。
② （清）戴震：《戴震集·孟子字义疏证》，上海古籍出版社 2009 年版，第 296、273 页。
③ （清）俞正燮：《癸巳存稿·君子小人学道是弦歌义》，辽宁教育出版社 2003 年版，第 365 页。

的学习，其学习内容是无所不包的，"举凡经史子集、天文、历算、金石、舆地、乐律，皆涵盖在内"①。

戴震进一步指出理学的弊端，同时提出求理路径：

> 天下必无舍生养之道而得存者，凡事为皆有于欲，无欲则无为矣；有欲而后有为，有为而归于至当不可易之谓理；无欲无为又焉有理！老、庄、释氏主于无欲无为，故不言理；圣人务在有欲有为之咸得理。……君子使欲出于正，不出于邪，不必无饥寒愁怨、饮食男女、常情隐曲之感，于是谗说诬辞，反得刻议君子而罪之，此理欲之辨使君子无完行者，为祸如是也。以无欲然后君子，而小人之为小人也，依然行其贪邪；独执此以为君子者，谓"不出于理则出于欲，不出于欲则出于理"，其言理也，"如有物焉，得于天而具于心"，于是未有不以意见为理之君子；……此理欲之辨，适成忍而残杀之具，为祸又如是也。……今既截然分理欲为二，治己以不出于欲为理，治人亦必以不出于欲为理，举凡民之饥寒愁怨、饮食男女、常情隐曲之感；咸视为人欲之甚轻者矣。……古之言理也，就人之情欲求之，使之无疵之为理；今之言理也，离人之情欲求之，使之忍而不顾之为理。此理欲之辨，适以穷天下之人尽转移为欺伪之人，为祸何可胜言也哉！其所谓欲，乃帝王之所尽心于民；其所谓理，非古圣贤之所谓理；盖杂乎老、释之言以为言，是以弊必至此也。②

普天之下，有欲才能有为，圣人、君子有欲有为才称之为理，若离开人的情欲去空求"理"，置人们的"饥寒愁怨、饮食男女、常情隐曲之感"于不顾，则是残忍的，"成忍而残杀之具"而祸害无穷。古人言理都是在人的情欲当中求得的，"圣人治天下，体民之情，遂民之欲，而王道备"③。存理灭欲是与圣人之言背道而驰的，戴震认为宋儒舍情言理，是受到老、释之言的影响，所谓"杂乎老释之言以为言"。戴震的下面两段话可谓对理学的终极批判，入木三分，响彻历史的天空：

---

① 张寿安：《以礼代理——凌廷堪与清中叶儒学思想之转变》，河北教育出版社2001年版，第59页。
② （清）戴震：《戴震集·孟子字义疏证》，上海古籍出版社2009年版，第328页。
③ （清）戴震：《戴震集·孟子字义疏证》，上海古籍出版社2009年版，第275页。

尊者以理责卑，长者以理责幼，贵者以理责贱，虽失，谓之顺；卑者、幼者、贱者以理争之，虽得，谓之逆。……上以理责其下，而在下之罪，人人不胜指数。人死于法，犹有怜之者；死于理，其谁怜之？①

其所谓理者，同于酷吏之所谓法。酷吏以法杀人，后儒以理杀人，浸浸乎舍法而论理死矣，更无可救矣！②

宋儒用天理克制人欲，实际上是充当封建统治者的"忍而残杀之具"。在这里，"理"比酷吏的法律还残酷，是杀人不眨眼的"软刀子"，李泽厚也说："宋明理学以天理代礼，此即天理人欲论，极度轻视、贬低了与'欲'相联的情爱，即'仁'的基本真核。"③戴震的言论是为人民群众争取基本的生存权利，有积极的人道意义。这里戴震将宋儒的思想弊端暴露无遗，戴震此言是以情欲为基础的自然人性论，意义重大。

总之，戴震以疏证古代经典的方式，将天理人欲的内涵及其关系重新进行了梳理，以先秦两汉时期的经典作为武器和资源，打破了"天理"的神圣性、神秘性，对匡正时弊有积极意义。宋儒为维护封建统治秩序，压制人们的正常欲望，将主观意见当作天理。戴震反对宋儒的"存天理，灭人欲"主张，指出"天理"就是天然的、自然而然的道理，将其拉回到充满温情的人间。戴震认为"天理"本身就是人欲的合乎情理者，理不应成为欲的裁定者，而应以人的情欲为出发点，理的存在是为了满足人们物质生活的欲望的，理是对人的情感欲望进行导引、协调的准则。他主张"理者，存乎欲者也"。戴震提出"欲之失为私"，不主张"无欲""遏欲"，而主张去私、节欲。所谓"节其欲而不穷人欲也。是故欲不可穷，非不可有；有而节之，使无过情，无不及情，可谓之非天理乎！"④，一方面戴震从自然人性论立场肯定人的物质欲求，另一方面对过度的欲求要进行导引、节制，也就是说人欲的正确处理和欲望的适当满足就

---

① （清）戴震：《戴震集·孟子字义疏证》，上海古籍出版社 2009 年版，第 275 页。
② （清）戴震：《戴震集·与某书》，上海古籍出版社 2009 年版，第 188 页。
③ 李泽厚：《论语今读》，生活·读书·新知三联书店 2004 年版，第 189 页。
④ （清）戴震：《戴震集·孟子字义疏证》，上海古籍出版社 2009 年版，第 276 页。

是天理。如果不能处理好理欲的合理平衡关系,就会出现社会混乱。因此,戴震对"理"的解说,目的也在于对理欲对立说的批判和反拨,以与理学家的理欲观划清界限,而使欲获得一个应有的地位。可以看出,戴震的礼乐思想和先秦儒家正统思想保持了一致。

支撑戴震理欲观的是他对自然人性的认识,他说:

> 人之血气心知,原于天地之化者也。有血气,则所资以养其血气者,声、色、臭、味是也。有心知,则知有父子,有昆弟,有夫妇……于是又知有君臣,有朋友;五者之伦,相亲相治,则随感而应为喜、怒、哀、乐。合声、色、臭、味之欲,喜、怒、哀、乐之情,而人道备。①

> 人生而后有欲,有情,有知,三者,血气心知之自然也。给于欲者,声色臭味也,而因有爱畏;发乎情者,喜怒哀乐也,而因有惨舒;辨于知者,美丑是非也,而因有好恶。声色臭味之欲,资以养其生;喜怒哀乐之情,感而接于物;美丑是非之知,极而通于天地鬼神。声色臭味之爱畏以分,五行生克为之也;喜怒哀乐之惨舒以分,时遇顺逆为之也;美丑是非之好恶以分,志虑从违为之也;是皆成性然也。有是身,故有声色臭味之欲;有是身,而君臣、父子、夫妇、昆弟、朋友之伦具,故有喜怒哀乐之情。惟有欲有情而又有知,然后欲得遂也,情得达也。天下之事,使欲之得遂,情之得达,斯已矣。②

以上论述表明两点意思:一是戴震对人性有着深刻的认识,赞成人有情有欲是人性之自然现象,有声色臭味的欲望,有喜怒哀乐的情感,"欲得遂""情得达",都是自然而然的事情。二是这些喜怒哀乐、声色臭味和五伦之具都和礼乐密切相关,凸显了礼乐的重要性。

(二) 引《乐记》论情、礼

戴震对宋明理学进行了反拨,认为宋明理学受到了佛、道尤其是禅学的影响,显

---

① (清)戴震:《戴震集·孟子字义疏证》,上海古籍出版社2009年版,第305页。
② (清)戴震:《戴震集·孟子字义疏证》,上海古籍出版社2009年版,第308—309页。

得虚空缥缈，不可捉摸。理只是理学家"得于天具于心"的主观建构，而戴震认为理并非在人心中，乃存在于客观的天地事物当中，认为理具有普遍性，其标准就是"情"，"情"成了求得天下公理的准则。中国儒家也从来不绝情，钱穆言："儒家论人生，主张节欲寡欲以至于无欲。但绝不许人寡情、绝情、乃至于无情。"① 李泽厚认为："内心情感（仁）是外在体制（礼）的基础。"② 礼（理）如果没有活泼泼的鲜活的感性情感，那么也就成了冷冰冰的外壳或森严律令。

戴震在其《孟子字义疏证》中谈到了礼与情的关系问题，他说：

> 礼者，天地之条理也，言乎条理之极，非知天不足以尽之。即仪文度数，亦圣人见于天地之条理，定之以为天下万世法。礼之设所以治天下之情，或裁其过，或勉其不及，俾知天地之中而已矣。至于人情之漓，犹饰于貌，非因饰貌而情漓也，其人情渐漓而徒以饰貌为礼也，非恶其饰貌，恶其情漓耳。礼以治其俭陋，使化于文；丧以治其哀戚，使远于直情而径行。情漓者驰骛于奢与易，不若俭戚之于礼，虽不足，犹近乎制礼所起也，故以答林放问礼之本。……至若老氏，因俗失而欲并礼去之，意在还淳反朴，究之不能必天下尽归淳朴，其生而淳朴者，直情径行；流于恶薄者，肆行无忌，是同人于禽兽，率天下而乱者也。君子行礼，其为忠信之人固不待言；而不知礼，则事事爽其条理，不足以为君子。③

戴震认为礼就是天地之条理，其可以作为天下万世法，目的是治天下之情，使其达于合理的状态。

针对程朱用天理阻遏人欲、以理夺情的情况，戴震提出了"以情絜情"的命题。"情"包括人的感情、欲望以及社会上一切有关人伦日用的实际生活情况，当然也包括音乐之情，它是主体性的、鲜活的、自然而然的流露。戴震在论述情理关系时说：

> 理也者，情之不爽失也；未有情不得而理得者也。……天理云者，言乎自然

---

① 钱穆：《孔子与论语》，联经出版事业公司 1974 年版，第 198 页。
② 李泽厚：《论语今读》，生活·读书·新知三联书店 2004 年版，第 85 页。
③ （清）戴震：《戴震集·孟子字义疏证》，上海古籍出版社 2009 年版，第 318 页。

之分理也;自然之分理,以我之情絜人之情,而无不得其平是也。……①

古之言理也,就人之情欲求之,使之无疵之为理;今之言理也,离人之情欲求之,使之忍而不顾之为理。②

所谓"以我之情絜人之情"的"絜"字,作为动词有清洁、束缚、修正、要求等含义,即自己的情与他人的情要可通约,可理解,可平等。同时,他又强调理与情的关系为"无过情无不及情之谓理",也就是所谓"当与不当"的标准,必须是纤微无憾才合理。在他看来,情外无理,理在情中。这些都说明戴震对情的深刻认识和重视。我们从戴震《孟子字义疏证》中的一问可以看出戴震对情理关系的认识:

问:宋以来儒书之言,以理为"如有物焉,得于天而具于心";今释孟子,乃曰"一人以为然,天下万世皆曰是不可易也,此之谓同然","是心之明,能于事情不爽失,使无过情无不及情之谓理",非"如有物焉具于心"矣。又以"未至于同然,存乎其人之意见,不可谓之理义"。在孟子言"圣人先得我心之同然",固未尝轻以许人,是圣人始能得理。然人莫不有家,进而国事,进而天下,岂待圣智而后行事欤?

曰:《六经》、孔、孟之言以及传记群籍,理字不多见。今虽至愚之人,悖戾恣睢,其处断一事,责诘一人,莫不辄曰理者,自宋以来,始相习成俗,则以理为"如有物焉,得于天而具于心",因以心之意见当之也。于是负其气,挟其势位,加以口给者,理伸;力弱气慑,口不能道辞者,理屈。呜呼!其孰谓以此制事,以此制人之非理哉!即其人廉洁自持,心无私慝,而至于处断一事,责诘一人,凭在己之意见,是其所是而非其所非,方自信严气正性,嫉恶如仇,而不知事情之难得,是非之易失于偏,往往人受其祸,己且终身不寤,或事后乃明,悔已无及。呜呼!其孰谓以此制事,以此治人之非理哉!……凡事至而心应之,其断于心,辄曰理如是,古贤圣未尝以为理也。不惟古贤圣未尝以为理,昔之人异于今人之一启口而曰理,其亦不以为理也。昔人知在己之意见不可以理名,而

---

① (清)戴震:《戴震集·孟子字义疏证》,上海古籍出版社2009年版,第265—266页。
② (清)戴震:《戴震集·孟子字义疏证》,上海古籍出版社2009年版,第329页。

今人轻言之。夫以理为"如有物焉，得于天而具于心"。未有不以意见当之者也。今使人任其意见则谬，使人自求其情则得。……惟以情絜情，故其于事也，非心出一意见以处之，苟舍情求理，其所谓理，无非意见也。未有任其意见而不祸斯民者。①

戴震对宋儒"具于心"的"理"的弊端进行了揭露，认为其是"意见"，可以"祸斯民"，而提倡"以情絜情""舍理言情"。戴震谈到，对情欲把握不好就会流于恶，所以要通过调节使其"无过无不及"，最终他认为"以情絜情""人伦日用，圣人以通天下之情，遂天下之欲""理也者，情之不爽失者也"，大大凸显了情的地位，甚至有"以情代理"的情势，这可谓戴震的情理思想主旨。

戴震在其他篇章中也谈到了礼（理）与情的问题：

议曰：夫礼必以情起，既起也，必以义断。千三公之不可无祀也，情也。推其情之所止……②

圣人治天下，体民之情，遂民之欲，而王道备！③

道德之盛，使人之欲无不遂，人之情无不达，斯已矣！④

以上等等都说明了戴震思想中对情的重视和凸显。在戴震的思想观念中，笔者以为情和欲有着内在的一致性或内涵相近。

那么，戴震的情感论与音乐的关系是怎样的呢？他仍然引《乐记》来论述：

《记》曰："夫民有血气心知之性，而无哀乐喜怒之常；应感起物而动，然后心术形焉。"凡有血气心知，于是乎有欲，性之征于欲，声色臭味而爱畏分；既有欲矣，于是乎有情，性之征于情，喜怒哀乐而惨舒分；……生养之道，存乎欲

---

① （清）戴震：《戴震集·孟子字义疏证》，上海古籍出版社2009年版，第267—269页。
② （清）戴震：《戴震集·代程虹宇为程氏祀议》，上海古籍出版社2009年版，第218页。
③ （清）戴震：《戴震集·孟子字义疏证》，上海古籍出版社2009年版，第275页。
④ （清）戴震：《戴震集·孟子字义疏证》，上海古籍出版社2009年版，第309页。

者也;感通之道,存乎情者也;二者,自然之符,天下之事举矣。……二者,亦自然之符,精之以底于必然,天下之能举矣。《记》又有之曰:"人生而静,天之性也;感于物而动,性之欲也;物至知知,然后好恶形焉。好恶无节于内,知诱于外,不能反躬,天理灭矣。"人之得于天也一本,既曰"血气心知之性",又曰"天之性",何也? 本阴阳五行以为血气心知,方其未感,湛然无失,是谓天之性,非有殊于血气心知也。是故血气者,天地之化;心知者,天地之神;自然者,天地之顺;必然者,天地之常。①

戴震认为人有血气心知就一定有声色臭味的欲望,有欲望就一定有喜怒哀乐的情感,人能生存并感动相通就在于情感欲望,这些都是自然而然的事情,如此,天下之事才能兴起并发展下去。人生来就有天赋善性,如受到外物引诱不能节制和返回天赋善性,那天理就会灭绝。

引申来讲,情感欲望是人的生命中所本有的东西,音乐中的情感也一样,急促的音调易使人狂躁,宽纾平缓的音调易使人康乐,而如果灭情或者断情,则会把生命的完整性破坏了,就像流水,不能截断而应导引,因此,应该主张节制情欲、引导情欲,使其在合理的范围之内抒发。这里充分显现了戴震的自然人性论立场。

此外,我们从戴震的其他论述中也可以看出他的人文关怀②,以及他对平民的自然欲求和情感的关注和肯定,他充分肯定《郑风》《卫风》的意义和价值,对《诗经》中的有关男女感情的作品进行维护,凸显出《诗经》中"情感"的价值,这些都与其整体思想也即对情的高扬,以及"以情絜情,情之不爽失为理""体民之情,遂民之欲"等命题一脉相承。③

戴震为郑卫之音进行辩解,对民间音乐给予肯定,从文献、概念等方面说明"郑声"仅仅涉及了音调,与文辞并无关系。如:

---

① (清)戴震:《戴震集·原善上》,上海古籍出版社2009年版,第333—334页。
② 戴震对《诗经》的论述也可体现他的音乐思想。"诗可入乐""诗乐一体"应该是共识,《吕氏春秋·古乐篇》载原始时期的诗歌、音乐、舞蹈是三位一体的综合艺术,彼此密不可分。戴震说过:"《南》《豳》《雅》《颂》,或特作诗以为乐章,或采所有之诗定为乐章。……古人乐章,一诗而数用有如此。"(参见《戴震全书》第1册,黄山书社1995年版,第131页)
③ 关于诗经与礼乐的关系问题,项阳《以乐观礼》有专门论述,北京时代华文书局2015年版,第110页。

夫子曰："郑声淫。"《乐记》曰："郑卫之音，乱世之音也，比于慢矣。桑间濮上之音，亡国之音也，其政散，其民流，诬上行私，而不可止也。"魏文侯曰："吾端冕而听古乐，则唯恐卧；听郑卫之音，则不知倦。"子夏谓其所好者溺音。夫所谓声、所谓音者，非谓其诗也，亦非方土音声之谓也。此靡靡之乐、涤滥之音，作于郑、卫桑间濮上者尔。他国之人奏之，而皆为淫声溺音，虽《南》《豳》《雅》《颂》之章，令奏而歌之，诗章自正、音声自淫也。此夫子之所放恶而不可复御者也。郑卫之音，非郑诗、卫诗；桑间濮上之音，非桑中一诗，其义甚明。《南》《豳》《雅》《颂》，用之于乐，然而乐章也，非乐也。乐者，笙、箫、琴、瑟、钟、鼓之属也。是故雅诗非雅乐也。器之所奏者乐也，音声也。乐与音则又有辨矣。而诗之与乐与音声，断断乎其不可溷淆言之者也。桑间濮上其染于淫，自纣时已然。……郑注《乐记》："桑间濮上之音"，引"纣作靡靡之乐"为证，不引桑中之诗，明桑间濮上其音之由来已久，不因桑中诗也。……①

这一段论述，对于历史上争讼不已的孔子"放郑声"问题、郑卫之音是否属民间音乐问题、桑间濮上之音是否是淫声问题，都有非常醒脑明理的作用！戴震也对变风的礼乐教化意义进行肯定：

后儒谓变风有里巷狭邪之作，存之可以识其国乱无政。……五常之际，本自相通，或朋友兄弟夫妇之诗用之于君臣，或男女之诗用之于好贤。然不可以邪僻之言加之君子，鄙亵之事诵之朝廷、接之宾客，据是断之，《毛诗》言"变风止乎礼义"，信矣。②

可见，他对变风也进行辩护，诗可以寄托情感，应"发乎情，止乎礼义"，有着积极的教化意义。

戴震在《杲溪诗经补注》卷一中也表明了对于男女情诗的尊重与重视，凸显了诗

---

① （清）戴震撰，张岱年主编：《戴震全书》第 1 册，黄山书社 1995 年版，第 136 页。
② （清）戴震：《戴震集·书郑风后》，上海古籍出版社 2009 年版，第 10 页。

中的平民性即"人"的因素，注意到诗中的男女悦慕及真挚心声，与毛郑、朱子等在封建礼教规范下的解读有所不同：

> 盖言必窈窕之淑女乃宜配君子，未得其人，求之不可不专且至，所以明事之当重无过于此者。《关雎》之言夫妇，《鹿鸣》之言君臣，歌之房中，歌之燕飨，俾闻其乐章，知君臣、夫妇之正焉。礼乐之教远矣，非指一人一事为之者也。①

关于《国风·周南·卷耳》中："采采卷耳，不盈顷筐。嗟我怀人，置彼周行。"一句，戴震列举毛诗、朱熹、春秋传等注释，同时也给出了不同的解释，说："荀卿书曰：'顷筐易满也，卷耳易得也，然而不可以贰周行。'以明用心者之一，情之至也不贰，其得诗之意者欤？"②说明了诗中表达的"情"的忠贞不贰。

再如：

> "野有死麕"言礼教之兴，虽里巷子女，无可犯以非礼者也。诗辞所涉曰林野，曰麋鹿，曰龙吠，亦以见乡曲之远于都邑也。或曰：《诗》言女子不可诱，固善矣。先之曰"有女怀春，吉士诱之"何也？曰女之待嫁所愿者"吉士"……也；士之妇妻所愿者"有女如玉"也。"诱之"之云，以甚言情之动于爱悦。而卒能无失乎礼义，则风化之所被可知矣。此诗教之善以情见礼义与！③

从戴震的论述可以看出，他对人的"情"的重视，对自然之情的肯定，在此基础上承认爱情是合乎礼教的爱情，应当提倡。

由此可见，戴震的诗论及其一贯主张都与宋儒的"存天理，灭人欲"截然有别。他发掘《诗经》原意，认为其特点是朴实自然，以人的自然性情为出发点。从研究方法上来讲，戴震的诗经学研究也可看作考据与义理结合的代表，而非截然分开。

戴震还从文献、概念等角度对"郑声淫"进行深入考论，他说：

---

① （清）戴震撰，张岱年主编：《戴震全书》第2册，黄山书社1995年版，第7页。
② （清）戴震撰，张岱年主编：《戴震全书》第2册，黄山书社1995年版，第10页。
③ （清）戴震撰，张岱年主编：《戴震全书》第2册，黄山书社1995年版，第40页。

郑卫之音非《郑诗》《卫诗》，桑间、濮上之音非《桑中》一诗，其义甚明。《南》《豳》《雅》《颂》用之于乐，是谓乐章也。乐者，笙、箫、琴、瑟、钟、鼓之属也。器之所奏者乐也，其发乎器者。乐章固矢于口歌之，而发乎口者，音声也。乐与音则有辨矣。而诗之与乐与音声，断断乎其不可溷淆言之者也……淫声者，烦手踯躅之声也。琴瑟称雅乐，君子无故不彻琴瑟，而伎者鼓鸣瑟，揳鸣琴以奔富厚，则为烦手踯躅之声。而音之来自琴瑟者，无非淫，犹以淫声歌诗辞，而音之来自口者，无非淫也。人为之，非诗与乐器为之也。……是知夫子之言"郑声淫"，《乐记》之言"桑间濮上之音"，不可据以论《诗》辞也[①]。

可见，无论是对文献的溯源，还是对概念的考辨，戴震都表现出严谨扎实的作风，使音声、乐、诗、风等更加明晰，也彰显出其真面目。这里突出了戴震的考据方法。

通过分析，我们会有一种深刻的感受，即在戴震的思想当中透露出浓厚的人情味，体现了对人的自然情欲的极度推崇，有着强烈的人文关怀。在他看来，理应该在人的日常生活情感当中求取，而不能离开人伦日用的情感去求得。他主张以我之情絜人之情，方能得到理，所谓："问：以情絜情而无爽失，于行事诚得其理矣。……曰：在己与人皆谓之情，无过情无不及情之谓理。……以秉持为经常曰则，以各如其区分曰理，以实之于言行曰懿德。物者，事也；语其事，不出乎日用饮食而已矣。"[②] 由此可见，理与情不是两分的，而是相涵相摄的，理在情中，情理合一。

三、礼乐思想旨归——"以情絜情"、以情定理

历代的统治者和研究者都提倡礼乐，礼乐一定有其合理性，其合理性不外乎符合天地、社会、人伦的运行法则，基本出发点就是依据人情而制定，所谓"礼缘人情而作"，这一认识有丰富的内涵，它从人本主义出发，认为若想社会有序合理运行首先

---

① （清）戴震撰，张岱年主编：《戴震全书》第 2 册，黄山书社 1995 年版，第 491 页。
② （清）戴震：《戴震集·孟子字义疏证》，上海古籍出版社 2009 年版，第 266—267 页。

要尊重人性,因为只有尊重人民的好恶之情,加以引导,具有各种仪文器数的礼具有引导人性的功能,使之偏私好恶合于天道,合于"中和"之境。

礼乐的终极意义不在于玉帛荐献、进退揖让外在形式,也不在于黄钟大吕、干戚羽旄等仪式,更不在于满足人之耳目之欢,而是在这些形式当中体会礼乐所透露出的仁善友爱、恭谦辞让等礼义。孔子有言:"礼云礼云,玉帛云乎哉?乐云乐云,钟鼓云乎哉?"(《论语·阳货》)"人而不仁,如礼何?人而不仁,如乐何?"(《论语·八佾》)《礼记·乐记》有言:"是故先王之制礼乐也,非以极口腹耳目之欲也,将以教民平好恶,而反人道之正也。"这些都告诉我们礼乐的形式是为了表达仁善的内容,目的是让人修德、成人,涵养完美的人性。

戴震在其《乐器考》当中正面表达了他对礼乐制度的认识:

> 庭中乐县之位,以磬为首。四面县谓之宫县。东西二面,各以次南陈:磬,十六枚一虡;其南钟,十六枚一虡;其南镈,为一虡,镈如钟而大,奏乐以鼓镈为节;其南鼓。东方者,在阼阶之东;西方者,在西阶之西。南北二面,各直阼阶之西,以次西陈:磬,其西钟,其西镈,鼓又在镈西,直西阶之东。诸侯去南一面,谓之轩县,亦曰曲县。卿大夫去南北二面,谓之判县,有钟磬无镈。士县于阶间,或于东方,谓之特县。诸侯之卿大夫半,天子之卿大夫,西县钟,东县磬。士亦半,天子之士,县磬而已。
>
> 凡县钟磬,虡有二八,谓之堵。钟磬各一堵,谓之肆。东方曰笙磬、笙钟,西方曰颂磬、颂钟。鼖在颂磬之西,宾至,摇之以奏乐。《仪礼》有朔鼙、应鼙。鼙者,小鼓,与大鼓为节。鲁鼓、薛鼓之图,圆者击鼙,方者击鼓。后世不别设鼙,以击鼓侧当之。作堂下之乐,先击朔鼙,应鼙应之。朔者,始也,所以引乐,故又谓之楝(《毛诗·周颂》作"田"),楝之言引也。朔鼙在西,置鼓北;应鼙在东,置鼓南。东方诸县西向,西方诸县东向故也。凡乐器,歙者近堂,击者远堂。竽、笙、埙、篪、箫、笛、管倚于堂,歙者执之以歙,位当在阶前。《周礼》:"笙师掌教舂牍、应、雅。"牍、应、雅三器,祴乐用之,宾醉而出奏《祴夏》,以此三器筑地为之行节。郑康成曰:"笙师教之,则三器在庭可知矣。"《虞夏书》:"戛击鸣球,搏拊琴瑟以咏。"《明堂位》记曰:"拊搏、玉磬、揩击、

大琴、大瑟、中琴、小瑟,四代之乐器也。"戛击、拊击,字异音义同。揩谓敔,击谓柷。鸣球、玉磬,同谓石磬,古人于石之美者,多以玉名。《商颂》特言:"依我磬声",犹夔之专言"予击石拊石"。说者谓别有玉磬而在堂上,非也。惟琴瑟声轻,宜从歌声在堂上,余皆堂下之器。搏拊、拊搏倒文,《周礼》谓之拊。大师"帅瞽登歌,令奏击拊。下管,播乐器,令奏鼓朄"。小师"登歌击拊,下管,击应鼓",应鼓,应鼙也。拊形如小鼓,以韦为之,充之以穅。击拊,瞽乃歌,故曰"令奏击拊",奏谓歌诗也。鼓朄,管乃作,故曰"令奏鼓朄",奏谓龡管也。拊与柷、敔,皆宜在庭,不得于堂上有之。歌者在上,贵人声也;下特言管,乃及众乐,贵人气也。堂上、堂下乐,大致可知者如此。①

这里戴震谈到了堂上堂下所用乐器的功能、顺序、方位、用途等问题,可见,戴震十分懂得礼乐的进退举止及堂上堂下的用乐规范。他在这里主要提出了"歌者在上,贵人声也"的认识,所谓"歌者在上,贵人声也",表明了他对人声的重视与肯定。也就是说,在戴震看来,人声比乐器的地位要高,这也与中国传统中"丝不如竹,竹不如肉"的认识相一致,充分说明了作者对人的主体地位的凸显和对人的思想情感、人之自然人性合理性的肯定。

由此可见戴震对礼乐的熟悉程度,他并非只注重礼而不涉及乐。我们将戴震对乐器的认识和清代以前的乐器排列做一对比,或许可以有新的认识。宋代陈旸《乐书》中涉及诸多礼乐乐器的方位、数量、特点等问题,陈旸说:

先王之乐,以十有二律为之度数,以十有二声为之齐量,故伶州鸠曰:古者神瞽考中声而量之以制度,律均纪之以三平之,以六成于十二天之道也,然则即十二辰以正乐县之位,岂徒然哉,凡以应声律〔阙〕量度数,考中声顺天道而已。盖县钟十二为一堵,如墙堵然。二堵为一肆,《春秋传》歌钟二肆是也,宫县四面,象宫室,王以四方为家故也。轩县阙其南,避王南面故也。判县东西之象,卿大夫左右王也。特县则一肆而已,象士之特立独行也。《郊特牲》讥诸侯

---

① (清)戴震:《戴震集·乐器考》,上海古籍出版社2009年版,第33—34页。

宫县,岂王宫县欤?《春秋》讥桓子请曲县。岂诸侯轩县欤?晋以二肆之半赐魏绛,岂大夫判县欤?《乡射》笙入于县中,西面,则东县磬而已,《乡饮》磬阶缩溜,笙入磬南,则缩县,县磬而已,岂士特县欤?然则《乡射》有乡大夫询众庶之事,《乡饮酒》乃乡大夫之礼,皆特县者,以询众庶宾贤能非为己也,故皆从士制。燕礼,诸侯之礼,而工止四人,以从大夫之制,意亦类此。以《仪礼》考之,《大射》:乐人宿县于阼阶东,笙磬西面,其南笙钟,其南镈,皆南陈。建鼓在阼阶西南鼓,应鼙在其东南鼓,西阶之西,颂磬东面,其南钟,其南镈,皆南陈。一建鼓在其南东鼓,朔鼙在其北,一建鼓在西阶之东,南面。簜在建鼓之间,鼗倚于颂磬西纮。由是观之,宫县四面,轩县三面,皆钟、磬、镈也。判县有钟磬而无镈,特县有磬而无钟,以王制论之则然,以侯制论之,又半于王制矣。王之卿大夫判县,东西各一肆,则诸侯之卿大夫东西各一堵。王之士特县,南一肆,则诸侯之士一堵可知矣。郑康成曰:钟磬二八在一虡,为一堵。杜预曰:县钟十六为一肆,而后世四清之声兴焉。是亦傅会汉得石磬十六,迁就而为之制也。服虔"一县十九钟"之说,不亦诡哉!①

陈旸还谈到堂上堂下用乐的问题:

乐师以《驺虞》为节,节之用也。奏《驺虞》。在乐师而令之在大司乐,歌之在瞽矇,而帅之在大师,以大令小而奏之以钟鼓,堂下之事也,以大帅小而歌之,以人声堂上之事也。王之大射,堂上以人声歌《驺虞》,堂下以钟鼓奏之,则其声足以合奏,可审一而定和矣。②

同样的,陈旸也谈到了人声在堂上、钟鼓在堂下之事,与戴震的认识一致。也可以看出陈旸对礼乐所用乐器的运用和重视程度,显示了其对礼乐的熟悉以及礼乐在他心中的崇高地位,更隐含着礼乐在治国理政、和谐社会、维持秩序等方面的积极意义。陈旸作为一个儒者,也说明他对先秦礼乐制度的提倡与护持。

---

① (宋)陈旸:《乐书》,载《钦定四库全书》卷四十五,第6页。
② (宋)陈旸:《乐书》,载《钦定四库全书》卷四十六,第6页。

除了宋代的陈旸，明代的朱载堉也专门论及了堂上堂下用乐的情况，他说：

> 夫惟瑟声者，歌声之所主。……恒为堂上之乐兮，匏竹在下也。（古代奏乐有堂上堂下即殿阶之上下之分。瑟属堂上，匏竹类乐器属堂下。）名其为登歌之器兮，无故不去也。（登歌：堂上演奏之歌。无故不去，出自礼记"士无故不彻琴瑟"）。……饮射宾燕，礼盛乐备，登歌在堂，间歌（间歌：古代礼乐仪式中，歌曲与笙曲相间表演时的歌唱部分）在陛。或以瑟二，或以瑟四，堂上侑歌，惟瑟而已。①

朱载堉在这里也说明了堂上的用乐情况，所谓"惟瑟声者，歌声之所主"，同样突出了人声的地位，与戴震、陈旸的认识是一致的。

戴震还通过对《乐记·魏文侯》的解读，来阐释"礼乐之原"的意义。他说：

> 《乐记》"钟声铿，铿以立号，号以立横，横以立武"。郑康成注曰："横，充也，谓气作充满也。"《释文》曰："横，古旷反。"《孔子闲居篇》："夫民之父母乎，必达于礼乐之原，以致五至而行三无，以横于天下。"②

原文见于《乐记·魏文侯》：

> 钟声铿，铿以立号，号以立横，横以立武。君子听钟声，则思武臣。石声磬，磬以立辨，辨以致死。君子听磬声，则思死封疆之臣。丝声哀，哀以立廉，廉以立志。君子听琴瑟之声，则思志义之臣。竹声滥，滥以立会，会以聚众。君子听竽、笙、箫、管之声，则思畜聚之臣。鼓鼙之声欢，欢以立功，动以进众。君子听鼓鼙之声，则思将帅之臣。君子之听音，非听其铿枪而已也，彼亦有所合之也。③

---

① （明）朱载堉著，冯文慈点注：《律吕精义》，人民音乐出版社 1998 年版，第 679 页。
② （清）戴震：《戴震集·与王内翰凤喈书》，上海古籍出版社 2009 年版，第 54 页。
③ 蔡仲德注译：《中国音乐美学史资料注译》，人民音乐出版社 2004 年版，第 339 页。

郑玄注:"横"(音"逛")、"古旷反"、"谓气作充满也"。这段话的意思是说:不同的乐器发出不同的声音,而不同的声音则表达着不同的思想内涵,所有这些乐器的声音是和人的内心相应和的,能与人的志气相通,引起共鸣。这里乐器之声不仅仅是乐器之声,而不同的乐器发出的声音具有不同的内涵和象征意义,比如钟声响亮,有武事,有思念武臣,等等。

戴震将《乐记·魏文侯》与《孔子闲居》结合起来谈礼乐的问题。《孔子闲居》:"夫民之父母乎,必达于礼乐之原,以致五至而行三无,以横于天下。"孔子解释五至和三无:"志之所至,诗亦至焉;诗之所至,礼亦至焉;礼之所至,乐亦至焉;乐之所至,哀亦至焉。哀乐相生,是故正明目而视之不可得而见也,倾耳而听之不可得而闻也,志气塞乎天地。此之谓五至。""无声之乐,无体之礼,无服之丧,此之谓三无。"[①]孔子的意思是说,只有做到"达于礼乐之原"而不能停留在礼乐的外在乐器、动作等礼乐之用上面。"原",《说文解字》释为始也,意为起源、根本。也就是说,只有做到礼乐的根本,才能实现孔子的五至三无,才能"横于天下"。所谓的"横"即为"充塞""充满",也就是人的志气充塞于天下。方能成为民之父母。

我们再引宋代卫湜、元代陈澔的《礼记集说》相关言论来呼应戴震对"钟声铿,铿以立号……彼亦有所合之也"及"礼乐之原"的解读。

卫湜《礼记集说》言:

> 郑氏(玄)曰:号,号令,所以警众也。横,充也,谓气作充满也,石声磬,磬当为罄字之误也,辨谓分明于节义,廉,廉隅也,滥之意,犹览聚也,会,犹聚也,聚或为最謻,以立动闻谨嚣则人意动作,谨,或为欢动,或为勋,有所合,谓以声合成己之志。
>
> 孔氏(颖达)曰:此一节论乐器之声,各别君子听之,思其所用之臣,金钟之声铿铿然,坚刚,故可以兴立号令,号令威严,则军士壮气充满,而武事可立也,石声轻清,故磬磬然,能分明辨别,既能明别节义,则不爱死也,哀谓哀

[①] 蔡仲德注译:《中国音乐美学史资料注译》,人民音乐出版社2004年版,第357页。

怨，丝声婉妙，故哀怨以哀，故能立廉隅，不越其分，以自立其志也，竹声既览聚，故能立会以聚众，笙以匏为之，而在竹声之中者，但笙以匏为体插竹于匏，匏竹兼有，故笙文在竹也，鼓鼙之声使人意动作，故能进发其众，五者，声各不同，立事有异，事随声起，是声能立事也，君子谓知礼乐之情者，闻声达事，非徒听其音，声铿锵而已，彼谓乐声亦有合成己之志意。

横渠张氏（载）曰：所谓至诚动金石，只为人能感动，譬之鼓钟，其武者叩之则怒，其悲者叩之则悲，如此可必谓击钟，而求鼓音则却无是理。

长乐陈氏（旸）曰：乐声有阴阳之殊，人事有阴阳之辨，则乐之与人常相象，而未常相异，君子听乐之声，而思人之才，则有所合，而无所戾矣，盖钟声为兑，石声为干，丝声为离，竹声为震，鼓鼙为坎。钟声鼓鼙，阴也，阴以严厉，坚劲为事，故钟声所以象武臣，石声所以象死。封疆之臣鼓鼙，所以象将帅之臣，丝竹阳也，阳以纯洁滋养为事，故丝声所以象志义之臣，竹声所以象畜聚之臣。盖乐者，乐也，君子乐得其内，小人乐得其外，乐得其内，故必思其所象，乐得其外，则务其铿锵而已，魏文侯之不倦新乐，盖亦不过于五者，而未及其所象，此子夏所以致曲而深谕之也，然君子必思畜聚之臣，何也？盖君子聚人以财，而理财以义，则其思畜聚之臣，欲其免于急与不足之患，而有以备凶旱水溢之灾，使民不至于菜色而已，此所谓以义为利，不以利为利，其与夫冉求之聚敛有间矣，又《乐书》曰：钟，于五行为金，于五事为言，于五藏为气，于五性为义，金则奏而为铿锵，言则发而为号令，直其气所以立横，方其义所以立武，此所以思武臣也，磬于八音为石，于八卦为干石，则其形曲折而有别干，则其行刚健而不防有别，所以立辨不防，所以致死，此所以思死封疆之臣也。琴瑟同出于丝，丝声则噍杀而哀，洁静而廉，依义以立志而已，此所以思志义之臣也，竽笙箫管同出于竹，竹声则动浊，而滥合比，而会有聚众之义焉，此所以思畜聚之臣也。鼓鼙则为革声一也，士哗而谨，群趋而动，有进众之义焉，此所以思将帅之臣也，盖有死封疆之臣，则外足以保疆场，有志义之臣，则内足以厉风俗，有畜聚之臣，其众足以顺治，有将帅之臣，其威足以无敌，为国之道无竞维人而已，君子之于音，听之在心，不在耳，诚有所合之也，言钟声鼓鼙之声，则知丝之为琴瑟，竹之为竽笙箫管也，言丝声竹声，则知钟之为金，鼓鼙之为革也，言石声磐则金声钟之类见矣，言竹声滥则石声清之类见矣，匏竹异制，言竹则匏在其中矣，革木一声，言革则木在其中矣，就八音单出言之，故谓之声，由听其杂比言之，故谓之音，听音必言君子者，惟君子为能知乐，故也，八音不言土者以七音待土赞之，而后和故也，郑康成以石声磐当为磬字之误，岂经旨哉。

严陵方氏曰：其声温柔者，足以悦人，其声坚强者，足以警众，而号令所以警众也，故铿以立号警众，则所及者广，故号以立横，横者广也，从顺为文，横逆为武，故横以立武，磬声作乎上，众声依乎下，上下有辨，南交而物以之生，北辨而物以之死，故辨以致死声之细莫如丝，阳以大为乐，阴以细为哀，乐则舒而无疆界，哀则戚而有分际，廉者分际之谓，有分际所以立己，故，廉以立志，立志者，立己之谓也。竹声滥，滥者泛滥之谓，渊而静，而与物分流而动，乃与物合，故滥以立会，分之则散，会之则聚，故会以聚众，阴以作为事，默则静，谨则动，静则止，动则进，盖乐之声作乎彼，君子之思感乎此，则以彼之情有以合乎此之意，故曰有所合之也。庄子曰：金石有声，不考不鸣，而乐以声为主，故此以钟磐为首，然金尤为善鸣，故以金石为序。琴瑟者，堂上之乐，竽笙箫管者，堂下之乐，故又以丝竹为之序，凡作乐皆曰鼓乐由天作，终则有始，故以鼓鼙终焉，竽笙为匏，箫管为竹，合言之者竹而已，众音皆言其声之状，独于石则直言磬者，以石止可以为磬也，盖八音之中唯土与石止，可以为埙磬畜，若易所谓畜物之畜聚，若易所谓聚人之聚，畜聚之臣，则异乎聚敛之臣矣，将帅亦武臣，或于听钟声思之，或于听鼓鼙之声思之，何也？谓之武则存乎所守之志而已，谓之将帅则见乎所行之事焉，钟，金音也，鼓，革音也，军旅之法，以革而进，以金而止，故其别如此。

山阴陆氏曰：武之事，横矣，磬尽也，诎而尽也，若玉断以复续，其异于石终而后诎。《经》曰：叩之其声清越以长，其终诎，然乐也，凡尽则诎穷磬为折形，以此竹声滥，所谓荡是也，《毛诗传》曰：磬声之清者，笙磬同音，可谓同矣，无所不入，而后可以立，会伯夷隘立志者好之，柳下惠不恭立会者好之，铿，金声，锵，玉声，其泛言之则通。

李氏曰：有御难之臣，则奸宄不敢肆，有藩捍之臣，则外邦不敢犯，有衣食之臣，则国用足。御难之臣，所谓忠义之臣也，藩捍之臣，所谓武臣也，死封疆之臣也，将帅之臣也，衣食之臣，所谓畜聚之臣也，故《诗》曰：山有苞栎，隰有六驳，又曰：山有苞棣，隰有树檖，栎为山之芘阴，藩捍之象也，六驳在隰，能御难之象也，棣与檖皆可养人，衣食之象，夫有其臣而君忘之，此不思之者也，君子一听音，而有以思藩捍御难衣食之臣，则其好乐也，国之良士将瞿瞿而来，蹶蹶而进，休休而乐矣，君子之于乐也，岂听其铿锵而已邪。

庐陵胡氏曰：号，犹伯牙操钟之号，横，谓壮气充盈，祭义云：横乎四海，郑谓磬当为罄，案：古字通用耳，罄，乐器也，或为杀云罄于甸人是也，或为折罄，折则佩垂是也，或为绞讦掉罄是也，或为尽罄无不宜室如悬罄声罄然是也，杀也，绞讦也，尽也，皆有死义，哀谓婉妙，廉犹廉远，地则堂高之廉立志，志不可犯滥，滥觞之滥有聚意，君子以声合成己之志，如上五思也。

庆源辅氏曰：此亦子夏对文侯辞，又据下以教之，前言君之所好者，音也，夫音与乐相近，不同，故此又为文侯言古人之听音亦岂徒哉，亦有合成己之志者也，君子之志，意在得贤而用之耳，坚刚之声号令似之，故铿以立号，号令则所警者众，故号以立横，广大则武之事也，故横以立武，磬折也，尽也，折而尽，所以立辨，辨而后可以死，故曰：生亦我所欲也，义亦我所欲也，二者不可得兼，舍生而取义也，封疆尤辨之大者，哀则自有廉隅而不流，有志者似之志义，谓志在于义也，所志者义则不为容悦矣，地上有水师，君子以容民畜众，所谓畜聚之臣者，如师之君子是也，铿锵者声也，号与武者义也，声在彼，义在我，君子不徒听其声，而已必有感，发其在我之意而已，犹言铿锵以例其余也。

金华应氏曰：文侯方以澹泊为可厌，则使其听铿锵之可喜者焉，方以昏倦惟恐卧，则欲其听之而致思焉，且使之思武臣，将帅死，节志义，与夫畜聚之臣则其志气感发慷慨兴起而视优侏子女之嬻杂皆不足以进乎前此子夏之善告君也，故尝谓古今本无异乐，而雅俗不容同音，颜子问为邦，孔子告以"乐则韶舞"欲其知所慕也，继以远郑声者欲其知所戒也，春秋去舜逾千载而钟鼓管弦之音犹未衰，则古今固不可谓有异乐也，然郑声不可不远者，以其淫而易以溺人，故曰"恶郑声之乱雅乐也"。齐宣王自谓非好先王之乐，直好世俗之乐，视魏文侯之惕然自省则大不同矣，宣王迷而未悟，故孟子告以今乐犹古乐者，其辞宽，文侯悟而求之，故子夏告之以古乐新乐之发者，其辞严，异时文侯能知钟声之不比亦略有见乎乐矣，然明于音而聋于官卒，未免见笑于田子方，盖区区徒能辨其声，而未能得其官，以典乐乐官犹然，而况于将帅死封疆之大者乎？

石林叶氏曰：君子听磬声则思死封疆之臣，周衰天下，未有能以身致死而援之者，子击磬于卫荷，蒉闻之以为有心者以此。

延平周氏曰：钟磬丝竹鼓鼙之声既不同，而所立者亦不同，故君人者听之亦各沿其类，而思其臣也，且畜聚之臣又安足思也哉，夫君子不畜聚非不畜聚，盖君子畜聚而能散，则异乎人之为畜聚也。[①]

不同的乐器之声代表着不同的内涵和意义，君子所听的不是音而是音背后的象征意义，乐器之声与人的志意相通。

陈澔《礼记集说》言：

铿然有声，号令之象也，号令欲其威严。横，则盛气之充满也。令严气壮，立武之道，故君子听之而思武臣。横，古旷切。……

旧说磬，读为罄，上声，谓其声音罄罄然，所以为辨别之意，死生之际，非明辨于义，而刚介如石者不能决，封疆之臣，致守于彼此之限，而能致死于患难之中，故君子闻声而知所思也。……人之处、心，虽当放逸之时，而忽闻哀愁之声，亦必为之恻然而收敛。是哀能立廉也。丝声凄切，有廉刿裁割之义。人有廉隅，则志不诱于欲，士无故不去琴瑟，有以也夫。……

旧说滥为览聚之义，故可以会，可以众，畜、聚之臣，谓节用爱人，容民畜众者，非谓聚敛之臣也。刘氏曰：竹声泛滥，泛则广及于众，而众必归之，故以立会聚，而君子闻竹声，则思容民畜，众之臣也。……

谨，谓谨嚣也，其声喧杂，使人心意动作，故能进发其众，前言武臣，泛言之也，此专指将帅而言，盖师以鼓进之权在主将也，彼谓乐声也，合之，契合于心也。应氏曰：八音举其五，而不言匏木土者，匏声短滞，土声重浊，木声朴

[①]（宋）卫湜：《礼记集说》卷九十八，吉林出版集团有限责任公司2005年版，第2051页。

质,而无轻清悠飏之韵。然木以击鼓,而匏亦在竽笙之中矣。①

八音之乐器分别有着不同的特质和内涵,乐器之声契合于人的内心,这是戴震对礼乐的深刻认识。戴震认为圣人制礼作乐就是基于对人性的深刻认识,礼乐对人性进行规矩并涵养人的内心。他的"体民之情,遂民之欲"命题也体现了浓厚的人文主义色彩,也可以说是戴震思想研究的逻辑终点,具有高度的人文关怀而非僵化的教条。戴震一生不忘研究的《七经小记》之《学礼篇》就对礼的原则、内涵、功能等进行了考证,进而使其成为人们可遵循的法则,这就突出了"礼"的秩序性内涵及其人伦规范意义,对于人们道德修为的提升以及仁爱诚信的社会风气的形成有积极意义。其对理学的批判和控诉正是建基于对礼的深刻认识、对人性的深刻认识,而《孟子字义疏证》就是反思理学的思想总结。

从以上论述可见,戴震对宋明理学进行了反拨,认为宋明理学受到了佛学的影响,显得虚空缥缈,不可捉摸。戴震认为理并非在人心中,乃存在于客观的天地事物当中,认为理具有普遍性,其标准就是"情","情"成了求得天下公理的准则,"以情絜情"成为求理的方法。戴震认为离开人伦日用的情感去求理,易流于私意度之,"离人情而求诸心之所具,安得不以心之意见当之"②,没有顾及人的血气情感,理只是一己之意见。

"情"包括人的感情、欲望以及社会上一切有关人伦日用的实际生活情况,当然也包括音乐之情,它是主体性的、鲜活的、自然而然的流露。在戴震看来,人是以情为本的存在,人己之间应该以己之情度人之情,以己之情衡量他人之情,以己度人、将心比心。所谓"以情絜情"之"絜",《说文解字》释曰:"麻一端也。"注曰:"麻一端也。一端犹一束也。端,头也。束之必齐其首。引申之围度曰絜。"絜泛指衡量、度量。那么,戴震做进一步发挥说"以情絜情","絜情"一词与《礼记·大学》推己及人的思维方法有关,《大学》曰:

所谓平天下在治其国者:上老老而民兴孝,上长长而民兴弟,上恤孤而民不

---

① (元)陈澔:《礼记集说》,世界书局 1936 年版,第 217 页。
② (清)戴震:《戴震集·答彭进士允初书》,上海古籍出版社 2009 年版,第 175 页。

倍，是以君子有絜矩之道也……①

朱熹《大学集注》曰：

如不欲上之无礼于我，则必以此度下之心……不欲下之不忠于我，则必以此度上之心……

絜，度也。矩，所以为方也……君子必当因其所同，推以度物，使彼我之间各得分愿，则上下四旁均齐方正，而天下平矣。②

朱熹从政治统治集团的视角谈到了上下之间的规则礼仪问题，与其不同的是戴震从"絜矩"到"絜情"关注到每个人生存欲望的合理性问题，具有人民性、民生性的特点。此处的"絜情"也类似于《乐记》中的"反躬"："不能反躬，天理灭矣。"

戴震说：

子曰："其恕乎！己所不欲，勿施于人。"《大学》言治国平天下，不过"所恶于上，毋以使下，所恶于下，毋以事上"以位之尊言也。③

好恶既形，遂己之好恶，忘人之好恶，往往贼人以逞欲。反躬者，以人之逞其欲，思身受之之情也。情得其平，是为好恶之节，是为依乎天理。④

理也者，情之不爽失也，未有情不得而理得者也。凡有所施于人，反躬而静思之："人以此施于我，能受之乎？"凡有所责于人，反躬而静思之："人以此责于我，能尽之乎"？以我絜之人，则理明。天理云者，言乎自然之分理也。自然之分理，以我之情絜人之情，而无不得其平是也。……古人所谓天理，未有如后儒之所谓天理者矣！⑤

---

① （宋）朱熹：《四书章句集注》，中华书局1983年版，第10页。
② （宋）朱熹：《四书章句集注》，中华书局1983年版，第10页。
③ （清）戴震：《戴震集·孟子字义疏证》，上海古籍出版社2009年版，第269页。
④ （清）戴震：《戴震集·孟子字义疏证》，上海古籍出版社2009年版，第266页。
⑤ （清）戴震：《戴震集·孟子字义疏证》，上海古籍出版社2009年版，第265—266页。

情是人的自然属性，理是平衡情的尺度，戴震认为凡事物必有其理，但其理与理学的先验的"舍情求理"截然不同，表明戴震对人情的深刻认识以及对情的觉醒和尊重。当然，戴震的"以情絜情"有着自己的内涵，经过前后文体悟，我们发现前后两个"情"的含义不同，前面的"情"指的是合理的、概念化的、高度哲学化的、理想化的情，而后面的"情"指的是世俗的、不符合儒家规范的甚至是欲，是需要节制的。这一点也是需要我们特别注意的。

以上都说明了戴震思想中对情、欲的重视和凸显。在戴震的思想观念中，笔者以为情和欲有着内在的一致性或内涵相近，情涵摄情、欲。故戴震的思想中常常是情欲相伴出现、并列而行，所谓"体民之情，遂民之欲，而王道备""人伦日用，圣人以通天下之情，遂天下之欲""圣人之道，使天下无不达之情，求遂其欲而天下治"。

在戴震看来，礼乐与人的情感欲望是相契相合的，礼乐是情感的真实表达，戴震将高高在上的理学进行了一定程度的淡化，也化解了情与礼之间的紧张性而达到圆融统一，将其拉回到温情的人间，与人们的生活更为贴近。

通过以上的梳理，我们可以总结戴震的学术逻辑：一方面抛弃理学的空谈心性的形而上模式，另一方面追求圣人理义所依托的礼制，也就是理的实现需要以礼的典章制度、仪文器数为基底，而非虚空。在他看来，礼是圣人依据天地之条理而制定的"为天下万世法"，是以仪文度数而呈现的，礼的制定是圣人"治天下之情""或裁其过与勉不及"，追求的是"礼制之秩然有序"，所以他说："礼者，天地之条理也，言乎条理之极，非知天不足以尽之。即仪文度数，亦圣人见于天地之条理，定之以为天下万世法。礼之设所以治天下之情，或裁其过，或勉其不及，俾知天地之中而已矣。"[①]礼不仅有顺人性情的一面，也有规范约束的功能，更扮演着涵养德性的化成民俗的角色，人们需以学礼崇礼的修养功夫来涵泳人的情欲，由此及彼，由个体推及群体。这就完全抛弃了理学的具于心的内在体悟，而转向了社会实践层面的人伦日用。

戴震礼乐思想旨归可总结为"以情絜情"的求理方法，理（礼）的求得是以情作为标准的。所谓"以情胜理"，情理（礼）合一而非二元对立；"以情絜情"而非以理抑情，理存于礼，以情定理。

---

① （清）戴震：《戴震集·孟子字义疏证》，上海古籍出版社2009年版，第318页。

第三节　戴震学术对礼乐思想的意义

从中国思想史的发展来看，至清代呈现出一股注重经世致用的思潮，从明末清初的实学实用开始，至乾嘉时期而集大成。乾嘉时期的戴震继承前贤黄宗羲、顾炎武、王夫之等的思路，针对理学的弊端进行一种新的学术形态的建构。戴震认为宋儒受到佛道思想的影响，以天理为人世间的最高准则，近乎以理杀人，完全将儒学引向另一个极端，在天理的威严下，人民的自然情欲得不到抒发。针对这一现象，他以《论语》《孟子》《中庸》《乐记》等思想资源作为武器，对宋儒进行了有力的批判，凸显了维护正义、张扬人性的品格。其实戴震也是希冀回归儒家原典，重建先秦孔孟道统。他从自然人性论出发，主张理欲统一，理在欲中。对理、礼进行辨析，认为礼就是理，理不能离开礼而存在，主张理在礼中求，理借礼显。他最终认为理存在的衡量标准就是"以情絜情"，凸显了人的情感的重要性，体现出强烈的人文关怀，对其后的情欲觉醒思潮有着重要的启发意义，是18世纪的启蒙先声。

戴震的义理思想主要是通过《孟子字义疏证》呈现出来的，他对《孟子》中的相关概念、命题进行考订并给出新的阐释，可以说，戴震的学术起点是文字的训诂考证，终点却是阐释自己的思想主张和建构自身的理论体系。戴震的治学宗旨，可谓面对明清以来社会和学术难题，清初的大多人士认为宋明理学的空疏虚举造成了明亡的事实，士人都醉心于心性的体悟而不关心社会现实，儒者的使命一方面讲究内在心性修养的提高，另一方面也要运用扩展到社会层面，起到引领社会大众、淳化社会风气的作用，也就是古圣人说的"内圣外王"。面对这样的社会现实，戴震抛弃理学的形而上学形态，建构具有社会践履意义的新义理学体系，也就是回归儒学的经世功能，提倡情欲和礼乐经世。他的这一主张表明了当时学术界的一种新的思想动向，这种动向是平民化的，是人民大众的心声，跃动着老百姓的活泼泼的情感，传达了时代真精神，他的思想是与孔孟道统遥相呼应而一脉相承的。但是由于乾嘉时期考据之学大行天下，人们已经厌倦了空谈心性，他的这些闪耀着光辉的思想在当时并未引起重视，没有得到更多的关注，更没有成为支配思想界的力量，他主要还是以考据立足学界的。章学诚评价："推重戴氏，亦但云训诂名物，六书九数，用功深细而已，及见《原善》诸篇，则群惜其有用精神耗于无用之地。"① 朱筠认为："性与天道，不可得闻，何图更于程、朱之外复有论说乎？戴氏所可传者不在此。"②

总的来讲，戴震的学术不仅在于知识考证，更在于思想建构，他遵循"以字通词，以词通道"的方法来凸显其礼乐主张，他的诸多著作都是通过礼制和字义的疏证、训诂来探求背后的思想观念的。他的学术研究也凸显了强烈的人文关怀和经世色彩。他对《孟子》的新阐释，得到了极高的评价：蒋方震在《清代学术概论》的序言中评价说："东原理欲之说震古烁今，此真文艺复兴时代个人享乐之精神也。'遏欲之害，甚于防川'，兹言而在中国，岂非奇创？顾此说独为当时所略视，不惟无赞成者，且并反对之声而不扬，又何故？"③ 梁启超言："疏证一书，不外欲以情感哲学，代理性哲学，就此点论之，乃与欧洲文艺复兴时代之思潮之本质绝相类。"④ 刘师培说："近世东原戴氏之解理字也，以人心所同然，情欲不爽失为理，故能去私戒偏。舍势论理，而解理为分，亦确宗汉诂，可谓精微之学矣。"⑤

戴震的义理思想建立在对宋儒批判的基础上，他对宋儒"恃胸臆为断""得于天而具于心"的独断论及其带来的残忍后果进行了强烈的谴责和有力的批判，其意义是"复活了十七世纪清初大儒的人文主义的统绪，启导了十九世纪的一线曙光"⑥。戴震扛起了明清学术从理学到礼学转型的大旗，引领学术界从哲学形态的理学研究转向社会学形态的礼学研究，从形而上的心性思辨转向经世致用的社会实践，开创了徽派礼学学术研究的新路径。戴震的学术前承江永，后来追随者众多，程瑶田、金榜、凌廷堪、阮元等或折节门下，或私淑其学，往学切磋，辩难叩问，对礼学研究都有不同程度的推进和拓展。其中，对戴震礼学研究继承最大者乃凌廷堪。

---

① （清）章学诚：《文史通义新编·答邵二云书》，上海古籍出版社 1993 年版，第 553 页。
② （清）江藩：《国朝汉学师承记》卷六，中华书局 1983 年版，第 98 页。
③ 梁启超：《清代学术概论》，上海古籍出版社 1998 年版，第 110 页。
④ 梁启超：《清代学术概论》，上海古籍出版社 1998 年版，第 41 页。
⑤ 刘师培：《清儒得失论》，中国人民大学出版社 2004 年版，第 113—114 页。
⑥ 侯外庐主编：《中国思想通史》第五卷，人民出版社 1956 年版，第 455 页。

第五章

"圣人之道,一礼而已矣"——凌廷堪礼乐思想研究

徽州学派的代表人物戴震开启了乾嘉学术的新方向，将理学从哲学形态拉回到现实社会，从自然人性论角度表达了他对礼乐的基本观点。在他的启发下，一批后学在此领域继续耕耘。凌廷堪作为戴震的私淑弟子，在戴震礼乐思想的基础上有所继承，但也有新的推进，使清代礼乐学术达到一个新的境地。本章并非一般地分析凌廷堪所有与音乐有关的学术问题，如他的乐学、律学，具体如燕乐二十八调问题等，而集中在与礼乐有关的思想观点上。

第一节 凌廷堪及其思想特点

一、生平及学行

凌廷堪，字次仲，徽州府歙县（今安徽歙县）人，生于乾隆二十二年（1757），卒于嘉庆十四年（1809），终年53岁[①]，是乾嘉中后期一位颇有影响的学者。凌廷堪6岁时父亲病故，家境凋敝，便弃学从贾，年二十余始复读书治学。他在极端困苦的条件下，始终勤苦向学而不辍。少慕江永、戴震之学，后结识阮元，问学于京师大儒翁方纲，得同乡先贤戴震遗著，读而好之，自称戴震私淑弟子，并且与汪中、邵晋涵、任大椿、王念孙、焦循、阮元、孙星衍等学者辩难往来、勤苦砥砺，学业日进，识见益精。凌廷堪于乾隆五十五年（1790）考中进士，自请授学安徽宁国府，主讲于

---

① 关于凌廷堪的生卒年，学界并未形成统一认识。《清史列传》、阮元、钱穆、王文锦等认为凌廷堪的生年为1755年，《清儒学案》、《清史稿》、戴大昌、朱锦琼等认为其生年为1757年。王章涛《凌廷堪传》认为其生年为1757年。林存阳经过考证认为凌廷堪生年当为1757年，见《清史研究》2002年第1期。

紫阳、敬亭两书院,培养学生阮常生、张其锦、胡培翚等,其一生勤奋治学、孜孜著述,成为乾嘉时期重要的学术重镇,《清史稿》有其传。

凌廷堪以博学著称,识力精卓,善属文,尤工骈体,他于经史乐律、天文算学、训诂校勘诸学无所不窥、无所不通,尤精通礼学,被称为"一代礼宗"。凌廷堪对古代礼制以及乐律、戏曲音乐皆有研究,在其众多成就中,礼学和曲律影响最大,以毕生精力著有《校礼堂文集》三十六卷、《梅边吹笛谱》二卷、《燕乐考原》六卷、诗集十四卷、《充渠新书》二卷、《元遗山年谱》二卷、《礼经释例》十三卷。其中《礼经释例》发凡起例,一以贯之,梁启超《中国近三百年学术史》誉之为礼学"登峰造极"之作,钱大昕赞为"尊制一出,学者得指南车矣"[①]。又作《复礼》上、中、下三篇,倡导复归古代礼学。阮元谓其"发古人之所未发,其尤卓然而传者,则有复礼三篇,唐宋以来儒者所未有也"[②]。江藩也对其称赞有加:

> 君(廷堪)学贯天人,博综丘索。继本朝大儒顾(亭林)、胡(渭)之后,集惠(栋)、戴(震)之成。精于三礼,专治十七篇,著《礼经释例》一书,上绍康成(郑玄),下接(贾)公彦。而《复礼》三篇,则由礼而推之于德性,辟蹈空之蔽,探天命之原,岂非一代礼宗乎。[③]

如其他乾嘉学者一样,重考据而不废义理,凌廷堪的学术成就不仅以考据为事,更有自己的义理阐发,进而自觉地建构起礼学思想体系。其礼乐理论主要体现于《礼经释例》和《复礼》当中,他将艰深、枯燥又难懂的礼仪进行全面清理、归类、梳理、贯通,著成《礼经释例》,因每一种礼仪都很繁杂,其器物、位置、称呼、陈设等有严格要求,凌廷堪从眼花缭乱的礼仪中进行归纳,进而研究其中的蕴涵。当然,繁杂的礼仪当中也有乐的存在,如:

> 三射,以乐节射……凡乐,瑟在堂上,笙管钟磬鼓鼙之属在堂下。凡乐皆四

---

① (清)钱大昕:《钱辛楣先生书》,载凌廷堪《校礼堂文集》,中华书局1998年版,第4页。
② (清)阮元:《次仲凌君列传》,载凌廷堪《礼经释例》,中华书局1985年版,第2页。
③ 徐世昌等编纂,沈芝盈、梁运华点校:《清儒学案》,中华书局2008年版,第4475页。

节,初谓之笙歌,次谓之笙奏,三谓之间歌,四谓之合乐。……乡饮酒礼,升歌毕,主人献歌,阼阶上拜,送爵。笙奏毕,主人献之于西阶上。乡射礼合乐毕,主人献工,阼阶上拜,送爵。……①

可知上古著名的乡饮酒礼、乡射礼都有"乐"的伴随,礼乐一体的状态随处可见。

《礼经释例》与《复礼》两书的关系是相互依存的,《复礼》是凌廷堪礼乐思想的总结,落脚点是使人"依于礼",《礼经释例》是贯穿礼乐思想的仪则,为此提供了依凭,使人"有事可循、有仪可按、有物可稽"。但凌廷堪深知礼仪只是手段,礼学本身的意义不只是外在的形式这么简单,他也并非发思古之幽情,只因其包含有丰富的思想内容,为其复礼思想做铺垫,圣人制礼作乐的目的是希望通过学习礼乐的方式恢复人的天然善性。礼学便是在人性情感表达的基础上、在天地自然规律的基础上、在社会行为准则的基础上建立起来的,其有着深刻的道德伦理意义。凌廷堪在其《复礼》篇中提出:

盖至天下无一人不囿于礼,无一事不依于礼。②
礼之外,别无所学也。③
圣人之道本乎礼……圣人舍礼无以为教也,贤人舍礼无以为学也。④

这些主张高扬礼学,在当时乃至以后都产生深远的影响。需要说明的是在中国古代,"礼"之于"乐",就如"阴"之于"阳","天"之于"地",不可分割。虽然凌廷堪没有直接说礼乐而只说礼,仅是在字面上省略掉"乐",但礼乐常为一体,内在具有一种难以割舍的亲和性。关于礼乐一体的问题,绪论中已有论述,此不详赘,此

---

① (清)凌廷堪:《礼经释例》,中华书局1985年版,第11、18、21、84页。
② (清)凌廷堪:《校礼堂文集》,中华书局1998年版,第28页。
③ (清)凌廷堪:《校礼堂文集》,中华书局1998年版,第27页。
④ (清)凌廷堪:《校礼堂文集》,中华书局1998年版,第32页。

处凌廷堪的礼学思想也是指的礼乐思想。①

孔子曰:"兴于诗,立于礼,成于乐",可见圣人对乐的重视。凌廷堪于礼经之外亦潜心于乐经,其对乐的研究和重视亦可见一斑,他对乐有专门著述。

《燕乐考原》对燕乐二十八调中的字谱、声、调、器等问题进行了深入研究,谓"今世俗乐与古雅乐中隔唐人燕乐一关"②,分为"燕乐二十八调说、字谱即五声二变说、宫调之辨不在起调毕曲说、徵调说、燕乐以夹钟为律本说、明人九宫十三调说、南北曲说"等专论,在中国音乐史上有着重要地位。③

徽州地方志评价说:

> 潜心于乐,谓今世俗乐与古雅乐中隔唐人燕乐一关,蔡季通、郑世子辈俱未之知,因著《燕乐考原》明今日之用字谱而成调,即古乐之用五声二变而成音。盖自宋以来讲乐家所未悟也。④

《晋泰始笛律匡谬》针对西晋荀勖笛律中的问题展开了他的思考,可知其对乐律学的基本观点和方法。⑤

在论及戏曲、乐器、乐书等方面,则散见各篇章,表达出他的俗乐思想。这些都

---

① 关于礼乐的关系问题,前人已多有证明,即乐是礼的不可分割的一部分,言礼必言乐,言乐必及礼,两者相须以为用。凌廷堪著作中虽多言"礼"字少谈"乐"字,但只是省略了"乐"字而已,其意思即是指礼乐。
② (清)赵尔巽等:《清史稿》第四十三册,中华书局1977年版,第13229页。
③ 参见杨晓霭、李玫《音乐文献整理的文献学方法及其规范:以"燕乐二十八调"的研究为例》,《文艺研究》2008年第11期。该文指出,о存"燕乐二十八调"的文献资料,依时代顺序来看,主要有唐段安节《乐府杂录》;宋欧阳修等《新唐书·礼乐志第十二》,王溥《唐会要》,沈括《梦溪笔谈》《补笔谈》,宋徽宗《景祐乐髓新经》,陈旸《乐书》,蔡元定《燕乐书》,陈元靓《事林广记》,张炎《词源》;元脱脱《辽史·乐志》《宋史·乐志》等。该文未列出的还有清代凌廷堪的《燕乐考原》,方成培的《研香居词麈》等。音乐学界对凌廷堪的燕乐研究,评价不一。
④ 石国柱:《安徽省歙县志》,成文出版社有限公司1937年版,第1114页。
⑤ 参见王子初《荀勖笛律研究》,人民音乐出版社1995年版,该书及其作者荀勖笛律研究系列论文皆涉及凌廷堪。黄翔鹏、王子初《荀勖笛律的管口校正问题研究》(《中国音乐学》1989年第1期)也涉及凌廷堪。其他音乐史家如杨荫浏、黄翔鹏等,涉及凌廷堪者不在少数,虽评价不一,观点互异,亦足见凌氏著作的意义和价值。

从另一个方向反映了他对礼乐的研究和推崇。[①]

二、思想渊源

凌廷堪作为乾嘉时期的学术大家，其学宏阔博大，于诗文词曲、经史乐律、天文数学、疆域沿革、文字历算等无所不窥，尤其精通礼学，著有《礼经释例》《复礼》等篇。凌廷堪25岁时（1782）被推荐至扬州词曲馆检校词曲，在这期间，与著名学者阮元、焦循、汪中结识并切磋论学，相知甚深。其与阮元交情尤深，堪称莫逆。

乾隆四十六年（1781），凌廷堪"游扬州，慕其乡江慎修、戴东原两先生学"[②]是其学术人生的一个转折。乾隆四十八年（1783）至京师，经引荐，得以问学于翁方纲，于此得读《戴氏遗书》并喜而好之，至此甚是服膺戴学，自称其"私淑弟子"，后特撰写《戴东原先生事略状》，可以看出凌廷堪与戴震的治学思想的一致性及承续关系。钱穆言："次仲论学，极尊东原。"[③]梁启超言："戴震受学于江永，亦事栋以先辈礼。震之在乡里，衍其学者，有金榜、程瑶田、凌廷堪、三胡——匡衷、培翚、春乔，等。"[④]这里我们可以看出徽学的学术脉络，即江永—戴震—凌廷堪等。由此可见，凌廷堪的思想与方法受到戴震的影响极大。如，戴震《孟子字义疏证》中言："'六经'、孔、孟之言以及传记群籍，'理'字不多见！"[⑤]凌廷堪亦言："考《论语》及《大学》皆未尝有'理'字，徒因释氏以理事为法界，遂援之而成此新义。"[⑥]可见两人治学思路的一致性。除此之外，凌廷堪在其《礼经释例》中也多次引用江永、戴震之说进行阐发，《礼经释例》作为清代礼学史上的重要之作，多用归纳条例的方法对礼学

[①] 今人对凌廷堪戏曲、诗词等研究的评论，可参见以下文献：谢婧《凌廷堪〈论曲绝句〉研究》，硕士学位论文，集美大学，2014年；骆兵《论凌廷堪的戏曲理论》，《艺术百家》2007年第3期；俞为民《凌廷堪对曲律的考证及其曲论》，《戏曲艺术》2013年第4期；张晓兰《论清中叶经学家凌廷堪的戏曲观——兼论清代乐学、礼学与曲学之互渗》，《殷都学刊》2014年第2期；相晓燕《论凌廷堪曲学思想中的复古倾向——以〈与程时斋论曲书〉为考查中心》，《中华戏曲》2014年第1期；等等。
[②] 王章涛：《凌廷堪传》，广陵书社2007年版，第4页。
[③] 钱穆：《中国近三百年学术史》，商务印书馆1997年版，第542页。
[④] 梁启超：《清代学术概论》，上海古籍出版社1998年版，第5页。
[⑤] （清）戴震：《戴震集·孟子字义疏证》，上海古籍出版社2009年版，第268页。
[⑥] （清）凌廷堪：《校礼堂文集·好恶说下》，中华书局1998年版，第142页。

进行研究，与《复礼》一起成为义理学的典范之作。他在戴震学术思想、治学方法、义理追求基础上有继承和新的发展，确立了清代礼学研究的新的社会学路向。于此亦可见出其对江、戴礼学思想的接受与继承。

另外，朱子重视礼乐的传统对凌廷堪的礼乐思想形成即便没有直接传承线索，间接的学风濡染定是有的。凌廷堪的家乡徽州是朱子故里，流风深厚，人文渊薮，礼乐教化遗风兴盛，朱子家礼影响亦极深极广。徽州学术以三礼学见长，朱子的《仪礼经传通解》等篇、江永的《礼经纲目》自称完成朱子未竟之志，金榜、程瑶田等都有礼学方面的成果，以上都间接地成为滋养凌廷堪学术思想的土壤，更不用说戴震的《七经小记》等篇对其的影响了。

总之，关于凌廷堪的学术思想渊源，经过梳理，我们大抵可知源于徽学传统及江永、戴震一脉；同时，亦受到汪中、阮元、江藩、焦循、程瑶田等师友的影响。

三、学术思想

虽然乾嘉时期是考据学盛行的时代，但也有不同的声音。在考据盛行的背后有一股新的学术走向在悄然形成，即以江永、戴震、凌廷堪、焦循、阮元等为主的"由理学到礼学""以礼代理""以古礼正今俗""崇实黜虚"的思想脉络。凌廷堪继承戴震"由字通词、以词明道"的思路，在探求义理的道路上走向深入。凌廷堪认为圣人之道存于典章制度，治学路径为：由文字而训诂，由训诂以明典章制度，以典章制度探求义理。他继承徽派治礼的传统，精研《仪礼》，以归纳方法著成《礼经释例》，使其条分缕析、易于遵循。当然，其礼学研究还不限于"释例"层面，目的是通过礼例的探索阐释儒家圣人制礼的思想及内涵，故他在《礼经释例》的基础上提炼出礼义而成《复礼》三篇。对儒家的仁义礼智进行掘发，认为"圣人之道，一礼而已矣"，即道的求得是以礼为旨归的。

凌廷堪主张舍理言礼，认为理学虚空缥缈，礼才有章可循，在其倡导和努力下形成了"以礼代理"的学术思潮。这一新主张的提出在中国思想史、学术史上意义重大，表明了中国学术在清代乾嘉时期的一种新形态，是一种完全不同于理学的空谈心性而主张经世致用的社会学倾向，而凌廷堪成了创立"哲学转型的社会学的急先锋"[1]。

四、治学方法

在思想渊源部分我们已经知晓凌廷堪是对同乡先贤江永、戴震学术的继承，因此，在治学方法上，凌廷堪亦遵循以江永、戴震为代表的徽州学派的方法，即由字通词，以词通其道的路径，由文字训诂到名物考证再到义理阐发。戴震说过：

> 仆自十七岁时，有志闻道，谓非求之六经、孔、孟不得，非从事于字义、制度、名物，无由以通其语言。宋儒讥训诂之学，轻语言文字，是欲渡江河而弃舟楫，欲登高而无阶梯也。[2]

凌廷堪在戴震治学的基础上有所继承和发展。比如凌廷堪考证"理"字，接续戴震思路，以此来说明宋理学受到了佛学影响，其实质是佛学而非儒学。这一学风对其后学界重实证、倡礼学的学风有积极影响。笔者以为钱穆所说"次仲论学，极尊东原"[3]一语既是对戴震学术宗旨的继承，同时亦是对其治学方法的贯穿。

凌廷堪在其《礼经释例》的研究中，以尊重古人的态度，尊重前人的传、记、注、疏，以《仪礼》为文本，参考《周礼》《礼记》，通过文字校订和礼制考证，恢复原典，掘发古人治礼言礼的宗旨。他舍弃宋儒偏离原始儒家的解读，以期回归礼的本来面目，广采众家之长，强调实事求是。他说：

> 自宋以来，儒者多剽袭释氏之言之精者，以说吾圣人之遗经。其所谓学，不求之于经，而但求之于理；不求之于故训典章制度，而但求之于心。好古之士虽欲矫其非，然仅取汉人传注之一名一物而辗转考证之，则又烦细而不能至于道。

---

[1] 王章涛：《凌廷堪传》，广陵书社2007年版，第8页。
[2] （清）戴震撰，张岱年主编：《戴震全书》第6册《与段茂堂等十一札》，黄山书社1995年版，第541页。
[3] 钱穆：《中国近三百年学术史》，商务印书馆1997年版，第542页。

于是乎有汉儒经学、宋儒经学之分，一主于故训，一主于理义也。先生则谓理义不可舍经而空凭胸臆，必求之于古经。求之古经而遗文垂绝，今古悬隔，然后求之故训。故训明则古经明，古经明则贤人圣人之理义明，而我心之所同然者乃因之而明。理义非他，存乎典章制度者也。彼岐故训、理义而二之，是故训非以明理义，而故训何为？理义不存乎典章制度，势必流入于异学曲说而不自知。故其为学，先求之于古六书九数，继乃求之于典章制度。[①]

他认为治学路径应该是由文字故训到典章制度再到义理阐发，而批评了宋儒的"求之于心"，这里我们可以看到凌廷堪对戴震治学方法的继承。

他在继承戴震"字—词—道"的基础上，极力倡导礼学的践履意义。我们梳理凌廷堪的为学思路，可以发现，首先是通过文字校订、礼制考证对《礼经释例》进行条分缕析地归纳分类，在此扎实的礼制考证的基础上提炼出《复礼》主张，提出"圣人之道，一礼而已""礼之外无所谓学"等命题。如此也恢复了先秦礼乐体系的完整性，在他身上明显地体现了礼乐在乾嘉时期的面貌和形态。凌廷堪的重实证进而探寻圣人之道的学风和思路代表了儒学在清中叶的价值转移，也启导了晚清的治礼崇礼的思潮。以上都是凌廷堪继承江永、戴震治学方法的基本表现。

要言之，凌廷堪的治学方法可概括为：遵循"由训诂考据而至典章制度而义理阐发"的基本路径，主张"求是"，以原始儒家经典为依据并阐发其含义，正所谓"思维方式是客观的，研究方法是实证的，治学态度是严谨的，具有近代理性主义精神"[②]。

---

① （清）凌廷堪：《校礼堂文集·戴东原先生事略状》，中华书局1998年版，第312页。
② 黄爱平：《乾嘉汉学治学宗旨及其学术实践探析——以戴震、阮元为中心》，《清史研究》2002年第3期。

第二节 凌廷堪礼乐思想内涵

关于礼与乐的关系前人多有论述，此处不赘。① 在阐述凌廷堪的礼乐思想之前先交代一下时代背景是有必要的。社会思想来源于社会生活，思想的特点都会在社会生活中有着不同的表现，无论是奢华还是简朴都在传递着时代变迁的声音。说到凌廷堪所处的时代，一方面由于当时社会经济的发展和商业气息的浓重造成社会普遍的奢靡风气，尤其是凌廷堪所处的东南一带，虽海内殷富然道德观念却日渐淡薄，颓废风俗在侵蚀社会，凌廷堪针对当时社会青年穿着奇装异服以及表现出来的骄恣嚣张、奢靡游荡甚是感慨，在其诗中有描述：

停车白沟河，午餐犹未终。何来肥少年，连骑骄嘶风。黄金缠两臂，鼻底蛮烟红。自矜衮马都，顾盼增豪雄。按之五行志，是谓貌不恭。对此不能食，废箸心忡忡。渠辈岂足惜，所惜吾党中。古人未暇学，学彼痴儿童。②

《清实录》也载：

惟江苏两浙之地，俗尚侈靡，往往家无斗储，而被服必极华鲜。饮食靡甘

---

① 许慎《说文解字》："礼，履也。所以事神致福也。"清段玉裁《说文解字注》："礼有五经，莫重于祭，故礼字从示。丰者行礼之器。从豆，象形。丰亦声。"（上海古籍出版社1988年版）近代王国维经过考释认为："礼"字最早指以器皿盛两串玉献祭神灵，后也指以酒献祭神灵，泛指一切祭祀神灵之事（王国维：《观堂集林》第一册，中华书局1999年版）。总之，礼是履行敬拜活动，属于践履行为，是一种以器行礼、敬神致福的仪式。郭沫若认为"禮"的右下部应为壴（zhù），即"鼓"字的初文。壴亦声。"壴"意为"乐队"，整个字形所表示的，就是人们把盛满玉器的祭具放到祭台之上，在音乐伴奏之下献给神祇以求庇佑的意思。裘锡圭指出："禮"字右侧的"豊"字应该从"壴"从"玨"，是一种鼓的名称，是行礼之器。（裘锡圭：《甲骨文中的几种乐器名称》，《中华文史论丛》1980年第2期）。宋郑樵《通志·乐略》载："礼乐相须以为用，礼非乐不行，乐非礼不举""礼即乐，乐即礼""礼乐一体也"等。另外，乐不仅是音乐的声音等形态，还有快乐的意思，"乐者，乐也！"修海林教授从字源学考证乐含有丰收的快乐、综合艺术、道德内涵等。以上都证明，礼乐一体，礼乐与情感有天然的联系。
② （清）凌廷堪：《白沟河所见》，载《校礼堂诗集》卷八，安徽丛书本。转引自王章涛《凌廷堪传》，广陵书社2007年版，第150页。

淡泊。兼之井里之间，茶坊酒肆，星列棋置。少年无知，游荡失业。彼处地狭民稠，方以衣食难充为虑，何堪习俗如此，民生安得不愈艰难。①

那么，如何端正人心、矫正世风？凌廷堪提出从礼入手来解决此一社会病态。另一方面理学的空疏虚举，脱离社会实践，不能经世致用，而儒者向来是轻视商人崇尚学术，当他们面对社会之现状时，便想到儒者的使命，于是形成一股经世致用的学术潮流。早期的顾炎武、王夫之等，中期的戴震、凌廷堪等，都倡导回归六经、直追先秦，当然，他们在对古典文献进行考证的同时也不忘义理的阐发。此一时段的学术思潮是要主张空虚冥想的理学转向经世致用的礼学，用张寿安先生的话说是"从哲学形态的理学转向社会学形态的礼学"②，凌廷堪就是在这一学术思潮下展开其礼学研究的。凌廷堪认为礼乐有其外在的制度规范一面，也有内在的道德修养一面，提倡习礼进而复性，通过礼乐的仪文器数、进退举止等外在规范进而内化为心灵的和谐、恭敬、仁爱等品质，凌廷堪的思想就是在这样的氛围中产生的。

也就是说，凌廷堪认识到礼乐的教化功能，力倡学礼习礼，因为礼不只是外在的仪式规范，还有内在端正人心、变化气质的功能；不只有外在的社会功能问题，还有内在的心性道德、伦理修养问题。凌廷堪认识到礼乐的这些功能，进而进行其理论构建，他把哲学形态的理转化到社会学形态的礼，从虚到实，目的是达到正人心、厚风俗的通经致用目的。那么，凌廷堪为什么要以礼代理？以礼代理何以可能？其内涵究竟为何？下文试对这些问题进行分析。

一、以礼代理

（一）思想缘起

凌廷堪为何要舍理言礼，大概是出于两方面考虑。其一，面对当时的社会现状；其二，针对理学的空疏流弊。实则，两者是有关联的。凌廷堪所处的时代是清朝鼎盛时期，而扬州作为当时的大都市更是万商云集，百业兴旺，富甲一方，盐运、漕运、

---

① 《清实录·乾隆实录卷之十九》，中华书局1985年版，第469页。
② 张寿安：《以礼代理——凌廷堪与清中叶儒学思想之转变》，河北教育出版社2001年版，第9页。

河政十分发达，造就了大量的富商豪门，他们崇尚奢靡、大肆挥霍，争奇斗富不绝于耳。声色犬马、轻歌曼舞充斥社会，加之前文所引凌廷堪白沟河所见，激起了凌廷堪的深深忧虑和愤慨。

学术研究应该服务于社会，对社会风气应起到改良作用。凌廷堪本着实学求是的精神认为理虚礼实，要以礼代理。理学虚在何处？一般而言，理学有不同的发展阶段和不同的流派，大致有气学—数学—理学—心学等阶段，有着自身内在的发展逻辑。早期的周敦颐认为宇宙的本源是太极。张载认为宇宙的本源是太虚，太虚是以气的形态存在的，气是万物的本源。"二程"（程颢、程颐）以"理"为核心，认为理是先气（事物）而存在的，理产生万物，又能统辖万物。南宋的朱熹是理学的集大成者，他主张理是本，气是末，理在先，气在后。万物本源于天理，主张"存天理，灭人欲"，主张用苦思冥想获得知识，提升自己。理学的另一派是陆王心学，陆九渊吸收佛道思想提出"心即理"的观念，认为心是万物的本源。王守仁继承此一观念，提出"致良知"说。心学突出了道德实践中的主体性原则。

大体来说，理学内容以儒学为主，然也杂入了佛、道等思想。理学探讨的问题以"性与天道"为中心，主要有理气、天理人欲、心性、主敬涵养、已发未发、格物致知、天命、知行等范畴。这些范畴大多是通过主体的内在体悟以及心性的冥想修炼来达到，也就是宋明时代风靡的"工夫说"。

以上梳理了宋明理学的基本特点，针对其空疏流弊，强调"天理、人欲"对立的思想，以及脱离社会、缺乏经世致用等现状，加之凌廷堪同时代的学人钻研于考证校勘而不关注社会现实的实际，凌廷堪提出其具有社会实践效用的礼学思想。因此说，凌廷堪礼学思想的提出正是为了"正人心、厚风俗"，认为理虚礼实，而应崇实黜虚。他致力于将礼学回归到社会大众的人伦日用之中，使社会上所有人以正常的伦理秩序和伦理关系和谐地相处，达到移风易俗的目的。

凌廷堪认为：古人多言礼而少言理，礼是先王顺乎自然而制定的社会法则，让人民依乎此行为准则从思想到行为来遵守进而维护之。孔子曰："夫礼，先王以承天之道，以治人之情……"许慎《说文解字》释曰："礼，履也。所以事神致福也。""礼"被引申为履行敬拜活动，属于践履行为，是一种以器行礼、敬神致福的仪式。"理"，《说文解字》释曰："治玉也。从玉里声。""理"被引申为事物的条理和规律。在理学家那里，"理"是天理，是天经地义的社会、人生、自然等一切的内在规定性和道德规范。凌廷堪认为宋明理学是受到了佛学的影响，汲取了佛学的思想，而原始儒学并不是这样的，凌廷堪舍理而言礼，进而维护儒学的纯正。他说：

> 《论语》记孔子之言备矣，但恒言礼，未尝一言及理也。……彼释氏者流，言心言性，极于幽深微眇，适成其为贤知之过。圣人之道不如是也。①

而礼却是实实在在的、可遵循的，《校礼堂文集》有"慎独格物说"，所谓：

> 是故冠昏饮射，有事可循也；揖让升降，有仪可按也；豆笾鼎俎，有物可稽也。②
>
> 考古人所谓格物者，盖言礼之器数仪节，各有精义存乎其间，既习于礼，则当知之，非天下之物莫不有理也。③
>
> 舍礼而言道，则空无所附；舍礼而复性，则茫无所从。④

可见他主张抛弃理学的空无所依，而倡导礼乐之器数仪节的践履。要言之，凌廷堪在探索一种教化人的新的社会风气，他希望通过外在的礼仪制度的习研内化为个体的内在本质，成就一种道德规范，其途径即是舍弃理学的形而上的、体悟式冥想，强调围绕社会秩序、风俗人情、价值伦理等实实在在地去践履，这是两种不同的"工夫论"，并以礼学的丰富内涵和文化价值塑造一种和谐和睦的社会环境。简言之，凌廷堪提出舍理言礼主张的理由就是认为理虚礼实，提倡崇实黜虚，最终达到"正人心、厚风俗"的目的。

凌廷堪虽为戴震的私淑弟子，思想上有继承但也有不同之处。比如他们对待理学的态度就有所差异，戴震批判理学但还言理学，侧重于哲学批判；凌廷堪认为理学已

---

① （清）凌廷堪：《校礼堂文集·复礼下》，中华书局1998年版，第31页。
② （清）凌廷堪：《校礼堂文集·复礼下》，中华书局1998年版，第31页。
③ （清）凌廷堪：《校礼堂文集·慎独格物说》，中华书局1998年版，第145页。
④ （清）凌廷堪：《校礼堂文集·荀卿颂》，中华书局1998年版，第76页。

非儒学而是禅学，主张彻底抛弃理学，不言"理"字，主张回归原始儒学，从思想渊源上与其划清界限。

（二）思想基础

历史上，圣人每每"功成作乐、治定制礼"，即是说每一朝代建立必定要先致力于礼乐的建设，历千年而不衰。究其原因，不外乎：礼乐是圣人之道，是圣人顺乎天地自然而建立的一种社会结构和行为准则，先王希望人们通过外在的行为实践到内在的心灵感染达到教化人和淳化社会的目的，此其一；礼乐的建立是依乎人的自然本性，所谓圣人"缘人情而制礼，依人性而作仪"，即是说古人认识到礼乐与人的性情有相通之处，两者有天然的契合点，这也表明圣人对人性的深刻认识，此其二。

1. 礼中含道，道在礼中

> 大哉圣人之道！洋洋乎，发育万物，峻极于天。优优大哉！礼仪三百，威仪三千，待其人然后行。（《中庸》）
>
> 礼仪三百，威仪三千处，圣人之道。（朱熹）
>
> 夫礼，先王以承天之道，以治人之情。①（孔子）
>
> 夫人之所受于天者，性也。性之所固有者，善也。所以复其善者，学也。所以贯其学者，礼也。是故圣人之道，一礼而已矣。②（凌廷堪）
>
> 夫圣人之制礼也，本于君臣、父子、夫妇、昆弟、朋友，五者皆为斯人所共由，故曰道者所由，适于治之路也，天下之达道是也。③（凌廷堪）
>
> 圣人之道本乎礼而言者也，实有所见也。④（凌廷堪）

通过以上材料可以看出，礼就是圣人之道，礼中含道，道在礼中。此道是"天地自然之道"，是圣人效法天地自然而制作的，礼也就是圣人依乎此道建立的社会法则，

---

① （清）阮元校刻：《十三经注疏·礼记正义》下册，中华书局1980年版，第1414页。
② （清）凌廷堪：《校礼堂文集·复礼上》，中华书局1998年版，第27页。
③ （清）凌廷堪：《校礼堂文集·复礼中》，中华书局1998年版，第30页。
④ （清）凌廷堪：《校礼堂文集·复礼下》，中华书局1998年版，第32页。

进而成为一种人人可遵循的行为范式,如凌廷堪所言:"是故冠昏饮射,有事可循也;揖让升降,有仪可按也;豆笾鼎俎,有物可稽也。"一般而言,礼包括吉、凶、军、宾、嘉五类,每一类都有丰富的内涵,有不同的要求和规范。燕礼、婚礼、丧礼、乡饮酒礼等每类都有制度仪规,有了制度仪则的依循。如前所说,圣王希望人们通过外在的行为实践到内在的心灵感染达到教化人和淳化社会的目的,最终达到社会的长治久安。关于礼的意义古人早有论述,《左传·隐公十一年》:"礼,经国家,定社稷,序民人,利后嗣者也。"[①]从这个意义上来说,礼既有规范的意义也有法律的意义,都是为了维护国家的稳定。

更为重要的是,圣人将礼乐提升到形而上的本体论高度。也就是说,礼乐与天地万物的运行规律相符合,之所以将礼乐与天地、动静、阴阳等相提并论,是因为圣人认为天地的本质是和谐有序的,礼乐的制作依天法地,进而找到礼乐的终极依据。

《乐记·乐论》各篇可见这样的思想:

> 乐者,天地之和也;礼者,天地之序也。和,故百物皆化;序,故群物皆别。乐由天作,礼以地制。过制则乱,过作则暴。明于天地,然后能兴礼乐也。[②]
>
> 天高地下,万物散殊。而礼制行矣。流而不息,合同而化,而乐兴焉。春作夏长,仁也;秋敛冬藏,义也。仁近于乐,义近于礼。乐者敦和,率神而从天,礼者别宜,居鬼而从地。故圣人作乐以应天,制礼以配地。礼乐明备,天地官矣。……
>
> 动静有常,小大殊矣。方以类聚,物以群分,则性命不同矣。在天成象,在地成形,如此,则礼者天地之别也。地气上齐,天气下降,阴阳相摩,天地相荡,鼓之以雷霆,奋之以风雨,动之以四时,暖之以日月,而百化兴焉。如此,则乐者天地之和也。[③]

由此可见,礼乐的制作不是凭空而来的,而是有着天地自然万物的运行规律的终

[①] (清)阮元校刻:《十三经注疏·左传·隐公十一年》下册,中华书局1980年版,第1736页。
[②] 蔡仲德注译:《中国音乐美学史资料注译》,人民音乐出版社2004年版,第307页。
[③] 蔡仲德注译:《中国音乐美学史资料注译》,人民音乐出版社2004年版,第309—313页。

极依据的。因此，礼乐便有着天地之道的承载者的意义，具有"赞天地之化育……与天地参"的功能。

罗艺峰先生更进一步认识到天道—人文—乐理的内在一致性，认识到"天"和"乐"在数理上的逻辑一致性。（表5）①

表5　天道、乐理对应关系

月份	地支	律名	阴阳消长
11月	子	黄钟	阳气在泉　滋萌万物
12月	丑	大吕	万物萌发　纽曲向上
1月	寅	太簇	阳气渐盛　万物出地
2月	卯	夹钟	万物丛生　遍布大地
3月	辰	姑洗	阳气升发　万物洁齐
4月	巳	仲吕	万物生长　一遍茂盛
5月	午	蕤宾	阳气至极　阴气继养万物
6月	未	林钟	万物长大　覆蔽大地
7月	申	夷则	阴气渐强　万物坚刚
8月	酉	南吕	阴气已盛　万物成熟
9月	戌	无射	万物收割完毕
10月	亥	应钟	阴气极盛　万物毕藏

由此可见，天道的运行与乐理的变化有着内在的统一性，正是所谓"历律一道"。而天文、音律、阴阳也密切相关。这也就是礼乐建立所依天法地的终极依据。

以上是说圣王为治理社会而建立的社会准则，称之为"圣王之道"，那么礼是"圣王之道"就能达到治人的目的进而使社会和谐吗？这就涉及礼乐与人情相通的问题。

2. 礼乐通情，情则缘性

关于礼乐与人情相通的情况，古人多有论述。礼乐与人的情感有着密切的关联，礼乐的制定即缘于人情。凌廷堪之所以重视礼乐，是因为他认识到礼乐体现了人的自然本性，所以主张学礼复性，同时情有正与不正，亦需礼乐节之。下面具体来看凌廷

---

① 参见罗艺峰《中国音乐思想史五讲》，上海音乐学院出版社2013年版，第148—149页。

堪的论述：

> 夫性具于生初，而情则缘性而有者也。性本至中，而情则不能无过不及之偏，非礼以节之，则何以复其性焉。①

情是人的本性中所具有的，但情常有过与不及的情况，所以圣人就制定礼乐进行防范和引导，使人之行止囿于礼而达到人的天赋善性。凌廷堪言：

> 夫人有性必有情，有情必有欲，故曰"饮食男女，人之大欲存焉"。圣人知其然也，制礼以节之，自少壮以至耋耄，无一日不囿于礼，而莫之敢越也；制礼以防之，自冠昏以逮饮射，无一事不依乎礼，而莫之敢溃也。②
>
> 又云"是故为礼以奉之，为六畜、五牲、三牺，以奉五味；为九文、六采、五章，以奉五色；为九歌、八风、七音、六律，以奉五声"。此言圣人制礼，皆因人之耳有声、目有色、口有味而奉之，恐其昏乱而失其性也。……正心之忿懥、恐惧、好乐、忧患，齐家之亲爱、贱恶、敬畏、哀矜、敖惰，皆不离乎人情也。③

可见，凌廷堪从人性的角度出发，认为人有性、情、欲，"饮食男女，人之大欲存焉""人之耳有声、目有色、口有味"等，正是基于人性的认识，圣人才制礼作乐，通过礼乐与人的情欲相通这样一个突破口，最终对人之情欲进行引导、规范、调节，使礼与人的情欲达到相契相合。这也与前文所说凌廷堪对宋明理学的反叛相一致，理学认为天理（社会准则和规范）与人欲（人的生理欲望）相对立；恰恰相反，凌廷堪承认人的自然情欲的存在，而且认识到礼乐与人的自然本性有着天然的契合之处，礼乐与人的自然情欲是相通的，他主张舍理言礼，所以凌廷堪说："圣人不求诸理而求诸礼""圣人之道本乎礼而言者也，实有所见也；异端之道外乎礼而言者也，空无所依

---

① （清）凌廷堪：《校礼堂文集·复礼上》，中华书局1998年版，第27页。
② （清）凌廷堪：《校礼堂文集·荀卿颂》，中华书局1998年版，第76页。
③ （清）凌廷堪：《校礼堂文集·好恶说上》，中华书局1998年版，第141页。

也。"① 意思是说，礼有典礼仪节可践履，而理却"空无所依"。所以，凌廷堪的"以礼代理"思想就是在与宋学的争论这一大的学术潮流中产生的。凌廷堪道：

> 好恶者，先王制礼之大原也。人之性受于天，目能视则为色，耳能听则为声，口能食则为味，而好恶实基于此，节其太过不及，则复于性矣。……过则佚于情，反则失其性矣。先王制礼以节之，惧民之失其性也。然则性者，好恶二端而已。②

凌廷堪引古人之说法，认为人有视、听、味、嗅等本能，进而有好恶，先王根据人之好恶制礼作乐，对好恶中的过与不及进行调节。荀子有"礼者养也"的观点：

> 荀于刍豢稻粱，五味调香，所以养口也；椒兰芬苾，所以养鼻也；雕琢刻镂，黼黻文章，所以养目也；钟鼓管磬，琴瑟竽笙，所以养耳也……③

荀子认为礼是为了养成完人，为了顺遂人的情欲而制定（《荀子·礼论》）。进一步，凌廷堪以为仪则、器数等礼乐制度都是基于人之情欲的基本需要，礼乐对人之情欲既有顺遂作用又有节制的功能。

总之，礼的制作源于人的自然情欲的存在，同时礼也是对情欲的节制和规定，所谓"防其淫侈，救其凋敝"，凌廷堪的认识与先秦时期中庸、孔子、孟子、荀子等认识是一致的，孔子言："兴于诗，立于礼，成于乐"，可见孔子对礼乐的深刻认识以及重视程度。凌廷堪认为，举凡器数、仪文、典礼等都是依据于人之情性的需要，礼乐与情欲是相辅相成的、相契相合的，而到了宋明理学则完全压抑了人的自然情欲的存在，主张"存天理，灭人欲"，说天理、人欲截然对立，后人对其禁欲主义甚至近乎凶残的弊端进行了有力的痛斥，如清代徽派经学家戴震就斥责理学是"以理杀

---

① （清）凌廷堪：《校礼堂文集·复礼下》，中华书局1998年版，第32页。
② （清）凌廷堪：《校礼堂文集·好恶说上》，中华书局1998年版，第140页。
③ 蔡仲德注译：《中国音乐美学史资料注译》，人民音乐出版社2004年版，第187页。

人"，说"酷吏以法杀人，后儒以理杀人"[①]，"人死于法，犹有怜之者；死于理，其谁怜之？"[②]。所以，凌廷堪与戴震的思想一脉相承，也抛弃理学，学礼习礼，主张"舍理言礼""以礼代理"，希望通过礼乐的学习完善人格，此一主张引领了当时的学术思潮，影响了焦循、阮元等学者，一时形成海内披靡之势。

由此可见，圣人对人性是有着深刻的了解的，不仅认识到人性当中具有自然情欲，而且对其进行合理的安顿，如此才能使人心和谐、社会安定。另外，圣人还认识到人性中天然存有仁、义、礼、智、信等德性，所以通过制定礼仪经由对身体的规训来涵养人的内在德性，希望在规范的道德践履中养成品德。所以说，古人制礼作乐是合乎人性的，是具有高度的人文关怀的，而不是如理学般禁欲的。凌廷堪礼乐思想的提出也主要是认识到人的自然情欲和礼乐有着相通之处，而这也就是其礼乐学说的思想基础。

综上所述，凌廷堪经过考证辨析认为"人有性必有情，有情必有欲"都是再正常不过的事情，举凡仪文器数、典章制度的实施皆以人的情感为基础。所以，在他看来，礼的制定与实施不离乎人情，人的情欲与天理也不是对立的，而是相契合的。

（三）学礼复性，礼乐节情

通过以上的论述可知，凌廷堪主张人们通过学礼习礼的践履功夫来达到化成民俗的效果，希望通过礼乐的外在仪文、节式内化为人的品性修养。既然圣人之道即礼学，要从具体的礼仪、器数、文节的认知与习行来讲道德践履，那么，人为什么能通过礼仪、器数、文节的认知与习行来达到道德的状态？一方面是因为礼乐与人的性情有着天然的相通之处；另一方面外在仪式可以养成习惯，习惯可以涵养德性。经学家们的认识如此相似：

> 古之圣人制为礼仪，先以洒扫应对进退之节，非故以此为束缚天下之具，盖使人循循于规矩。习惯而成自然，嚣陵放肆之气，潜消于不觉。凡所以涵养其

[①] （清）戴震：《戴震集·与某书》，上海古籍出版社 2009 年版，第 188 页。
[②] （清）戴震：《戴震集·孟子字义疏证》，上海古籍出版社 2009 年版，第 275 页。

德、范围其才者，皆在乎此。①

现代教育家如蔡元培亦有类似观点：

礼仪能造就习惯，而习惯是人的第二天性。②

因此不难发现，古今人们对礼乐的思考与性情、感情、规范、仪节相关。凌廷堪充分认识到礼乐的内涵，才主张通过学礼习礼进而复性，通过礼乐进而养情节情。凌廷堪论道：

夫人之所受于天者，性也；性之所固有者，善也；所以复其善者，学也；所以贯其学者，礼也。……自元子以至于庶人，少而习焉，长而安焉。礼之外，别无所谓学也。……三代盛王之时，上以礼为教也，下以礼为学也。……盖至天下无一人不囿于礼，无一事不依于礼，循循焉日以复其性于礼而不自知也。③

性本至中，而情则不能无过不及之偏，非礼以节之，则何以复其性焉？父子当亲也，君臣当义也，夫妇当别也，长幼当序也，朋友当信也，五者根于性者也，所谓人伦也。……非礼以节之，则过者或溢于情，而不及者则漠焉遇之，故曰"喜怒哀乐之未发谓之中，发而皆中节谓之和"。其中节也，非自能中节也，必有礼以节之。故曰"非礼何以复其性焉"。④

凌廷堪主张学礼习礼，这里包含礼仪知识的学习和仪式节文的操演，就在仪文、节式的学习中达到教化作用。凌廷堪所认为的学其实包含丰富的内容，包括经史子集、天文律历、礼乐射御、金石舆地等，他还引《周官》谈儿童应学习的内容包括

---

① （清）皮锡瑞：《经学通论》卷三，中华书局1954年版，第13页。
② 蔡元培：《蔡元培全集》第二册，中华书局1984年版，第175页。
③ （清）凌廷堪：《校礼堂文集·复礼上》，中华书局1998年版，第27—28页。
④ （清）凌廷堪：《校礼堂文集·复礼上》，中华书局1998年版，第27—28页。

礼、乐、射、御、书、数。① 总之，凌廷堪的学礼习礼的旨归是讲求实践践履，主张经世致用，与当时的社会学术思潮密切相连。

前文已论述过，自然人性中天然地存有声、色、味、嗅等欲望，也有仁、义、礼、智、信的伦理规范，圣人通过制定礼乐仪式、器数来使人的自然情欲得到满足。但人的情欲不可纵，需要节制，达到不偏不倚，合乎准则。礼乐不仅有顺遂情欲的一面，也有节制的一面，因为礼乐是圣人之道，体现了人间秩序的和谐，可以通过协调、导引、规范作用使社会和谐，使人的情欲得到平衡。人在学礼习礼的过程中通过庄严的仪式、平和的心态、恭敬的举止潜移默化地影响人、感染人。凌廷堪说：

> 即一器数之微，一仪节之细，莫不各有精义弥纶于其间……盖必先习其器数仪节，然后知礼之原于性。②

在这仪节举止之间、礼乐射御之际，人的心性得到修炼、气质得到变化，民俗得到改善，进而君臣、父子、朋友等伦理关系得以有序，社会便会和谐。总之，凌廷堪的思想主张凸显了礼乐的涵养进路一面。

凌廷堪基于对礼乐的深刻认识，提出了自己的复性路径。他承继戴震的思路，对人的自然情欲给予重视，并对礼乐与情的关系以及在恢复人的天赋善性中的重要性方面进行了阐释。他说：

> 夫人有性必有情，有情必有欲，故曰"饮食男女，人之大欲存焉"。圣人知其然也，制礼以节之，自少壮以至耄耋，无一日不囿于礼，而莫之敢越也；制礼以防之，自冠昏以逮饮射，无一事不依乎礼，而莫之敢溃也。③
>
> 正心之忿懥、恐惧、好乐、忧患，齐家之亲爱、贱恶、敬畏、哀矜、敖惰，皆不离乎人情也。④

---

① 参见（清）凌廷堪《学古诗二十首》，载张寿安《以礼代理——凌廷堪与清中叶儒学思想之转变》，河北教育出版社 2001 年版，第 60 页。
② （清）凌廷堪：《校礼堂文集·复礼中》，中华书局 1998 年版，第 30 页。
③ （清）凌廷堪：《校礼堂文集·荀卿颂》，中华书局 1998 年版，第 76 页。
④ （清）凌廷堪：《校礼堂文集·好恶说上》，中华书局 1998 年版，第 141 页。

> 民之所好好之，民之所恶恶之，此之谓民之父母。……好人之所恶、恶人之所好，是谓拂人之性，灾必逮夫身。①

人生来就有情欲和好恶的问题，这也是人之为人的原因所在，如果处理不好则会出现"好人之所恶、恶人之所好，是谓拂人之性，灾必逮夫身"的问题，而社会安定、人心和谐都是基于礼乐的典章制度、仪文法则，因为礼乐是"缘情遂其欲，依礼定其分，本天命民彝，是大经大法"②，有着顺遂、节制和涵养的功能。所谓：

> 夫人之所受于天者，性也；性之所固有者，善也；所以复其善者，学也；所以贯其学者，礼也。是故圣人之道，一礼而已矣……夫性具于生初，而情则缘性而有者也。性本至中，而情则不能无过不及之偏，非礼以节之，则何以复其性焉。③

由以上论述可以看出，凌廷堪是从情之好恶角度来谈论性的，强调先圣从人的情之好恶角度出发制礼作乐以供百姓遵循，这样既维护人情又不失其矩则，在凌廷堪看来，礼乐的制定就是为了人的好恶之情的过与不及。最终他认为，只有通过学礼习礼、学乐习乐才能复归人的天赋善性。他之所以极力强调学习礼乐，是因为"礼乐皆得谓之有德，德者得也"④。凌廷堪说："盖先习其气数仪节，然后知礼之原于性；知其原于性，然后行之出于诚。皆学礼有得者，所谓德也。"⑤ 所以，他主张以礼乐来养人的情欲，也以礼乐来调节和规范人的情欲。

凌廷堪一方面主张学礼复性，另一方面也主张礼乐节情。虽然礼乐的制作是"缘人情而制"，但人情也要有个"度"，也就是"中和"的准则，礼乐的另一面就是节制的一面。他说：

---

① （清）凌廷堪：《校礼堂文集·好恶说上》，中华书局1998年版，第141页。
② 罗艺峰：《化性起伪，安顿身心：乐教的现代复兴三题》，中国音乐学网（http://musicology.cn/reviews/reviews_1058.html）。
③ （清）凌廷堪：《校礼堂文集·复礼上》，中华书局1998年版，第27页。
④ 蔡仲德注译：《中国音乐美学史资料注译》，人民音乐出版社2004年版，第276页。
⑤ （清）凌廷堪：《校礼堂文集·复钱晓征先生书》，中华书局1998年版，第30页。

> 人之性受于天，目能视则为色，耳能听则为声，口能食则为味……过则佚于情，反则失其性矣，先王制礼以节之，惧民之失其性也。①

凌廷堪认为人都有声、色、臭、味的自然情感欲望，而礼乐的典章制度的制作皆本于人情的需要，礼乐既能满足人性情欲，又能节制人性情欲的泛滥，防止"过与不及"，使之合于规范。

凌廷堪之所以选择礼而不谈理，是因为理空无所依，凌廷堪消解了理学的形上建构而转为社会实践层面，并且礼的内涵丰富，有多重意蕴。他认为：

> 盖道无迹也，必缘礼而著见，而制礼者以之；德无象也，必藉礼为依归，而行礼者以之。……是故礼也者，不独大经大法悉本夫天命民彝而出之，即一器数之微，一仪节之细，莫不各有精义弥纶于其间……②

所以，凌廷堪通过文字考释，探索礼乐典章制度，追求其仁、义、爱、敬、和等内在意蕴。在凌廷堪的观念中，礼并不是冷冰冰的规章制度，而是和人性、人情密切相关的，跃动着活泼泼的情感。这也就是他"舍理言礼""以礼代理"的最终目的。

二、以乐观礼

以乐观礼，意在从乐的角度与礼相呼应，打通礼—乐之间的关系，本身礼—乐也是相通互渗的，而凌廷堪也是十分精通音律的，以乐观礼、以诗论乐，或许可从此角度切入，观察凌廷堪的论乐文字，进而考察其礼乐思想。

关于礼乐的意义，凌廷堪论道：

> 又云："是故为礼以奉之，为六畜、五牲、三牺，以奉五味；为九文、六采、五章，以奉五色；为九歌、八风、七音、六律，以奉五声。"此言圣人制礼，皆

---

① （清）凌廷堪：《校礼堂文集·好恶说上》，中华书局1998年版，第140页。
② （清）凌廷堪：《校礼堂文集·复礼中》，中华书局1998年版，第30页。

因人之耳有声、目有色、口有味而奉之，恐其昏乱而失其性也。①

此论礼乐养性。作为人都有声、色、味的天然之性，需要用礼乐来平衡、导引、涵养，此句说明了礼乐在人性塑造中的意义。

黄钟为万事根本，盖言律度量衡所从出也。……何也？音之有高下，物之有重轻，非具点线面体之全不能该也。②

此论音律必正。中国传统音乐思想认为黄钟是万事的根本，其用途就是"同律度量衡"，以黄钟为基准定制量器，音的高低、物的轻重都需要有个标准。此句论证了音律必正的问题，背后反映的是凌廷堪对礼乐所用音律正确性的重视。

关于凌廷堪的"燕乐二十八调"的研究、"晋泰始笛律匡谬"的研究、戏曲俗乐的研究等，今人也都给予了较多的关注，如本书绪论中所说，王子初教授《凌廷堪〈笛律匡谬〉述评》中对凌廷堪乐律学思想的批评、陈应时教授及李玫研究员对凌廷堪"燕乐二十八调"的批评，与凌廷堪乐律学"四宫七调"研究相关的是对二十八调中的"七宫四调"系统的不同认识，引起了学界的研讨，与此相关的是郑译、万宝常的八十四调，苏祗婆的"五旦七调"等理论。音乐学家杨荫浏、黄翔鹏等也都有专论发表。③ 总体而言，音乐学界对凌廷堪的乐律学研究，评价不一，同时也表明了凌廷堪乐律学的价值。本书无意于凌廷堪乐律学的研究，而是基于其对律调的认识来窥探其礼乐思想。其实，凌廷堪之所以如此重视律调问题的研究，与其对礼乐的认识有关。其研究表明一个问题，即凌廷堪已经充分认识到了礼乐中律调谱的正确性的重要性，也即律调标准的重要性。

前文说过，凌廷堪不仅是礼学家、乐学家，也是曲学家，其曲学理论在一定程度上也和他的礼乐观念相呼应，"以诗论曲""以诗论乐""以乐观礼"或许可以作为一个

---

① （清）凌廷堪：《校礼堂文集·好恶说上》，中华书局1998年版，第141页。
② （清）凌廷堪：《校礼堂文集·黄钟说》，中华书局1998年版，第152—153页。
③ 相关成果可参见郭树群等编《中国乐律学百年论著综录》（含续编），华乐出版社1998年版、人民音乐出版社2008年版。

思想观察点，所谓：

> 乾嘉之际，是古学全面复兴的时期，经典考证是学术的主流，学者对古籍的整理校勘遍及各个领域，与经典有着密切联系的古乐备受学者的注目。……由于古乐与戏曲有着密切的渊源关系，古乐的研究必然会涉及戏曲，自然也会影响到戏曲的研究。①

因此，从其曲学理论当中也可窥探凌廷堪的礼乐思想。也正如凌廷堪所说的："礼以防性，诗以适性，刚柔互用，本异流而同源也。"②也就是说，诗文戏曲在顺正人情、启导人性、陶冶性情方面有着同样的功能。我们试做分析：

> 三分损益孰能明，瓦釜黄钟久乱听。
> 岂特希人知大雅，可怜俗乐已飘零。③

此论雅俗关系。该诗表明此时的雅乐、俗乐已经混乱，知雅乐者不多，民间戏曲俗乐亦日渐衰微。该诗显示了凌廷堪对俗乐飘零的惋惜之情，以及对雅俗之乐混乱的慨叹，同时表明他的雅俗音乐观，也就是以俗为雅，雅俗非对立。再如：

> 工尺须从律吕求，纤儿学语亦能讴。
> 区区竹肉寻常事，认取乾坤万里流。④

此诗一方面说明了俗乐的价值，另一方面说明了律吕的重要性，在此基础上的乐器或歌唱都可彰显，都可认识天地乾坤、自然万物的运行情况和丰富的人生哲理。

---

① 陈居渊：《焦循阮元评传》，南京大学出版社 2006 年版，第 348 页。
② （清）白镕：《校礼堂诗集·序》，载《续修四库全书》"集部"，上海古籍出版社 2002 年版，第 749 页。
③ （清）凌廷堪：《校礼堂诗集·论曲绝句》，载《续修四库全书》"集部·别集类"，上海古籍出版社 2002 年版，第 22 页。
④ （清）凌廷堪：《校礼堂诗集·论曲绝句》，载《续修四库全书》"集部·别集类"，上海古籍出版社 2002 年版，第 23 页。

时人解道汉卿词，关马新声竞一时，
振鬣长鸣惊万马，雄才端合让东篱。①

此论凌廷堪的雅俗观。诗中说明了戏剧家关汉卿和马致远的作品都为人称道，最后一句突出了马致远的成就更高一筹，原因是关汉卿的作品反映的都是平民百姓的世俗生活，可作为俗乐的代表，马致远则是比较正统的雅俗兼具的作品。这里就反映了凌廷堪的崇雅思想。而雅即是正，礼乐具有雅正的特点，其内涵具有仁爱、善美等特质，而在凌廷堪看来，雅正之乐更为重要的是音要准、律要正，如此方符合礼乐的要求。所以，此诗表达了凌廷堪所要求的音律之正、风格之正、思想之正。其对雅正之礼乐的推崇由此可见。

仄语纤词院本中，恶科鄙诨亦何穷。
石渠尚是文人笔，不解俳优李笠翁。②

此诗是凌廷堪对戏曲家李渔的批评，认为其作品是插科打诨的粗鄙甚至庸俗的作品，进而反映了他的崇雅厌俗的儒家正统音乐观，这与凌廷堪作为经学家的身份是相符合的。

我们再从凌廷堪的《与程时斋论曲书》中来分析他的礼乐观念：

窃谓杂剧，盖昉于金源。金章宗时有董解元者，始变诗余为北曲。……元兴，关汉卿更为杂剧，而马东篱、白仁甫、郑德辉、李直夫诸君继之，故有元百年，北曲之佳，偻指难数。……元之季也，又变为南曲，则有施君美之《拜月》，柯丹丘之《荆钗》，高东嘉之《琵琶》，始谓之为传奇。盖北曲以清空古质为主，

---

① （清）凌廷堪：《校礼堂诗集·论曲绝句》，载《续修四库全书》"集部·别集类"，上海古籍出版社2002年版，第23页。
② （清）凌廷堪：《校礼堂诗集·论曲绝句》，载《续修四库全书》"集部·别集类"，上海古籍出版社2002年版，第24页。

而南曲为北曲之末流，虽曰意取缠绵，然亦不外乎清空古质也。自明以来，家操楚调，户擅吴歈，南曲浸盛，而北曲微矣。虽然，北曲以微而存，南曲以盛而亡。何则？北曲自元人而后，绝少问津，间而作者，亦皆不甚逾闲，无黎丘野狐之惑人。有豪杰之士兴，取元人而法之，复古亦易为力。若夫南曲之多，不可胜计，握管者类皆文辞之士。彼之意以为，吾既能文辞矣，则于度曲何有？于是悍然下笔，漫然成编，或诩秾艳，或矜考据，谓之为诗也可，谓之为词也亦可，即谓之为文也亦无不可，独谓之为曲则不可。前明一代，仅存伉羊者，周宪王、陈秋碧及吾家初成数公耳。若临川，南曲佳者盖寡，《惊梦》《寻梦》等折，竟成跃冶之金。惟北曲豪放疏宕，及科诨立局，尚有元人意度。此外，以盲语盲，递相祖述。至宜兴吴石渠出，创为小乘，而嘉兴李渔效之，江河日下，遂至破坏决裂，不可救药矣。①

这里阐述了杂剧、南曲、北曲的演变过程和风格特点。凌廷堪推崇元代北曲"清空古质"的特点，"凌廷堪的戏曲复古同样体现了他诉诸经学的价值取向，是他所倡导复归古代礼学的学术思想在曲学方面的一个延伸"②。其推崇元代北曲的复古思想也与其整个思想相一致，凸显了作为一个儒者的救治时弊的使命和担当。

凌廷堪还对当时的戏剧创作中的随意性，不按照创作规律而"悍然下笔"进行批评，不按规律创作的结果是"或诩秾艳，或矜考据"。最后凌廷堪对李渔的通俗作品并不赞成，由此突出了他的崇尚雅正的戏曲观念。

《高阳台商调·同黄秋平焦里堂雨花台观剧》中也有着类似的思想：

慷慨秦歌，婆娑楚舞，神前击筑弹筝。尚有遗规，胜他吴下新声。

无端委巷谈今古，混是非、底用讥评。郁蓝生、杂剧流传，体例分明。

挺斋不作东篱去，算青藤玉茗，风气初更。辗转相师，可怜伪体争鸣。

---

① （清）凌廷堪：《校礼堂文集·与程时斋论曲书》，中华书局1998年版，第192—193页。
② 相晓燕：《论凌廷堪曲学思想中的复古倾向》，《中华戏曲》2014年第1期。

何人礼失求诸野，怅碧天、无限遥情。暮云轻，曲散人归，月上高城。①

凌廷堪肯定了花部戏曲的质朴鲜活的特点，凸显了元代北曲的因子，因其富含市井色彩，内蕴世俗品质，得到大众的喜爱。在凌廷堪看来，俗乐亦可入雅，所谓"以俗入雅"，这与凌廷堪的主张学术的经世致用相一致，他主张学术要崇实黜虚，经世致用，以礼乐经世。凌廷堪认为戏曲切于实用，对于教化人民、顺导人情有积极意义。

总之，通过梳理凌廷堪的戏曲俗乐，我们可以总结出如下特点：

（1）重视古乐，探本求源。至凌廷堪所处的时代，律吕已很少人懂，俗乐也已经衰落。凌廷堪认为应该尊重乐律规律，追慕古代律吕，期望回归到"元人意度"的标准。

（2）崇尚雅正，反对鄙俗。从他对李渔、马致远、关汉卿的评价倾向中我们可以看出凌廷堪的崇尚雅正、反对鄙俗的思想特点，但是他并非对俗乐全盘否定，好的俗乐亦可成为雅乐，以俗入雅，成为教化人民、塑造人性的手段。在凌廷堪的观念中雅俗并非完全对立，他也肯定戏曲风格的多样性，表明了他的开放的雅俗音乐观、戏曲观。

（3）凌廷堪的戏曲俗乐观和其整个礼学思想相一致。他的学术观与戏曲观有着内在的一致性，其学术观可谓"以礼代理"，提倡学习礼乐，在仪文度数中涵养德性，与此思路相关的是其戏曲、俗乐亦是追求儒家的正统礼乐观，崇尚雅乐，反对卑俗，也就是反对卑劣低俗的作品，但并不是所有的俗乐都排斥，通过他的戏曲词乐我们可以看出他对好的俗乐戏曲是欣赏和赞成的。所以，他的思想也可以说是较为开放的，而非否定一切民间俗乐，其礼乐观与戏曲俗乐观一脉相承，戏曲俗乐观是其整个礼乐思想的一个方面。

第三节 凌廷堪学术对礼乐思想的意义

梁启超谓："在我国，自秦以后，确能成为思潮者，则汉之经学，隋唐之佛学，

---

① （清）凌廷堪：《高阳台商调·同黄秋平焦里堂雨花台观剧》，载王云伍主编《丛书集成·梅边吹笛谱》初编本，商务印书馆1936年版，第55页。

宋及明之理学，清之考证学，四者而已。"①清代考证学也叫考据学、朴学，那么从中国学术史的发展来看，无论是理学还是朴学都只是儒学的形态之一。乾嘉朴学与宋明理学是两种近乎对立的学术形态，凌廷堪基于理学的空疏虚诞、游谈无根而倡导礼学的经世致用。

凌廷堪的"以礼代理"的礼乐观念既是对宋明儒学的一次纠正，也是对社会现实的一个救弊。他通过文字考辨以及对原始儒家资源的挖掘，进而广大其修己治人、淳化社会、经世致用的功能。凌廷堪的礼学内涵极其丰富，包罗万象，经天纬地，"举凡经史子集、天文、历算、金石、舆地、乐律，皆涵盖在内"②。当然，音乐内涵也包含在内。在他看来，只有学礼习礼也即学乐习乐才能达到济世的目的，也才能使社会风气得到改善，以达振衰救弊、化成民俗之功效。

在凌廷堪等人的努力下，清中叶兴起了一股崇礼习礼的思潮，大有礼学复兴之局面，程瑶田、任大椿、段玉裁、焦循、阮元等人都有自己的礼学主张。阮元主持汇编的《皇清经解》及《皇清经解续编》中研究三礼的著作多达两百多种③，占了近三分之一的分量，这其中，凌廷堪的影响不容忽视，其思想对当时学风的形成有重要影响。因此，凌廷堪的礼乐观念在清代思想史上是一个不容忽视的关键点，他的礼乐理论说明了朴学在清代的思想走向。

通过以上的梳理，我们可以得出以下基本认识：

（1）将凌廷堪的礼乐观念置于中国思想史的大背景下，我们会发现礼乐的流动性，乾嘉礼乐与理学化的礼乐、心学化的礼乐都有不同而表现为新的面向。礼乐问题在漫长的历史中经历了一个由礼—理—礼的动态过程，也表明清学与宋学的不同，乾嘉时期的礼乐观念是对理学化的礼乐的一个反拨。孙海波撰《凌次仲学记》亦谓："以礼代理，此清学与宋学根本不相同处，而廷堪恰为其中坚人物焉。"又说："自廷堪复礼之说出，天下风气为之一变。……后世君子欲尚论乾嘉以后之学术，于廷堪不能漠视者焉。"④由此可看出凌廷堪礼乐思想的影响和重要性。

---

① 梁启超：《清代学术概论》，上海古籍出版社1998年版，第1页。
② 张寿安：《以礼代理——凌廷堪与清中叶儒学思想之转变》，河北教育出版社2001年版，第59页。
③ 参见李江辉《晚清江浙礼学研究》，陕西人民出版社2011年版，第3页。
④ 孙海波：《凌次仲学记》，载《中国近三百年学术思想论集》，香港存粹学社1978年版，第247—264页；又见周积明《乾嘉时期的学统重建》，《江汉论坛》2002年第6期。

（2）关于礼乐，今天的我们似乎已经形成了一个固化的认识——"礼压制乐"、乐是礼的附庸与奴婢，似乎已经定型。那么，通过我们对戴震、凌廷堪等人的梳理分析，似乎还可以进一步思考。圣人先贤从自然人性论的角度出发，提出不同于两汉时期乃至后世的观点，认为礼乐可以是顺遂人性人情的，充分凸显了情欲的合理性，有着高度的人文关怀。而政教制度化的礼乐、心性内在化的礼乐、人伦日用化的礼乐等都需要具体明辨，长期以来的"礼乐是封建糟粕""以礼制乐、以理抑情"的认识似乎还有进一步修正和厘清的必要。

（3）朴学中有思想，有礼乐思想。一般而言，我们大多数人都认同宋明理学到清代考据学的思想嬗变脉络。提起清代学术，我们也常常认为是考据学独盛的时代，无思想性可言，好像是一个"不思不想"的时代。"有学术无思想""为考据而考据""为学术而学术"的批评不绝于耳，但事实并不是这样。作为学术研究而言，考据学不是清代学术的全部，清代固然是以考据学为主流，但不能掩盖内里的义理涌动。因此，学术界认为清代"有学术无思想"的认识也需要进一步厘清。从大的视野来看，理学转向考据只是学术形态的转移，并不是考据完全取代义理，也不可能完全取代。思想进路也从理学的内省体察感悟等落实在"礼器仪节等具体事物上"这样一条道德涵养进路上。通过我们的分析阐释，我们应该对清代学术有一个新的认识。

凌廷堪是理学范式转移的关键人物，其礼乐思想也代表了清儒经世考证背后的经世致用的义理思想，其礼乐思想彻底摆脱了理学的形而上范式而转向人伦日用的社会层面。凌廷堪的礼乐思想研究是清初实学思潮的持续深入，同时也是前贤如戴震礼乐思想的继续推进。

综上所述，凌廷堪以其明道救世情怀，引导了一种学术风向，在考据中阐发义理，以《礼经释例》为出发点解决现实生活中的人伦事为，以《复礼》为旨归高扬礼乐的价值，以求寻求治学与治世之道，以此代替理学的空疏无用。凌廷堪的礼乐思想及主张为儒学的转型贡献了智慧，提供了可能，在中国思想史、学术史上意义重大。

第六章

乾嘉朴学礼乐思想定位及意义

第一节　江永、汪烜、戴震、凌廷堪音乐思想异同

明清之际，实学思潮兴盛，成为当时的主流学术理念，发展至清中叶乾嘉时期，形成了讲求考据和实证的朴学或考据学。然而面对清代中叶的整个学术潮流，用朴学笼统概括清代学术是否合适呢？本书以清代中叶徽州学派的四位经学大家江永、汪烜、戴震、凌廷堪为考察对象，探究他们的礼乐思想，发现礼乐思想在乾嘉时期朴学中的特别面向，在中国音乐思想史上有着特殊的意义。本书选取的四位学人都是清代中叶的经学大家，且同为徽州学派的代表人物。徽州学派在中国学术史上是一个卓有影响的区域性学术流派，以理论建树见长，尤其在礼学研究领域产生了诸多学术大家和成果，有着广泛的影响力。本书涉及的四人都以自己的思想创发在学术思想上留下了精彩的一页。

作为徽州学派的奠基者，江永一生蛰居乡里，作为一谦谦布衣，为人处世堪称楷模，以"孝、悌、仁、让"为行为准则，谦虚好学，平易近人，潜心于著述与教学，弟子众多。江永博古通今、精思善考，在经史、易学、音韵、乐律、教育、天文、历算、地理等领域有重要建树，堪称积学宿儒，著有《礼书纲目》《周礼疑义举要》《律吕阐微》《律吕新论》《近思录集注》《礼记训义择言》《群经补义》《仪礼释例》等，大至礼之大纲，小至声律器数，无不条分缕析，精心探研。其《律吕阐微》《律吕新论》都是以阐述乐学、律学为主，有音乐思想的表达，还提出了"声音自有流变""俗乐可求雅乐""乐器不必泥古"等观点，对今乐、古乐、音乐中正平和的标准提出了自己的看法。

江永治学，主张经世致用，实事求是，科学地探求真理，且无门户之见，遵从汉唐但不废宋明，综合各家之说，阐明微言大义。江永专意考据治经，治学尚考严、通

训诂、精校勘，以考据见长，其学又不主一家，不囿于考据，由训诂以通经义。他既精通汉学，又兼采理学，涉猎广博。学问以经世为旨归，切用者为典章制度。故此，其思想一是与汉学关系，尊经崇汉，考证以明道经世。江永在朱熹《仪礼经传通解》的基础上对《仪礼》进行详查精考、条分缕析，使礼制及其表达的礼乐思想更加完备。其背后是对礼乐经世的追求，从道德践履的视角追求礼乐日常生活化，百姓日用即为道，作为儒家知识分子，他懂得礼乐在端正人心、敦厚风俗等方面的意义。因此，江永意图是以古礼正今俗，借礼乐以救世。江永的音乐审美思想表现为亦俗亦雅、雅俗兼采以及与时俱进、礼时为大的思想倾向，其中复古与新变兼具，做到雅俗与古今的会通，这里江永较为开明通变的思想涉及中国文化以及音乐文化中的"常"与"变"的问题。意思是说，一种文化有其亘古不变的真理，也就是经过历史沉淀的"常"的东西，这也就是体现其自身特色的地方；同样，一种文化也一定有其"变"的东西，即随着时代的变迁会有创新、有变革，如此也才有生命力，才能适应时代发展。这是一体两面的问题，而江永亦雅亦俗、礼时为大的观点就是儒家文化中"常"与"变"的问题。

汪烜是清代中叶经学家、思想家。作为著作等身的学术大家，他涵泳六经、博通礼乐，不废考据，其学博大精深，学贯天人，对名物象数、制度沿革条分缕析。研究涉及乐律、天文、医药、术数、兵法、卜算等领域，堪称一代通儒。汪烜终生未入仕途，以教授为业，其治学尊信朱子，原原本本，以朱子是非为是非。面对社会弊端，汪烜以儒家知识分子的自觉担负起救弊的责任，匡扶世道、挽救人心，追求修齐治平的最高精神境界。

在学术思想上，汪烜著有《理学逢源》《乐经律吕通解》《乐记或问》等篇章，在这些文论中，他回归原始儒家精神，发明其义理，以匡正时弊。其思想远追先秦两汉以至宋儒的思想，尤其是其"淡和"礼乐思想，在吸收宋代大儒周敦颐的思想基础上进行了新的创发。在礼乐上主张"淡而不伤，和而不淫"，"淡则欲心平，和则躁心释"，突出了他"淡在和上"的思想倾向，将周子的"淡和"思想由并列关系改为先后关系，所谓"唯其淡也，而和亦至焉矣"。汪烜不仅在理论上提倡、阐释淡和的礼乐观念，而且精通音乐的他还在琴学上有精深造诣，改编或创作符合其"淡在和上"观念的琴曲，理论与实践结合，凸显其正统礼乐观。在汪烜看来，先王制礼作乐的主张应该继承和发扬，尤其要将儒家的礼乐精髓进行发掘。由于淡和的礼乐都是与天地、自然、人心相一致的，所以淡和的礼乐能使天地和、万物顺，使人伦清明、社会和睦、国家长治久安，形成和谐有序的社会局面。

在治学方法上，汪烜应该被归为理学家的队列中，他崇奉朱子之学，对礼乐的淡和观念在前人基础上有新的义理开掘，他努力发掘原始儒家经义，彰显儒家思想内涵，使其在人伦教化、风俗移易、安顿人心等方面起到积极的作用。另外，汪烜处在乾嘉时期，这一时期朴学兴盛，这在一定程度上也对汪烜产生了影响，我们可从他对礼制的考订中发现考据学的影响。

总体来讲，汪烜属于传统的儒家知识分子，他并没有加入反理学的阵营，也并未成为朴学的主要代表，只是原原本本地倡导原始儒家的经义，希望用儒家思想尤其是恬淡平和的礼乐来化成民俗、安顿人心，进而使社会和谐、百姓安乐。

徽州学派的重要代表当为戴震。作为乾嘉时期的思想家、考据学家、经史学家，戴震研究领域涉及小学、测算、地理、典章制度、哲学历史、考据训诂、天文历算等。他不但在考据学领域成就卓著，同时在义理开掘方面也独树一帜，堪为一代宗师。戴震学术讲究实用，对理学进行反拨，他既是考据学大家也在义理学方面有重要建树，但他的义理学不同于宋明理学的虚而不实的、形而上的路径，戴震的义理是在扎实的考据基础上的诠释，依循原始儒家经典，而非脱离经典。在他看来，考据是手段，明道是目的，他遵循"由训诂以明义理"的思路进行研究。最能代表其义理思想的著作当为《孟子字义疏证》，他通过疏解经典原义来阐发自己的思想，运用考据又超越考据，以义理发明为旨归。《孟子字义疏证》以问答的形式，阐述了理欲、心性、情礼、仁义礼智等范畴，以"六经注我"的方式建构了自己的思想体系。

戴震的主要礼乐思想是"情"的凸显，在情、理关系上提出"情之不爽失为理"的命题，对人的自然情欲大力提倡。在理、欲关系上提出"理存于欲、理欲一体"的认识，提倡"体民之情，遂民之欲"。从自然人性论的高度提炼了礼乐与情理的关系，对理学的"存理灭欲"进行批判。总之，戴震一方面从自然人性论角度对人的物质欲求加以肯定，另一方面对过度的欲求提倡加以节制、引导。针对宋儒以天理阻遏人性情欲的情况，戴震以"以情絜情"概念给以解构，此处的"情"包括人的自然情感欲望和一切人伦日用的实际生活情况，其中也有音乐之情，这个情充满了鲜活的生命力,是主体性的、自然而然的流露。戴震的整个论述都透露出浓厚的人情味,显现了他对自然情欲的推崇,凸显了强烈的人文关怀,具有情欲觉醒的特点,可以概括为以情胜理或以情代理。

作为戴震的后学,凌廷堪的思想也为时人所瞩目。凌廷堪以博学著称,于经史乐律、天文算学、训诂校勘诸学无所不通,尤精通礼学,对古代礼制以及乐律、戏曲音乐皆有研究,礼乐方面著有《燕乐考原》六卷、《礼经释例》十三卷、《复礼》上中下三篇,以及《晋泰始笛律匡谬》等文。

凌廷堪的礼乐思想主要体现为"以礼代理"。他努力发掘儒家经典所蕴含的义理主张,进而寻求经世之道、济世之方。提倡礼乐的践履成分,也在遵循其师戴震的基础上反拨理学的空疏虚举,将礼乐落实在现实生活中,讲求践履。凌廷堪认为,自古以来,礼乐为圣人之道,关乎世道人心、天下盛衰,其礼乐研究讲究经世致用层面,目的是用礼乐治世。在他看来,礼乐联通天地、自然、社会,有着强烈的伦理教化和政治功能,他希望通过礼乐的诸种功能起到移风易俗、淳化社会的作用,以古礼正今俗。他的礼乐研究表明了一种思想倾向,也就是说将礼乐的研究从哲学的层面拉回到社会学层面。

在治学方法上,凌廷堪可以说具有双重身份:一方面在考据盛行的时代,他是考据学大家;另一方面他是徽州学人,受到徽州理学、礼学的滋养而表现为义理的追求。所以,他在坚实的考据基础上对礼乐的经世内容进行阐释,建立了自己的礼乐思想体系。

总论江永、汪烜、戴震、凌廷堪的礼乐思想异同问题。他们的相同性首先表现在四人都是徽州学派的代表,徽派的学风都在他们身上有所体现,凸显了儒家学术的地域性问题。同时四人又都处于乾嘉朴学时期,所以朴学的学风也会在他们身上有着不同程度的体现,他们既有考据学的成果也有义理的开掘。其次,四人的学术都回归先秦汉代寻找思想资源,希望发掘原始儒家的礼乐思想内涵,用于当时的社会时弊的救治,起到挽救世道人心的目的,都表明了他们学术研究的社会关怀。

四人的不同点表现在,首先,江永的礼乐思想表现为较为开明通变的倾向,雅俗兼采、与时俱进,复古与新变兼具,所谓"俗乐可求雅乐""声音自有流变"。汪烜属于传统的儒家知识分子代表,希望负起救治时弊的责任,音乐上主张儒家正统的淡和音乐观，有"文化保守主义"的色彩，其思想较为传统。戴震虽然也在先秦汉代的儒家思想里寻找资源，但是其思想更凸显了自然人性论问题，对礼乐中的自然情欲问题加以彰显，尤其是对"情"的地位的凸显，表明了其思想中革新的一面，这是对汪烜思想的突破。无论是正统的理学家如汪烜，还是革新思想家如戴震，他们都认为经典儒学要解决的是社会现实问题，也就是通经致用，以达到明道救世的目的。凌廷堪在戴震的基础上将礼乐从哲学层面落实在社会层面，希望将礼乐推行到社会中，人人能够学习礼乐，用礼乐教化人心、化成民俗。戴震和凌廷堪两人有一个相同点就是都重视人之自然情欲的满足。其次，治学方法上，汪烜虽然有考据学的方法运用，但江永、戴震、凌廷堪考据方法的运用程度要强于汪烜，三人都极其重实证，忌空谈。虽然四位学人都在考据基础上有义理的阐释，但汪烜、戴震的哲学分析的方法更加突出。

第二节　清代礼乐思想的哲学基础与音乐美学观察

本书选取江永、汪烜、戴震、凌廷堪四位人物为代表来考察清代礼乐思想，四人的礼乐思想有着相同性也都有着各自的特点。究其根本，他们的礼乐思想不是凭空而来，亦非完全个人独创，而是有着可循的思想来源和坚实的哲学基础。四人的礼乐思想大都建立在儒家原典基础之上，来源于先秦、汉代或者宋代理学的思想资源之上。但是由于四人处在乾嘉朴学兴盛时期，也表现出新的思想特点，主要是考据义理并举，恢复经典本义。他们强调通过考据训诂求取经典大义，揭示原始儒学含义，追寻经典本来的面目。他们消解宋明理学形而上的空凭胸臆、游谈无根的学风，突出传统儒学的经世致用特点。直接跳到先秦汉代，打通了两端，形成远端汇合。他们的哲学基础指的是乾嘉朴学研究的出发点、研究思路、所用的方法论以及价值观的综合体，他们的研究出发点和方法论是回到先秦两汉寻找思想资源，用汉学的考据方法加以确证，将古代圣贤的音乐思想要义加以引申，在此基础上进行新的创造与推进，体现了一种原典—发展—创新的思维逻辑。

具体而言其哲学基础表现在以下三点。

一、先秦诸子思想

通过以上的分析梳理，我们可以归纳出朴学礼乐思想的哲学基础在先秦诸子如孔子、孟子、荀子及《郭店楚简》等中。比如戴震，其思想来源于对传统儒家思想的挖掘，可以说《论语》《孟子》《荀子》《郭店楚简》《中庸》《乐记》等都被纳入其视野，成为可资汲取的思想资源。他曾经说："圣人之道在《六经》孔、孟之中"，尤其是其"以情代理"理论的提出直追思孟学派的思想，戴震跳过汉代，远接思孟学派，表明他对先秦思想的回归与认同。他以"达情遂欲"来反拨理学的"存理灭欲"，以还原孔孟之学的真精神。戴震的"以情代理"理论凸显了情本主义的觉醒和对理本主义的反思，具有中国式的人本主义的意义。

戴震引用《孟子》的话"口之于味也，目之于色也，耳之于声也，鼻之于臭也，四肢之于安佚也，性也"来谈理欲关系问题。认为口好味、目好色、耳好声等都是人的自然本性，属于人的正常欲望，应该被提倡，与宋儒的"人欲之私"相区别。进而戴震认为"天理者，节其欲而不穷人欲也。是故欲不可穷，非不可有；有而节之，使无过情，无不及情"，只需将情欲保持在一个合理的范围内、合适的状态即可。他还引用《中庸》的"喜怒哀乐之未发谓之中，发而皆中节谓之和"来倡导情欲的存在合理性但需要加以节制，而不应被灭绝。他还引《乐记》"人生而静，天之性也。感于物而动，性之欲也"来谈性与情欲的动静关系。从人性论角度来谈情欲的合理性以及礼乐的节制调和作用。总之，戴震一方面从自然人性论立场肯定人的自然情欲，另一方面对过度的欲求加以节制、导引。

与戴震一脉的是凌廷堪的"以礼代理"思想，凌廷堪精于礼学、乐学，礼乐与情有密切关联，所以，凌廷堪的礼乐思想亦是远端汇合，其根基也是先秦的思孟学派。凌廷堪引用《荀子》：

> 夫人有性必有情，有情必有欲，故曰："饮食男女，人之大欲存焉。"圣人知其然也，制礼以节之，自少壮以至耆耄，无一日不囿于礼，而莫之敢越也；制礼

以防之,自冠昏以逮饮射,无一事不依乎礼,而莫之敢溃也。①

凌廷堪以此来阐述自己的思想,他从人性的角度出发,认为人有性、情、欲,"饮食男女,人之大欲存焉""人之耳有声、目有色、口有味"等,正是基于人性的认识,圣人才制礼作乐,通过礼乐与人的情欲相通这样一个突破口,最终以礼乐对人之情欲进行引导、规范、调节,使礼与人的情欲达到相契相合,凸显其礼乐思想。凌廷堪的认识与先秦时期孔子、孟子、荀子等认识是一致的。所以,凌廷堪的思想哲学基础是先秦诸子思想,而不是回到汉代,汪烜则主要是回到汉代。

二、"三礼"与《乐记》

"三礼"指的是《周礼》《仪礼》《礼记》三部著作。《周礼》主要记载政治典章制度;《仪礼》主要记载行为仪则规范;而《礼记》主要是礼义和价值意义等。"三礼"的内涵包括内外层面,有仪式操演,有心性涵养,蕴藏了天道、人文、社会诸层面,内容包罗万象,是做人行事的行为准则,集中体现了先秦至汉儒家的政治、伦理、哲学、社会、文艺思想。

江永尤精于"三礼"研究,其礼乐思想吸收了"三礼"的思想资源,《礼书纲目》《周礼疑义举要》《律吕阐微》《律吕新论》《礼记训义释言》《仪礼释例》等,同时也与开明变通的思路不主一家,也吸收了宋儒的思想资源如《近思录集注》等。汪烜的礼乐思想主要回归汉学,其思想强调礼乐的教化作用,强调"作乐以奉天"和礼乐对治国安邦的意义。《乐记》是此一时期礼乐思想的集大成者,主要谈到了音乐的起源、音乐体现宇宙和谐的特征、音乐效法天地自然制作的依据、音乐的政治功能与伦理功能、音乐与天地人的沟通等,这些都在汪烜的思想中有所体现。如汪烜的"慎所感"理论来源于《乐记·乐本》篇,他认为这是《乐记》的主旨,涉及"心""物"关系问题。汪烜抓住主旨说"《乐记》大旨不外'慎所感'三字之意",认为"感之不可不慎也",应慎重对待人心的动静问题,用礼乐使人心归于正。汪烜说:"盖人心体用不外

---

① (清)凌廷堪:《校礼堂文集·荀卿颂》,中华书局1998年版,第76页。

感寂二端。……然感寂非二端,体用不相离。由乎中而应乎外,制于外则所以养其中,则感之不可不慎也。"①汪烜在此基础上进行阐发,认为人心有动静两端,容易受或顺正或邪逆的外物影响,所以必须慎重对待之,使其归于正。这里还涉及音乐的雅俗、正邪等问题,进而引申出其"淡和"特质的雅正之声思想,以涵养人心。他还在《乐记或问》中谈道:"先王制作,效法所本,源于天地""声音之道与政通""君子审乐知政,制为礼乐以感民,所以教民平好恶而反人道之正,正首章慎所感之意也",音乐源于人情,"正所谓节民心、和民声、合情饰貌、等贵贱、和上下之事也。故先王作乐,必本之以性情之正,又合之和气常行,而后发为声容。以用之而感民,则民皆可以感于正而不流于邪,是先王之乐教也"②和移风易俗功能。

总之,从以上论述可以看出汪烜思想与汉学远端汇合,恢复到汉学以天为本的问题。还可以进一步延伸思考,在大的学术视野下观照清代,清代官方的祭天祭地等国家典礼都源于汉代的天人合一思想,清代统治者以此来寻求其政治的正统性与合法性。

三、宋儒思想言论

这里主要涉及朱熹、周敦颐的成果和音乐思想。江永吸收先秦以来的思想资源进行会通。汪烜思想除了来自汉代,还与宋理学有关,他致力于维护程、朱正统思想,对周敦颐、朱熹等思想加以阐发,发明新义。汪烜出于维护道统的目的,对周子的观点采纳并加以发挥,在其《乐记或问》《乐教》《立雪斋琴谱》等中提出"唯其淡也,而和亦至焉矣""先王之乐,惟淡以和""感其心,莫不淡且和焉""不淡则妖淫而导欲,不和则愁怨而增悲""淡则欲心平,和则躁心释""乐贵淡和,八风从律,其声便自淡和。不和固不是正乐,不淡亦不是正乐"等等观点,以维护儒家道统,成就圣贤之德。

---

① (清)汪绂:《乐经律吕通解·乐记或问》,载《续修四库全书》"经部·乐类",上海古籍出版社2002年版,第32页。
② (清)汪绂:《乐经律吕通解·乐记或问》,载《续修四库全书》"经部·乐类",上海古籍出版社2002年版,第32—44页。

周敦颐在《通书》中提出"淡而不伤，和而不淫"的观念，主张音乐"淡则欲心平，和则躁心释"。汪烜是在周敦颐"淡和"基础上的发挥，再往前追溯。我们可以发现，其思想与先秦以来的"和"的思想是一脉相承的，孔子的仁爱、中庸、善美，至汉代集音乐思想之大成的《乐记》等，无不透露着"和""平和""中和"等信息，无不透露着礼乐的人伦教化、移风易俗、政治伦理、涵养心灵等功能，而汪烜的礼乐思想可谓接续先秦两汉尤其是《乐记》以来的儒家正统礼乐思想，属于儒家传统礼乐思想在清代中叶的延续和呈现。

清代朴学的礼乐思想是在先秦两汉礼乐思想基础上的新阐释，朴学的礼乐研究仍以《论语》《孟子》《荀子》《郭店楚简》《乐记》等经典文献的基础上寻找根基，阐发其哲思奥义。

关于音乐美学观察主要还体现在对礼—乐关系的认识上，近代以来，关于礼乐关系学界一向认为是礼主乐辅，乐是为礼服务的，乐是礼的附庸和工具。究竟两者关系如何，通过本书的梳理可以有一个基本的认识：一方面礼乐关系是演化的而非定型僵化的，由外在转向内在是其一个演化特点；另一方面礼乐关系不是礼主乐辅，而是相辅相成的。应该说，礼乐关系是互为手段、互为目的的，两者是一体两面的相互内在的，所谓"礼乐相须为用"也就是这个意思，礼乐共同作用才能形成一个稳定的结构体，其核心是"情"在其中起到了连接作用，如此，礼乐才能在中国历史上历千年而不衰，在历朝历代都有深远影响。[①]

第三节　从四人礼乐观看礼乐思想在历史上的流变

儒学是一个发展的学术体系，礼乐也一样。正如本书绪论中所言，礼乐关系在中国历史上不是静态的，而是表现为一个动态的演进和流变过程，礼乐是一个有丰富内涵而又充满张力的概念。礼乐制度发端孕育于西周时期，周公制礼作乐，形成一整套礼乐制度，这是一种君臣、父子、夫妇、兄弟、朋友和谐共处的伦理关系，也是一套

---

① 关于这一问题，罗艺峰教授有专门的论述。参见《从天人秩序到内在道德自觉：礼乐关系的思想史意义》，《交响（西安音乐学院学报）》2015年第3期。

等级尊卑、长幼有序的伦理等级制度，其目的主要是维护宗法制度以及社会秩序的有序运行。春秋战国时期礼乐制度进一步巩固完善，孔子将礼乐注入"仁"的内涵，以其宽恕、仁爱、恭敬之道屹立千年而不衰，拥有强大的生命力。形成理想化的礼乐文化，载之典籍，成为教化人民、治理国家的大经大法。

礼乐的内涵可从内外两个层面来理解，对内与人的情感相连，可涵养性情、安顿人心、端正容貌；对外可与天地自然相连，代表着宇宙自然和人世社会的普遍法则，礼乐具有移风易俗、淳化风气、整齐民众的普适性。而且礼乐是一个包含多层次、多内涵的观念系统，其终极目的指向人的意义世界，最根本的意义则是对人心的安顿。

中国音乐思想史上的礼乐关系有必要置于长时段来考察。先秦时期，以荀子为例，其《乐论》中"乐者，乐也，人情之所必不免也。……夫声乐之入人也深，化人也速"[①]等讲到乐的作用人心、陶养性情的功能，他认为平和纯正之乐能感动人之善心，能移风易俗，安宁天下。他还谈到礼乐的不同功能，"乐也者，和之不可变者也；礼也者，理之不可易者也。乐合同，礼别异，礼、乐之统，管乎人心矣"[②]。这里说明了礼、乐的各自功能，乐的功能主要是协调、调和；礼的功能主要是治理国家，乐使人和谐一致，礼区分人的等级差异。二者表现为礼外乐内，两者共同作用于人心，成为相辅相成的一体两面的存在。与此同时，荀子还提出礼乐的特点——"中和"。

先秦时期《郭店楚简》中的礼乐思想也很值得我们关注，有着特殊的意义。《郭店楚简》中对礼乐以及礼乐与情的关系有详细论述[③]，此不再详赘。

我们将目光向后面时代继续推进，荀子的"礼外乐内"思想发展到汉代呈现怎样的状态呢？汉代以后，由于董仲舒"罢黜百家，独尊儒术"的主张，礼乐也被作为官学提上重要日程，成为国家、社会、个人所遵循的行为准则和礼乐制度，加之汉代阴阳五行、天人感应等思想盛行，此时的礼乐追寻的是天人秩序的规范化问题，强调"作乐以奉天"和礼乐的人伦教化及治国安邦的意义。

前文提及的《郭店楚简》中的思想为"礼乐相须以为用"，这一理论的影响在唐宋明时期得以显现。由于唐代佛学兴盛，儒学和佛学交汇，礼乐思想也在逐渐发生变

---

① 蔡仲德注译：《中国音乐美学史资料注译》，人民音乐出版社2004年版，第168—173页。
② 蔡仲德注译：《中国音乐美学史资料注译》，人民音乐出版社2004年版，第179页。
③ 参见湖北荆门市博物馆编《郭店楚墓竹简》，文物出版社1998年版。

化，按罗艺峰先生的研究，思想史上的唐宋转型在唐初孔颖达已经开始。到了宋明时期，儒学以理学面目出现，理学主要讨论的与礼乐有关的概念出现了，比如关于心、性、情、欲、理、气、已发、未发等的讨论，都表现出礼乐思想的转向问题。由于哲学基础的转变，礼乐的思想内涵也发生了变化，如朱熹所言"礼乐者，人心之妙用"（《朱文公文集》第四十一卷）、"圣人作乐以养性情"（《朱文公文集》第六十五卷）已不同于先秦两汉时期政治教化和天人秩序的礼乐了，而转向人的内心了，表现为人的内在心性体悟面向。也就是说，汉代的礼乐解决的问题主要是国家礼制等制度层面的问题，而到了宋明理学解决的问题主要是心性体悟等内在生命问题，已然不同。

我们现在来看清代的礼乐思想状况则会发现，江永、汪烜、戴震、凌廷堪的礼乐思想直接回到先秦两汉时期，尤其是戴震和凌廷堪的礼乐思想跳过汉代，远接《郭店楚简》的思想，汪烜的礼乐思想则主要是来自汉代。清代的礼乐不再是内在心性体悟，而是强调礼乐的经世致用功能和实践性特点。由此看来，礼乐思想在中国音乐思想史上并不是一成不变的，也非僵化定型的，而是表现为一个礼—理—礼的动态演变过程。总之，礼乐思想在中国历史上有着自己的发展脉络、思想逻辑和历史面貌，先秦礼乐思想和后世礼乐思想一脉相承又有变化发展。

结 论

一代有一代之学术，乾嘉朴学是儒学学术形态之一，其产生有着外在的政治经济社会因素，也有着内在的学术发展逻辑，具有独特的价值和意义。清代朴学是在对宋明理学反拨基础上建立起来的，表现为儒学学术形态的转变，即从哲学形态的理学转向社会学形态的礼学，从形而上的心性体悟到形而下的人伦日用。世人都言清代学术有考据无义理，事实并非如此，清代的考据中蕴含着音乐思想。清代学者的礼乐研究成果众多，本书所涉江永、汪烜、戴震、凌廷堪的礼乐思想有着自身的特色，礼乐问题在中国音乐思想史上并非一成不变。通过本书的论述，我们可以得出以下认识。

一、考据学当中有思想表达，即学术史—思想史的关系问题

清儒的礼学考证是更趋保守还是有新的思想活力？通过论述我们发现江永、汪烜、戴震、凌廷堪等人学术中有丰富的礼乐思想内涵，而不只是简单的考据训诂，考据训诂不能掩盖思想的开拓、精神的新创。

江永通过各种考证，阐发了其"声音自有流变"的通变思想，审美观是亦雅亦俗、雅俗兼采、与时俱进、礼时为大。汪烜在其《乐经律吕通解》（共五卷）中主要论述了关于礼乐的"淡在和上"的风格特点。理论阐释的同时还辑录有《立雪斋琴谱》，收录自己改编或自创的琴曲，以与其淡和思想相呼应。汪烜通过对《乐记》的阐释表达自己的思想，他认为《乐记》的主旨是"慎所感"，通过对"慎所感"的阐释、对"淡和"观的解读以及对靡漫凶过之乐的排除来彰显其主张，提出了"唯其淡也，而和亦至焉矣"（《乐教》）、"不淡故不是正乐，不和亦不是正乐"、"淡则欲心平，

和则躁心释"①等主张,主要观点就是正因为有淡,和才能出现,表现出明显的"淡在和上"的思想倾向。汪烜提倡以中正平和的正声感人,而排斥靡漫凶过、妖淫愁怨之声,通过淡和中正的音乐舞蹈涵养内心、化成民俗,同时他将"淡和"之乐作为区分正邪之乐的标准。他在《乐记或问》中提出"定为淡和中正之声容,以养人之耳目而感其心",总体表现为对雅正之乐的提倡和对今乐俗乐的排斥。其思想总体属于传统儒家思想,是较为保守的代表。他希望推行淡和风格的雅正之乐,以达到移易风俗和教化人民的目的,使社会安宁、政治稳定。其思想表现出崇尚雅正之乐,排斥靡漫凶过的世俗音乐特点。

关于汪烜礼乐思想的评价问题,今人研究多以批判为主,但如果将汪烜的音乐思想置入整个中国音乐思想史的发展历程中来看,也是有其合理成分的。他站在儒家知识分子的立场对"和"的新阐释有一定意义,其意义在于将"淡—和"的并列关系发展为"淡在和上"的先后关系,而并非一无是处。当然,汪烜对民间戏曲俗乐的禁止和排斥,在今天看来有其历史局限性。

戴震的礼乐思想是在批判理学弊端基础上建立的,他从先秦思想中寻找资源,通过文字训诂工作挖掘其中的义理内涵,主要观点是对礼乐中"情"的凸显,对理—欲、理—情、理—礼关系进行了辨析。戴震认为"情"是礼乐的本质,使情、理关系处于和谐平衡的状态而非以理抑情。他在《孟子字义疏证》中对与礼乐有密切关系的情、性、心、理、欲等进行阐述,提出了"情之不爽失为理""以情絜情"的命题。戴震肯定人伦日用之情欲,主张达情遂欲,认为"圣人之道,使天下无不达之情,求遂其欲而天下治"(《与某书》)的主张。"圣人治天下,体民之情,遂民之欲,而王道备!"②"道德之盛,使人之欲无不遂,人之情无不达,斯已矣!"③这都说明了戴震思想中对情的重视和凸显。

戴震从自然人性论的角度来论述"情",他说:"人生而有欲,有情,有知,三者血气心知之自然也。"他还借用《乐记》的话来呼应其主张:"夫民有血气心知之性,

---

① (清)汪绂:《乐经律吕通解·乐记或问》,载《续修四库全书》"经部·乐类",上海古籍出版社2002年版。
② (清)戴震:《戴震集·孟子字义疏证》,上海古籍出版社2009年版,第275页。
③ (清)戴震:《戴震集·孟子字义疏证》,上海古籍出版社2009年版,第309页。

而无哀乐喜怒之常；应感起物而动，然后心术形焉。……"[①] 戴震认为人有血气心知就一定有声色臭味的欲望，有欲望就一定有喜怒哀乐的情感，人能生存并感动相通就在于情感欲望，这些都是自然而然的事情，如此，天下之事才能兴起并发展下去。这里说明了他对人的自然性情欲的充分重视与肯定，说明其思想深处已萌发现代性因素，有着特别的意义。戴震的情论思想远接战国《郭店楚简》的思想，他们的思想深层都表明对人的感性生命的合理性的认识。

凌廷堪作为戴震的私淑弟子，在治学思路和方法上都对戴震有所继承。凌廷堪是在礼和乐两方面都有卓越创造的一位学者，他面对理学造成的弊端进行批判，主张抛弃理学的游谈无根和空疏虚举，将理转为礼，进而落实到人伦日用中，用礼乐的经世致用功能来改造社会、收拾人心。凌廷堪的主要礼乐思想可归结为"以礼代理"，他对"以礼代理"的思想基础和内涵意义、实施途径进行了详细阐述，以凸显其礼乐经世、伦理教化等功能。同时他还从"以乐观礼"的角度来印证其礼乐思想。

在思想基础中，凌廷堪认为礼乐为圣人之道，有经国济世的大经大法功能，认为礼乐是先王取法天地自然之道，顺应人道而建立的。同时凌廷堪也从自然人性的角度对人的自然情感欲望给予肯定，他认为礼乐也与人的情感相通，礼乐能够起到平和人心、节制情欲的功能。在实施途径中，他主张人们学习礼乐，在洒扫应对、进退之节当中涵养其德，使其举止得庄、容貌恭顺。他希望在乐舞的仪式操演中达到教化人心、和谐社会的作用，因为他认为礼乐的"即一器数之微，一仪节之细，莫不各有精义弥纶于其间……"[②] 凌廷堪和戴震一样重视礼乐践履，目的是建立合理有序的社会，他们也清醒地认识到建立有序社会需要"缘情顺性"，需要安顿好人性情欲，如此方能达到目的。总之，凌廷堪的思想与戴震思想有着一致性但也有自己的特色。

我们这里也不妨再次申明考据和义理的关系问题。前文述及戴震36岁时与惠栋在扬州会面是其学术转折点，戴震赞扬惠栋："先生之学，直上追汉经师授受欲坠未坠埋蕴积久之业……震自愧学无所求，于前儒大师，不能得所专主，是以莫之能窥测先生涯涘。然病夫六经微言，后人以歧趋而失之也。"[③] 戴震肯定惠栋以训诂治经的方

---

① （清）戴震：《戴震集·原善上》，上海古籍出版社2009年版，第333页。
② （清）凌廷堪：《校礼堂文集·复礼中》，中华书局1998年版。
③ （清）戴震：《戴震集·题惠定宇先生授经图》，上海古籍出版社2009年版，第214页。

法，戴震自己说，学习训诂是为了明经求道，为了通晓义理，训诂只是手段，目的是求取义理，义理的求得要有考据的基础，如此义理才能坚实，考据若不以义理为目的就削弱了存在的意义和价值，两者互为表里，不可分离。或者说，思想史是以学术史为基础的，思想史表现为价值关怀，学术史表现为考据实证，价值关怀和考据实证或者说义理探讨和小学考证两方面不可偏废，戴震将对典章制度的研究和义理结合，开创了考据、义理结合的新的领域。戴震的贡献也可说是由训诂以求义理的思路，这是对考据学的新发展，代表作就是《孟子字义疏证》。其后的凌廷堪、阮元、程瑶田、焦循等都是考据和义理结合的代表。

因此，我们回头来看清代朴学，并非只钻在故纸堆里考据，而是有新的思想活力绽放。也就是说朴学的考据训诂当中蕴含有深刻的思想内涵，而不是先贤时人所谓的"为考据而考据""为学术而学术"，清儒是有学术关怀、现实关怀的。由此看来，当今的音乐美学、音乐思想界对乾嘉朴学中的音乐思想认识和研究是需要加以正视的，对学术史和思想史的关系认识也是需要再斟酌的，有回到小学训诂等知识层面去理解的必要。本书所涉乾嘉时代的四位大学者经学成就都很高，经学中必然涉及礼乐问题，故此他们也都思考礼乐问题、乐教问题，这些对于我们认识清代音乐思想有一定启发意义。更为重要的是，本书的思想价值和意义还在于揭示了一种现象，即在清儒的思想深层萌发有人性觉醒或自然人性论的因素，预示着中国文化的深层已有现代性的因素生成。这从戴震和凌廷堪两人从自然人性论角度揭示礼乐与情欲的关系可以看出，可以说，这也是我们通过音乐思想史的视角揭示出的清代思想史的特质之一。

二、对礼乐的再认识

礼乐制度自周公建立，经孔孟等诸子仁义思想的注入，进一步成为完善的文化系统，其内含的价值观、行为准则等一直发展至今，成为中国文化的重要特质。其所倡导的道德、政治、伦理教化等功能，在维护人伦和谐、社会秩序等方面发挥了至深至远的影响，表现在国家政治、社会人伦、个人心性等各个方面。《吕氏春秋·孟夏》："乃命乐师习合礼乐。"高诱注："礼所以经国家，定社稷，利人民；乐所以移风易俗，荡人之邪，存人之正性。"[①]说明了礼乐所具有的强大功能，已经内化为我们的思维方式和行为准则，几千年来拥有强大的生命力。

然而，关于礼乐，今人研究多以批判为主。近代以来，儒家文化包括礼乐文化被作为封建糟粕而遭到大力批判。音乐学术界也是一样，认为音乐不应该被附上过多的政治、伦理、道德等内容。但是从学理角度进行理性的分析，是不是还可以有不同的认识，礼乐在几千年的历史发展中真的是如一潭死水那样僵化的吗？关于礼乐，我们是不是可以有不同的声音？本书通过梳理认为礼乐以其深刻的价值内涵对人性起到安顿的作用，属于生命意义的学问，有着顽强的生命力，其倡导的仁爱、恭敬、宽厚等主张对我们个体、社会等都有着无可取代的价值和意义。礼乐不是放纵的文化，而是节制的文化，因此，礼乐在中国人的生活中意义重大。而汪烜的文化保守主义色彩，其根本要义是对价值理性的维护，关注的是人的道德价值和生存意义问题，这一点是值得我们肯定的。因此，我们应该回归语境来探讨问题，具体问题具体分析，而且问题探讨的前提一定要明确。

通过本书的分析，我们似乎可以得出这样的认识：礼乐思想几千年来在不同的时期跃动着不同的脉搏，表现出不同的思想活力和动态的演变过程。有作为国家制度层面的礼乐，有内在化的心性层面的礼乐，还有社会践履层面的经世致用的礼乐，呈现出自己的内部发展脉络和演进轨迹。所以，从"长时段"及大的视野来看，清代诸如江永、汪烜、戴震、凌廷堪等人的礼乐思想只是长时段中的一个时段，并不代表礼乐的全部。礼乐系统是一个开放的系统，它不是僵死的而是流动的、鲜活的。我们应该具体问题具体分析，改变固有观念，今日的有些认识还有需要进一步厘清和修正的必要。

三、自然人性论的凸显

通过本书的分析尤其是对戴震和凌廷堪的阐释，我们发现，中国在 18 世纪已经萌发了现代性的因素。也就是说，他们的思想中都不同程度地涉及了自然人性的问

[①] （战国）吕不韦著，陈奇猷校释：《吕氏春秋新校释》，上海古籍出版社 2002 年版，第 188—194 页。

题，以及对自然人性中情感欲望的肯定问题。他们对人之为人的自然欲求如听、目、闻、味等本能需求加以肯定和提倡，这些认识与原始儒家有着一致性。戴震对人的自然情欲给予肯定，与《郭店楚简》的情论遥相呼应。凌廷堪也承认人的自然欲望的合理性，复归先秦。当然，肯定人的自然物质欲求并不等于放纵欲求，而是将其控制在一个合理范围内，阻止、压抑不可取，完全放纵亦不可取，他们肯定情欲同时也节制情欲，使其达到平衡和谐的局面。

本书所涉四位经学家尤其是戴震、凌廷堪，他们的礼乐思想有着特殊的意义，代表了18世纪的中国社会已经萌发了现代性的因子，具有启蒙意义。

四、儒学地域化性格问题

学术的地理分布是观察中国学术特色的一个维度。本书所涉四位儒者江永、汪烜、戴震、凌廷堪皆为徽州人，是徽州学派的代表，因此，通过论述，我们可以从地域视角来考察儒学的思想性格问题。

作为地域文化的徽学，其内容主要有经学、朴学、徽商、书院、礼俗、民居等方面。徽州学派在中国学术史界产生了重要影响，是中国学术中的典范之区，有"程朱阙里""东南邹鲁"之称，底蕴深厚、成果众多，有人称徽州"人才之盛，诚远迈他派矣"[1]，成为全国卓有影响的学派，广为流布。该派以理论建树而立于学界，其思想创造影响广泛而深远。与岭南学派、湖湘学派以及京城学术并立于学界，所以，徽州学术可谓中国学术的一个缩影。徽州学派研究范围广泛，举凡历史文学、典章制度、碑刻字画、律吕天文等皆有研究，尤以礼学研究著称于世。

明清以降，徽州的经济文化商业繁荣，是人文荟萃之地，学风朴实、书院林立，成为明清之际的文化中心。徽州学者在经学、史学、哲学等领域成就卓著，考据训诂亦成蔚然之势，尤其是戴震在小学文字、音韵训诂、典章制度方面的研究影响巨大，其在考据基础上的义理阐发更将徽州学术推上新的学术高度。在他的影响下，一批徽州学人继续耕耘，在典章制度尤其礼学方面成果丰硕，江永、戴震、金榜、段玉裁、

---

[1] 支伟成：《清代朴学大师列传》，岳麓书社1998年版，第145页。

程瑶田、王念孙、汪中、凌廷堪、阮元、胡匡衷、胡培翚等撑起了徽州学派的一片天空。

徽州学派崇尚朴实无华的学风，注重踏踏实实、力戒虚空的治学方法和态度，主张"无信不征"，遵循戴震"由字以通其词，由词以通其道"的思路，加上经世致用的学风，其文字训诂、审订文献、校勘谬误、辨别真伪等治学方法都成为后世学习的典范。

通过本书的论述我们可以看出，徽派在礼乐研究方面硕果累累，江永精于"三礼"研究，汪烜对礼乐进行新解读，提出"淡在和上"的理论，戴震对礼乐与情的关系的研究，凌廷堪的"以礼代理"的提出等都是徽派在礼乐方面的治学特色，更不要说本书还未涉及的程瑶田、焦循等人的礼乐研究了。所以，从地域学派视角切入，可以看出此地的学术风格和特点。在这个方面，当代音乐学术界对中国传统音乐学术的研究上学派意识十分淡薄。而这恰恰是学术史和思想史需要重视的，可以说，我国东南部是清代学术重镇，这一带的学者在历史上影响重大。因此，笔者选取地域学派这一视角，也意在提醒我们的研究需要关注学派这一视角。当然，清代的礼乐思想内部也有不同表现。本书提到的四人的思想也有不同，比如汪烜的礼乐思想较为保守，属于传统的儒家思想，提倡淡和的雅正之乐，排斥今乐俗乐；而戴震和凌廷堪的礼乐思想则表现出了革新的一面，比如他们对自然人性论的高扬和提倡，其中蕴含着现代性的因素。所以，也不是一概而论，应该具体问题具体分析。

附录

汪烜论乐文字辑录

《乐经律吕通解》自叙

（据《续修四库全书》"经部·乐类"）

乐为斯世所不急之务，亦斯世所难穷之理，弃当世所共为者不务，而孑然用其心于斯世所不急之务，与斯世所难穷之理，伊何拙也？虽然，前此有为其拙者矣。蔡西山其人，自宋元明而下未一二数也，更前此有为其拙者矣，司马迁其人。自汉魏晋唐而下又未一二数也，此其人之或是或非，或纯或驳，未易具论。要之其志皆不可谓不尚者。先王教人，莫先礼乐，而遗经阙然，礼经之无，朱子尝手定大略，而黄勉斋承之，乐则仅留《乐记》一篇，律吕器数都无可考。蔡西山综揽先儒所论识，而抉择其当，以成《律吕新书》。《乐记》言理，西山明律，理以律为归，律以理为断，是二书者，不可不合以参观焉者也。然理寓于声，而器衷于律，斯乐之理存焉，器数声音，又不容以不考也，因是合《乐记》及西山书，疏通其意，复上采《周礼》《考工》，下及儒先注疏，以考其器数声容之略，亦成《续新书》二篇以附于后，总名之曰《乐经律吕通解》。

《乐记》之为经旧矣，他所辑萃，亦本遗经。经名非僭也，其曰"通解"，通二书解之，亦附朱子、勉斋之志。其音声度数之实，则多访之伶人乐工，而酌之遗经以及先儒之论，以求一当，非敢悬为臆揆。然不惮其卑且烦也，则愈拙矣，顾以谓乐本天地，制于圣人，先王所为立之学等，广之天下，粤（乐）以化民成俗，而今乃下遗于伶人贱工之事，学士语其理则难之，稽其数则烦之，执其器则羞之，遇其人则贱之，苟有谈其事者，则相与迂之拙之，是恶乎可？今天子留心制作，方且兴起礼乐以比隆先王，学士预为究心，以待朝廷采择，或有成哉。不则获以其拙附于朱、蔡其人之后，亦予快也。又不然，则圆径之不审，金石之不考，通典之不读，受贿之不知，易钟之不辨，而或以浅见寡闻，迁就杜撰，毋乃上负朝廷盛心，而前为韦、孟、荀、何、和、胡、阮、李、范、马、刘、杨、陶、冷诸贤所笑。乾隆癸亥季秋月望婺源汪烜自叙。

再叙

古《乐经》亡矣,《乐记》一篇,刘向所校,马融因附之《小戴礼》中。烜于《礼记》已为之章句,兹又特表出之以为《乐经》,非僭经也。其言理博大渊微,是广博易良之教在是也。朱子表《学》《庸》以列之四子,以明先圣之传,则兹表《乐记》以备先王之经,其亦或可以无嫌者。

答朱子皇皇于礼经,至寝疾病不忘,而于乐则未遑及,然未始不殷殷在念也。其徒蔡西山纂述《律吕新书》,探赜索隐,钩深致远,几与孔子之说卦同功,故朱子独有深契焉,欲知乐者,舍是书则末由。而《乐记》之言理,亦空谈耳,后世犹有逞私智以背击西山者,兹特表而属之《乐记》之后,明理无二致也,则以是为《乐经》之传焉,可也。

朱子云:季通更欲均调节奏,被之管弦,别为乐书,以究其业,然则均节奏、被管弦,固西山志也。不考之器,不审其音,则乐之用不显,兹用为之《续编》以附于后,庶义理度数皆有可凭矣。 双池汪绂再识。

《乐记或问》

(《乐经律吕通解》第一卷,载《续修四库全书》"经部·乐类")

或问《乐记》一篇之旨,曰:"《乐记》大旨,不外'慎所感'三字之意。盖人心体用不外感寂二端。方其寂也,一理涵于太虚,无善恶邪正之可言。及物之所感,顺逆互投,而心之感于物也,亦因以百虑殊途而不可胜纪。感应之交,有相得不相得,而七情以分,应物之情,有理义形气之分,而邪正是非异矣。然感寂非二端,体用不相离。由乎中而应乎外,制于外则所以养其中,则感之不可不慎也。人性不能无动于感,此由中应外之理。慎所感以养于正焉,则制外养中之道也。"

曰:"慎所感之必于乐,何也?"曰:"人心之用也,不外视、听、言、动矣。目之于色也,耳之于声也,口之咏歌也,身之舞蹈也,皆天性也。然天理之心微而难见,而声色之感动则易流。得其天理之正,则视色、听声、咏歌、舞蹈,何莫非天理之存？一动于形气之私而不知自反焉，则声色之流，乃或至诬上行私而不可止。情之发于声色者，既有邪正之殊，而声色之感人也，又相与屈伸往来于无穷。淡则欲心平，和则躁心释，以正感人，而人胥化于正也。妖淫以导欲，愁怨以增悲，以邪感人，而人亦胥化于邪矣。先王知声色之迭感为无穷也，于是定为淡和中正之声容，以养人之耳目而感其心，使歌咏舞蹈之，以与之俱化，而妖淫愁怨之音，则放之使不得接焉。是先王慎感之道也。"

曰："然则篇中又以礼并言，何也？"曰："礼乐政刑，其致一也。乐之节即礼，礼之和即乐。礼不和，不可为礼，乐不节，不可谓乐。篇中所以每合言之也。然则其分何也？"曰："以其和言之，谓之乐；以其节言之，谓之礼。如子尽其为子，父尽其为父，此礼之节也。子子，则孝其父矣；父父，则慈其子矣，是乐之和也。"

曰："父慈子孝，何当于声色歌舞也？"曰："人非貌言视听，何所为物我之交，声色歌舞之外，又何所为慈孝哉？故下气柔声，所以乐亲之耳也；愉色婉容，所以乐亲之目也。动于己之心志貌言，感乎亲之耳目心思，乐之所为统同也，何莫在是？"曰："若是，则自尽其别异，乃有以统同，礼先而乐后矣。而篇中又每言乐从天，礼从地，乐著始，礼居成，何也？"

曰："先乐后礼，天之道也；先礼后乐，人之道也。维天之命，于穆不已，而乾道变化，各正性命矣。父子兄弟，一本而分，是以其情之挚也，要惟各尽其分焉。而后情有以相洽，则人道之当然也。自同而异谓之性，自异而同谓之教。和则序矣，序则和矣"。

曰："然则礼乐皆性情之德耳，而作乐必本于律吕，何也？"曰："是天地之太和之所自然而著也。气化之于物也，杂然流形，而物物之相值也，要必有相得而合者存。律吕之于声也亦然。人之为声，和顺而中正，则其应乎律也，亦必舂容而顺序。其或愤疾愁怨，淫佚流荡，则其于律也，亦必陵节而无序。且奸乎本宫而滥及他律矣。是以声之合律也，此人之声与天地之气自然而相应者，无待于强也，先王审律以定和，则定为淡和中正之音，以和民声，以养于正，而使之勿即于淫也。"

曰："声则然矣，而色之于律也何居？"曰："亦莫非此理也。五色分布于四时，律吕还应十二月，其错综虽不同，而相得有合之理则一致也。"

问："《乐经》二十三篇，今存此十一篇，其余十二篇者，先儒汰之与？抑即于遗亡与?"曰:"汉晋六朝之间,古书之复遗失者甚多,不独《乐经》也。而《乐经》则尤其易至于遗失。今观《乐经》所遗篇名,曰《奏乐》者,是盖古琴瑟笙磬节奏之谱也。曰《乐器》,则琴瑟钟磬凡器之制度也。曰《乐作》,则教人作乐之法也。曰《说律》,则十二律相生相用之法,规径长短之准也。曰《招本》《招颂》,盖《韶乐》之遗。是其篇盖多有谱无文,如鲁鼓薛鼓之类。即其有文字处,亦琐碎不可读。故儒者不能传,乐教之亡,不惟秦火之咎矣。其《意始》《乐穆》《乐道》《乐义》诸篇,则未敢悬揣其义。《季扎》篇盖即《左传》所载观乐之语。《窦公》篇亦无可考,要之有遗忘,非简汰也。当日成周制作,乐备六代,自有全书。汉初,制氏、刘氏及河间所得,已不过千百之十一。今又并其十一而忘之,亦可惜矣。然遗书不多,则二十三篇之目,殆汉儒分章名,题且有失本意者,未必所遗之旧也。孔氏谓此取十一篇合为一篇。吴氏又谓此只删取要略,而非十一篇全文,此固无从的考。但司马迁作《乐书》,彼在武帝时,采取已不过如此。今玩本篇,则前后一气,中间有分有合,有提有束,有伏有应,脉络通贯,义理渊微。乃不此之求,而必为断截区分,前后错置,自某至某为某篇。及按其所命篇名,则又有未甚亲切者,不亦泥古之过乎!盖刘向所得之二十三篇,诚未知与此合否。而此记则自成一篇,无劳附会。就本记玩之,意味已无穷,所恨器数之亡,不必憾此篇之少也。故《正义》所分及草庐所定,皆不取云。"

问:"此篇立言之节次,可得而详言之欤?"

曰:"首章言乐之本,由人心之感于物,而先王制礼作乐则以慎所感而同民心也,所以总起一篇之意。次章言上之所感者有乖和,而民之所应有安乐怨怒哀思之异,故审乐可以知政,而人君不可不慎所感也。第三章言惟君子能审音知乐,故反躬自修,以立礼乐之本,然后制为淡和之乐以感人,即首章同民心出治道之意也。第四章复言性情之德,寂然不动,感而遂通,惟所感之不慎,则其流将至于穷人欲灭天理,故先王制礼乐,人为之节,则好恶平而人道正,此又即首章之旨而详言之也。第五章则承第四章而言先王制作,成功所合,与天地一。第六章又承第四章而言先王制作,效法所本,源于天地。第七章又承五章六章之意而深赞之,见礼乐非有两事,以通结上六章之意。自首章至此为一段,皆言礼乐之本原,所以明先王制作之由也。第八章言圣王作乐,本其所自乐者而广之天下。因举六代之乐,以见乐之所著即德之所存。盖亦即首章慎感之意,而将以本之君身言之,又以起下六章也。第九章言先王以礼乐为教，所以法天出治而使民象德。第十章承上章而言先王稽度数，制礼义，以尽制作之详，所以感人深。第十一章承前章，而言先王反情和志，比类成行，以立制作之本，所以移风易俗易。第十二章言乐必本于德，不可为伪。第十三章言德之形见于乐，足以化民。第十四章又合礼乐之体用，而推言其化成之功赞助天地，以通结上六章之意。自第八章至此为一段，皆言礼乐法度之详，本身之德，所以详先王制作之实也。第十五章言礼乐有本末精粗之体，而其成于人也，有德艺行事之殊。盖将以学者之事言之，又以起下四章之意也。第十六章，子夏论古乐。第十七章，孔子论《大武》，皆审于器数声容之中，而自得于器数声容之表。所以为圣贤之于乐，而非童子、有司、宗祝、瞽矇所能与者。第十八章言君子致礼乐以治身心，则德行之所以成，而由本身加民，又盛治之所从出也。第十九章又合礼乐之体用而言其本原之一致，以通结上四章之意。自十五章至此为一段，皆言礼乐有本末精粗，而君子淑身，贵得其形上之理，所以详言学者节礼和乐之功也。第二十章复言乐本乎人情，以申先王作乐之旨。第二十一章又引子贡问乐，以申学者成德之事，是此篇之大凡也。"

问首章之说。曰："此章言乐之本由人心之感于物，物之所感有顺逆，而情之应物以成声者亦以殊途，是足以见所感之不可不慎矣。故先王制为礼乐政刑，皆慎其所以感民之道也。"曰："声相应，故生变。旧注谓声之辞意相应，自然生清浊高下之变，非欤？"曰："声至成方时，始有清浊高下，辞意相应，未便见其变也。且应字正从感字来，则可知是言声与物相应，非声之辞意相应矣。声相应，故生变，便是次节之意。次节乃承此二语而详言之，以起慎感之意，旧说失之。"曰："哀乐喜怒爱敬之情，何得何失？"曰："六者各有得失，此只以见情因物感，声以情变，以见感之当慎耳，不以六情分得失也。"

问："乐以和其声，刘氏谓和其声之所言，使无乖戾，是以乐来和民之声否？"曰："刘垓孙亦未见得明白。乐是情之不可变者，礼是理之不可易者。是将那礼来感人，使人志有定向；将那乐来感人，使人声无乖戾。如此说，方见是慎所感。"

问次章之说。曰："此章言声音之道与政通，正以见感之不可不慎也。"曰："政统礼乐政刑言，夫声成文而为音，音被管弦而为乐，是音乐固下所以应也，而又为上之所以感乎？"曰："人以感物而有声，而声又足以感人，屈伸往来，非一端可泥也。是故喜者笑，而闻笑者皆欲笑，哀者哭，而闻哭着皆欲哭，上之感下非一端，而乐为易,下之应感非一事,而音为著。礼乐政刑,皆感之具。上有好者,下必有甚焉者。下之诬上行私,实上之新声艳冶必有为之倡者也。声音之道与政通,又欲为上者察于音以修政。如下章所云,非只云政失而音慢已也。"

曰:"五声之序,相生之法,与五行不合,何也?"曰:"五声是个倒数,其皆以宫定,则犹五行之皆以土成也。"曰:"律以定声,律定则声定矣,乃与政通,而有怗懘陵慢者,其即律之乱欤?抑律虽有定而不足以正音欤?"曰:"律之于声,有定而难定者也。声之应律者其常,然琴弦大小有定纶,琴徽远近有定度,而紧慢异调,阴晴又变。笙簧重轻,亦有定律,而调时又须点过,是声有不应律时也。箫管之孔有定,而吹之徐疾轻重失宜,则音又变,以人气未和也。孔子既祥,五日弹琴而不成声,哀意未平也。周景王铸无射,伶州鸠知其心疾,师旷吹南风,知楚之不竞,隋文帝新乐成,老乐工投器于地,此中感召于微,有非律所能定者,浅陋者不识也。"曰:"怗懘与慢,亦有不同否?"曰:"怗懘者,障碍之意。声律大概是和,却偶一二声不合,便怗懘。若乱,则此声全不肯应律。如琴七弦,有一弦全然不调也。然不止是不调,有音甚好听而实不合律者,此更不易知。慢,则五声皆乱矣。"

曰:"五声皆乱,便不成声矣。然则郑卫之音全不合律乎?"曰:"不如此说,乐贵淡和,八风从律,其声便自淡和。不和固不是正乐,不淡亦不是正乐,《周礼》禁其淫过凶慢。曰慢者,举甚而言,不是不好听,却是忒好听,忒好听而无分际,亦是不成声。比如元人北曲,并用七律,却黜勾用上,已自越限;南曲则黜乙用上,又无和缪,岂不徵角皆乱。况其狭成涤滥、淫液(佚)流荡,烦声远节之间,正非逐字定律所能限,则此宫而奸于彼宫,此律而溢于他律者多矣。至转宫换调之间,商徵之大于宫,徵羽之大于宫商者,又习以为常而不知怪,非不悦耳也,而所谓慢者正即在此,难为不知乐者道也。"

曰:"郑卫之音,以诗淫故声淫欤?抑音之淫慢,其不尽由诗欤?卫有《桑中》无《桑间》,'濮上'又无其诗,则小序之引此,安知非附会欤!《东莱诗记》以《桑中》为刺淫,朱子驳之。《诗》记其果非欤?"曰:"诗之与声,是一是二,人之情有偏著时,虽歌《雅》《颂》,声亦怗懘,此如情有甚悲,而强向人欢笑,只益增悲。则音之陵乱固不尽关乎诗,然此一时之偶也,诗言志,歌咏言,声依永,律和声,本末一致,未有诗不淫而声淫者,亦未有诗淫而声不淫者。入大成殿,必不为淫亵态,演

《西厢》剧，自难作庄重声。郑卫之慢，正以其诗淫之故，所谓'乐者，情之不可变者也'。间尝以《桑中》诗谱之琴，其声柔转妩媚，恰如俗唱《玉何郎》《银纽丝》之类，乃知审一定和，诗志于声有不容掩者。今之全不知音者，既惘然于声诗之辨，而或且分声诗而二之，谓郑声之淫不在诗，以毁诋朱子，则妄作聪明，而无忌惮也。"

问第三章之说。曰："此章言乐通于政，而惟君子能知之，故君子审乐知政，而以礼饬身，以立出治之本。礼乐之本既得于己，则以其得于己者而制为礼乐以感民，所以教民平好恶而反人道之正，正首章慎所感之意也。"曰："知乐则几于礼，解者多云能知乐，则庶几于礼，此于文意似顺，惟应氏以几训察，谓为辨析精微之意，然其意亦只谓能知乐则能察于礼也。子之说却又倒一解云，能知乐而通于政者，必其能察于礼而体于身者也，其必变于旧说何也？"曰："知乐本难于知礼，非深于礼者必不能知乐，谓能知乐乃庶几于礼，是不察乐之精奥矣。故武林之说得之。然徒曰知乐则察于礼，犹未知礼乐之先后难易者也。玩记一矣字，可见几礼自据已能者说。盖乐中所通伦理便是礼，礼为天秩，人须是于天理上逐件看得分明仔细，然后声入心通，而得乐之所以和与所以慢之故。若于伦理上先察之未审，则如何可通之于乐而审乐以知政哉！"曰："如此，则亦曰察于礼可矣，必曰体之身何也？"曰："非体之身，则无以实知其理，未可以云几也。"曰："既体伦理于身矣，则君臣民事物皆得其道，而乐自无怗滞矣，又何庸审乐知政也？"曰："惟其能时时省察，乃是其能体之于身处，若自以为皆得其道，则是不能体之于身矣。试看舜何如人，舜时之治何如治。然必曰：'予欲闻六律五声八音在治忽，以出内五言，汝听。'则此章所云，自可识矣。"曰："知乐几礼，便是礼乐皆得否？"曰："知乐几礼以知言，皆得以能言，能得便是无不序无不和，此制作所以同民之本也。"

问第四章之说。曰："此章言人之性情感物而动，物感无穷，而欲动情胜，不为之节，则必至于大乱，是感之不可不慎也。故先王制礼乐，以人为之节，礼乐刑政四达，尽善不悖，先王之慎所感也。贵贱等，上下和，贤否别而政均，则慎感之效，至于无怨不争，则乐达礼行之郅功也。"曰："四达不悖，刘氏言四者通行于天下，而民无违悖。子之说则云：以四者达于天下，而皆尽善，无所违悖。不悖二字不当属之民乎？"曰："然。此节只言王道备，是只就王者制作上说，未说到民之从之也。"曰："言礼乐之效，却从为同为异说起，何也？"曰："原礼乐之尽善不悖处，以将言其效，故先言所足以致效之理也。不然，则贵贱等上下和之所以然处不见矣。"曰："仁义二句，陈氏以仁义为礼乐之辅，其未是欤？"曰："立人之道，曰仁与义，道无更出于此者，奈何反以仁义为礼乐之辅，此不知仁义礼乐者也。乐以合情，便是仁以爱之；礼以饰貌，便是义以正之。……"曰："礼而曰文，自易说，乐而曰静，便难说，是当会其意矣。乐者，情之动于外者也，驰于外，便不静了。惟其由中出，则静亦静，动亦静。和而有节，故说是静，静便是坦易处，若动而失其中之本然，便险陂去矣。礼本是静物事文，非威仪交错之谓，乃顺理成章之谓。若说到仪文上去，则下文简字连接不上。盖礼而烦琐拘急，便不文了，惟其顺物之理而作，则从容不迫，故说是文，文便是简能处也。易简二字，实就礼乐说，不必言如乾之易，如坤之简。刘氏虽未尝说错，却少发明。大抵此节将礼乐都说到至处。"曰："合父子之亲一段，刘氏依本文说，谓乐之达乃天子行礼之效，子独取应氏说何也？"曰："解经须以辞意顺适为得，应氏说自是坦易。若如刘氏，则委屈费辞，且此节皆言礼乐之效之至，不必又专以行礼归本天子。乐自有乐之实，亦难说乐之达于天下乃天子行礼之效。"

问第五章之说。曰："此章承上章易简而言成功之所合也。同和，易也；同节，简也。百物不失，和之至也；祀天配地，节之效也。祀天祭地，乃天地位之意。言祀天祭地，以叶韵耳，非谓以此礼单去祭天地也。明有礼乐，幽有鬼神二句，总收上四句。如此二字，即连明幽二句作现成说，言幽明之符合一理如此，则四海合敬同爱矣。合敬，即上章四海之内，合父子之亲，明长幼之序，以敬天子也。同爱，即上章暴民不作，诸侯宾服，兵革不试，五刑不用，百姓无患，天子不怒也。殊事异文二句，又以礼乐之事理言，以起下文也。敬爱之情同，故明王相沿，而殊事异文，则事与时并，名与功偕。盖维天之命，于穆不已，物之所为，并育并行，而乾道变化，各正性命，道之所以不害不悖也。礼乐亦此理而已，然非圣人不能与也。"曰："章末以明圣述作言何也？"曰："明述只带言，殊非章意所重，陈氏多作征实，却没要紧。"

问第六章之说。曰："此章承前章同异而言效法之所本也。观天地之和，则有为同之理；观天地之序，则有为异之理，百物一本而化，斯有相亲之仁；群物万殊之别，斯有相敬之义。故圣人因天以作乐，法地以制礼也。过制二句，即前章乐胜则流，礼胜则离之意。不明于天地之序和，故有过制过作之失。故必明于天地，然后能兴礼乐。情、官，乐之所以合情；质、制，礼之所以饰貌。若夫以下，推之以与民同,则所以等贵贱、和上下也。盖序和之道,百世无敝,而穷变通久,与时偕行。若徒沿袭成迹以为礼乐,则末流之失,必至于乐过而忧,礼粗而偏矣。故非大圣之明于天地,不能敦乐而无忧,礼备而不偏也。"曰:"过作过制,刘氏意属造化言",曰"有制作字,便是就人事言矣。刘氏云:'如阴过则息,阳过则亢',看他如字,亦是就人事言,但少发明耳。"曰:"论伦无患,刘氏云:'论者,雅颂之辞,伦者,律吕之音。辞足论而音有伦,故至和而无患害。'子之说似泛。"曰:"只就训诂言,则刘说似胜,却不知拘在声律上言乐,便失此章之旨。大概情、质、官、制,只就礼乐本然道理言,未涉诗律上事。上节言天地本然序和,此言人心本然之序和也,故论伦只是言行。至若礼乐之施于金石以下四句,方是说先王之制作而用之民,则'此所以与民同',此字正指情质官制言。谓推此以与民共由,正所谓节民心、和民声、合情饰貌、等贵贱、和上下之事也。先王以礼乐感民,正要人皆论伦无患,中正无邪,情质官制,又即在金石声音祭祀之内。而方氏刘氏却谓情质官制,其义难知;声音祭祀,其数可陈,故众人所共知,则大失此章之旨矣。且情质人所同有之德,官制亦人所共有之情,非如他处说礼乐到深微奥妙为众所不能知者。《记》言'所与民同',分明说与民共由,非言民所同知也。若情质官制竟为民所不能知,则先王亦乌用是声音祭祀虚文而谓为礼乐之教哉!"曰:"干戚之舞四句,陈氏云'干戚、武舞,不如韶舞之尽善尽美,故非备乐;熟烹而祀,不如古者血腥之祭为得礼意,故云非达礼'。此亦似重本之意。"曰:"如陈说,则全是偏枯之论。《记》明言礼乐不相沿袭,又奈何独美血腥而薄熟烹,舜舞干羽于两阶,《韶》舞何尝不用干戚。盖此节《记》意,与礼器礼之近人情者非其至,及《郊特牲》不可同于所安乐之意,都大不相似。《记》意以王者制作,效法天地之序和,其所推以教民者,在于情质官制,而非徒干戚熟烹之末耳。熟烹非达礼,血腥又何尝为达礼哉!惟礼乐有其情质官制,而非徒干戚熟烹之末,故礼乐之文,帝王不相沿袭。苟徒以干戚之舞为乐,则逐外所流,必至于忧;以熟烹而祀为礼,则粗迹所循,必至于偏,而皆忘其情质官制矣。敦乐而无忧,仍是论伦无患。礼备而不偏,仍是中正无邪。此旨云庄全未梦见。"曰:"子谓上章及此章皆承第四章之说而申言之,意思固甚好。但上章'礼乐之情同'以下,此章'干戚之舞'以下,似觉又生枝节。"曰:"事与时并,正是成功之与天地合,敦乐备礼,推以教民,正见效法所本之精微。但旧注往往不得其意耳。"

问第七章之说。曰："此章言天地之序和，即本然之礼乐，而圣人之制作一天地之序和，是效法天地者，即还而赞助天地，所以总结上六章之意也。自节首至'义近于礼'，言效法所本，自'乐者敦和'至'天地官矣'，言成功之合。天尊地卑节，申言天高地下，万物散殊，而礼制行。地气上齐节，申言流而不息，合同而化而乐兴，皆言效法所本也。化不时节，合上二节而结之，见礼乐之相须一致也。末节则复言成功之合与天地一，是先王之所以化成天下也。"曰："天高地下二节，陈注言：造化示人以自然之礼制，自然之乐情。意皆属天地言。刘氏言：圣人法之则礼制行，法之而乐兴。是以礼行乐兴属圣人言。二说意稍不同。子注似用陈意。然以'义近于礼'以上为效法所本，乐者敦和以下为成功所合，则仍用刘意，何也？"曰："正以'义近于礼'以上为效法所本，'乐者敦和'以下为成功所合，故礼制行乐兴，当且就自然说，未及圣人之法之也。观下二节《记》意可见。但近乐近礼二近字，刘、陈俱未得其解。"曰："天尊地卑节，陈注俱言圣人制礼，取法于尊卑，云云，是实就圣人效法言，章句独且悬空说理，何也？"曰："此只当如应氏说。观结句云，礼者天地之别，只就现成说可见。且此节阑入圣人制礼事，下节却阑不入圣人作乐事。即如本节首六句，可云圣人定君臣取法于天地，位贵贱取法于尊卑。至性命不同句，则必不可云同性命取法于方以类聚物以群分。况在天成象二句，其下直接天地之别，是原未尝以取法言。陈氏强填入衣冠旐（旗）裳等语，不已浅狭而徒添注脚乎！化不时节，亦尚是据自然道理言。故曰天地之情，乃遽以制作得失言，亦未是也。"曰："末节：'著不息者天也，著不动者地也'，应氏意就天地之昭著言。子则云，天地之不息不动，圣人以礼乐著之，是礼乐亦天地而已。此意自精妙，然则一动一静，天地之间，亦是将礼乐合到天地说。"曰："然。"

问第八章之说。曰："此只观舞知德一句，是一章主意。提起德字，为下六章发端。而所谓德者，即前第三章所言，礼乐皆得之德是也。舜歌'南风'，自乐其德也，作乐以赏诸侯，广德教于天下也。又并列六代之乐而释之，以见其皆德之所著也。自此章以下：下章曰，行象德；十章，以绳德厚；十一章，奋至德之光；十二章，德者性之端；十三章，乐终而德尊；十四章，达神明之德，章章照顾德字，则此章之旨亦可见矣。"曰："夔之制乐岂专为赏诸侯，王氏之讥无当欤？"曰："《礼记》一书，虽不尽醇，然要须虚心静气读之，纵稍有说得不周密处，亦须先静察其意旨所在。若确有所偏，而且于事理有害者，是乃不得不辨。不可先横己见为贬毁也。石梁于此书多所辩驳，正论颇多。然未免有心少之，则自不无过当处。况此篇尤其醇深，未容轻驳也。"

问第九章之说。曰："此章言先王法天出治，因时施教，而事为之节。要必本身加民，然后为尽善。所以承上章而起下二章之意也。首节至事不节则无功，以天道之必时必节，引起王者之教事亦必以时以节也。先王之为乐三句，言乐教所以象德。豢豕为酒一节，言礼所以缀淫。故酒食者三句，总礼乐而言其旨。先王有大事，至皆以礼终，申言礼以缀淫之用。乐也者至终，申言以乐象德之事。陈本、吴本，分章分节都未是。遂至失其旨意，血脉不贯矣。章内虽教时事节并提，然教时意因上章六代之乐各殊其时而言，本章却是节事意多。缀淫而使之象德，皆以节事为教也。"曰："乐似难说节事。"曰："须道和而节。观下二章，乐之节事自见。"

问第十章之说。曰："此章承上章而言感人深，先王作乐之事之详也。民心无常，随感而应，故音之所感有异，而民之应之者心术顿殊。乐之感人深者如此。故先王作乐，必本之以性情之正，又合之和气常行，而后发为声容。以用之而感民，则民皆可以感于正而不流于邪，是先王之乐教也。所谓善则行象德者，如此。"曰："刘氏、吴氏俱谓此章申言篇首'音之生本于人心之感于物'一条之义。今如子说，则与篇首乐本之意大不相似。此何以辨之乎？"曰："不难辨也。篇首言：'乐者，音之所由生也，其本在人心之感于物也。'是原音乐之所由生，则心以感于物而声发。故历言心之所感者如此，则声之所发者如此，心为本而声为应也。此章承乐之感人深而言，民有血气心知之性，无哀乐喜怒之常。是言心术无常，惟感是应，则惟音之所感，而心术随之以变，故历言所感之音如此，则心术之变如此，音为感而心为应也。其上下文意反复之间，亦详味而可见矣。况首章言声，而此章言音，音则声之已成文者矣。首章言哀乐喜怒爱敬，此章言思忧康乐刚毅肃静慈爱淫乱，参差不尽合也。刘氏强为分应，而以淫乱为喜心之感，岂人情之喜，独在淫乱，此尤其不可通者也。首章感字说得广，而应专以声言。故其末节慎感兼及礼乐政刑，而于乐则曰和其声，此章感字专以音言，而应则曰心术，故末节专言作乐之事，而曰以绳德厚，以象事行。旧注不察语脉所在，只略见文意相似，便一例混过，失之远矣。"曰："然则章末二节之说，请详言之可乎？"曰："末二节言作乐之事，今人恐难晓，然理自平易。所谓本之性情者,指大本之性,中节之情言,乃乐之本原出于天处。仍指血气心知而已者,非也。本之性情,是作乐大主脑。度数,指律吕言。礼义,则乐中所寓,自非一端。如君臣民事物之伦,则寓于声,雅颂之文足论不息,则寓于诗,是皆制之礼义,律吕之度数,便是合生气之和,制之礼义,便是道五常之行。阴阳刚柔四句,却专以合生气之和言。四气无不和于中,则发之自中节于外。至皆安其位而不相夺伦,则礼义之制亦无不合矣。旧说都看不融洽。至以阴阳二句属生气之和,以刚柔二句属五常之行,尤无意义。"曰:"如此说,则生气之和合,而五常之行已无庸道而自道矣。又何必曰制之礼义乎?"曰:"不然。此须看使之二字,如律吕得乎生气之和,人同此生气之合,要须是稽以合之,否则亦有不和者矣。礼义即五常之行,音律即寓五常之理,要须是制以道之,否则,亦有不由者矣。理气非两端,气非理不和,理非气不行,合和所以道行,而道行所以敦和,交相为体用也。稽以合之,制以道之,乃所以使之生气和于中,而五常道于外矣,生气之和,中也,天命之性也;五常之行,和也,率性之道也,体立而用行。故曰,四畅交于中,而后发作于外者,皆安其位而不相夺也。"曰:"理为气主,而生气之和乃属之性,五常之行乃属之情邪?"曰:"生气何以和,和处便是性之理;五常何以行,行处则亦性之用矣。"曰:"旧说:小大之称,以五声言,终始之序,以六律言。亦非欤?"曰:"未尝不是,但宜推开稍阔。如行缀长短之类亦是,故且大概说。"曰:"以绳德厚,固根象德以著教来矣。以象事行一层,岂不多出枝节?"曰:"得之于心谓之德,见之于身谓之行,措之天下谓之事,其实一也。象事行,即象德也。绳德厚,以学言;象事行,以等言。绳德厚以涵养性情,象事行以指示礼义。立学,教也。立等,亦教也。要之,慎所以感人者而已。故乐观其深,观字当读如观卦之观,旧读如字者,非是。"

问第十一章之说。曰:"此章承前章移风易俗易,而言先王出身加民之本也。夫以世乱乐淫,而感之者遂灭平和之德。声气感应之理,其固然矣。以奸声感逆气而淫乐兴,则风俗必移易于不善,以正声感顺气而和乐兴,则风俗其必移易于善矣。是感之诚不可不慎也。故君子知所感之本,而必先慎之于身焉。反情和志,比类成行,使本于身者皆正声顺气,然后本已之正声顺气以著为和乐,斯风俗无不移易于善,而天下皆宁矣。盖风俗与化移易,而德必本于君身。乐行而民乡方,以君子之德为之本也。首节虽以礼乐并言,然意止主于乐。慢易犯节二句,皆以乐言,观上文总以其声二字领之，可见。旧以匿礼言，非也。'广则容奸'，陈注：大则使人容为奸宄（奸邪作乱）。一容字甚不妥帖。感字或作戚，固自可解，然不如直用本字解，要自有味。云庄作感伤说，亦自不稳。"曰："此章小大终始，与上章解又异，何也？"曰："亦只一般，但上章所指该括，此则确就乐音言耳。"曰："上章言心术随感而变，又言以绳德厚，以象事行，何不可言移风易俗？此章亦言感应以类动，又何不可言感人深欤？"曰："惟其感人深，故移风易俗易，事理本非两截。但感人深就乐言，故上章止言作乐之事。立之学等，亦方是以乐感人，未及其效也。移风易俗易，以效言，故此章推到天下皆宁。其言乐行而民乡方，亦是言其效也。乐之感人以音，故上章专就作乐之事言。风俗移易，要本君身，民不从令而从好，乐不可为伪。故此章必本以君子之自修，所谓乐者圣人之所以乐也，故分承而各有所主也。"

问第十二章之说。曰："此章申言乐之必本于德也。"曰："气盛化神，刘氏以天地之化言，非欤？"曰："气盛即动四气之和，化神即感人深而移风易俗易，通章就乐言，何独此句又搘（同"扯"）天地来说。"

问第十三章之说。曰："此又申言德之形见于乐也。"曰："陈氏、吴氏之注何如？"曰："陈注似无可是非，却没发明。其云'以之为己则和而平'云云，则全无著落。不知其所谓以之者是以个甚。吴氏承注疏之说，以此为论《大武》之乐，以明伐纣之事，则又未免云庄之驳矣。盖此二章皆正义所区分为《乐象》篇者，而草庐宗之，亦可见旧说篇题之不足据云。"

问第十四章之说。曰："此章合礼乐体用而推言其化成之功赞助天地，以终前象德缀淫、法天出治之意也。"曰："乐施礼报，如何是以用言？情不可变，理不可易，如何是以体言？"曰："乐生反始，章德报情，其用，动也；不可变易，统同辨异，其体，静也。"曰："乐施礼报，马氏、应氏之说无可取邪？"曰："马氏以阴阳言，应氏以气象言，亦皆有当。愚说自可包得众说，马说、应说却挂一漏万耳。"曰："所谓大辂一节，旧以为申言礼报之意，不可通欤？"曰："与上下文全不伦类，何得曲解，不如阙之。"曰："情不可变，刘说何如？"曰："道理本不错，却嫌费辞。盖情本是同，理便有异。但情以多变而流，便不同者有之。故情之不可变，所以统同也。事以动赜而差，便每至混去。故理之不可易，所以别异也。只据现成道理说，意方醒豁。"曰："穷本知变，如何是合体用言；曰穷本知变，便是乐其所自生，著诚去伪，便是反其所自始。此都是礼乐之大用。而其所以穷本知变,著诚去伪者,则以统同辨异而不可变易。礼乐之定体,足以管乎人情也。侦天地之情,达神明之德,则又统同别异之本原处矣。"曰:"穷本知变,如何是乐其所自生?"曰:"此知字当训主字,如乾知大始之知。本,性也;变,情也。穷本知变,言尽其大本之中,而为酬酢万变之主也。尽其性而顺以达之,是乐其所得以生者也。著诚去伪,犹所谓闲邪存诚。诚者得于天以生之实理,去伪而著其诚,是则反其所自始矣。刘氏理同气异之训,实未得其旨也。"曰:"大人举礼乐,则天地将为昭,陈氏言将以礼乐而昭宣天地之理,是以法天言。子之说直以位天地言。"曰:"《记》文自是现成语气也。天地诉合以下,则又就天地本然言,末复结言其与乐之道同归一致也。"曰:"如所云,则自昔者舜作五弦之琴以下至此,语脉一贯,旧之分篇命题,俱未当矣。"曰:"岂独此也,读古人书,只以理之是非为断,才是论世尚友,非必尽泥旧说,亦非故意不依旧说也。"

问第十五章之说。曰:"此章于礼乐中分出有个上下先后。见学者当有以成其德行,而不徒器数之末,又以起下四章之意也。"

问第十六章之说。曰:"此章引子夏之论乐,即示人以学乐之道也。君子听古乐,而语而道古,以修身及家平均天下,此即德行之成而上,而至于听音,亦必且有以合之。若听其铿锵而已,则不足以语乐矣。"曰:"弦匏笙簧,会守拊鼓,非待击拊鼓而后作欤?"曰:"拊鼓以节乐,非以起乐。云庄只因先鼓以警戒而有此说,非也。凡作乐,皆工歌,笙奏,皆逐字金始,石收,拊鼓居中为节。今人多不识也。"曰:"古注六纪,谓诸父有善,诸舅有义,族人有序,昆弟有亲,师长有尊,朋友有旧。子不用其说何也?"曰:"纪纲只是法度字。诗云:'纲纪四方',又曰:'之纲之纪',若作三纲六纪说,如何可通?且有善有尊等字,分押殊牵强。夫纪以附纲分目,即以三纲为纲,亦何必更求六纪于三纲之外?"曰:"淫志溺志,言音而谓之志,何也?"曰:"诗是乐的骨子,志又是诗的骨子,故音之滥,由志之淫也。郑诗多淫,岂朱子私见哉?"曰:"医书有郑音之病,岂病者亦淫志欤?"曰:"病郑声者,多是邪魅所惑,或痰淫所壅,如何不是淫志。然风俗与化移易,岂限郑地以淫志,郑声淫者,周末失政时耳。医书郑声之语,亦后人附会也。"曰:"好滥燕女,亦有微别否?"曰:"岂无他人,岂无他士,叔兮伯兮,驾予与行。俱见好滥景象。卫虽淫,又颇忠厚,如《静女》《氓蚩》《木瓜》却自见趋数语气。齐之傲僻,于诗尤易见。燕女则安于所私而已,却不至于滥也。"

问第十七章之说。曰："此章引孔子之论《大武》，亦示人以学乐之法也。问乐而知古人之德业，所谓于是语也；因乐而考古人之事行，所谓于是道古也。修文偃武，知孝知臣，知敬知弟，则修身及家平均天下之道于是乎备矣。是德行之所以成而上，而非徒习其声容也。"曰："孔子曰，'发扬蹈厉，太公之志。'则贾及时之对亦未是？"曰："此对亦不全不是。《泰誓》曰：'时哉不可失'，盖发扬蹈厉，是象太公之志，而其已蚤处，则亦自有及时之意。贾之对只'非武坐'句是说错。"曰："声淫及商，旧说谓武乐中有贪商之声，是武王贪欲天下，故取之也。子则以商为宫商之商，何特见欤？"曰："以商作殷商解，此甚不通。夫声音何所指实，而见得为贪商？若说诗中有贪商语，则又说不得有司失传之过。如闻人弹琴，曰琴中有杀声，可也。琴中有思慕声，可也。今却曰琴中欲杀某某，琴中是思某某，得乎？经生家白纸谈乐，凭空说向元妙，却未尝按之器数，审其声音，终底成隔壁账。此朱子所叹为失所本也。"曰："声淫及商，既闻命矣。然则商乱当云陂，而云荒何也？"曰：又不必如此泥。商声上近宫，下近角，淫液及商，要多是宫音之滥，则谓是宫乱亦可。要之，声近嗜杀，则君志之荒也。"曰："'六成复缀，以崇天子'，天子二字，或连下夹振之读。引君执干戚就舞位为说，似亦有据。"曰："夹振之而驷伐，与分夹蚤进，大都是再成时事。若君执干戚就舞位，却当在始而北出时。且将天子二字属下句，则复缀以崇，语便歇后。即训崇为克，亦无义理。"曰："使之行商容而复其位，旧解只引式商容间，何如？"曰："此于行字却解不去。式是车上式之，如何说行商容？且使之二字，明是使人访之矣。"曰："此一大段如何都是结言迟久之意？"曰："只见武王无心务武，不得已而后动的意思。"

问第十八章之说。曰："此章言君子以礼乐淑身之事。盖上二章示人即乐以穷理，此章则欲人实体礼乐于躬行也。就声容器数以为礼乐，则礼乐有时而去身。曰：'不可斯须去身'，则以其形上之道自修而已。乐之理只是和乐，礼之理只是庄敬。穷致此和乐之理以养心，而不使有一念之鄙诈得以自萌于其间。如事亲则愉色婉容必本乎深爱，从兄则授几奉杖必出以因心。此即所谓统同之情。初时未便自然，只是鼓舞以行，务要自尽其量。久之而天真日引日出，则易直子谅之心油然自生，胸中自有一段要，如是以自快自足的意思而发之，自无待勉强矣。凡事之出于勉然者必不能久，至于安，则可久矣。久则天理日熟，而时措咸宜，有不自知其所以然者。致此庄敬之理以修身，而不使有一毫之慢易，得以偶设于身体，出门如宾，承事如祭，此即所谓别异之分。外面整齐严肃，则心自一，而无非僻之干，亦非期于严威，而严威自著矣。内和者，发乎情性之自然而不乖也，外顺者，循乎物理之当然而不违也。此即易简之理也。瞻颜色而弗与争，望容貌而不生易慢，静而民信之矣。德辉动于内而民承听，理发诸外而民承顺，动而民从之也。易则易知，简则易从，所以有亲有功也。内和外顺，德成而上，行成而先也。平均天下，则举而措之耳。"曰："颜色亦在外边，而以承内和，何也？"曰："玩文意是如此分承。盖人于容貌犹可外饰，而色却难伪，则色之根心尤切。故颜色自内和上见出。"曰："此章言礼乐似悬虚了？"曰："致字亦须从器数声容上推致来。"

问第十九章之说。曰："此章合礼乐而言其本原之一致也。礼主减，乐主盈，礼乐之体段也。礼以进为文，乐以反为文，礼乐之为用也，不进则销，不反则放，用礼乐者之失也。礼有报，乐有反，体用之本然也。得其报，得其反，得乎身心之自然也。礼之报，乐之反，要归于性情之正而已，故曰其义一也。旧说均无当欤？"曰："各有得失，如乐之盈，因其自内达外，为人心之所喜，马说是也。刘氏以和顺积中言，则乐德之成非复以本体言，且下文亦不得云盈而不反矣。礼减而进，以进为文。进者，喜欢鼓舞以进行之意。若勉强拘束，则觉礼为虚文矣。刘氏云贵乎行之以和，是也。马氏云勉而作之，则未得其意，且有语病也。礼有报，乐有反，以礼乐之本然言。盖礼之为体虽严，然皆出于自然之理；乐之为体虽和，然莫不有当然之节。所谓有报有反。有者，本有也，非先王以礼济乐，以乐济礼之说也。礼得其报则乐，乐得其反则安，以学者之有得于礼乐言。进行乎礼者久，则自得其和顺从容之致，反抑乎情者安，则自合乎优游中平之节，礼乐本无二致，非必以乐来和礼，以礼来节乐也。旧说多失之矣。"曰："此章似可与上章联作一章。"曰："联作一章自可，然上章自治身心推出功效，此章自分别处合到本原。故分二章各看，乃见意思明白。"

问第第二十章之说。曰此复申首章慎感之意，亦以总收前十四章之意也，曰方氏曰声足乐者，乐其道文足论者，论其理似好，曰声足乐，只宜如刘氏足以娱乐浅看，乃有味，方说太深，曰曲直繁瘠廉肉节奏，方氏主八音五声言，刘氏主律吕言子之说甚略，何也？曰方氏逐件分配，既多挂漏，刘氏以节奏为止作，亦不可通，此只在声音上大概形容自见活泼,曰审一以定和,应氏云:一者心也,心一而所应不一,守一以凝定其和,意似较深,曰正为不当深,且审一亦不是守一,刘注自确,曰刘氏以乐在宗庙之中一节,为言乐以和礼,以志气得广一节,为言礼之节乐,何如?曰此误蒙上章礼乐相济之说而为是解,不知此章全然不接上章也,且乐中本有节在,何必强绊入礼说。是其于礼乐合一源头全未见的。

问末章之说。曰此章复申学者以乐成德之事,因上章制雅颂之声以道之,而因专以声诗言,实亦总收十五章以下之意也。

《乐教》

(《乐经律吕通解》卷之五,载《续修四库全书》"经部·乐类")

舜命夔曰:"命汝典乐,教胄子,直而温,宽而栗,刚而无虐,简而无傲。诗言志,歌永言,声依永,律和声,八音克谐,无相夺伦,神人以和。"

《周礼·大司乐》掌成均之法,以治建国之学政,而合国之子弟焉。凡有道者,有德者,使教焉;死则以为乐祖,祭于瞽宗。以乐德教国子:中、和、祗、庸、孝、友。以乐语教国子:兴、道、讽、诵、言、语。以乐舞教国子:舞《云门》《大卷》《大咸》《大磬》《大夏》《大濩》《大武》。以六律、六同、五声、八音、六舞大合乐,以致鬼、神、示,以和邦国,以谐万民,以安宾客,以说远人,以作动物。

中者,性命之正,喜怒哀乐之未发,不偏不倚者也。和者,事物之宜,率性之自然,而发而皆中节者也。祗敬以直内,戒慎恐惧于不睹不闻,所以致中也;庸义以方外,必慎其独以循乎常道,所以致和也。孝,乐其所自生,专其中和祗庸于一本之地也。友,乐其所发而广其中和祗庸于同气,以及乎天下也。盖中和者,诚也,天道之本然也,祗庸所以诚之,人道之当然也。孝友则性情之最真最切,而可达之天下焉者也。有是六者之质,而后可以言乐,而从事于乐,乃所以成六者之德也。故曰:乐德,《虞书》所谓"直而温,宽而栗,刚而无虐,简而无傲"亦即此中和之德而已耳,而性非尽物不足以兴,情非温厚不足以道,气非和平不足以讽,声非正大不足以诵,心非自得不足以言,学非浃洽不足以语。出辞气,斯远鄙暴,乃所谓乐语也,至若六代之舞,则古人盛德之所形容。听其和平之声,志意得广焉,执其干戚羽籥,习其俯仰诎伸,容貌得庄焉,行其缀兆要其节奏,行列得正焉,进退得齐焉,动容貌,斯远暴慢矣，此所以与性情相深，而易直子谅之心油然自生，以至于手舞足蹈，无非中和斯德之所成，可以位天地而育万物也。

大师教六诗，曰风、曰赋、曰比、曰兴、曰雅、曰颂，以六德为之本，以六律为之音。诗以言志，律以和声，六德为之本，则诗皆出于正，六律为之音，则声皆得其和矣。孔子曰："兴于诗，立于礼，成于乐。"王制曰：乐正崇四术、立四教、顺先王，诗书礼乐以造士，春秋教以礼乐，冬夏教以诗书。诵诗读书，所以格物致知而精之，以动其志也，节礼和乐，所以诚意正心而一之，以有诸身也，必曰顺先王者，一道德以同民俗，而使异端邪说淫乐慝礼不得兴起其间，此先王之教也，后世礼既荡然，而乐教几乎不可复识，士之所习者，止在辞章诵句以弋科甲，则作乐为伶人贱工之事，士子羞执其器，而所谓乐者，又不过淫声乱色以蛊惑人之聪明，使日流于逸欲。嗟乎！非豪杰之士，其何借以兴起自立而底于成德也乎，好古者盖不胜望古遥集之思焉。

子谓《韶》，尽美矣又尽善也，谓《武》，尽美矣未尽善也。又曰"乐则《韶舞》"。

古之作乐者，有《八阕》《扶来》《下谋》，此殆蒉桴土鼓，而真意存矣，及夫《云门》《咸池》《大渊》《六茎》《六英》《大章》《磬》《夏》《濩》《武》之兴，而章德象功备焉，孔子犹致意于《韶武》，一以尽善尽美，一则昭代典章也，武则诗之所存，及宾牟贾所问，其大略犹可想见，而《韶》则阙然，然观于府事之修和，则《韶》乐所本，亦若有可窥者，周以六代之乐教国子，斯无怪人才之盛而俗易风移矣。孔子之时，乐已残缺，然当秦之初《韶武》犹存，殆亦非全璧也。汉有宗庙大乐，郊祀乐府，房中祠乐，时河间所献雅乐，仅存备肄，而朝廷所用，实皆郑声，沿及东汉，乐分四部，虽律吕器数犹有存焉，而中正和淡之实亡矣，东都之乱，律吕尽亡，魏晋而下，终莫能复焉，唐初考乐，只以金石为据，音犹近古，太宗十二和，元宗十五和，亦一朝创制，然太宗乐舞，李靖以为合于阵法，抑亦发扬蹈厉之已过者，元宗阅肄乐工，其拙者乃习雅乐，而梨园杂剧、霓裳羽衣乃竞进焉，斯唐德之丑，其章之者有固然也，王朴不考金石，而专求之累黍，宋兴，乐仍周旧，而灭其声，迄后制凡数变，卒鲜折衷，则声音且无定据也。明初，作乐定和，当时推为雅奏，然主之者非知乐之人，又不求之声气之元以定律，则所谓雅奏者，亦终未敢信其有合也，虽在下者不无有志之士，而聪明自用，议论日纷。秦汉以来，日流日失，大抵如斯矣。总之，学士高谈乐理而不娴器数声容，不娴器数声容，则虚而鲜据，而理亦未必其尽安，伶人役于声音而不知义理，不知义理则流而忘本，而声乃日逐于淫荡，朱子有言曰：虽古之郑卫，亦不可见矣，而况于韶武哉？虽然，乐在人心，天运循环，或不至往而不复也。

周子曰："礼，理也；乐，和也。阴阳理而后和，君君臣臣、父父子子、兄兄弟弟、夫夫妇妇，万物各得其理，然后和，故礼先而乐后。"此礼乐之大本。又曰："古者圣王制礼法，修教化，三纲正，九畴叙，百姓太（大）和，万物咸若，乃作乐以宣八风之气，以平天下之情。故乐声淡而不伤，和而不淫，入其耳，感其心，莫不淡且和焉。淡则欲心平，和则躁心释。优柔平中，德之盛也，天下化中，治之至也。是谓道配天地，古之极也。后世礼法不修，政刑苛紊，纵欲败度，下民困苦。谓古乐不足听也，代变新声，妖淫愁怨，导欲增悲，不能自止。故有贼君弃父，轻生败伦，不可禁者矣。呜呼！乐者，古以平心，今以助欲；古以宣化，今以长怨。不复古礼，不变今乐，而欲至治者，远矣！"

乐，和而已，而周子加以"淡"之一言，犹先进野人云也。然而节有度，守有序，无促韵，无繁声，无足以悦耳，则诚淡也。至淡之旨，其旨愈长，惟其淡也，而和亦至焉矣。广则容奸，狭则思欲，此今乐之所以妖淫愁怨也。礼法不修，政刑苛紊，纵欲败度，下民困苦，既无以为乐之本，而又以古乐为不足听也，代变新声，妖淫愁怨，此所以导欲增悲，以至于贼伦不可禁也。盖纵欲败度则无以道五常之行而不淡，下民困苦，则无以合生气之和而不和，不淡则妖淫而导欲，不和则愁怨而增悲。若今之填词杂曲，类或不然（昆腔妖淫愁怨，弋腔粗暴鄙野，秦腔猛起奋末，杀伐尤甚。至于小曲歌谣，则淫亵不足言矣），是殆以贼君弃父、轻生败伦教也。夫郑卫之音，先王不以乱雅乐，而梨园杂剧，恒舞酣歌，败风乱俗，费财生祸，又不止于乱雅乐已也。此盛王之所不可不禁绝者也。淫声不绝，雅乐未可兴也，谁其念之！

又曰：乐者，本乎政也，政善民安，则天下之心和，故圣人作乐以宣畅其和心，达于天地，天地之气，感而太和焉，则万物顺，故神祇格，鸟兽驯，天人一也。人心之和即天地之和也，作乐必先同律，正律必本于声气之元，欲求声气之元，如多截竹筒以吹之，埋之密室以验之，是矣。然天之气候有愆，而地之得天不一，且或者冬雷夏雹，则气至岂能应律，故太和必本君德，君人者能以一人之和致天下之和，然后能以天下之和感天地之和，而日月顺轨，四时不忒，冬无愆阳，夏无伏阴，然后宅土中以埋律管，庶律协而天气应之，且律吕虽有定声，而人气不和，则吹之其声又变，故声音之道与政通，其感召尤至微矣。

又曰：乐声淡则听心平，乐辞善则歌者慕，故风移而俗易，妖声艳辞之化也亦然。此并举声辞而言其化也，其辞善则其声淡矣，盖截律候气以求声气之元，然后以六律正五声而合之歌曲，此求天地之和以合人声之和也；必政善而后人心和平，人心和平而后诗辞皆善，诗辞既善，然后审一定和，而声律之合亦无不淡且和，此尽人事之和以合天气之和也。二者阙一焉，无以兴乐也。虽在明圣之朝，不能必人志之尽中和而歌辞皆善，故在舜犹有庶顽谗说之虑。然惟在上者有以化之，故以政之善致人心之和，又即以人心之和合天地之和，而还即乐之淡且和者，以养人心之和而化其不和，则乐之所以移风易俗也，天人体用一也。

程子曰：礼乐只在进反之间，便得性情之正。乐盈而反则安，周子所谓淡也，后世之乐，多为盈而不反，律吕亦然。

朱子曰：礼乐废坏两千余年，若以大数观之，亦未为远，然已都无稽考处，后来须有个大大底人出来，尽数拆洗一番，但未知远近在几时，今世变日下，恐必有个硕果不食之理。又曰：今人都不识乐器，不闻其声，故不通其义，如古人尚识钟鼓，然后以钟鼓为乐，故孔子曰"乐云乐云，钟鼓云乎哉"，今人钟鼓已自不识。

理无精粗，道器本不相离，今人不知乐，非不知其理也，不知其器数声容矣，非器数声容，乐之理当何所寓，此扪烛扣盘均无见于日也，乐在伶人，学士羞执其器，欲以言乐，难矣。且即在今日伶人，亦几人能识钟鼓，如所云击鼓三百六十下，击钟一百单八下，迎神送神，钟鼓齐鸣，今之钟鼓如此而已，所谓不识钟鼓也。

又曰：今之士大夫，问以五声十二律，无能晓者，要之，当立一乐学，使士大夫习之，久后必有精通者出。上之所好，下有甚焉，谓知乐必无其人，此偏说也，乃古者以乐教国子，士子十三而学乐诵诗舞勺，成童舞象，二十而舞大夏，大司乐教以六代之乐，乐师教国子小舞，此乐教之所以化成天下。未闻以为贱而不学之者也。自夫古乐亡而新声作，新声作者日盛，而君子恶之，恶之则羞之，羞之则贱之远之，以忘其本，并器数而不识之，又以日从事于时文以干进取，方夜以继日而不复暇及之，殊不知乐者，所以养人心以成其德，而先王于乐教如此其重且周也，乐之效如此其大，乐之理如此其深，而实不外于声容器数也，此乐之所以日亡，而三代之化所以不复与，朱子为衰世计，而曰当立一乐学，盖立一乐学，则人知朝廷之重乐，而有专致其功于乐者，且不敢轻乐，而习于器数，辨于声容，神而存之，天地之秘，亦将泄焉，久之，必有精通者出矣，是兴乐教之一道也，顾自有明以来，郡邑选用乐生，用之于孔子之庙，使习大成乐以祀孔子，而乐生近乃以钱捐买，不问其人之知音与否，又不教之学宫，不循名责实，上丁祭奠，作乐者虚无人焉，而乐生无能歌舞一字、执一器、辨一音者，徒以市井小人滋货窦耳，是以读书之子益复贱之，而不知其两失也，烜因谓大成乐固当再加斟酌，而歌生舞生则皆当就选郡邑庠序生员为之，先观其人之德器何如，次考其谙于乐律与否，乃选之以备乐生，而教之学宫之中，优其廪禄以养之，高其等第以优之，庶使人果知朝廷之重乐而不敢轻，而执其器数，辨其声容，以循有得于乐之理，且足以养人身心而成教也，又不但此，凡天下之习俳优者，宜尽禁止之，取杂剧之书而悉焚之，选其通知音律者隶养于官，而使有道有德通晓音律者作为雅乐诗章，以使有司集俳优之人而教之，以用之祭享，用之饮燕，用之宾客远人，亦所以绝淫声而兴雅乐也，又不但此，今天下省会市镇之所，多瞽目弹唱之人，所唱皆淫声鄙事，合无禁止，收其人而官养之，其人颇知音，帅教以雅乐，以备乐工，亦一以养废疾无告之民，一以复古瞽矇之制也，夫士子习乐，以飨孔子，以求乐之理，以辅朝廷之化，以德成而上，其若俳优瞽矇，则使之习乐之器数声音，以供朝廷郡邑群祀，及宴飨、大射、燕射、乡饮酒、乡射之用，以奉天地山川社稷百神先民之祀，而艺成而下，以役于知乐之士，此原非列士子于俳优瞽矇而贱之。立乐学者，其当亦若是与，若乃严之君身以立其本，候之中气以合其和，精之度数以制其器，择其诗章，俾无杂以淫辞，和其声音，使无奸于律吕，则非一朝一夕之至，惟在上者存心焉，无患三代之不可追也。

《乐章定和》

（《乐经律吕通解》，载《续修四库全书》"经部·乐类"）

……多浊声是以淡和，多清声是以噍杀。盖律吕往而不返。浊声，春夏之气，清声，秋冬之气也。浊声啴缓，清声促急。愈清则愈短促，而节烦音急，所谓北鄙杀伐愁怨哀思者，皆此故也。古人声入于南不流于北，而后世以愁怨之音为悦耳。……

《立雪斋琴谱·小引》：

士无故不彻琴瑟，所以养性怡情。先王之乐，惟淡以和。淡，故欲心平；和，故躁心释。"由之瑟，奚为于丘之门"，盖以其不足于中和之致也。今之弹家，余甚感焉。恣意吟猱，狄成涤滥，烦声促节，导欲增悲，是何必汙丝桐之韵，而劳人以危坐衣冠、焚香扫席欤？余于琴也，习而不工，而依咏和声，颇通其意，黩然而黑，颀然而长，盖旦暮于琴遇之。因录其所常弹，及曩时自谱者辑为一帙，以免致散失，而亦用自娱。其间篇什酌以淡和，或怡然自适，或凄以哀思，或远杳清冥，或和平广大，而要必以祗以庸，约乎中正。如或音调靡漫凶过，稍乖和淡者，皆置不录。

《关雎不淫不伤郑声淫说》

（《双池文集》，据道光十四年一经堂刻本影印，载《续修四库全书》"集部·别集类"）

发乎情，止乎礼义，是谓性情之正，情得其正，则乐非妖淫而哀非愁怨。孔子闻《韶》，学而不知肉味，乐以忘忧，子于是日哭则不歌，颜渊死，子哭之恸然不得议圣人用情之过者正焉，故也。《关雎》之诗乐而琴瑟钟鼓若犹未足以输其情，哀而寤寐反侧，若终不能以慰其隐，是亦极哀乐之致矣，然以言后妃之德宜配君子，则得之而乐，宜其乐也，未得而忧，宜其忧也，忧乐本秉彝好德之真而皆得其宜，故曰：正也，夫诗以言志，而歌永其言，声依之永，律以和声。故律之陵顺因乎声，声之和戾，因乎诗，诗之淑慝，生乎志。古人审一定和，而风雅颂之体，正变之分，中正淡和、淫慢凶过之异，皆于所言之志定之。是以子夏曰：郑音好滥淫志，宋音燕女溺志，卫音趋数烦志，齐音敖辟乔志，音而皆谓之志者，正以见声与诗合，诗人之志不容揜也。《国风》百有六十篇，孔子独称《关雎》乐而不淫，哀而不伤，又曰：人而不为《周南》《召南》，其犹正墙面而立，然则他国之诗其不能无出于淫伤，亦可见矣。孔子曰郑声淫，季札观乐至于郑曰，其细已甚，民不堪也，是其先亡先亡者何，亡国之音也，民不堪者，政散民流，诬上行私而不可止也，何谓细细者其声也韩，退之有诗曰，哝哝儿女语，切切如私语，此细之谓矣。细，故邪辟流散，狄成涤滥以道欲而增悲也，今如小序，则郑无淫诗，无淫诗则淫志之谓何如？谓诗不淫而声淫，则是使郑人歌文王，亦且邪辟流散，使秦人而歌溱洧，亦皆猛起奋末也，谓其然乎。……《关雎》宫人作也，宫人性情之正，文王型之也，型于文王者深，故哀乐之情若是挚也，今《关雎》之音不可得闻，而以其辞玩之淡和之致，可想今说《诗》者，犹弃朱传而搜小序及笺疏也，无目也夫。

《淡则欲心平，和则躁心释论》

（《双池文集》，据道光十四年一经堂刻本影印）

乐本乎情，而情之流则欲也。乐生于动，而动之过则躁也，何以防其流，则有情之本然者在；何以止其过？则有动于自然者存。乐盈而反，以反为文，斯先王之淡且和者是矣。何则？盖乐之本淡也。淡而或日趋于浓，广则容奸，狭则思欲，而乐之本淡者亡矣！夫是以以欲感欲，而欲之流不知所底也。乐之本和也，和而或日即于乖，感条畅之气，灭平和之德，而乐之本和者失矣。夫是以以戾感戾而躁之动将何所极也。先王之作乐也，奋至德之光，而笃恭者本原于不睹不闻之地，动四气之和而中节者发见乎君民事物之间，天心不移而太（大）音希声，正声感人而顺气成象，乃本之性情而必稽之度数，以度数为性情之节，而情以有节而不流，则适如其淡，率生气之和而必道五常之行，以五常为生气之范，而气以有序而不戾则适如其和，夫人亦贵乎慎所以感之者，耳睹墟墓而思哀，望坛壝而思敬，应感起物而动，而心术形矣，感之时义大矣哉，而乐之淡且和也，如此朱弦疏越，一唱三叹，有遗音者矣，依永和声、八音克谐、无相夺伦也，则人虽或有淫僻邪慝之心，诬上行私之志，一引而置之琴瑟笙镛之侧，其必有涣然冰释、怡然理顺，而顺帝则于不识不知焉者，是以习之成童，董之司乐，而用之乡人，用之邦国，用之宗庙朝廷，凡以感天下之人而反之淡和之本，而欲心躁心以无自而起也，虞廷之作乐也，祖考格焉，凤凰仪焉，百兽舞矣，虞实之傲慢而德让焉，欲心之平躁心之释，不可睹乎是，惟淡和之故独是乐本于君心而成于功成，治定之后必人君之心淡然无欲而达之政治，有以导天地之和，然后能章德象功，以有此淡和之乐，不然者，心之多欲不和而败度败礼，则虽有先王之乐且厌弃之，以为平淡无奇而听之惟恐卧焉，而欲兴乐，以平天下之欲心，释天下之躁心，不可得也。《书》曰：以礼制心，此周子论乐而每先礼也，论乐者可知所法矣。

《与江慎修书》

(《双池文集》,据清道光十四年一经堂刻本影印)

闻慎修名,绂虽未挹芝眉,而私心不胜渴慕,欲猝然而晋谒,又恐无因至前,虑无按剑之视,故敢以书达。夫俗士之敝于辞章久矣,穷经皓首,初何当于身心;苦志青毡,实营心于利达。是以圣贤之书若明若晦;先王之礼,名存实亡,几谁克起而振之者?顾振之亦难言矣,必名在天下,而后足以振兴乎天下;名在一国,而后足以振兴乎一国;名在一邑一乡,而后足以振兴乎一邑一乡。尤必其赀财显达,足以副之,而后乃得名当世。不则谁为和之,孰令听之?今之列当道者既多,靡靡以从俗矣,而必日附骥尾以彰厥名,或亦志士之所不屑欤?绂诚谫劣无似,而猥闻乡间聚语,所讥评为道学骨董者,则以绂与慎修并指,时用自愧。独是愤俗学之支离,鄙词章之靡蔓,在慎修亦会有同志,庶几世无圣人不应在弟子之列者,然而,名不列于青衿,家无余于瓶石,则虽有愤时疾俗之志,亦徒为梦寐予怀,抑思夫善与人同,何必在我?慎修著作之富,夫亦既足使当世信而从之,苟慎修能振兴末俗,一挽支离靡蔓之狂澜,则振之在慎修,犹在绂也。

侧闻《三礼合参》之著,绂未得睹其书,然礼家言人人殊,窃愿一闻大旨,《周礼》一书,真伪之聚讼纷纭矣,其果真邪伪邪?《周礼》阙冬官,而俞廷椿、丘吉甫诸人,每欲割五官以补之,其果阙邪否邪?《仪礼》在昔人谓有五疑,昌黎病其难读,而朱子独看得有绪,由今观之,其孰是孰非欤?《戴记》醇驳相杂,互有龃龉,自《学》《庸》而外,何者为纯而无弊邪?《记》之注疏,多附纬书,而今则遵用陈注,又吴草庐亦有注,其皆有可取邪?抑他家亦各有所长欤?凡此数端,急当为俗士辨之,毋使操戈入室;明先王之精意,俾当世可训行。振兴末俗,宜无大于此者,慎修其必有定见矣。又闻此书未经付梓,而别有《四书名物考》之刻,夫名物之考,务博洽耳,于礼经孰缓孰急?而顾先以此问世,不几扬末学之波欤?抑或者以斯世所不尚,而强聒之,不如以斯世所共尚者,而婉导之,在慎修自有挽末流而返之身心者寓乎其中,而先以此为之兆欤?绂与慎修未有生平之交,而为是哓哓之问,毋亦唐突过甚?然苟同方同术,何不可引为知己,况迩在乡井闲乎?慎修不鄙斯言,其必当有以示我。

《再与江慎修书》

（《双池文集》，据清道光十四年一经堂刻本影印）

慎修足下名誉日远，斯文幸甚，乡邦幸甚，但今人之所以称慎修，与慎修之所为表见于世者，绂恐非慎修本志，且不足以尽慎修，而徒以掩乎慎修之为慎修，又以声气虽通，未获面晤，则未知慎修之所以覃思嘿会、悦心研虑者，果其在此在彼？此圣贤事业、世道人心所共关系，故敢再以书质……慎修潜心经籍，考慎先王法制，悬揆慎修所志，当与洙泗、紫阳同一心法。然求其弗畔于道，势不得不由博反约，而今世遂徒以博称慎修，且或为慎修作怆慨不遇赋，是安足以尽慎修之大，而慎修之所以苦心为慎修者，不反以虚称掩邪？且夫博最难言耳，天地之大，古今所传，记载何穷，岂耳目所能徧及？此圣人所不知不能者，慎修苟以博洽自见，则由基之射百中，或不无一失，世之人以是称慎修，后不且有以是诋慎修者欤？但圣贤事业，于今渺矣，瓦石自甘，一世不好，士苟不无近名之心，未有不狥世之所惊喜以自见其长者。明季诸贤，立社标榜，手袖一卷时文，徧谒名贵，贤者不免。则因世俗之所以称慎修者，而慎修亦遂甘以此自见，此绂之所不能无疑也。要之，人言多不足信，慎修其必有以自矢。旧冬曾以长牍奉渎，至今未蒙下报，其意志不同与？抑鄙其言为不足答邪？并此遥候，望惠金玉无吝，非惟解绂之疑，抑慎修之有以自白于天下也。

《理学逢源》卷之六"内篇·物则类·乐"

（清道光十八年敬业堂刻本）

乐之为经阙焉矣，昔虞廷以典乐之官教胄子《周礼》，以大司乐之官教国子，而《内则》：十三学乐舞《勺》，成童舞《象》，二十舞《大夏》，盖自天子之太子，下逮士庶，无人不以乐为学焉，所以闲其聪明，肄其舞蹈，以和其心志而养其中和也，礼节而乐和，此人材之成，所以渐渍熏陶于不识不知欤，周衰乐坏，孔子尝一正之，秦既蔑，弃儒经，汉得天下于马上，礼乐诗书非其所事，则虽《韶》《武》仅存，而器数声容殆已举，非其旧，汉灭时始得大司乐一章于魏之老乐工，既乃藏之秘府，河间所献乐书十余篇，龙门采以为乐书，儒者传之，即今之《乐记》也，然乐书篇目虽存，而以《乐记》考之，则其篇已多散失，又《乐记》首尾相承，脉络通贯，结构有体，本是一篇，文字则分目题篇或亦汉儒所命，如孝经分章之类，非经旧也，顾当是之时律度犹存，器数可考，苟有志兴礼乐之君，则兴礼乐以作文明当不难复三代之旧，乃徒苟治自安，遂使乐教终于不复，嗟乎，及夫东汉而后律尺渐以不同，则律之长短亦无从而定据，而中声以无可考爰，及唐末律度尽泯，宋虽有志于乐律，尺迄无定，凭徒劳，范蜀司马二公之辩讼耳，《乐记》一书，理虽纯粹而器数律度既亡，则此理从何安放，此朱子之所为兴叹也，蔡西山《律吕新书》考析致为详密，可以折衷汉唐，垂教万世，而未获见之实用，迄夫后世经生高谈乐理而不娴于器数声音，则既虚而无凭，而伶人役于器数声音，则义理懵然又日流于靡慢欲求，以养人性情，和其心志，立之学校而作成人材也，其亦安可复得欤，然太和自在人心，声律本原天地，则苟有敦笃，其人亦安在，终不可考，况《乐记》一书及先儒所考犹存一线之垂，为经生者，又何可畏其难考，委之渺茫而不复一究心欤，当或摘《乐记》之书而以蔡子之《律吕新书》附焉，更为考器数声容之实以广之，以备乐经之阙，使人人知所究心焉，则本末合一，而乐之为教不终废坠，是吾人之志夫。

舜命夔曰：命汝典乐，教胄子，直而温，宽而栗，刚而无虐，简而无傲。诗言志，歌永言，声依永，律和声。八音克谐、无相夺伦、神人以和。直温四句，乐教之效也，言当使之如此也，心之所而以诗言之，发于诗而歌以永之，永其言而五声以之抑扬，声成文而六律为之范围，则成文而不乱矣，律宜于器而八音克谐，则从律而不奸矣，高下大小无相夺伦，则百度得数而有常矣。此六句作乐之法也，如是则神人以和矣，和则有以养性情，而直宽刚简有温栗之美，无虐傲之失矣。

《周礼·大司乐》掌成均之法，以乐德教国子，中、和、祇、庸、孝、友；以乐语教国子，兴、道、讽、诵、言、语；以乐舞教国子，舞《云门》《大卷》《大咸》《大磬》《大夏》《大濩》《大武》。此成周以乐教也，德存于心者，言宣于口也，舞动于容者也，以本末言之，有是德于中而后言动见于外，以教学之事言之，则言动有所渐濡于外，而后中和之德乃有以复于中也。

子语鲁大师乐曰：乐其可知也，始作翕如也，从之纯如也，皦如也，绎如也，以成。

乐，理也，形而上者也；音，器也，形而下者也，理器不相离，审于音而理寓矣，故曰：乐其可知也，乐之宫调定于始作，故镈钟命乐而丝竹匏土从之，翕然以起也，纯谓八音克谐无不和之声也。皦，谓字句分明，无涤滥之音也，绎，谓高下清浊之相承，成文不绝而有序也，自始至终皆然，则其音为淡且和矣，不然则陵乱流荡而为淫慢凶过之声，此乐之所以在治忽也，故曰：乐其可知也。

《乐记》曰：礼乐不可斯须去身，致乐以治心，则易直子谅之心油然生矣。易直子谅之心生则乐，乐则安，安则久，久则天，天则神。天则不言而信，神则不怒而威，致乐以治心者也，致礼以治躬者也。治躬则庄敬，庄敬则严威。心中斯须不和不乐，而鄙诈之心入之矣；外貌斯须不庄不敬，而易慢之心入之矣。此君子以礼乐自修之事也。朱子曰：古乐亦难遽复，且于今乐中去其噍杀促数之音，考其律吕，各得其正，更令掌辞命之官制撰乐章，略述教化训诫及宾主相与之情，及如人主待下恩意之类，令人歌之，亦足以养人心之和平。……

《理学逢源》卷之六"内篇·物则类·诗书礼乐总谕"
（清道光十八年敬业堂刻本）

《礼记》曰：乐正，崇四术，立四教，顺先王诗书礼乐以造士，春秋教以礼乐，冬夏教以诗书。四术，诗书礼乐也，四教即以此教人也，顺先王者不杂之以淫慝也，古之教人只此诗书礼乐四者。诗以感之，书以实之，所以使之格物致知也。礼以范之，乐以和之，所以使之诚意正心也，分时以教之，所以使之专所习不纷其志耳。《论语》曰：子所雅言，诗书执礼皆雅言也。礼之为教至繁，存乎人之考核，曰执礼者则即人之所日用常行，所当执持者而详道之耳。子曰：兴于诗、立于礼、成于乐。程子曰：天下之英才不为少矣，特以道学不明，故不得有所成就，夫古人之诗如今之歌曲，虽闾里童稚皆习闻之，而知其说故能兴起，今虽老师宿儒尚不能晓其义，况学者乎，是不得兴于诗也。古人自洒扫应对以至冠婚丧祭莫不有礼，今皆废坏，是以人伦不明，治家无法，是不得立于礼也。古人之乐声音所以养耳，采色所以养目，歌咏所以养性情，舞蹈所以养血脉，今皆无之，是不得成于乐也，是以古之成材也易，今之成材也难。《礼记》曰：礼也者，理也，乐也者，节也，君子无理不动，无节不作，不能诗于礼缪，不能乐于礼素，薄于德于礼虚。以乐为节者盈，而反之意，诗该物理而感志意，不能诗，则物理未穷，而未能好善恶恶，故恐有以非礼之礼为礼者，是于礼缪也，故必兴于诗而后能立于礼也，乐者和也，素谓朴鲁而乏从容不迫之致也，礼之用，和为贵，而和之以乐者未深，则行礼亦未能从容不迫，是以既立于礼又当至成于乐，而后可也，要之，礼之本在心，人而不仁如礼乐何，薄于德焉，则虽日事礼乐皆虚文耳，故内外宜交相养也。

《理学逢源》之《易诗书礼乐春秋总论》
（清道光十八年敬业堂刻本）

《礼记》曰：入其国其教可知也，其为人也温柔敦厚，《诗》教也；疏通知远，《书》教也；广博易良，《乐》教也；洁静精微，《易》教也；恭俭庄敬，《礼》教也；属辞比事，《春秋》教也。故，诗之失愚，书之失诬，乐之失奢，易之失贼，礼之失烦，春秋之失乱。其为人也温柔敦厚而不愚，则深于诗者也；疏通知远而不诬，则深于书者也；广博易良而不奢，则深于乐者也；洁静精微而不贼，则深于易者也；恭俭庄敬而不烦，则深于礼者也；属辞比事而不乱则深于春秋者也。

《诗》本人情，故能使人温柔敦厚，《书》纪政事，故能启人疏通知远，《乐》和主盈，故能动人，广博易良，《易》道阴阳，故能引人洁静精微，《礼》节主减故能范人，恭俭庄敬，《春秋》道名分，故能教人属辞皆比于事，然壹于敦厚，其失则愚，务于知远，其失则诬，盈而不反，其失则奢，泥于阴阳其失则贼，文而无质其失则烦，比事而无章，其失则乱，此非经之失，得其粗而遗其精，泥于迹而不通于理之失也。深于《诗》则情得其正而又不失之愚矣，深于《书》则事考其实而又不失之诬矣，深于《乐》则盈而有节而能不失之奢矣，深于《易》则得其精微而又不失之贼矣，深于《礼》则恭俭庄敬而又不失之烦矣，深于《春秋》则有典有则而且不失之乱矣。盖六经载道之文而不善学焉，虽六经适滋之害善于学者，六经皆吾性命化而裁之，存乎变推而行之，存乎通神而明之，存乎其人默而成之，不言而信则存乎其德行也，只章首一句是孔子之言，其为人以下则儒者因孔子之言而实以六经之教也，上以是教人人，以是成风有不期然而然者矣，此章本自无敝而或者疑之过也。

韩子曰：《春秋》谨严、《左氏》浮夸、《易》奇而法、《诗》正而葩。浮夸所以有乱之失，然左氏亦自有好处不可尽以浮夸，弃之徒见，易之奇，故贼知其奇而法则不贼矣，徒知诗之正，故愚得其正，而葩则不愚矣。

《理学逢源》卷之七"外篇王道类·作乐"

（清道光十八年敬业堂刻本）

安上治民莫善于礼，移风易俗莫善于乐。乐之为用大矣哉，后世礼教虽遥犹存梗概，而乐教则渺矣，无闻学士高谈乐理而不娴器数声容，不娴器数声容，则虚而鲜据，而理亦未必其尽安，伶人役于声音而不通乎义理，不通乎义理则流而忘本，而声乃日逐于淫荡抑知。夫乐之理原于天地，乐之气衷乎律吕，乐之本生于人心，乐之发动以咏歌，乐之声存乎器数，本末具明，而后可以言乐，《八阕》《扶来》《下谋》，蒉桴（枹）土鼓声容不必备矣，而真意自存，及夫律吕始造，乃作《云门》，继此而《大渊》《六茎》《六英》《大章》《磬》《夏》《濩》《武》，代有兴作，周备六代之乐，以享鬼神，以教国子，而乐教之盛斯其至矣。当秦之初，《磬》《武》犹存，然当孔子时乐已或残缺失传，则《磬》《武》亦必非完璧，汉有《宗庙大乐》《郊祀乐府》《房中祠乐》，而河间所献雅乐仅存备肆朝廷所用，莫匪郑声迨，哀帝始黜郑声而汉室中移，沿及东汉，乐分四部，虽律度器数犹有可考，而中正和淡之实已亡矣，东都之乱，度数尽亡，当曹魏时，虽雅乐有闻人而新声乃竞进，至晋永嘉中，伶人尽散，东晋谢尚采拾乐人，始备四厢金石，降及五代梁陈淫蛙（哇），周齐杀伐，而乐之渐亡益尽。唐初考乐，虽律度已亡，而金石遗音可审，又以参之累黍，以有十二和、十五和，斯时音律犹未远也，顾太常阅肆乐工，其拙者，乃习雅乐而将何以正乐哉，王朴不考金石而专求之秬黍，及乎宋兴，乐仍周旧，制凡数变，迄鲜成功，学士意见相持，伶人巧于蒙蔽，而律吕终无定则。元则填辞是尚而杂剧日纷，明太祖宴享有乐，朝贺有乐，祭祀有乐，当时称为雅奏，然窃观太常所布，似有变徵而无角声，徵乱事烦，角乱民困，其怗懘者多矣。椒山有志于乐，未能自见李文利黄积庆背谬甚焉，大抵三代而上，器数具存，人童而习其事，长而知其理，三代而下，器数渐亡，人不习乐，虽遗文若有可考，而纷乱终难依据抑知，理器本不相离，本末非有二致，苟合以求之古乐，岂终不复，故今乐之异于古者，可得而详之矣，一曰：本末之分而歧途也，夫乐发于声，声衷于器，器衷于数，数本于理，理一而已，分而阴阳，流而五行，声交于耳，色接于目，故十二律旋相为宫，而一宫每用五律……大抵古乐淡以和，今乐淫以伤，其所以淫伤者离本宫而滥于他宫，失本律而洗于他律，涤滥则淫而陵节则凶，故也及伶人必求淫伤以悦耳，而学士不习于声音……

一曰：太和之必本于君德也，夫阴阳理而后和，故君人者必先以一人之和致天下之和，然后能以天下之和感天地之和，而日月顺轨，四时不忒，冬无愆阳夏无伏阴，然后宅土中以埋律管庶律协而天气应之，且律管虽有定声而人气不和，则吹之其声又变，故声音之道与政通焉，舜欲闻六律五声八音在治忽，以出纳五言，其感召尤为至微也。一曰：淫声不可不绝，而学士不可不使之知音也，古之乐以教士而今乐掌于伶人，学士羞执其器，古之乐以和神人养德性，而今乐导欲增悲，君子之所摈远。夫郑卫之音先王不以之乱雅乐而梨园杂剧、恒舞酣歌、败风乱俗、费财生祸，又不止于乱正乐也，此盛王之所不可不禁绝者也，干戚羽籥人士之恒，孔子费曰：兴于诗、立于礼、成于乐，而由今观之，所谓立成者果安在哉，今诚使严之君身以立其本，候之中气以合其和，精之度数以制其器、释其诗章，俾无杂以淫辞，和其声音，使可被之管弦，别其旋宫，使无奸于律吕，夫如是而雅乐可兴，然后颁之庠序，使人士皆肄习之，以用之祭祀，用之射飨，用之燕享，尤必灭杂剧之书，严演戏之禁人俳优之人，以绝淫哇之声，则乐教可兴，人材可成，而移风易俗之盛可睹。

《易·豫卦大象传》曰：雷出地奋，豫先王以作乐崇德，殷荐之上帝，以配祖考。乐由阳作，阳气动而始和，雷出地奋，所谓生气之和也。作乐崇德亦以和而已，蔡子所谓律于阴则不书者此也，然则作乐而不求之声气之元非乐矣。《乐记》曰：凡音之起，由人心生也，人心之动，物使之然也，感于物而动，故形于声，声相应故生变，变成方谓之音，比音而乐之，及干、戚、羽、旄，谓之乐。

乐之气本乎天，而乐之生自人心，人心随所感而有声，声随所感之顺逆而变，而其变又有清浊高下以成方，此则人之气合乎天地之气，机有不知其所以然，而然者也。乐者，音之所由生也，其本在人心之感于物也，是故其哀心感者，其声噍以杀，其乐心感者，其声啴以缓，其喜心感者，其声发以散，其怒心感者，其声粗以厉，其敬心感者，其声直以廉，其爱心感者，其声和以柔，六者非性也，感于物而后动，是故先王慎所以感之者。故礼以道其志，乐以和其声，政以一其行，刑以防其奸。礼、乐、刑、政其极一也，所以同民心而出治道也。

六者之动人情所不能无惟发而终结，斯谓之和不有以节之，则始流而淫慢凶过矣，范之以生气之和，道之以五常之行，使六者之情声一发于正，而淫慢凶过之声不得作焉，则所以和其声也。

舜命夔曰："命汝典乐，教胄子，直而温，宽而栗，刚而无虐，简而无傲。诗言志，歌永言，声依永，律和声。八音克谐，无相夺伦，神人以和。"

直宽刚简气之各得乎阴阳者也，以乐教之，使化其偏，使其温栗而无虐，傲以相济也，盖感于物而有志，形于声而有言，言不一而成诗，而歌以永之，则五声必有成文者矣，声自高下清浊无准，故必范于律吕以和之，审一以定和，则律吕之和否与其志其诗有相符而不可掩者，于以播之八音，音怗懘而不和，陵节而相范，则淫慢凶过也，克谐而无相夺伦，则淡以和也，必欲其音之淡以和，乃所以平欲释躁而使直宽刚简者有温栗之美，无虐傲之失也，此一天地生气之和，和人声之不和，以归于和之道也。

子语鲁太师乐曰：乐其可知也，始作翕如也，从之纯如也，皦如也绎如也，以成。乐其可知，言乐匪难知也，翕纯皦绎四者，浅言之，只音声之末，深言之，则器失其度，不能翕如纯如皦如绎如，律失其序，不能翕如纯如皦如绎如，此审音知乐，太师之职掌也，器度律序矣，而有不翕不纯不皦不绎，则人声之乖戾生于人心，故审乐以知政，太师所当察也，故曰：乐其可知。

"凡音者，生人心者也。情动于中，故形于声。声成文，谓之音。是故，治世之音安以乐，其政和。乱世之音怨以怒，其政乖。亡国之音哀以思，其民困。声音之道，与政通矣。宫为君，商为臣，角为民，徵为事，羽为物。五者不乱，则无怗懘之病矣。宫乱则荒，其君骄；商乱则陂，其臣坏；角乱则忧，其民怨；徵乱则哀，其事勤；羽乱则危，其财匮。五者皆乱，迭相陵，谓之慢。如此则国之灭亡无日矣！郑卫之音，乱世之音也，比于慢矣！桑间濮上之音，亡国之音也，其政散，其民流，诬上行私而不可止也。"

音生于心，情流而音不能不与之流，律以和声，音变而律不得不随之变，五声上下相生有自然之序，此生气之和也，人心失其和，而不和之气应之，于是有怗懘之音矣。迭相陵则不止于怗懘，大抵音过平则淫慢，音太清则凶过至，有弃律度之正而不守者，周子所谓妖淫愁怨也，如是而为乱世亡国之音矣。是以古之圣人欲闻六律五声八音在治忽，以出内五言也，化民者亦宜知慎矣。

子谓《韶》尽美矣，又尽善也，谓《武》尽美矣，未尽善也。乐以章德，舞以象功，帝王功德之盛，先后一揆，故五色成文而不乱，八风从律而不奸，百度得数而有常，此六代之乐之所同也，然功德之实有不同，则气象之间又自有不能无异者，圣人不能掩，亦自无庸掩也，知此者可与言乐矣。

"宾牟贾侍坐于孔子，孔子与之言，及乐，曰：'夫《武》之备戒之已久，何也？'对曰：'病不得其众也。''咏叹之，淫液之，何也？'曰：'恐不逮事也。''发扬蹈厉之已蚤，何也？'曰：'及时事也。'《武》坐致右宪左，何也？'曰：'非《武》坐也。''声淫及商，何也？'曰：'非《武》音也。'子：'若非《武》音，则何音也？'曰：'有司失其传也。若非有司失其传，则武王之志荒矣。'子曰：'唯某之闻诸苌宏（弘），亦若吾子之言是也。'宾牟贾起，免席而请曰：'夫《武》之备戒之已久，则既闻命矣，敢问：迟之迟而又久，何也？'子曰：'居！吾语汝。夫乐者，象成者也；总干而山立，武王之事也；发扬蹈厉，大公之志也。《武》乱皆坐，周、召之治也。且夫《武》，始而北出，再成而灭商。三成而南，四成而南国是疆，五成而分周公左召公右，六成复缀以崇。天子夹振之而驷伐，盛威于中国也。分夹而进，事蚤济也，久立于缀，以待诸侯之至也。'"

声淫及商，谓淫液之余声多商声也，商者，西方肃杀之声，声淫及商是武王有尚武之志也，备戒已久，击鼓备戒之久，而后出也，迟之迟而又久，既出而又久，立于初缀以待也，总干山立即久立于缀时事，武王有武而不用，以至诸侯暌就不得已而后伐商，故既戒备已久，惟恐不足以当众之归，而又总干久立于缀，以待诸侯之至，则武王之非尚武可见矣……

"魏文侯问于子夏曰：吾端冕而听古乐，则唯恐卧。听郑卫之音，则不知倦。敢问古乐之如彼，何也？新乐之如此，何也？"子夏对曰："今夫古乐，进旅退旅，和正以广，弦、匏、笙、簧，会守拊鼓。始奏以文，复乱以武，治乱以相，讯疾以雅。君子于是语，于是道古，修身及家，平均天下，此古乐之发也。今夫新乐，进俯退俯，奸声以滥，溺而不止。及优侏儒、獶杂子女，不知父子。乐终不可以语，不可以道古。此新乐之发也。"

听新乐而忘倦，情之流也，情流而不反则害矣，由子夏言之，则今乐古乐之不同，如此而孟子曰：今之乐犹古之乐者，孟子志在格其心，心正而好恶同民，则乐之本也，然果好恶同民，则今乐亦将非所好矣，以论乐则子夏之言为正也。

古者，天地顺而四时当，民有德而五谷昌，疾疢不作而无妖祥，此之谓大当。然后圣人作为父子君臣，以为纪纲。纪纲既正，天下大定；天下大定，然后正六律，和五声。弦歌诗颂，此之谓德音，德音之谓乐。

大当者，民遂其生也，立纲纪制之礼也，周子所谓礼先乐后也，德音之谓乐，则新乐不可谓之乐矣，古乐之作也，如此，故播之足以为教，而化民成俗也，作乐岂易言哉。

……

凡建国，禁其淫声、过声、凶声、慢声，淫声者，流僻邪散、狄成涤滥之音也。过声者，急微噍杀之音也，凶声者，粗厉猛起奋末广贲之音也；慢声者，五声皆乱，上下相陵之音也，四者之中，慢声为甚，导欲增悲，有国者之所必禁也。

……

周子曰：礼，理也；乐，和也。阴阳理而后和，君君臣臣、父父子子、兄兄弟弟、夫夫妇妇，万物得其理，然后和，故礼先而乐后。

古者圣王制礼法，修教化，三纲正，九畴叙，百姓太（大）和，万物咸若，乃作乐以宣八风之气，以平天下之情。故乐声淡而不伤，和而不淫，入其耳，感其心，莫不淡且和焉。淡则欲心平，和则躁心释。优柔平中，德之盛也；天下化中，治之至也。是谓道配天地，古之极也。后世礼法不修，政刑苛紊，纵欲败度，下民困苦。谓古乐不足听也，代变新声，妖淫愁怨，导欲增悲，不能自止。故有贼君弃父，轻生败伦，不可禁者矣。呜呼！乐者，古以平心，今以助欲；古以宣化，今以长怨。不复古礼，不变今乐，而欲至治者，远矣！

乐者，本乎政也。政善民安，则天下之心和。故圣人作乐，以宣畅其和心，达于天地，天地感而大和焉。天地和，则万物顺，故神祇格，鸟兽驯。

乐声淡则听心平，乐辞善则歌者慕，故风移而俗易矣。妖声艳辞之化也，亦然。

参考文献

一、古籍类

1. （清）纪昀等：《四库全书》，中华书局 1965 年版。
2. （清）纪昀等：《四库全书总目提要》，河北人民出版社 2000 年版。
3. 续修四库全书编委会：《续修四库全书》，上海古籍出版社 2002 年版。
4. （清）凌廷堪：《校礼堂文集》，中华书局 1998 年版。
5. （清）凌廷堪：《礼经释例》，中华书局 1985 年版。
6. （清）凌廷堪：《凌廷堪诗集》，载《续修四库全书》"集部·别集类"，上海古籍出版社 2002 年版。
7. （清）凌廷堪著，纪健生点校：《凌廷堪全集》第四册，黄山书社 2009 年版。
8. （清）戴震：《戴震集》，上海古籍出版社 2009 年版。
9. （清）戴震撰，张岱年主编：《戴震全书》，黄山书社 1995 年版。
10. （清）阮元校刻：《十三经注疏》（上下册），中华书局 1980 年版。
11. （清）汪绂：《理学逢源》，清道光十八年敬业堂刻本。
12. （清）汪绂：《双池文集》，清道光十四年一经堂刻本。
13. （清）汪绂：《立雪斋琴谱》，中国书店 2012 年版。
14. （清）汪绂：《乐经律吕通解》，载《续修四库全书》"经部·乐类"，上海古籍出版社 2002 年版。
15. （清）赵尔巽等：《清史稿》，中华书局 1977 年版。
16. 周博琪等，陈梦雷编修：《古今图书集成》，中国戏剧出版社 2008 年版。
17. （清）王奕清等：《钦定曲谱》，中国书店 2009 年版。
18. （清）允禄等：《皇朝礼器图式》，广陵书社 2004 年版。

19.（清）乾隆二十一年钦定：《钦定大清通礼》，吉林出版集团有限责任公司 2005 年版。

20.（清）康熙、乾隆敕撰：《御制律吕正义》（续编），海南出版社 2001 年版。

21.（清）高宗敕撰：《清朝通典》卷六三。

22.（清）高宗敕撰：《续通典》卷八五—九一。

23.《清实录》，中华书局 1985 年版。

24. 徐珂编撰：《清稗类钞》，中华书局 1984 年版。

25.（清）江藩：《国朝汉学师承记》，中华书局 1983 年版。

26. 王钟翰点校：《清史列传》，中华书局 1987 年版。

27.（清）朱彬著，饶钦农点校：《礼记训纂》，中华书局 1996 年版。

28.（清）黄宗羲著，沈芝盈点校：《明儒学案》（全二册），中华书局 1985 年版。

29.（宋）卫湜：《礼记集说》，吉林出版集团有限责任公司 2005 年版。

30.（元）陈澔注，万久富整理：《礼记集说》，凤凰出版社 2010 年版。

31.（明）王夫之：《船山全书》，岳麓书社 2011 年版。

32.（清）王先谦：《荀子集解》，中华书局 1988 年版。

33. 杨伯峻：《春秋左传注》，中华书局 1981 年版。

34.（战国）吕不韦著，陈奇猷校释：《吕氏春秋新校释》，上海古籍出版社 2002 年版。

35. 张舜徽：《清人文集别录》，中华书局 1963 年版。

36. 支伟成：《清代朴学大师列传》，上海泰东图书局 1925 年版。

37.（清）段玉裁注：《说文解字注》，上海古籍出版社 1981 年版。

38. 许嘉璐主编：《二十四史全译·史记礼书》，汉语大词典出版社 2004 年版。

39.（西汉）董仲舒撰，凌曙注：《春秋繁露》，中华书局 1975 年版。

40.（魏）王弼著，楼宇烈校释：《王弼集校释》，中华书局 1980 年版。

41.（西汉）刘安等著，顾迁译注：《淮南子》，中华书局 2009 年版。

42. 戴明扬校注：《嵇康集校注》，人民文学出版社 1962 年版。

43.（明）李贽：《李贽文集》，北京燕山出版社 1998 年版。

44.（明）王阳明：《王阳明全集》卷三，上海古籍出版社 1992 年版。

45. （宋）朱熹：《四书章句集注》，中华书局 1983 年版。

46. （清）李斗撰，汪北平、涂雨公点校：《扬州画舫录》，中华书局 1997 年版。

47. 钦定古今图书集成典藏珍本编委会：《钦定古今图书集成》，大众文艺出版社 2009 年版。

48. （清）阮元：《清经解》《清经解续编》，上海书店 1988 年版。

49. （清）孙希旦：《礼记集解》，中华书局 1989 年版。

50. （清）江永：《律吕阐微》《律吕新论》《礼书纲目》，《文渊阁四库全书》本。

二、近人专著

1. 梁启超：《中国近三百年学术史》，天津古籍出版社 2003 年版。

2. 梁启超：《中国历史研究法》，上海古籍出版社 1998 年版。

3. 梁启超：《清代学术概论》，上海古籍出版社 1998 年版。

4. 梁启超：《中国历史研究法》（补编），吉林人民出版社 2013 年版。

5. 徐复观：《中国人文精神之阐扬》，中国广播电视出版社 1996 年版。

6. 徐世昌等编纂，沈芝盈、梁运华点校：《清儒学案》，中华书局 2008 年版。

7. 杨向奎主编：《清儒学案新编》，齐鲁书社 1994 年版。

8. 钱穆：《国史大纲》，商务印书馆 1996 年版。

9. 钱穆：《国学概论》，商务印书馆 1997 年版。

10. 钱穆：《论语新解》，生活·读书·新知三联书店 2002 年版。

11. 钱穆：《中国近三百年学术史》，商务印书馆 1997 年版。

12. 钱穆：《孔子与论语》，九州出版社 2011 年版。

13. 张岂之等：《中国思想史》，西北大学出版社 2012 年版。

14. 侯外庐、赵纪彬、杜国庠：《中国思想通史》，人民出版社 1957 年版。

15. 侯外庐、邱汉生、张岂之：《宋明理学史》，人民出版社 1984 年版。

16. 张岂之：《中国思想学说史》明清卷，广西师范大学出版社 2007 年版。

17. 张寿安：《以礼代理——凌廷堪与清中叶儒学思想之转变》，河北教育出版社 2001 年版。

18. 张寿安：《十八世纪礼学考证的思想活力》，北京大学出版社 2005 年版。

19. 刘舫：《大家精要·凌廷堪》，云南教育出版社 2009 年版。

20. 王章涛：《凌廷堪传》，广陵书社 2007 年版。

21. 胡适：《戴东原的哲学》，安徽教育出版社 1999 年版。

22. 陈来：《宋明理学》，华东师范大学出版社 2004 年版。

23. 左玉河：《从四部之学到七科之学——学术分科与近代中国知识系统之创建》，上海书店 2004 年版。

24. 吕思勉：《中国文化思想史九种》，上海古籍出版社 2009 年版。

25. 陈来：《古代思想文化的世界：春秋时代的宗教、伦理与社会思想》，生活·读书·新知三联书店 2006 年版。

26. 尚小明：《学人游幕与清代学术》，社会科学文献出版社 1999 年版。

27. 冯尔康：《清史史料学》，沈阳出版社 2004 年版。

28. 冯尔康：《清代人物传记史料研究》，商务印书馆 2000 年版。

29. 徐复观：《中国人性论史·先秦篇》，湖北人民出版社 2009 年版。

30. 葛兆光：《思想史研究课堂讲录》，生活·读书·新知三联书店 2005 年版。

31. 葛兆光：《思想史研究课堂讲录续编》，生活·读书·新知三联书店 2012 年版。

32. 葛兆光：《中国思想史》（三卷本），复旦大学出版社 2009 年版。

33. 余英时：《朱熹的历史世界：宋代士大夫政治文化的研究》，生活·读书·新知三联书店 2004 年版。

34. 余英时：《中国思想传统及其现代变迁》，广西师范大学出版社 2004 年版。

35. 余英时：《论戴震与章学诚》，生活·读书·新知三联书店 2012 年版。

36. 余英时：《现代儒学的回顾与展望》，生活·读书·新知三联书店 2012 年版。

37. 杨念群：《儒学地域化的近代形态——三大知识群体互动的比较研究》，生活·读书·新知三联书店 2011 年版。

38. ［美］艾尔曼：《从理学到朴学——中华帝国晚期思想与社会变化面面观》，赵刚译，江苏人民出版社 2012 年版。

39. 黄爱平：《四库全书纂修研究》，中国人民大学出版社 1989 年版。

40. 龚书铎主编：《清代理学史》，广东教育出版社 2007 年版。

41. 马育良：《中国性情论史》，人民出版社 2010 年版。
42. 王振复等：《中国美学范畴史》，山西教育出版社 2009 年版。
43. 唐君毅：《中国哲学原论·原性篇》，中国社会科学出版社 2005 年版。
44. 李开：《戴震评传》，南京大学出版社 1992 年版。
45. 郑天挺：《清史简述》，中华书局 1980 年版。
46. 曾凡安：《晚清演剧研究》，中山大学出版社 2010 年版。
47. 戴学研究会：《戴震学术思想论稿》，安徽人民出版社 1987 年版。
48. 张丽珠：《清代义理学新貌》，台湾里仁书局 1999 年版。
49. 黄爱平：《朴学与清代社会》，河北人民出版社 2003 年版。
50. 黄意明：《道始于情——先秦儒家情感论》，上海交通大学出版社 2009 年版。
51. 郭振香：《先秦儒家情论研究》，安徽大学出版社 2011 年版。
52. 李零：《郭店楚简校读记》，中国人民大学出版社 2007 年版。
53. 傅斯年：《史学方法导论——傅斯年史学文辑》，中国人民大学出版社 2011 年版。
54. 李泽厚：《中国古代思想史论》，生活·读书·新知三联书店 2008 年版。
55. 李泽厚：《美学三书》，天津社会科学院出版社 2003 年版。
56. 李泽厚：《中国现代思想史论》，天津社会科学院出版社 2003 年版。
57. 李泽厚：《论语今读》，生活·读书·新知三联书店 2004 年版。
58. 萧一山：《清代通史》，中华书局 1986 年版。
59. 王启发：《礼学思想体系探源》，中州古籍出版社 2005 年版。
60. 李明辉：《四端与七情：关于道德情感的比较哲学探讨》，华东师范大学出版社 2008 年版。
61. 丘为君：《戴震学的形成》，新星出版社 2006 年版。
62. 陈祖武：《清儒学术拾零》，故宫出版社 2012 年版。
63. 蔡锦芳：《戴震生平与作品考论》，广西师范大学出版社 2006 年版。
64. 杨东莼：《中国学术史讲话》，江苏教育出版社 2005 年版。
65. 牟宗三：《才性与玄理》，广西师范大学出版社 2006 年版。
66. 龚鹏程：《儒学新思》，北京大学出版社 2009 年版。

67. 吴怀祺主编：《中国史学思想通史》(清代卷)，黄山书社 2002 年版。

68. 王俊义：《清代学术探研录》：中国社会科学出版社 2002 年版。

69. 林存阳：《清初三礼学》，社会科学文献出版社 2002 年版。

70. 陈祖武、朱彤窗：《乾嘉学派研究》，河北人民出版社 2007 年版。

71. 蒋伯潜、蒋祖怡：《经与经学》，九州出版社 2011 年版。

72. [美]鲁滨孙：《新史学》，何炳松译，广西师范大学出版社 2005 年版。

73. 余英时：《中国思想传统及其现代变迁》，广西师范大学出版社 2004 年版。

74. 张君劢：《新儒家思想史》，中国人民大学出版社 2006 年版。

75. 许苏民：《戴震与中国文化》，贵州人民出版社 2000 年版。

76. 胡学春：《真：泰州学派美学范畴》，社会科学文献出版社 2009 年版。

77. 黄进兴：《李绂与清代陆王学派》，江苏教育出版社 2010 年版。

78. 何炳松：《通史新义》，广西师范大学出版社 2005 年版。

79. 林尹：《中国学术思想大纲》，华东师范大学出版社 2006 年版。

80. 姜广辉主编：《中国经学思想史》，中国社会科学出版社 2003 年版。

81. 冯友兰：《中国哲学史》(上、下册)，华东师范大学出版社 2000 年版。

82. 叶朗：《中国美学史大纲》，上海人民出版社 2005 年版。

83. 李春光：《清代学人录》，辽宁大学出版社 2001 年版。

84. 邹昌林：《中国礼文化》，社会科学文献出版社 2000 年版。

85. 徐世昌：《清儒学案小传》，台湾明文书局 1985 年版。

86. 李江辉：《晚清江浙礼学研究》，陕西人民出版社 2011 年版。

87. 古代汉语词典编写组：《古代汉语词典》，商务印书馆 1999 年版。

88. 荣新江：《学术训练与学术规范——中国古代史研究入门》，北京大学出版社 2011 年版。

89. 王俊义、黄爱平：《清代学术文化史论》，台湾文津出版社 1999 年版。

90. 彭林编：《清代经学与文化》，北京大学出版社 2005 年版。

91. 林庆彰、张寿安主编：《乾嘉学者的义理学》(上下册)，"中央研究院"中国文哲研究所，2003 年。

92. 赵永纪主编：《清代学术辞典》，学苑出版社 2004 年版。

93. 蒋维乔:《中国近三百年哲学史》,上海古籍出版社 2013 年版。

94. 余英时:《中国思想传统的现代诠释》,江苏人民出版社 2006 年版。

95. 张君劢:《新儒家思想史》,中国人民大学出版社 2006 年版。

96. 何兆武:《文化漫谈》,中国人民大学出版社 2004 年版。

97. 冯友兰:《中国哲学简史》,天津社会科学院出版社 2007 年版。

98. 徐复观:《中国学术精神》,华东师范大学出版社 2004 年版。

99. 徐复观:《中国艺术精神》,华东师范大学出版社 2001 年版。

100. 张岱年:《中国哲学史史料学》,生活·读书·新知三联书店 1982 年版。

101. 姚名达:《中国目录学史》,上海古籍出版社 2011 年版。

102. 王茂、蒋国保、余秉颐、陶清:《清代哲学》,安徽人民出版社 1992 年版。

103. 杜维运:《清代史学与史家》,台湾东大图书公司 1984 年版。

104. 吕思勉:《历史研究方法》,五南图书出版股份有限公司 2002 年版。

105. 方用:《20 世纪中国哲学建构中的"情"问题研究》,上海人民出版社 2011 年版。

106. 张舜徽:《中国文献学》,上海古籍出版社 2011 年版。

107. 彭林:《中国古代礼仪文明》,中华书局 2004 年版。

108. 陈祖武:《乾嘉学术编年》,河北人民出版社 2008 年版。

109. 林毓生:《中国意识的危机》,贵州人民出版社 1986 年版。

110. 陈弱水:《唐代文士与中国思想的转型》,广西师范大学出版社 2009 年版。

111. 徐道彬:《皖派学术与传承》,黄山书社 2012 年版。

112. 梁涛:《郭店竹简与思孟学派》,中国人民大学出版社 2008 年版。

113. 吴翟辑撰:《茗洲吴氏家典》,黄山书社 2006 年版。

114. 荆门市博物馆编:《郭店楚墓竹简》,文物出版社 1998 年版。

115. 郑大华、任菁主编:《孔子学说的重光——梁漱溟新儒学论著辑要》,中国广播电视出版社 1995 年版。

116. 刘凤云、刘文鹏编:《清朝的国家认同:"新清史"研究与争鸣》,中国人民大学出版社 2010 年版。

117. 汤一介、李中华主编:《中国儒学史》,北京大学出版社 2011 年版。

118. 周晓光：《徽州传统学术文化地理研究》，安徽人民出版社 2006 年版。

119. 皮锡瑞：《经学历史》，中华书局 1959 年版。

120. 徐复观：《两汉思想史》(第二卷)，华东师范大学出版社 2001 年版。

121. 徐复观：《中国人性论史》(先秦篇)，湖北人民出版社 2002 年版。

122. 金尚理：《礼宜乐和的文化理想》，巴蜀书社 2002 年版。

123. 常乃惪：《中国思想小史》，上海古籍出版社 2014 年版。

124. 贾丰臻：《中国理学史》，上海古籍出版社 2014 年版。

125. 陈昭瑛：《儒家美学与经典诠释》，华东师范大学出版社 2008 年版。

126. 郑吉雄：《东亚视域中的近世儒学文献与思想》，华东师范大学出版社 2008 年版。

127. 高明士：《东亚传统教育与学礼学规》，华东师范大学出版社 2008 年版。

128. 章太炎、刘师培等撰，罗志田导读：《中国近三百年学术史论》，上海古籍出版社 2006 年版。

129. 苏正道：《江永礼学研究——以〈礼书纲目〉为中心》，复旦大学出版社 2019 年版。

三、音乐类专著

1. 丘琼荪：《历代乐志律志校释》，人民音乐出版社 1999 年版。

2. 蔡仲德：《中国音乐美学史》，人民音乐出版社 2003 年版。

3. 蔡仲德注译：《中国音乐美学史资料注译》，人民音乐出版社 2004 年版。

4. 杨荫浏：《中国古代音乐史稿》，人民音乐出版社 1981 年版。

5. 罗艺峰：《中国音乐思想史五讲》，上海音乐学院出版社 2013 年版。

6. 王小盾：《中国音乐文献学初阶》，北京大学出版社 2014 年版。

7. 王小盾：《隋唐音乐及其周边》，上海音乐学院出版社 2012 年版。

8. 修海林：《中国古代音乐美学》，福建教育出版社 2004 年版。

9. 修海林：《古乐的沉浮：中国古代音乐文化的历史考察》，上海音乐学院出版社 2013 年版。

10. 修海林：《音乐学之统合》，上海音乐出版社 2008 年版。

11. 修海林、罗小平：《音乐美学通论》，上海音乐出版社 2002 年版。

12. 杨赛：《中国音乐美学原范畴研究》，华东师范大学出版社 2015 年版。

13. 陈应时、陈聆群：《中国音乐简史》，高等教育出版社 2006 年版。

14. 孙晓辉：《两唐书乐志研究》，上海音乐学院出版社 2005 年版。

15. 李方元：《〈宋史·乐志〉研究》，上海音乐学院出版社 2004 年版。

16. 陈万鼐：《〈清史稿·乐志〉研究》，人民出版社 2010 年版。

17. 温显贵：《〈清史稿·乐志〉研究》，崇文书局 2008 年版。

18. 刘再生：《中国古代音乐史简述》，人民音乐出版社 2006 年版。

19. 徐元勇：《中国古代音乐史研究备览》，安徽文艺出版社 2012 年版。

20. 郑祖襄：《中国古代音乐史学概论》，人民音乐出版社 1998 年版。

21. 刘蓝：《诸子论音乐——中国音乐美学名著导读》，云南大学出版社 2006 年版。

22. 薛永武：《中国文论经典流变：礼记乐记的接受史研究》，社会科学文献出版社 2012 年版。

23. 金文达：《中国古代音乐史》，人民音乐出版社 1994 年版。

24. 吴钊、刘东升：《中国音乐史略》，人民音乐出版社 1993 年版。

25. 孙继南、周柱铨主编：《中国音乐通史简编》，山东教育出版社 2012 年版。

26. 宋瑾：《音乐美学基础》，上海音乐出版社 2008 年版。

27. 叶明春：《中国古代音乐审美观研究》，人民音乐出版社 2007 年版。

28. 张发颖：《中国家乐戏班》，学苑出版社 2002 年版。

29. 吴梅：《中国戏曲概论》，中国人民大学出版社 2004 年版。

30. 王政尧：《清代戏剧文化史论》，北京大学出版社 2005 年版。

31. 张发颖：《中国戏班史》，学苑出版社 2004 年版。

32. 刘承华：《中国音乐的人文阐释》，上海音乐出版社 2002 年版。

33. 刘承华：《中国音乐的神韵》，福建人民出版社 2004 年版。

34. 项阳：《以乐观礼》，北京时代华文书局 2015 年版。

35. 查阜西编纂：《存见古琴曲谱辑览》，文化艺术出版社 2007 年版。

36. 许健：《琴史初编》，人民音乐出版社 1982 年版。

37. 查阜西、吴钊整理，中国艺术研究院、北京古琴研究会编：《琴曲集成》，中华书局 2010 年版。

38. 吴钊：《追寻逝去的音乐踪迹：图说中国音乐史》，东方出版社 1999 年版。

39. 江帆、艾春华：《中国历代孔庙雅乐》，中国国际广播出版社 2001 年版。

40. 天坛公园管理处编：《德音雅乐：天坛神乐署中和韶乐》，学苑出版社 2010 年版。

41. 姚安主编：《神乐之旅——天坛神乐署古代皇家音乐展》，中国书店 2004 年版。

42. 江文也：《孔子的乐论》，华东师范大学出版社 2008 年版。

43. 万依、黄海涛：《清代宫廷音乐》，中华书局香港分局、故宫博物院紫禁城出版社 1985 年版。

44. 王耀华：《中国传统音乐结构学》，福建教育出版社 2010 年版。

45. 童忠良等：《中国传统乐学》，福建教育出版社 2004 年版。

46. 人民音乐出版社编辑部：《乐记论辩》，人民音乐出版社 1983 年版。

47. 方宝璋、郑俊晖：《中国音乐文献学》，福建教育出版社 2006 年版。

48. 李宏锋：《礼崩乐盛：以春秋战国为中心的礼乐关系研究》，文化艺术出版社 2009 年版。

49. 蒋孔阳：《先秦音乐美学思想论稿》，人民文学出版社 1986 年版。

50. 郭树群：《中国乐律学百年论著综录》，人民音乐出版社 2008 年版。

51. 陈应时：《中国乐律学探微》，上海音乐学院出版社 2004 年版。

52. （明）朱载堉撰，冯文慈点注：《律吕精义》，人民音乐出版社 1998 年版。

53. 李祥霆：《古琴综议》，中国人民大学出版社 2014 年版。

54. 顾梅羹：《琴学备要》，上海音乐出版社 2004 年版。

55. 刘蓝辑：《二十五史音乐志》（第一卷），云南大学出版社 2009 年版。

56. 邱源媛：《清前期宫廷礼乐研究》，社会科学文献出版社 2012 年版。

57. 刘水云：《明清家乐研究》，上海古籍出版社 2005 年版。

58. 李舜华：《礼乐与明前中期演剧》，上海古籍出版社 2006 年版。

59. 祁海文：《儒家乐教论》，河南人民出版社 2004 年版。

四、论文类（期刊论文、学位论文）

1. 罗艺峰：《礼乐精神发凡并及礼乐的现代重建问题》，《中央音乐学院学报》1997 年第 2 期。

2. 罗艺峰：《思想史、〈中庸〉与音乐美学的新进路》，《南京艺术学院学报（音乐与表演）》2014 年第 1 期。

3. 罗艺峰：《从天人秩序到内在道德自觉：礼乐关系的思想史意义》，《交响（西安音乐学院学报）》2015 年第 3 期。

4. 汪申申：《清代音乐理论管窥》，《黄钟（武汉音乐学院学报）》2002 年第 1 期。

5. 王子初：《凌廷堪〈笛律匡谬〉述评》，《黄钟（武汉音乐学院学报）》1990 年第 2 期。

6. 杨晓霭、李玫：《音乐文献整理的文献学方法及其规范：以"燕乐二十八调"的研究为例》，《文艺研究》2008 年第 11 期。

7. 王晓俊：《礼乐关系的乐图腾逻辑本源——"礼"自"乐"出考论之五》，《音乐研究》2015 年第 1 期。

8. 刘桂腾：《清代乾隆朝宫廷礼乐探微》，《中国音乐学》2001 年第 3 期。

9. 黄敏学：《汪烜乐学著述及其音乐思想述评》，《天津音乐学院学报》2009 年第 2 期。

10. 王安潮：《凌廷堪〈燕乐考原〉的历史研究》，《文化艺术研究》2012 年第 2 期。

11. 吕畅：《〈燕乐考原〉研究》，硕士学位论文，上海音乐学院，2008 年。

12. 王湉：《清中叶儒学思想转变背景下的礼乐思想》，硕士学位论文，西安音乐学院，2007 年。

13. 黄爱平：《百年来清代汉学思想性问题研究述评》，《清史研究》2007 年第 4 期。

14. 黄爱平：《清代汉学的发展阶段与流派演变》，《中国文化研究》2001 年第 1 期。

15. 黄爱平：《乾嘉汉学治学宗旨及其学术实践探析——以戴震、阮元为中心》，

《清史研究》2002 年第 3 期。

16. 黄爱平：《戴震的学术主张与学术实践》，《南通师范学院学报（哲学社会科学版）》2002 年第 3 期。

17. 周积明、雷平：《清代学术研究若干领域的新进展及其述评》，《清史研究》2005 年第 3 期。

18. 徐道彬：《论戴震礼学研究的特色与影响》，《安徽大学学报（哲学社会科学版）》2005 年第 1 期。

19. 张丽珠：《戴震孟学对于孟子学发展的影响》，《国学学刊》2014 年第 3 期。

20. 张丽珠：《清儒结合经典与经世的礼学发扬——以戴震、凌廷堪为线索》，《齐鲁文化研究》总第 8 辑，泰山出版社 2009 年版。

21. 朱松美：《戴震〈孟子字义疏证〉的创新性哲学诠释》，《济南大学学报（社会科学版）》2005 年第 2 期。

22. 黄兴涛：《清代满人的"中国认同"》，《清史研究》2011 年第 1 期。

23. 周辅成：《戴震的哲学》，《哲学研究》1956 年第 3 期。

24. 刘诚、周增权：《戴震的治学方法》，《北京社会科学》1987 年第 4 期。

25. 王国良：《戴震对理学的解构与中国哲学的近代转向》，《安徽大学学报》2003 年第 5 期。

26. 张立文：《戴震对自然生命的关怀》，《中国哲学史》1994 年第 1 期。

27. 郭金标：《凌廷堪的史学思想》，硕士学位论文，淮北师范大学，2013 年。

28. 周兆茂：《关于戴震的"以理杀人"和"启蒙"思想再评价》，《学术界》1993 年第 4 期。

29. 祝东：《凌廷堪燕乐研究与乾嘉汉学转向关系发微》，《西安石油大学学报（社会科学版）》2013 年第 6 期。

30. 林存阳：《汪绂与江永之书信往还》，《徽学》第六卷，安徽大学出版社 2010 年版。

31. 林存阳：《礼乐百年而后兴——礼与清代前期政治文化秩序建构》，《齐鲁文化研究》总第 8 辑，泰山出版社 2009 年版。

32. 陈居渊：《凌廷堪倡导复归古代礼学思想新探》，《孔子研究》2007 年第 6 期。

33. 李峻岫：《凌廷堪考据学发微》，《古籍整理研究学刊》2002 年第 5 期。
34. 倪清华：《汪绂及其学术地位考辩》，《黄山学院学报》2011 年第 4 期。
35. 陈徽：《性与天道：戴东原哲学研究》，博士学位论文，复旦大学，2003 年。
36. 谢婧：《凌廷堪〈论曲绝句〉研究》，硕士学位论文，集美大学，2014 年。
37. 周积明：《乾嘉时期的学统重建》，《江汉论坛》2002 年第 6 期。
38. 李富侠：《凌廷堪〈礼经释例〉研究》，硕士学位论文，安徽大学，2013 年。
39. 李少华：《试论戴震义理之学》，硕士学位论文，安徽大学，2006 年。
40. 赵标：《"自然"与"必然"的融贯——戴震理学批判思想研究》，博士学位论文，西北大学，2013 年。

后　记

此刻，本书的句号已经画上，然心中的句号并未画上。本书还存在诸多问题，交卷之时，内心实是诚惶诚恐，不觉间，许许多多的回忆涌上心头。

我自 2004 年入西安音乐学院音乐学系学习，本科阶段即在罗师艺峰先生门下学习音乐美学、中国音乐思想史。本科毕业后继续跟随先生攻读硕士学位，基于硕士阶段的阅读和写作，我于 2013 年入中国音乐学院攻读博士学位之后，在先生的引导下，将主要精力投入清代的礼乐思想研究。

众所周知，礼乐是中国文化中的核心问题，一段时间以来，学界对礼乐的认识存在诸多歧见，其面貌、其含义、其价值、其地位究竟如何？礼乐与国家政治、伦理道德到底是什么关系？礼乐在每个历史时期其内涵是否一样？……诸多疑问萦绕心头，我以为，若要判断一个事物必先认识了解它，其次才判断它，进而评价它。关于学界对礼乐的诸多歧见，我想应该是前见吧，或者说是史观的问题，问题是，前见是否可行？以今人的思路研究古人是否合适？要不要回归语境？"回到古人的世界理解古人"而做到"知人论世"？带着种种疑问我开始了阅读、思考、写作，其结果就是这本小著。

对这本小著实有诸多遗憾，还有许多未能全面展开研究的地方，比如江永的研究，其《礼记约编》十卷、《礼记训义择言》八卷、《律吕阐微》十卷等当中还有不少可以研究的内容。也有研究得不深入的地方，比如汪烜的研究，还有一些成果未被点校，还有一些思想可以挖掘，由于时间、能力、精力等原因只能留待日后慢慢学习研究了。

在音乐学的海洋里跌跌撞撞了十多年，一些问题、一些观念到如今才似乎稍稍理解。比如我们常常纠缠不清的诸多问题，其学理是否坚实？比如对《乐记》的认识，我们是如前人所说的在一些问题上搅缠不清吗？"音""乐"的含义我们都研究透彻了吗？礼乐真是定型的僵化形式吗？古代音乐伦理是压制"自由、平等、公正"的吗？古代传统与现代文明是格格不入的吗？学术研究中以"流行时髦"的西方理论或"科学严谨"的方法来裁量中国现实，在多大程度上是可行的？……显然，答案还是可以讨论的，事实上，礼与乐的关系是相互依存的、相辅相成的，一而二、二而一的关系，不是主辅关系，也不是谁为谁服务的关系。为什么我们所常常认为的就该是"认为的"这样而不是那样？问题前提不明确，对话何以可能？现在看来，诸多问题都还需要进一步探讨。

中国音乐思想史学科是复杂的学科，它要求的知识结构、思想深度、学术眼界等都非常之高，对思想史料的取舍与筛选、对思想史观的确立和定位、对思想史实的梳理与辨析……都需要我们在古代思想的博大海洋里进行艰难的爬梳、历练。回到本书论题，就目前的清代礼乐思想而言，其研究还是相对薄弱的，清学博大精深，清儒学养深厚，其礼乐思想成果丰硕，内涵深刻，在中国音乐思想史上有着独特的意义，其治学方法为世人所遵循，独树一帜，直到今天还发挥着深远的影响。

本书写作的心路历程是复杂的，论域从入学之初便大致确定了方向，一路收集、阅读、分析材料，思考问题、厘清思路、铺陈文字……一路走来，有焦虑迷茫，有浮躁沮丧，当然也有收获的喜悦与兴奋，感慨不能说不多。笔者生性愚钝，写作过程中也深感自己学力的不足，幸运的是，我得到了很多师长的指导与鼓励。恩师罗艺峰先生的学养深厚、知识渊博，其理论深度和对学术的敏感令人敬佩，他的睿智谦和、包容胸怀及儒雅平易的风格使人印象深刻。罗师常常教导我们，读书视野要广博，要有问题意识，要重视原典，要注重材料和方法……这些都成为我们的无形财富。从本科到博士，十多年的师生情，我常感念在心。在开题和论文写作诸环节，先生细读细改、字斟句酌，倾注了大量心血，我深深感谢先生，先生的为人为学都将化为我日后努力的动力。

开题及答辩时，吴钊、修海林、宋瑾、刘承华、赵为民、谢嘉幸、李玫诸位先生提出的中肯而宝贵的意见，使我受益匪浅。在中国音乐学院或选修或旁听的课堂上，聆听了修海林、刘勇、王小盾、赵为民、赵塔里木、余峰、傅利民、王军、刘晓江、谢嘉幸、瞿小松、陈铭道、杨红、齐琨、张天彤诸师的教诲，亦获益良多。感谢我的同门张俊杰、孙小迪、蒋晶、安晶的支持与帮助。感谢博士同学徐天祥、庆歌乐、雒鹏翔、陆晓彤、董芳、杨番、周晓岩、尚永娜、吴云、马夕然、詹林平、高缨、张哲、张紫薇、品川爱子、何迥的、雷佳、王莹、周强、宋克宾、杨琛等的支持与帮助,还有被戏称为"图书馆钉子户"的小伙伴们,在学期间,大家相互辩难、往来问答,这丰盛而美好的一切,都成为我博士学习阶段的亮丽风景。

感谢本书所引用材料的作者!感谢中国音乐学院为我们提供的学习环境!

感谢伟大的父母及家人的充分理解、支持!

学,然后知不足,唯有继续努力、砥砺前行!

袁建军

2016年4月于北京南沙滩邻奥嘉苑

2020年12月增补修订